國際私法及國際刑法論

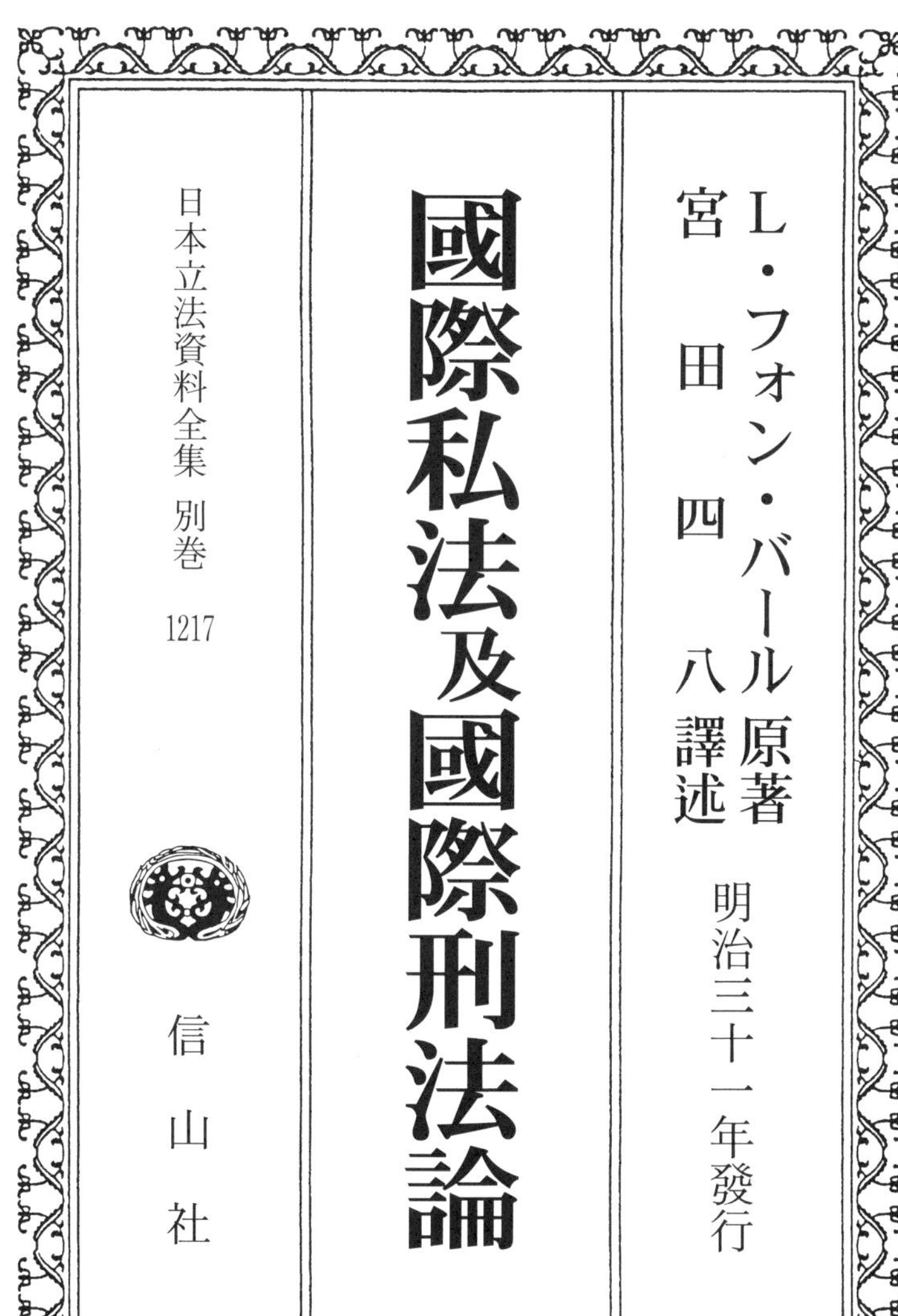

L・フォン・バール原著
宮田四八譯述

明治三十一年發行

國際私法及國際刑法論

日本立法資料全集 別巻 1217

信山社

獨逸ゲッチンゲン大學敎授
國際法協會會員
ドクトル、エル、フヂン、パール原著

日本法學士宮田四八譯述

國際私法及國際刑法論

東京 八尾版

凡例

一鼇頭ノ註ハ原文ニ掲クル所ナリ唯一二ノ字解幷ニ我法律ノ引照ノミ譯者ノ挿入ニ係ル

一原文ハ數多ノ引用書ヲ掲ケタルモ我讀者ニハ甚タ必要ナキヲ以テ之ヲ略シタリ

一單ニ何年何月何日判決ト記セルハ獨逸帝國裁判所(大審院)判決ニシテ他ノ裁判所判決ニハ皆其名ヲ掲ケリ

一民判錄又ハ判錄ハ獨逸帝國裁判所民事判決錄ノ畧ニシテ刑判錄ハ獨逸帝國裁判所刑事判決錄ノ略ナリ「ゾィフヘルト」判集ハ「ゾィフヘルト」編輯獨逸高等裁判所判決集(Seuffert, Archiv fuer Entscheidungen der obersten Gerichte in den deutschen Staaten)ニシテ「ボルチェー」判集ハ「ボルチェー」編輯獨逸帝國裁判所判例彙集(Bolze, die praxis des Reichsgerichts in Civilsachen)ノ略ナリ

一獨民ハ獨逸民法草案、獨民訴ハ獨逸民事訴訟法、獨刑ハ獨逸刑法、獨刑訴ハ獨逸刑事訴訟法獨商ハ獨逸商法、獨手ハ獨逸手形法ノ略ナリ

一我民ハ日本民法、我修民ハ日本民法修正案、我修法ハ日本法例修正案我民訴ハ民事訴

訟法我修商ハ日本商法修正案、我刑ハ日本刑法修正案我刑訴ハ刑事訴訟法ノ略ナリ、

一普國ハ普漏士國、佛國ハ佛蘭西國、北米ハ北亞米利加合衆國、英國ハ英吉利國、魯國ハ魯士亞國、伊國ハ伊太利國、墺國ハ墺太利國、索國ハ索遜國、巴國ハ巴威爾國ノ略ナリ

目次

第一編　私法及ヒ民事訴訟法　一

非物質的權利

相續法

以上

國際私法及國際刑法論

獨逸ゲッチンゲン大學教授國際法協會會員ドクトル、エル、フォン、バール著

日本 法學士 宮田四八譯

第一編

私法及ヒ民事訴訟法

第一章

國際私法及ヒ國際刑法ノ意義、原由幷ニ國際法ト各國ノ法律トノ關係

國ヲ異ニスル個人相互ノ間ニ秩序的取引ヲ爲サント欲セハ先ツ何レノ國ノ法律ヲ如何ナル程度ニ於テ適用スヘキヤノ原則ヲ決定スルコトヲ要ス而シテ單ニ他國ノ法律ハ原則上之ヲ識ルコトヲ要セスト論シ去ルヘカラス蓋シ此主義ヲ嚴守センカ外國ニ於テ其地ノ法律ニ依リテ發生シタル法

律關係ハ其法律カ自國ノ當該法律關係ノ基礎タルヘキ法律ト一致セサルトキハ毎ニ之ヲ認可スルコトヲ得サル結果ヲ生スヘシ加之外國ト關係ヲ有スル事件及ヒ個人ニ適用スルニ專ラ內國法ヲ以テスル主義ヲ取ランカ外國ニ於テ履行スヘキ契約ヲ外國ニ於テ締結シタル場合ノ如キ更ニ內國法ノ支配ヲ受クル必要ナキニ當リテモ猶ホ且當事者ニ對シテ內國法ヲ遵守スヘシト不當ノ要求ヲ爲ササルヲ得サルヘシ斯ル不當ノ要求ハ獨リ外國ノ住民ニ損害ヲ及ホスニ止マラス又大ニ自國ノ臣民ニ不利益ヲ與フルモノナリ外國人ニ對シテ斯ノ如キ不當ノ要求ヲ爲ス國家及ヒ其ノ法律ハ屢々報復ノ原則ニ依リテ外國及ヒ其法律カ復我臣民ニ對シテ斯ノ如キ不當ノ要求ヲ爲スコトヲ甘セサルヘカラス且內國人カ外國人ノ權利承繼人トナル如キ場合ニ於テ其法律關係ヲ判斷スルニ正當ノ原則ニ依ラスシテ仍ホ斯ノ如キ不當ノ要求ニ服從セサルヘカラサルトキハ其利益ヲ害セラルルコト決シテ尠シトセサルナリ又法理上ヨリ觀察スルモ外國法律ノ適用ハ決シテ之ヲ廢絕スヘカラサルモノアリ抑々諸國ニ於テ訴訟ヲ認許スル所

以ノモノハ權利ヲ創設變更セシムルカ爲メニ非スシテ唯權利ヲ明確ニスル目的ニ出ツルモノナリ然ルニ裁判官ハ其管轄區域內ニ行ルヘキ法律ニ非サレハ適用スルコトヲ得ストセハ同一事件ニシテ甲國ノ裁判官カ判斷スルト乙國ノ裁判官カ審理スルトニ依リテ裁判ヲ異ニスルニ至ルヘシ即チ其結果ハ上記訴法ノ原則ニ背戾スルコトヲ免レス故ニ絕對的ニ外國法ノ適用ヲ排斥スルハ其國ノ法律ノ原則ニ背馳スルモノニシテ之ヲ或範圍內ニ於テ適用スルハ寧ロ其國ノ法律ノ精神ニ適スルモノト謂フヘキナリ」

國際私法ノ學ハ外國法律ノ適用ニ付キ事物ノ自然ニ適合スル正當ノ原則ヲ定ムルヲ以テ目的トス而シテ國際私法ニ於テハ獨リ各國ノ抽象的法規ノ適用ヲ論スルノミナラス又各國ノ官廳カ其抽象的法規ニ基キ各個ノ場合ニ爲スヘキ處分命令ノ如キモ亦其研究ノ目的物ナリ故ニ國際私法ハ私法關係ニ關スル各國ノ法規及ヒ行爲ノ衝突ヲ整理スルモノナリト謂フヲ以テ最良ノ定義トス

國際私法(internationales Privatrecht)トイフ名稱ハ本世紀ノ後半期以來使用セ

ラレ現今ニ於テハ非難スル者ナキニ非スト雖モ已ニ普通ノ語トナレリ古昔ニ於テハ學者之ヲ名ケテ法律ノ衝突（Kallision des Gesetzes）又ハ法律ノ抵觸（Konflict des Gesetzes）ト云ヒ英國及ヒ北米派ハ現今仍ホ此語ヲ襲用ス然レトモ國際私法ハ其實、關係國ノ法律カ各個ノ場合ニ規定ヲ異ニシ互ニ衝突セルコトヲ知ラシムル目的ノモノニ非ス（其衝突ハ之ヲ精察スレハ單ニ外觀ニ止マル）寧ロ各國ノ法律カ一致シテ實際問題ヲ裁判スルニハ其中ノ何レノ法律ヲ以テ準據ト爲スヘキヤヲ教フルモノナリ又此法ヲ名ケテ法規ノ場所ノ境域ニ關スル學（Lehre von den oertlichen Grenzen der Rechtsnormen）ト稱スルモノアリ是亦妥當ヲ缺ケリ何トナレハ初メ或一定ノ領域ニ行フ爲メニ發布セラレタル法規モ之ヲ他ノ領域ニ適用セラルルコトアルヲ以テ場所ノ境域ナル語ハ稍、狹キニ失スル憾アレハナリ又同位法源ノ關係ニ付テノ學（Lehre von dem Verhoeltnisse koordinierter Rechtsquellen）トイフ名稱モ一方ニ於テハ範圍廣キニ失シ他方ニ於テハ頗ル抽象的ニ過キテ了解シ難キ弊アリ（一）蓋シ國際私法ノ研究スヘキ問題ハ決シテ各獨立國間ノ關係ニ止マ

（一）以上二名稱ハ

ラス同一邦國內ニ在リテモ州郡ノ法律異ナル場合ニ何レノ法律ニ依ルハキヤノ疑ヲ生スルトキハ又國際私法ノ原則ニ依リテ之ヲ決セサルヘカラズ故ニ國際私法トイフ名稱モ固ヨリ其範圍ヲ充分ニ顯シタリト謂フヘカラス寧ロ個人ノ法律關係ニ關スル國際上ノ取扱法 (internationale Behandlung der Rechtsverhaeltnisse der Privatpersonen) ト名クルヲ以テ正確トス然レトモ此名稱ハ抽象的ノ語ヲ疊用シテ口調頗ル艱澁ナレハ寧ロ國際私法トイフ簡短ニシテ諳シ易キ名稱ヲ用ヰルニ若カサルナリ

本書ニ於テ國際私法ト國際刑法トヲ合シテ編述スル所以ノモノハ他ナシ刑法ハ固ト一國ノ公法ニ屬スト雖モ國際刑法ニ於テ各國カ個人ヲ處罰シ又ハ訴追スルニ當リ之ニ對シテ管轄ヲ有スルヤ否ヤヲ定ムル點國際私法及ヒ國際民事訴訟法ニ於ケルト類似スルニ由ル而シテ國際私法及ヒ國際刑法ノ國際公法ト異ナル點ハ如何ト云フニ前者ハ個人ト各種ノ國權トノ關係ヲ定メ後者ハ各種ノ國權ノ相互ノ關係ヲ以テ其目的トスルニ在リ然レトモ多クノ問題ハ當該個人ノ權利ヲ以テ其標準ト爲スト同時ニ團體タ

獨逸學者間ニ主唱セラレタリ就中法規ノ場所ニ關スル學トハ「サビニー」ノ主唱ニ係ル又法ノ渉外的公認(extraterritoriale Anerkennung der Rechte)ナル名稱ヒ賛成スヘキニ非ス又市際法(intermunicipal law)ナル名稱ハ全ク不適當ナリ國際私法ナル名稱及ヒ意義ニ付テハ「マルチッツ」(v. Martitz, internationale Rechtshilfe in Strafsachen S.4 ff. 之チ精究セム氏ノ說ニ依レハ國際私法トイフ名稱意義ハ國際刑法トイフ名稱意義ト同シク適切正當ナリト云フ

ル國ノ關係ニ付テハ國際公法上ヨリ觀察ヲ下サヽルヘカラサルコトアリ故ニ國際私法ト國際公法トハ同一ノ法則ヲ適用スヘキコト決シテ尠シトセス例ヘハ國籍、外國裁判所ノ判決ノ執行等是ナリ

國際私法及ヒ國際刑法ノ基礎ハ國際公法ニ屬ス是レ國際私法及ヒ國際刑法モ一國ノ主權ノ範圍ヲ他國ノ主權ノ範圍ニ依リテ制限スルヲ以テ其基礎トナセハナリ故ニ國際私法ヲ以テ各國ノ國法ノ一部分ト看做ス學說ハ頗ル妥當ヲ缺クモノニシテ之ヲ主張スル學者モ亦甚タ稀ナリ此說ノ胚胎スル所ヲ尋ヌルニ各國ハ國際私法ニ依リテ決スヘキ場合ノ取扱ヲ隨意ニ規定シテ法律ト爲スコトヲ得ヘシト做シ終ニ其國カ單獨ニ發シタル法律規則ハ事實上其國ノ權力ノ及フ限ハ總テノ場合ニ效力ヲ有スルモノト信スルニ在リ若シ此說ニシテ正當ナランカ國際公法上ノ規定ト雖モ取リテ以テ其國ノ法律又ハ勅令ト爲ストキハ其國ノ官衙并ニ其國ノ權力ノ下ニ棲息スル個人ニ對シテ行ハルヘシト謂ハサルヘカラス是レ官衙及ヒ臣民ハ國ノ法令ニ服從スヘキモノナルヲ以テ假令之ヲ法令ニ編纂スルコト當

ヲ得ザルモノト雖モ既ニ法令トシテ成立シタル以上ハ之ニ違背スルコトヲ得サルヲ以テナリ然レトモ此說ノ當ヲ失セルコト辯ヲ俟タスシテ明ナリ加之國際私法上ノ事ト雖モ亦隨意ニ之ヲ法令ニ規定シテ發布スルコトヲ得ザルモノアリ若シ一國ノ立法其範圍ヲ脫セシカ其自ラ發シタル法令ハ或ハ自ラ效力ヲ喪失シ或ハ他國ヨリスル國際公法上ノ容喙ヲ甘セサルヘカラス例ヘハ甲國カ乙國ノ法律ニ違背シテ乙國ニ存在スル土地ノ所有權ヲ或者ノ爲メニ確認シ若クハ否認スヘキコトヲ其裁判所ニ命シタル法令ノ如キハ自ラ效力ヲ喪フコト當然ナリ又外國ノ法律ヲ無視シテ外國人カ外國ニ於テ其地ノ法律ニ依リ取得シタル所有權ヲ認メサルトキハ遂ニ國際公法上ノ關係ヲ惹起スルヤ辯ヲ要セス但國際法ニ於テハ數多ノ問題疑問ニ屬シ正當ノ見解ヲ以テセハ往々各國カ管轄權ヲ脫シタルモノト看做スヘキモノモ他國ヨリ異議ヲ挾マサルカ爲メ完全ノ效力ヲ有スルモノアリ特ニ刑法ニ於テ然リトス然レトモ之アルカ爲メ敢テ前論ヲ覆スヘキニ非ス

以上說明ノ如キヲ以テ普通國際私法及ヒ國際刑法ハ當該關係ヲ支配スヘキ屬地法ニ別段ノ定ナキトキニ於テ各個ノ實際ノ場合ニ適用セラルルモノトス

國際私法學ハ決シテ簡短ノモノニ非ス是レ一方ニ於テハ各個ノ屬地法ノ規定甚タ粗雜ニシテ國際私法ノ問題ニ關シテ屢〻諸種ノ解釋ヲ爲ス餘地ヲ與ヘ他方ニ於テハ其規定甚タ不足スル所多ケレハナリ然レトモ是レ又國際私法上ノ原則ヲ法律ニ規定スルコト甚タ困難ニシテ且其國際私法上ノ規定缺點多キカ爲メ遂ニ他ノ規定ト衝突ヲ來スニ職由セスンハ非ス國際私法ノ解說スル主要ナルモノハ事物自然ノ結果ナリ故ニ一國ノ立法者カ擅ニ獨斷ヲ以テ法律規定ヲ制定シテ國際私法ノ原則ヲ打破スルハ極メテ容易ナリ而シテ一國ノ成法ニシテ或範圍內ニ於テハ國際私法ト契合スルモ其結果ハ慣習法ニ依リ排除蹂躪ゼラルルコトアルヲ免レス然レトモ國際私法上ニ於テ慣習法ナルモノナシト主張スル學說ハ之ヲ無稽ト謂ハサルヘカラス慣習法ハ決シテ各國ノ領域內ニ限リテ行ハルルモノニ非ス苟

モ歐羅巴ヲ以テ中心トスル邦國團體ノ國際取引ニ參與スル國ハ其自國ノ法律ト一致スル範圍內ニ於テ必ス團體ニ行ハルル慣習法ヲ繼受スルモノナリ

國際私法ハ國際公法ニ依リ美妙ニ發達セラレ鞏固ニ確定セラレタリ然レトモ正說ニ據レハ國際私法ハ國際公法ヲ俟チテ存在スルモノニ非ス國際私法ハ事物ノ自然ニ基クモノナルヲ以テ其範圍內ニ於テハ國際取引上ノ必要ニ迫マラレテ行ハルルニ至リタルモノナリ國際私法上ノ事ヲ國際公法上ノ廣漠タル條約ヲ以テ正當ニ規定スルハ甚タ困難ナリ而シテ其規定精密ヲ缺キ又不當ナルトキハ大ニ條約ヲ害スルコトアリ(二)故ニ國際公法上ノ條約ニ於テハ國際私法上ノ問題ヲ規定スルニ大ニ制限ヲ加フ但近世ニ於テハ或範圍內例ヘハ著作權法(著述及ヒ技術上ノ所有權、專賣權)ノ範圍內ニ於テ國際協會ヲ設ケ開明諸國ヲシテ當然之ニ加入スルノ權ヲ附與スルニ至レリ十九世紀ニ於テハ伊太利政府(就中故大臣「マンチニー」)ハ斯ル種類ノ協會ヲ大ニ增加セシメント勸メタルモ不幸ニシテ現今ニ至ルマテ未タ

(二)此種ノ國際公法上ノ條約ハ立法ヲ羈束スルコトアリ又此種ノ條約ハ內國法ニ變更ヲ生シタルトキハ其適用甚タ困難ナルヘシ南亞米利加ノ諸國カ千八百八十九年「マンチビデオ」ニ於テ締結シタル條約(國際私法及ヒ國際刑法ニ關スル條約)ハ數多不幸ナル規定ヲ載セリ

其效ヲ奏セス

第二章　國際私法ノ沿革

古代ニ於テハ權利ヲ以テ獨リ其國民ノ專有スヘキモノトシ他國人ニハ權利ヲ認メス個人ニシテ其國ヲ離レテ苟モ他國ノ地ヲ踏マハ原則トシテ直チニ權利ヲ喪失スルモノト爲シタリ

此原則ハ慣習及ヒ特別條約又ハ各個ノ他國人ニ賦與シタル特權ニ依リテ稍、緩和セラレタリ然レトモ一般ノ原則トシテハ他國人ハ權利能力ナキモノト看做サレタルヲ以テ所謂國際私法ナル一般ノ法律ハ曾テ存スルコトナカリキ國際私法ハ他國人カ他國ノ私法上ノ規則ニ依リテ保護ヲ受クルコトヲ得ルニ至リ初メテ發生スルモノナリ故ニ當時ハ一國ノ市民ハ他國人ト結婚スルコトヲ得サリシヲ以テ夫ノ本國法ヲ夫婦ノ法律關係ニ適用スヘキ程度如何等ノ問題ハ更ニ起ルコトナカリキ

羅馬ニ於テハ法律上他國人ヲ取扱フニ市民法（ius civile）及ヒ種族法（ius

gentium）ニ依リテ區別シ種族法上ニ於テハ他國人ハ能力アリトシ市民法ハ決シテ之ヲ外國人ニ適用セサリキ故ニ種族法ハ當時又萬民同權法（quod apud omnes gentes peraeque custoditur）ト稱シタリ今日ニ於テハ外國人ノ法律關係ニ付テハ先ツ如何ナル法律ヲ適用スヘキヤノ問題ヲ決セサルヘカラサルモ羅馬ニ於テハ此問題ニ解答ヲ與フル要ナカリキ然レトモ當時適用シタル法律規定ハ別ニ市民法ト異ナル所ナカリキ（少クトモ羅馬人ノ見解ニ於テ然リ）斯ノ如ク羅馬ニ於テハ他國人ニハ種族法ヲ適用シタリト云フモ他國人相互ノ間ニ生シタル法律關係例ヘハ國籍ヲ同シクセル他國人ノ婚姻、他國人カ他國人ノ遺產ヲ相續スル場合等ニ付テハ羅馬ノ裁判官モ亦其他國法ニ依リテ判斷シタリキ外國人相互ノ間ニ於ケル上記ノ法律關係ニ基ク訴訟ハ直接ニ羅馬裁判所ニ於テ管轄セサリシト雖モ羅馬人ノ參與セル訴訟ノ進行中ニ於テ往々中間訴訟トシテ此種ノ問題ヲ羅馬法官ノ面前ニ提出シタルコトアリキ其後羅馬ハ漸次羅馬國ニ住スル者ニ羅馬ノ市民權ヲ賦與シタリシカ遂ニ「カラカラー」帝ノ頃ニ及ヒテ自由ノ住民ニハ總テ市民權ヲ與ヘ國內ノ特別法ヲ廢止シ唯各個ノ法律歷史及ヒ法律關係ニ付キ地方慣習ヲ保存スルニ止マリキ「ユスチニアン」法典ニハ土地ノ關係ニ於ケル法律ノ衝突ニ付テハ何等ノ記載モナシ唯世間奇ヲ衒フテ該典ヲ國際私法ノ資料ニ供スル者アリ是レ全ク錯誤ニ出テタルノミ

日耳曼種族カ初メ同盟團體トシテ後又略奪者トシテ羅馬國ニ移住スルヤ羅馬人及ヒ日耳曼人ハ種族法(Standesrecht)ナル特別法ヲ行ヒタリ種族法ハ大「フランケン」國成立シテ諸種ノ法律ヲ有スル數多ノ日耳曼種族ト羅馬法ヲ遵奉スル人民トヲ合同シタル當時行ハレタル原則ナリ斯ノ如ク數多ノ種族及ヒ人民ニ適用スルニ其各自ノ始祖タル種族ノ法律ヲ以テスル場合ニハ之ヲ稱シテ屬人法ノ法制ト云フ此法制ニ依レハ女子ニシテ他ノ種族ノ男子ト結婚シテ妻ト爲ルトキハ其夫ノ法律ヲ遵奉セサルヘカラス、財產ヲ遺留スル者ハ己ノ法律ニ依ルコトヲ得、法律行爲ハ之ヲ爲シタル者ノ法律ニ從ヒ不法行爲ニハ被害者ノ屬スル國ノ法律ヲ以テ相殺額(賠償金)ヲ定メ、寺院ニハ羅馬法ヲ適用セリ但僧侶ニ對シテハ必シモ然ラスシテ其屬スル種族ノ法律ヲ適用セリ而シテ裁判所カ審理ヲ爲ス際又ハ當事者カ証書ヲ作成スル場合ニハ法律行爲ノ將來ノ紛爭ヲ豫防シ其不服ヲ阻絕セシムル爲メ當事者ニ其屬人法ヲ訊問スルヲ慣例トセリ然レトモ當事者ニ其屬人法ヲ訊問スルモ決シテ一定ノ屬人法ヲ隨意ニ認定スル所以ニ非ス又各個臣民ノ屬人法ヲ官簿ニ登記スル目的ニ出ツルニモ非ス大(二)「フランケン」國分裂シタル後ハ各個ノ民種ハ再ヒ離散シタルヲ以テ屬人法ハ遂ニ適用セラレサルニ至リ裁判所ハ証據ヲ審理スルニ其法即チ法廷地法ニ則リ又債務者ハ通常其住所ニ於テ債務ノ訴追ヲ受クルモノナレハ債權ハ時トシテハ債務者ノ住所ノ法律ニ依リテ裁判セラルルコトトナレリ之ト同一ノ理由ニテ土地ニ付テハ物ノ所在地ノ方式(Forum rei sitae)ニ依遵セサルヘカラサルヲ以テ土地上ノ物權ハ又所在地法ニ依リテ判斷シ法律行爲ノ形式ハ法律行爲ヲ爲シタル地ノ法ニ依リテ之ヲ判斷シタリ世人之ヲ論シテ自治制ノ結果ナリト云フ町村ニ住所ヲ有スル者ハ其住所ヲ茲ニ設定シタルカ爲メ其町村ノ法律ニ服從ス自治體及ヒ地主ハ自ラ自治ノ法令ヲ發シ之

(二)諸種ノ人種ニ屬スル者カ同一國ニ生計スルトキハ中世ノ屬人法制ハ最モ適當ニシテ且此法制ハ多クハ斯ノ如キ場合ニ行ハルルモノナリ

（二）又移住民ノ財産ニ租税ヲ課シタリ

ニ依リテ其土地ノ占有ヲ讓渡シ又ハ取得ス是レ即チ所在地法(Lex rei sitae)ナル規定ノ發生セル原因ナリ人民ハ市民ヲ除クノ外ハ漸次一定ノ土地占有ノ代表者ト看做サレ且漸次團体ノ結合ハ鞏固トナリテ普通ノ國法ハ益〻勢力ヲ失フニ至リ遂ニ團體ニ屬セサル他國人ノ權利能力ヲ制限シテ或ハ土地ノ所有權ノ取得ヲ禁シ土地ニ關スル諸種ノ權利ヲ奪ヒ又或ハ諸般ノ職業ヲ營ムコトヲ禁シ又相續ニ依リ權利ヲ取得スル場合ニハ之ニ租税ヲ賦課シ（二）或ハ人民ニ被相續權ヲ奪ヒ遺産ハ總テ遺産者ノ死亡シタル地ヲ支配セル領主即チ地主之ヲ取得シ又ハ之ニ莫大ノ税ヲ賦課シタリ(他國人法Fremdlingsrecht, jus albanagii, droit d'aubaine)、中世ニ於テハ外國人ヲシテ其一時居留スル地ノ法ニ服從セシムルコトナク主權ノ制限ナキ事モ當時ノ人ノ曾テ夢想セサル所ナリキ實ニ當時ハ自治制ノ精神ノミ發達シテ遂ニ自ラ規約制度(Statutentheorie)ヲ制定シ其身分ハ住所地法ニ從ヒ物ノ占有又ハ物ニ關スル權利ニ付テハ其物ノ存在スル地ノ法律ヲ標準トシ行爲ニ付テハ其行爲ヲ爲シタル地ノ法律ニ依ルヘキモノト定メリ故ニ人ニ關スル規約

(Statuta personalia) ニ付テ言ヘハ其人ノ住所地ノ法律カ即チ本國法ニシテ物ニ關スル規約(Statuta realia)ニ付テ論スルトキハ物ノ存在スル地ノ法(Lex rei sitae)カ標準トナリ行爲ニ關スル規約(Statuta mixta)ニ付テハ行爲地法ニ依遵セリ但動産ハ所在地法ノ支配ヲ受ケスシテ人ノ附隨物ト看做シ所有者(又ハ占有者)ノ住所地法ニ依リテ判斷シタリキ(mobilia personam sequntus 又ハ mobilia ossibus intraerent)此制度ノ骨子ハ「バルトルース」ノ組織セル所ナリト然レトモ此法ノ各種ノ術語ヲ用井ルニ至リタルハ第十六世紀以後ナリトス

此制度(三)ハ頗ル簡明ナル觀アルモ其適用ニ至リテハ學者ノ間紛爭ヲ極ム通常學者ハ規約ノ文辭ニ依リテ判斷ヲ下セリ即チ初生兒ノ權利ハ其效力ヲ外國ニ存在スル土地ニモ及ホスコトヲ得ルヤ將タ又立法者ノ國ニ存在スル土地ノ外ニハ之ヲ及ホスコトヲ得サルヤノ問題ニ付キ「バルトルース」ハ規約ニ於テ或場合ニハ身分法ニ依ルヘキカ如ク又或場合ニハ物ノ法ニ依ルヘキカ如ク規定セルニ因リ之ヲ援キテ直チニ判斷ヲ下シタリ此判斷ハ

(三) 此制度ニ付テハ佛國法學者最モ力チ盡セリ

後人ノ嘲弄スル所トナレリ然レトモ中世ノ學者ハ勿論近世ニ於テモ第十八世紀ノ末ニ至ルマテハ正當ノ理由ヲ以テ判斷ヲ下ス者ナカリキ佛蘭西ノ慣習法ヲ以テ法律衝突ノ塲合ノ標準ト爲ス學者ハ物ノ所在地法ニ依ルヘシト云ヒ又伊太利ノ學者ハ住所地法ヲ適用スヘシト云フ是等ハ前論ニ比シテ稍〻正當ノ理由ヲ以テ立論シタルモノト謂ハサルヘカラス第一說ハ獨逸法ノ法制ヲ酌ミ第二說ハ羅馬法ニ出テタルモノニシテ即チ共ニ親族法及ヒ相續法ニ論據ヲ有スルモノナリ[四]然リ而シテ其後漸次[五]各個ノ領地ニ於ケル主權ニ注意スル者ヲ生シ或學派ハ漫ニ規約制度ヲ以テ主權ノ意ニ適合スルモノト論シ或學派ハ一層急激ニ論鋒ヲ進メ國權ハ他國人ノ住所地法ノミナラス一般ニ外國法律ノ適用ヲ禁スルコトヲ得實際ニ於テ外國法ヲ適用スルモノハ土地ノ主權者カ好意ヲ以テ任意ニ之ヲ適用シタルニ過キスト云ヘリ此說ハ甚タ危險ナリ此說ニ據レハ外國法令ハ之ヲ自國及ヒ其臣民ノ利益ト衝突シ得サルトキニ非サレハ適用スルコトヲ得ス而シテ或關係ニ於テハ外國法ヲ適用スルコト不便ニシテ屬地法ヲ適用スルニ

(四) 以上ハ羅馬法ヲ祖述セル「ジュモリン」ノ說ト日耳曼法ヲ基礎トセル「アルゼントロイス」ノ說ト異ナル點ナリ

(五) 本世紀ニ及ヒテ當時ノ規約制度ニ大打擊ヲ加ヘタルハ「アレフ」ナリ

比スレハ殆ント常ニ幾何カノ不利益ヲ隨伴セシムヘキヲ以テ時ニ之ヲ適用シ時ニ之カ適用ヲ廢止シテ裁判ヲ隨意ニ爲スモ猶ホ之ヲ正當ト謂ハサルヘカラサルヘシ然レトモ當時ノ著名ナル學者ハ規約制度ノ下ニ在リテモ各規約ノ目的ヲ參酌シ裁判ヲ爲シタリ而シテ漸次當事者ノ住所地法ヲ認ムルコト盛トナリテ獨逸法ノ制度ハ遂ニ羅馬法ニ一著ヲ輸スルニ至レリ

千八百七年ノ佛蘭西民法ハ猶ホ規約制度ヲ以テ基礎ヲ建テタリ故ニ佛蘭西法律學者ハ第十九世紀ノ中葉マテ此主義ヲ取レリ即チ當時珍重セラレタル「フェリー」ノ著書ノ如キ是ナリ之ニ反シテ英吉利及ヒ北亞米利加ノ諸學者「バーヂ」「ストーリー」ハ最近世ニ至ルマテ實利主義及ヒ實際ノ狀現ニ依リテ裁判スル主義ヲ採用セリ

第三章　現時ノ學説

第十九世紀ニ於テ國際私法ヲ法理的ニ説明スル者獨逸法學者間ニ現出セ

リ或ハ國際私法ノ基本ハ當事者ノ本國ニ行ハルル法律ノ效果ナリト論シ「アイヒホルン」「チボウ」「ゲェシェン」或ハ國外ニ於ケル既得權ノ保護ナリト說キ（「グリユク」「マウレンブレッヘル」）或ハ法律關係ハ總テ其ノ關係ノ生シタル地ノ法律ヲ以テ判斷ストノ原則ノ適用ナリト云ヒ又絕對的ニ法廷地法ヲ適用スヘシト說ク然レトモ是等ノ說ハ唱道スルノ價値ナシ唯「カル、ゲオルグ、フォン、ウェヒテル」及ヒ「フォン、サビニー」ノ說ハ學說ノ基礎トナレリ「ウェヒテル」ハ嚴密ノ批評ヲ下シテ規約說及ヒ從來ノ學說ノ取ルニ足ラサル所以ヲ明ニシ「サビニー」ノ原理ハ獨リ獨逸國ノ學理及ヒ裁判例ノ指南車タルノミナラス他國ノ學理及ヒ裁判例モ其大部分ハ實ニ此說ニ依リテ開發セラレタリ外國著名ノ學者モ「サビニー」ノ說ヲ取リテ自己ノ學說ノ資料ニ供スル者甚タ多シ

抑〻人ノ法律上ノ效果ハ行爲ニ現出スルモノニシテ其行爲ハ再ヒ物ノ法律上ノ運命ニ影響ヲ及ホスモノナリ又以テ規約說ハ薄弱ニシテ取ルニ足ラサルヲ知ルヘシ蓋シ人ノ法律上ノ性質例ヘハ行爲能力等ノ事ヲ規定スル

法律ニ行爲又ハ資產ノ事ヲ説クハ決シテ難事ニ非ス隨ヒテ規約説ヲ墨守スル者ノ纏綿シテ解ク能ハサル衝突ノ點ハ多ク之ニ依リテ明了ナラシムルコトヲ得各種ノ法律ヲ以テ專ラ人ニ屬スル附隨物ト看做セル學説ノ如キハ畢竟既得權説ト同シク循環論ニ了ルモノナリ即チ或權利ヲ以テ既得ノモノト認メサルヘカラサル所以ヲ知ラント欲セハ先ツ係爭權利ノ性質ヲ判斷スルニハ何レノ地ノ法律ニ依ルヘキヤノ問題ヲ研究セサルヘカラス而シテ係爭權利ノ或一定ノ人ニ屬スルヤ否ヤノ問題ヲ決スルニモ亦前述スル所ト同シク先決問題ヲ定メサルヘカラス然リ而シテ「ウェヒテル」ノ積極説ハ左ノ二原則ニ基ク

一、訴訟ヲ裁判スル裁判官ハ全然其土地ノ法律ニ羈束セラル

二、此法律ハ自ラ其精神ニ於テ判斷ヲ下サスシテ或一定ノ他國法ヲ指示スルコトヲ得　但「ウェヒテル」ノ見解ニ據レハ疑シキ場合ニハ法廷地法ヲ適用スヘキモノトス

「サビニー」ハ各地ノ裁判官カ或法律關係ニ付キ裁判ヲ爲ス狀態ヲ以テ偶然

ノモノト做シ且方今各國ハ交際及ヒ法律ノ一大共同體ニ屬スルモノナリトノ見解ヲ基礎ト爲シ「ウェヒテル」ノ法廷地法ノ適用ニ關スル推定說ヲ排却シテ直チニ各個ノ法律關係カ其性質上ニ屬スル法域即チ其法律關係ノ存スル場所ヲ硏究シタリ此主義ハ「ウェヒテル」ノ法律ノ精神ニ依リテ裁判スヘシトノ論ト殆ト異ナル所ナシ而モ法律關係ノ存スル場所ヲ標準トスヘシト謂フニ至リテハ言頗ル多義ニシテ誤解ヲ來シ易シ故ニ之ヲ「ウェヒテル」ノ原則ニ比スレハ稍〻不當ナルヲ覺ユ然レトモ各國ハ法律ノ一大共同體ヲ組成スルノミニシテ甲國ノ立法ハ事物ノ自然ニ適スル範圍內ニ於テ乙國ノ法律ノ効力ヲ認メサルヘカラスト云ヘル思想ハ直チニ一般ノ稱揚スル所トナリタリ加之「サビニー」ハ廣ク佛蘭西及ヒ英米國ノ學說ヲ參照シテ大ニ其說ノ光輝ヲ添ヘシカハ「ウェヒテル」ハ遂ニ其後ニ瞠着タラサルコトヲ得サルニ至リキ

阿蘭法學者「アッセル」及ヒ魯西亞國際法家「マルテンス」モ「サビニー」ノ主義ヲ採用シ又其後英吉利ノ「フヒルモアー」モ此流ヲ酌ミ夫ノ「ビクローレンス」及

ヒ「ウェストレーキ」其他北米人「ワルトン」ノ如キ全ク「サビニー」ノ說ニ左袒セリ

佛蘭西民法ニ於テハ既ニ住所地法ニ代ヘテ國籍地法ヲ採用シ外國ニ於ケル佛國人ノ權利ハ國籍地法ニ依リテ判斷セシム夫ノ伊太利國人「マンチニー」ノ建設ニ係ル伊佛國際私法學校ハ「サビニー」ノ主義即チ開明國ノ國民ハ法律ノ一大共同體ヲ組成スルモノナリトノ說ヲ基礎トシテ外國ニ於ケル一個人ノ國籍ハ固ヨリ外國ニ於ケル人ノ百般ノ權利ハ國民問題ニ反映スヘキモノトス但其國籍地法カ權利ヲ主張スル國又ハ權利ノ發生スヘキ國ノ公法(公益)ト矛盾スルトキハ此限ニ在ラスト說ケリ又其說ニ曰ク人ノ意思ハ人權ト同シク土地ニ依リテ制限ヲ受クルモノニ非ス當事者ハ明示及ヒ默示ニテ任意ノ地ノ法ニ服從スルコトヲ得唯此意思カ公法ト衝突スルナキヲ要スルノミト白耳義ノ法學者「ローラン」モ同說ヲ主張シテ大ナル著述ヲ爲シタリ然レトモ其說ハ國籍地法ノ效力ヲ制限スヘキ公益トイフ事ニ完全ナル定義ヲ附スルコト能ハサリシカ爲メ却テ破綻ヲ呈シタリ凡ソ

法律ハ其種類ヲ問ハス總テ如何ナル公益カ規定ナキモノ鮮シ純然タル私法ニ於テモ猶ホ且之ヲ見ルナリ乃チ例ヘハ相續及ヒ遺産分配ノ如キ如何ナル規定ヲ爲スモ敢テ世間全體ニ關係ナシト謂フヘカラス故ニ本說ノ如キ制限ハ何等ノ用モ爲サヽルモノナリ若シ公益ノ一般ノ規定即チ公法(ordre public)ヲ以テ個人ノ意思ヲ容レサル法律規定ト爲サンカ此派ノ意思ニ反シテ行爲能力及ヒ親族權ニ關スル規定ノ無效ヲ主張セサルヘカラサル結果ヲ生スヘシ是レ行爲能力及ヒ親族權ニ關スル規定ハ或ハ全ク個人ノ意思ヲ容レス或ハ其意思ノ效力ヲ認ムルモ大ニ制限ヲ附スル所アレハナリ故ニ內國公法ノ規定(ordre publie interne)ト國際公法ノ規定(ordre puplic international)トハ區別スルヲ要ス內國公法ノ規定ハ個人ノ意思ヲ容レスト雖是モレ立法者ノ國ニ隸屬スル臣民ニ對シテ之ヲ容レサルノミ之ニ反シテ國際公法ノ規定ハ外國人ノ屬人權ノ效力ニモ對抗スヘキモノナリ此區別ヲ爲スニハ事物ノ自然又ハ法律ノ精神上ヨリ觀察シテ內國人ニ限ラレタル法規ナルヤ將タ外國人ニモ適用スヘキモノナルヤヲ研究スヘシ故ニ茲ニ再

ヒ「ウェヒテル」及ヒ「サビニー」ニ基ク獨逸法學者ノ主義ヲ想起セシムヽ實ニ佛伊最近世ノ著者ニシテ新派ノ主義ヲ唱道スル者ノ說ヲ硏究スルトキハ「サビニー」ノ原則ヲ基本ト爲セル他ノ大家ノ說ト大同小異ナルヲ知ル蓋シ近世ノ佛伊派ハ國際私法ノ進步ニ付テハ勞極メテ多シト雖モ其功ハ唯文章ノ光焰ヲ增シタルニ過キス其實質ニ至リテハ却テ讀者ヲ錯誤ニ誘致シタル弊アルノミ

第四章　原則ノ結果

現今ニ於ケル國際私法ハ左ノ學理ニ基クモノナリ

一、或ル範圍內ニ於テ外國ノ法規ヲ採用スルハ外國ト私法上ノ取引ヲ認ムル國ノ法律上ノ義務ナリ是ヲ以テ各國カ外國ニ對スル友誼上ノ好意ニ出テタル任意的處分ト看做スヘカラス外國法ヲ全然採用セサルハ外國人及ヒ其權利承繼人タル內國人ニ對シテ掠奪ヲ行フト擇フ所ナシ外國法排斥主義ハ裁判官ヲシテ爭訟ニ付キ專ラ法廷地法ヲ適用セシムルモノニシテ其結果當事者ノ權利ハ訴訟ヲ爲ス國ノ如何ニ依リテ消長シ(一)法律ヲ以テ權利ヲ確定シ又ハ權利ノ强制的實行ヲ保護スル方法ヲ認ムルニ拘ハラス當時者ノ權利ハ往々訴訟ノ爲メニ變更セラレ甚タシキニ至リテハ本來有スル權利ヲ喪失セシメ本來有セサル權利ヲ取得セシムルコトアルヘシ(二)故ニ裁判官ニ於テ絶對ニ外國法ヲ適用セサルトキハ遂ニ裁判官ノ屬スル國ノ法律ニモ違背スルコトヲ免レス

二、國際私法ハ事物ノ自然(三)ニ基キ交通ノ必要ト開明國ノ法規互認ノ已ムナキニ出テタリ故ニ國際私法ニ於テ論スル結果ハ他ノ法規ノ言文外ニ顯ル事物自然ノ結果ト同一ノ効力ヲ有シ成文法(又ハ法律ト同一ノ國際條約ヲ以テ別段ノ制裁ヲ附スル要ナク直接ニ效力ヲ有スル法律ナリ但尙ホ左ニ注意スルコトヲ要ス

(イ)事物自然ノ結果ト一致スヘキ原則ニシテ一般ニ認メラレタルモノハ採テ標準ト爲スニ足ル

(ロ)各國ハ自ラ法律ヲ以テ國際私法ノ原則ニ異ナル規定ヲ設クルコトヲ

(一)例ヘハ甲カ丙國ニ於テ乙ヨリ無式ニテ權利ヲ取得シ丁國ニ於テ爭訟ヲ生シ遂ニ之ヲ同所ノ裁判所ニ訴出テタル場合ニ於テ丁國ニ於テハ權利ノ取得ニ形式ヲ要スルトスルトキハ裁判官ハ其法律ヲ適用シテ甲ノ權利ヲ否認セサルヘカラサルヘシ果シテ然ラハ甲ノ正當ナル權利ヲ奪フニ外ナラス

(二)裁判其當ヲ得サルトキハ此結果ヲ來スコト固ヨリナリト雖モ訴訟ニ此目的ヲ與ヘントスルハ無稽ノ甚シキモノナリ

(三)事物ノ自然ト自然法トハ之ヲ區別スルコトヲ要ス世間往々片言ヲ見テ之ヲ混同スル者アリ余ノ甚タ惜ム所ナリ

（四）或塲合ノ判定ヲ爲ス標準ヲ發見シタル後其餘ノ結果ニ付テ論スルトキハ行爲ト云フ語モ亦用ヰルコトヲ得

得然レトモ此種ノ法律タルヤ單ニ自國ノ權力ノ及フ法域內ニ於テノミ特ニ其ノ裁判所ニ向テノミ效力ヲ有スルモノトス國際公法ニ於テモ個人ノ關係ニ付テ論スル塲合ニハ又同一ノ結論ヲ爲スコトヲ得隨ヒテ國際私法ニ於テハ國際公法ニ於ケルト同シク各國カ原則ニ反スル規定ヲ設クルモ敢テ其一般原理ノ存否ニ影響ヲ及ホスコトナシ

三、國際私法ノ前提要件ハ左ノ如シ

(イ)各國ノ領地主權

(ロ)或者カ一定ノ地ニ事實上ノ居所ヲ有シ又ハ或物カ茲ニ存在スルコト及ヒ其者ハ事實上ノ居所又ハ物ノ所在地トハ關係ナク國際公法上繼續シテ或一定ノ國ニ從屬スルコト(國籍ヲ有スルコト)

(ハ)訴訟ヲ審理スル裁判所ノ所在地

法律關係及ヒ行爲（四）ハ國際私法ノ淵源ト爲スニ足ラス是レ或一定ノ事實カ果シテ能ク法律關係ヲ生スルヤ否ヤヲ知ラント欲セハ先ツ何レノ地ノ法律ヲ以テ其事實ノ標準ト爲スヘキヤヲ研究セサルヘカラス又行爲

ノ原素タル運動、觀念、結果等カ果シテ能ク行爲ナル概念ヲ組成スルヤ否ヤヲ究メント欲セハ亦何レノ地ノ法律カ此等ノ原素ヲ以テ行爲ト看做セルヤ先ツ其標準タルヘキ法律ヲ論定セサルヘカラサレハナリ

四、人及ヒ物ニシテ或一定ノ地ニ寄寓存在スル以上ハ其地ノ領地主權ニ服從シテ其地ニ行ハルル法律ヲ遵守セサルヘカラス但其法律カ或效果ヲ施サント欲スル程度ニ於テ遵守セハ足レリトス此效果ヲ施ス意思ノ存在スル間ハ之ニ異ナル他ノ立法ノ舊意思ハ之ニ一著ヲ輸セサルヘカラス即チ最終ニ事實上服從セル原因ハ先ツ之ヲ適用シ受訴裁判所ノ法律ハ最終ニ適用スヘキモノトス然レトモ法律ノ精神ニシテ人又ハ物ノ上ニ效果ヲ施スニ在ラサルトキハ（五）他ノ地ニ於テ寄寓存在セシ時受ケタル法律上ノ性質ハ此際仍ホ效果ヲ維持スヘシ是レ或學者カ既得權保護ヲ以テ國際私法ノ原則ト爲ス所以ナリ以上説明スル所ニ依レハ一行爲ニシテ諸國ノ法律ノ效果ヲ受ケ一種ノ法律關係ヲ生スルコトアルヘシ例ヘハ物ノ所有者カ甲地ニ存スル物ノ上ニ甲地ニ行ハルル法律ニ依リ質

（五）例ヘハ其性質上唯一時其地ニ駐在スル者ニハ之チ適用セサル法律ノ如シ

權ヲ設定シ後所有者カ其住所ヲ乙地ニ移シ其地ニ於テ之ヲ第三者ニ質入シタルトキハ第一質債權者ノ質權ハ甲地ニ行ハルル法律ニ依リテ判斷スヘキモ乙地ニ於テ設定セラレタル質權ニ對シテ其效力ヲ論スルトキハ乙地ニ行ハルル法律ニ依ラサルヘカラサルカ如シ之ヲ要スルニ國際私法ハ人ノ居所、物ノ存在地幷ニ人ノ住所(又ハ國籍)、受訴裁判所ノ所在地ノ法律ニ依リテ各地ノ法規ノ事物自然ノ結果ヲ研究スルモノナリ

國際私法ハ事物自然ノ結果ニ遵由セサルヘカラサルモノナレハ諸國ノ立法者ハ國際私法ニ於テ規定ヲ爲スヘキ點極メテ制限セラレタルモノナリ事物ノ自然ニ背馳スル擅斷ノ規定ハ實際ニ於テ前後撞著シテ適用甚タ困難ナリ然レトモ事物自然ノ結果ハ簡短ナル語ヲ以テ説明スルコト難シ故ニ立法及ヒ國際條約ニ於テハ大ニ注意シテ規定ヲ制限スルニ若カス但一二ノ問題例ヘハ國籍及ヒ裁判所ノ國際管轄ノ問題等ニ付テハ法律又ハ國際條約ニ依リテ其原則ヲ規定スルコト甚タ必要ニシテ交通ノ保障上决シテ缺クヘカラサルモノナリ或學者ハ曰ク國際私法ハ立

法及ヒ國際條約ヲ以テ完全ナル基礎ヲ建ツルニ非サレハ全ク薄弱不完全ノ狀態ヲ免ルヽ能ハスト此說ノ不當ナルコトハ茲ニ喋々ヲ要セス諸國ノ裁判例カ漸次一致シテ其反對說ヲ採用スルニ依リテ自ラ明カナリ

第五章

獨立ノ法律及ヒ一國內ノ諸州ノ法律

當今最モ有力ナル學說ニ據レハ苟モ國際法上ノ問題ニ付テハ事物ノ自然ニ適スルモノ即チ各法規ノ精神ニ基クモノヲ以テ其標準ト爲ス場合ニハ各國カ外國ノ法律ヲ適用スルト一國內ノ各州郡カ他ノ州郡ノ法律ヲ適用スルトノ間ニ區別ヲ爲スコト能ハス又主權者ノ制定シタル法律規定ト之ニ從屬スル者ノ權力ヲ以テ制定シタル法律規定トモ差別ヲ爲スコト能ハス若シ此間ニ法理上差別アリトセハ數多ノ州郡合同シテ一國ヲ組織スルニ當リテハ解クヘカラサル至難ノ問題ヲ生スヘシ且州郡又ハ獨立ノ邦國ハ一樣ノ人又ハ物ヲ以テ組織セラルルニ拘ハラス數多ノ邦國ノ聯合ハ此關係ヲ以テ論スルコトヲ得スト謂ハサルヘカラス尙ホ實際ノ判例ヲ觀ルニ中世以來專ラ此差別說ニ反對セリ就中英國ノ判例ニ依レハ英國ノ殖民地ノ法律ハ恰モ外國ノ法律ト同一ニ看做セリ蓋シ此差別ハ未タ曾テ完全

ニ實行セラレタルコトアラス其他獨立國ノ法律ハ法理上之ヲ一國內ノ州郡ノ法律ト同一ニ取扱フヘキコトハ(受訴裁判所ノ)法律ノ明文ヲ以テ州郡法ハ裁判ノ際之ヲ適用スヘキコトヲ規定シ外國ニ於テ行ハルル法律ニ付テハ其適用ヲ禁スルニ依リテ亦之ヲ推知スルニ足ル若シ兩者ノ間ニ差異アリトセハ何ソ故ラニ明文ヲ以テ之ヲ規定センヤ立法者ハ他ノ州郡(又ハ密接ノ關係ヲ有スル同盟國)ノ法律ノ效力ハ之ヲ認ムルニ拘ラス外國法律ノ內國ニ於ケル效力ハ必要上(多クハ誤想ニ出ツ)事物ノ自然ニ基クモノヲモ之ヲ認メサルコトアリ(一)(就中其裁判所之ヲ否認スヘシ)又獨立國間ニ於テ相互又ハ報復ノ關係アルトキハ外國法ノ適用ヲ許サヽルコトアリ是レ實ニ斯ノ如キ明文ノ規定アル所以ナリ

以上各種ノ州郡法ノ適用ニ付テ說明シタル所ハ同一國內ニ於ケル他ノ特別法(規約)ノ適用ニ付テモ當然援用スルコトヲ得

第六章　強行法ノ效力

(一)獨手法八四二日ク外國人ハ其本國法ニ依リテ爲替能力ナキモ內國ノ法律ニ依リテ其能力アルトキハ內國ニ於テ爲替義務ヲ引受クルニ依リテ義務ヲ負フ又獨民訴五三ニ曰ク外國人ハ其國法上訴訟能力ナキモ受訴裁判所ノ法律ニ依リテ能力ヲ有スルトキハ訴訟能力者ト看做スト尚ホ我修法三ノ二及ヒ我民訴四四參照

近世ノ學說ニ據レハ外國法ハ各國ニ於テ適用セサルヘカラサルモ其外國法ト競合スル異趣ノ內國法現存スル場合ニハ例外トシテ之ヲ適用セスト爲セリ「サビニー」ハ此種ノ內國法規ヲ稱シテ强行ノ性質ヲ有スル法規ト云ヒ佛伊ノ法學者ハ公ノ規定ニ屬スルモノト名ケタリ然レトモ內國法規ニシテ其規定スル所ト異ナル個人ノ意思ヲ聽容セス又ハ其內國法規カ國家ノ經濟上又ハ風俗上ニ基因スルヲ觀テ直チニ外國法ノ適用ヲ許サヽルモノト速斷スヘカラス是レ立法者ハ往々此法規ヲ以テ其强行ノ意思ヲ自國ノ臣民ニ對シテミノモ行ハントスルコトアレハナリ例ヘハ親族法ノ强行的法文ニ於ケルカ如シ又强行ノ法規ト雖モ內國ニ於テ其效力ヲ發生スヘキ法律行爲ノミニ適用スヘキ性質ノモノアリ例ヘハ利子ノ最高額ヲ確定スル法律ノ如キハ正說ニ依レハ權利保護ノ條件全ク異ナル國ニ於ケル消費貸借ニハ之ヲ適用スヘカラサルカ如シ又罰則ノ如キハ唯內國人又ハ內國ニ永ク寓居スル者ニノミ適用シ一時滯在スル外國人ニ對シテハ之ヲ行ハサルコト往々アリ(一)然レトモ外國法ノ適用ヲ許サヽル强行的法規ノ性質

(一)例ヘハ兩親ニ於テ其子女ヲ學校ニ上ラシメサルト

キハ罰ニ處ストノ法令ノ如キハ內國ニ一時寄寓スル外國人ニモ適用スルハ頗ル問題タルヘシ

ハ比較的ニ止マル詳言セハ之ト異ナル外國法規ノ効力ヲ內國ニ於テ忍容スルヲ得サル場合ニ限リテ之ヲ見ル係爭ノ法律關係其者カ內國ニ於テ直接ニ實行セラレサル場合ニハ其渉外的效力ハ內國ニ於テモ認メサルヘカラス例ヘハ我婚姻法ニ於テハ假令一夫多妻ヲ排却スト雖モ一夫多妻ノ制ヲ認ムル本國法ヲ有スル外國人ノ子ニ對シテハ我邦ニ於テモ相續權ヲ認メサルヘカラス

奴隸及ヒ一夫多妻ハ我國ニ於テ全然之ヲ認メサルヲ以テ外國ヨリ逃レ來リタル外國人ノ奴隸ハ之ヲ我國ニ於テハ訴ヲ以テ回收スルコトヲ得ス回々教徒ノ婦女カ其室房ヲ逃亡シタル場合ニハ我法廷及ヒ官衙ハ之ヲ抑留シテ多妻ノ生活ヲ强行セシムルコトナシ然レトモ此等ノ徒カ我國ニ於テ一夫一婦ノ結婚ヲ爲サントスルトキハ之ヲ妨クルコトナシ是レ一夫多妻ハ我國ノ制度ニ非サレハナリ又賭博契約ハ外國ニ於テハ或ハ之ヲ許スコトアリト雖モ不法ノ遊戯ヲ以テ原因トスル訴ハ我法廷ニ於テ之ヲ却下セサルコトヲ得ス之ヲ要スルニ我法規及ヒ我法廷ハ我國法上絕對ニ之ヲ我

臣民ニ對シテ許サヽル法律關係又ハ權利ノ實行ニ保護ヲ與フルコトヲ得ス加之確定シタル法律關係ニハ能ク其效力ヲ認ムルモ其法律關係ノ確定ニ關スル訴訟ハ之ヲ許サヽルコトアリ然レトモ單ニ確定シタル法律關係ノ效力ヲ認ムルニ過キサル場合ニハ外國ニ於テ訴訟ヲ以テ確定シタル法律關係ヲ我裁判所ニ於テ主張スルコトヲ得ヘシ

第七章　訴訟上ノ結果、外國法職權的適用、外國法ヲ適用スルヲ不當ニ拒ミタル場合ニ於ケル訴訟上ノ結果(上訴)、條約ニ付テ裁判所ノ爲スヘキ注意及ヒ解釋

以上說明スル所ニ依レハ內國裁判所カ外國法規ヲ適用スルハ畢竟內國ノ法律カ其法域ニ於テ外國法規ヲ適用スヘキコトヲ認メタルニ職由スルモノナリ故ニ之ヲ詳密ニ論スルトキハ外國法ハ內國法ト同シク裁判所ニ於

テ職權ヲ以テ適用スヘキモノニシテ當事者ノ申立及ヒ立証ヲ待ツ要ナシ(一)若シ外國ニ行ハルルノ故ヲ以テ之ヲ適用セサルトキハ内國法ヲ適用セサルト同一ノ結果ヲ生ス而シテ一定ノ屬地法ヲ適用セサルト其屬地法ノ何レノ規定ヲ適用セサルトハ結果ニ於テ異ナル所ナシ然レトモ此際左ノ事項ニ注意セサルヘカラス

第一　裁判官ハ總テノ外國法ヲ識ラサルヘカラサルコトハ到底望ムヘカラス故ニ外國法ノ適用ニ利害ノ關係ヲ有スル當事者ニ於テ裁判官ヲ補助セサルヘカラス裁判官ハ當事者ニ對シテ立証ヲ催スヘシ若クハ獨逸民事訴訟法ノ如キ主義行ハルル國ニ於テハ當事者ハ自ラ進ンテ其利益ト爲ルヘキ外國法ヲ証明セサルヘカラス然レトモ當事者ニ証明ノ責アリト雖モ裁判官モ亦自ラ進ンテ其必要ナル外國法規ヲ審定スルコトヲ得ヘシ(二)故ニ裁判官ハ自ラ確實ナル條文若クハ外國法律書ヲ調査シ又ハ外國法學者ノ報告ニ依リテ之ヲ審定スヘキモノトス而シテ當事者カ外國法規ノ存否又ハ意義ニ付テ任意ノ自白又ハ説明ヲ爲スモ裁判官ハ形式

(一) 隣國ノ有名ナル法規ハ裁判所ニ於テ當然之ヲ適用ス斯ル場合ニハ法規ハ顯著ナル事實ト看做スヘキナリ

(二) 獨民訴二六五ニ曰ク他國ノ現行法慣習法及ヒ規約ハ裁判所ニ於テ之ヲ知ラサルトキニ限リ証明ヲ要ス此法規ヲ審定スルニ當リ裁判所ハ當事者ノ申出タル証明

上之ニ拘束セラルルコトナシ裁判官ハ之ヲ他ノ事實ニ付テノ自白又ハ說明ト同一ニ看做ヘシ(三)然レトモ當事者カ自己ニ不利益ナル外國法規ノ存スルコトヲ自白スル場合ニハ裁判官ハ多ク之ヲ信セサルコトヲ得ス又假令當事者カ當該外國法ノ特殊ノ點ヲ指示セサルモ之ヲ以テ直チニ係爭ノ場合ニハ其特殊ノ點存セサルモノト推斷スヘカラス又其標準トスヘキ外國法規ヲ確定スルニハ諸種ノ法源、法律又ハ裁判例ヲ探究綜合スヘシ成法ハ屢、變更セラルルモノナレハ其搜索甚タ困難ニシテ錯誤ニ陷ルコト容易ナリ故ニ政府ハ信用厚キ法學者ニシテ國際法上ノ問題ヲ鑑定シ得ル者ノ住所ヲ公知シ又ハ斯ル學者ノ會議ヲ組織スルヲ便トス(四)但其鑑定ニ形式上ノ拘束力ヲ附與スヘカラサルハ固ヨリ論ヲ俟タス又他國ニ國籍ヲ有スル辯護士ノ移住ヲ圖ルハ法律ノ探究ニ便アルヘシ例ヘハ英國人タル辯護士ニシテ英國法ニ精通スル者ヲ巴里ニ寓セシムルカ如シ其他條約ヲ以テ外國法ヲ以テ裁判ノ目的ト爲ス先決問題ハ裁判ノ標準ト爲ルヘキ法律ヲ發シタル國ノ裁判所ニ移送スルコトト定ムル

ニ制限ヲ受クルコトナシ亦裁判所ハ其他ノ認知法ヲ用ヰ及ヒ之ヲ用ヰル爲メ必要ナル處分ヲ命スル權アリト尙ホ我民訴二一九參照

(三)然ラサレハ當事者ハ存在セサル法規又ハ全然意義ヲ異ニスル法規ニ依リテ裁判官ノ裁判ヲ求ムルニ至ルヘシ如何ナル法律ヲ適用スヘキヤハ千八百八十九年一月三十日判決（判錄一二三卷六三三頁）ヲ參照スヘシ即チ曰ク當事者双方ニ於テ獨逸法ニ適スルモノナリト主張スルノミニテハ未タ足レリトセス法律又ハ普通ノ原則上當該法律關係ノ標準タル法ヲ以テ之ニ適用スルヲ原則トスト

(四)此點ニ付キテハ「ハムブルグ」ノ國際法會議ニ於テ「ピラントニス」ノ發議ニテ決議アリ千八百九十一年ノ

モ可ナリ尤モ斯ク定ムルトキハ受訴裁判所ハ外國裁判所ニ囑託書ヲ發セサルヘカラス英國ノ法律ハ既ニ斯ル處分ノ生スヘキコトヲ豫想シタリ然レトモ當今ノ如ク國際上ノ取引頻煩ナルニ及ヒテハ法律學校及ヒ公立圖書館ニ於テ比較法研究ニ一層力ヲ盡サヽルヘカラス

第二國際私法ハ內國法ノ一成分ヲ構成スルモノナレハ判決ノ際外國ノ現行法ヲ不當ニ適用スルハ畢竟內國法ニ違背シタルモノナリ故ニ國際私法ノ規定ニ違背シタル判決ニ對シテハ獨逸民事訴訟法ノ規定ニ依レハ上訴ヲ爲スコトヲ得尤モ或一定ノ法律規定ニ違背スルモ必シモ破毀ヲ求ムルコトヲ得ス法律ノ認ムル普通原則ニ違背スルモ上訴ノ理由ト爲スニ足ラサルコトアリ然レトモ佛國破毀院ハ佛國ノ法典ノ各條ニ包含スル國際私法上ノ原理ヲ適用シテ漸次國際私法ノ原則ノ違背ニ付テ審理ヲ下セリ伊國法典ノ總則ニ於テハ國際私法ノ法理ヲ詳密ニ載セリ故ニ伊國ニ於テハ同法違背ハ直チニ上訴ノ理由ト爲シ得ルコト疑ヲ容レス

報告五二五頁及ヒ「マイリー」ノ著書ニ記載セリ白耳義伊太利西班牙瑞西合衆國葡萄牙及ヒ其他ノ數國ハ千八百八十六年三月十五日國際法會議チ設ケ（其後他ノ數國モ之レニ加入セリ）政府ノ公示書類ハ互ニ交換スルコトトセリ（マイリー著書四四頁以下ニ於テ印刷セリ）

判決ニシテ正當ニ一定ノ屬地法ヲ援用シタルモ其外國屬地法ノ規定ニ違背スルコトアリ此場合ハ前者ト頗ル其趣ヲ異ニシ法廷地法カ唯本國法ノ違背ノミヲ以テ上訴ノ理由ト看做スヤ否ヤ外國法ヲ以テ一個ノ事實ト看做スヤ否ヤニ依リテ定マル佛國學者ハ法律又ハ條約ニ於テ外國法ノ援用ヲ規定セサル以上ハ破毀ヲ求ムルコトヲ得スト主張セリ獨逸民事訴訟法第五百十一條ニ依レハ又上告ヲ許サヽルモノヽ如シ是レ本條ニ於テハ上告ハ唯獨逸國ノ法律又ハ扣訴裁判所ノ管轄外ニモ效力ヲ有スル法規ニ違背シタルコトヲ理由トスルトキニ限ルヲ以テ扣訴裁判所ノ管轄内ニサヘ效力ナキ法規ニ違背スルモ上告ノ理由ト爲スヲ得サルコト明カナレハナリ然レトモ斯ル場合ニ一國ノ最上級法廷ノ裁判ヲ許サヽルハ頗ル不當ト謂ハサルヘカラス外國法ノ問題ヲ統一裁判スルハ内國ノ法律關係ニ至大ノ關係ヲ有シ且間接ニ内國法ニ關スル他ノ裁判ニ影響ヲ及ホスコト尠シトセス蓋シ此場合ニ下級裁判所ハ最上級裁判所ヨリ外國法ヲ審定スルコト確實ナリト論スルコトヲ得サルヘシ

第三條約ニ於テ外國法(國際私法)ヲ適用スヘキコトヲ認メタルトキハ裁判所ハ其規定ヲ他ノ法律規定ト同一ニ取扱ハサルヘカラス條約ハ之ヲ詳細ニ觀察スルトキハ裁判所及ヒ個人ニ向ヒテハ法律ト同一ノ效力アルモノナリ故ニ裁判所ハ條約ノ規定ヲ解釋スルニ他ノ法律規定ト同シク政府ノ發表シタル見解ニ拘束セラルルコトナシ尤モ條約モ法律ト同シク他ノ法令又ハ法律ト同一ノ效力ヲ有スル他ノ條約ヲ以テ解釋ヲ與ヘタルトキハ裁判所ト雖モ亦之ニ拘束セラル條約ニシテ獨逸各邦ノ締結ニ係リ後ニ發布シタル獨逸國法ト衝突スルモノハ解釋上ハ舊ノ條約カ合意ヲ以テ成立シタルモノト看做スヘキカ如キモ獨逸裁判所ハ最早之ヲ遵奉スル義務ナシ又獨逸國法ニ依レハ行政官廳ハ形式上條約ノ解釋及ヒ效力ニ關スル裁判所ノ裁判ニ拘束セラルルコトナシ

住所及ヒ國籍

第八章

第一、住所

何人ト雖モ苟モ人タル以上ハ一定ノ屬地法ニ服從スヘキナリ而シテ其原因種々アリテ第一唯一時ノ寄寓ニ因ルコトアリ第二不定ノ繼續期間ノ居留ニ因ルコトアリ第二ノ塲合ニハ暫時此地ヲ去ルモ其屬地法ノ效力ハ之カ爲メ全然消滅スルコトナシ(住所)第三土地ニ一時又ハ繼續期間居留スルト否トニ關セス民族ノ系統關係ヲ以テ法律服從ノ原因ト爲スコトアリ(國籍(Staatsangehoerigkeit)又英佛伊ノ學者ハ本籍(Indigenat)又ハ國民籍(Nationalitaet)ト云フ)國籍及ヒ住所ハ或渉外效力ヲ有スルモノナリ一時居留スル者モ諸種ノ關係ニ於テ其地ノ法律ニ服從セサルヘカラスト雖モ是レ尙ホ純然タル事實ニシテ未タ法律上ノ制度ト謂フヘカラス之ニ反シテ住所幷ニ國籍ヲ定ムル原則ハ以テ成法ト爲スニ足ル而シテ住所ニ付テハ羅馬法ノ原則ヲ以テ尙ホ國際私法上ノ準則ト看做ヘキナリ

或人ノ住所トハ其者カ玆ニ居留シテ其生活ノ中心ト定メタル地ヲ云フ（L. 7 C. de incolis 10,40—L.203 D. 50.16）

住所ヲ設クルニハ左ノ要件具備セサルヘカラス

一、或場所ニ引續キテ居留スル意思(一)ヲ表示(二)スルコトヲ要ス其表示ハ默示ヲ以テスルモ可ナリ

二、此意思ヲ相當ノ行爲ヲ以テ實行スルコトヲ要ス例ヘハ住居ヲ引移スカ如シ

唯事實上一ノ場所ニ永ク居留スルモ第一ノ意思存セサルトキハ住所ト看做スニ足ラス然レトモ場合ニ依リテハ一ノ場所ニ永ク居留スルトキハ其者ノ其寓居ニ施セル組織ニ因リ玆ニ住所ヲ定メタルモノト看做スコトヲ得ヘシ必シモ其者ニ於テ其場所ニ於ケル關係ヲ以テ法律上ノ住所ト自認スルコトヲ必要ト爲サス(三)住所ノ要件ニ似テ要件ニ非サルモノアリ即チ左ノ如シ

一、國權ニ對シテ或場所ニ住スル旣得權即チ官廳ノ認許、故ニ強制的驅逐

(一)終身寄寓スル意思ハ必要ニ非ス特別ノ原因アルマテ止マル意思アレハ足レリトス

(二)此意思ハ法律上行爲能力者ニ非サレハ有スルコトヲ得ス未成年者ハ後見人ノ承諾ヲ得ルニ非サレハ住所ヲ有スルコトヲ得ス又住所ノ變更ハ通常ノ後見人ノ處理スヘキモノニ非スシテ上級後見人ノ承認ヲ受クルコトヲ要ス

(三)強制ニ依ル寄寓ハ住所ニ非ス故ニ刑事ノ犯罪ニ依リ拘留セラレタル者ハ其拘留場ノ存在スル地ヲ以テ住所ト爲スヘカラス

強制ヲ以テ驅逐セラレタル者ハ原住所ニ住所ノ意思ヲ繼續スルノ機會遮斷セラレタルヲ以テ歸復スル意思ヲ有スル能ハサルニ由ル

ヲ受クル虞アルモ之カ爲メ住所ノ成立ヲ妨クルコトナシ然レトモ佛法ハ特認住所 (autorisiertes Domicil) ニ或特別ノ效力ヲ附セリ

二、一定ノ期間繼續シテ居留スルコト、一定ノ期間繼續シテ居留スルニ非サレハ貧窮ニ陷リタル際組合ノ保護ヲ要求スル權ナカルヘシ故ニ此等特別ノ點ニハ繼續居留ヲ以テ要件ト爲スト雖モ住所其者ニ對シテハ要件ニ非ス

住所ヲ廢止スルニハ設定ノ二要件共ニ消滅スルコトヲ要ス故ニ從來ノ居所ヲ廢スル意思ノミニテハ住所ハ未タ廢止セラレタルモノニ非ス又居所ヲ廢スル意思ナクシテ單ニ其地ヲ去ルモ亦住所ヲ廢止シタリト謂フヘカラス然レトモ引續キ歸復セサルヘシトノ意思ヲ以テ之ヲ去ルトキハ住所ハ廢止セラレタリト謂フヘシ此場合ニ他ノ場所ニ新シキ住所ヲ設定スルノ目的ハ必シモ伴フコトヲ要セス住所ノ廢止ニハ從來ノ住所ヲ抛棄スルト同時ニ必ス新住所ヲ設定セサルヘカラサルニ非ス何トナレハ人ハ住所ナキモ尚ホ存在スルコトヲ得レハナリ然レトモ一人カ同時ニ數多ノ場所

ヲ以テ其世活ノ中心ト定ムルコトヲ得ルヤ否ヤニ付テハ一考ヲ要ス此場合ニハ數多ノ住所同時ニ成立スルモノナリ羅馬法ハ明カニ之ヲ認メタリ而シテ羅馬法ニ依レハ住所ハ唯裁判籍ヲ定ムルニ必要アルノミナレハ一人ニシテ同時ニ數多ノ住所ヲ有スルコト決シテ難キニ非ストセリ若シ人ノ人權(das persoenliche Recht)ヲ住所ト關係アラシムルトキハ其趣ヲ異ニセサルヘカラサリシナラン故ニ英國及ヒ北米派ノ如キ人權ヲ住所ニ依リテ定ムル主義ヲ採ル者ハ一人ニシテ同時ニ數多ノ住所ヲ有スルコトハ何レニモ住所ヲ有セサルコトト一般ニ之ヲ許サス其所謂國民籍ナル者ハ其者カ他ノ住所ヲ取得スルマテ繼續スルモノトセリ

住所ハ通常個人ノ自由意思ヲ以テ設定スヘキモノナリト雖モ羅馬法ニ於テハ法律ニ依リ直接ニ住所ヲ設ケ個人ノ意思又ハ實際ノ居留如何ヲ問ハサルコトアリキ(法定住所又ハ必要住所是ナリ)現今ニ於テモ判例中尙ホ此等ノ場合ヲ認メ國際私法ニ在リテモ親族關係ヲ主張スル者ニ之ヲ認メテ保護ヲ與フルコトアリ即チ第一妻ハ裁判所ニテ繼續ノ別居ヲ宣言セラレサ

ル間ハ夫ノ住所ヲ以テ其住所トス別居ノ宣言ハ必ス妻ニ獨立シテ住居ノ撰擇ヲ爲スコトヲ得セシムルモノナリ此裁判ナキ塲合ニハ妻ハ通常夫ト住所ヲ共ニスヘキモノトス唯夫カ開化ノ程度甚タ異ナル國ニ住所ヲ移轉スルトキハ妻ハ之ニ從フ義務ナシ第二父權ノ下ニ在ル未成年者ハ父ノ住所ニ從ヒ婚姻外ノ小兒ハ母ノ住所ヲ以テ其住所トシ母カ其住所ヲ變更スルトキハ上級後見官ノ認可ヲ經テ其小兒ノ住所ヲ變更スルコトヲ得

法人及ヒ商事會社就中株式會社モ住所ヲ有ス而シテ株式會社ニ於テハ往々定款ヲ以テ之ヲ定ム然レトモ事實ニ反シテ會社ノ位置ヲ營業地外ニ定メタル定款ハ國際私法上之ヲ保護スヘキ限ニ在ラス而シテ法人ノ住所ヲ他ノ國領ニ轉スルトキハ其國ニ於テ此種ノ會社ヲ新設スル塲合ニ適用スヘキ法規ヲ遵奉スルコトヲ要ス

第九章

第二、國籍(一)

古代ニ於テハ人權ハ市民權(二)ヲ以テ之ヲ定メ市民權ハ民族ノ系統ニ基キテ

(一)國籍ノ法理ハ國際私法ノミナラス國際公法又ハ國家法ニ於テモ研究

ズヘキ處ニシテ個人ノ權利ト國家ノ權利トヲ以テ研究ノ目的トス
(三)羅馬法ニ於テハ之ヲOrigoト云フ

取得シタリ日耳曼ニ於テモ元來系統ヲ標準トセリ然レトモ日耳曼ニ於テハ移住ノ事アリテ系統ノ關係ヲ維持スル能ハス其移住民ヲモ民族中ニ加ヘタリキ而シテ中世ノ末葉ニ至リテハ個人ノ政治上ノ權利ヲ注意スルコト淺カリシヲ以テ住所ハ一定ノ國家ニ從屬スル標準ト看做シ住所ニ對スル國籍ナル特別ノ意義ハ法律及ヒ布令ノ衝突ヲ研究スル學者ノ注意ヲ惹クコト最モ稀ナリキ國籍ノ特授ハ佛國ニ於テ往々之ヲ見ルモ是レ外國人ノ遺産ニ對スル國王ノ相續權ハ歸化人ノ場合ニハ之ヲ行ハストノ意義ニ用井タルノミ而モ佛國ニ於テハ此關係ニ於テ猶ホ且系統ニ重キヲ置キタリ即チ外國ニ於テ出生シタル佛人ノ小兒ハ佛人ト看做シ又封建ノ觀想ニ基キ佛國ニ於テ出生シタル者ハ之ヲ內國人ト看做シタリ然レトモ人權ハ上ニ述ヘタルカ如ク住所ニ依リテ定マリタルヲ以テ此等ノ認定ハ敢テ私權上ニ影響ヲ及ホササリキ

佛國ノ第一革命以來漸次住所ト國籍トヲ區別スルニ至レリ特ニ自國ノ臣民ハ之ヲ驅逐スヘカラストノ原則唱道セラレタル以來此區別明カトナレ

リ佛國ノ法律及ヒ法學者ハ實ニ國籍ノ學理ヲ大成スルニ付テ大功アリト謂フヘシ如何ナル人ヲ以テ臣民ト爲スカ此問題ハ先ツ其者ノ屬スヘキ國ノ法律ニ依リテ之ヲ決セサルヘカラス然レトモ國籍ニ付テモ亦衝突ノ場合ヲ生シ國際私法ヲ以テ之ヲ決セサルヘカラサルコトアリ但個人幷ニ國家ナル意義ハ如何ナル説ヲ以テ可ト爲スカノ問題ハ國際私法ノ宜シク確定スヘキ所ニ非ス

甲、國籍ノ原因ハ主トシテ左ノ如シ

一、系統 (Abstammung, iure sanguinus) 即チ正婚ノ小兒ハ父ノ國ニ屬シ婚姻外ノ小兒ハ母ノ國ニ屬セシム然レトモ千八百七十年七月一日ノ獨逸國法律ハ內國ノ出生 (iure soli) ヲ以テ直チニ獨逸ノ國籍ヲ取得シタルモノト認メス「ベェヂツェラー」ニ於テ出生シタル外國人ノ小兒ハ當然「ベェヂツェラー」人ト爲ル又千八百七十年ノ英國法ニ據レハ英國ノ土地ニ生レタル非英國人ノ小兒ハ成年ニ達シタル後英國ノ臣民タルヤ外國ノ臣民タルヤ之ヲ撰擇スルコトヲ得セシム而シテ千八百八十九年七月二十六日ノ佛國法ニ依レハ佛國ニ於テ生レタル外國人カ佛國ニ於テ小兒ヲ生ミタルトキハ其小兒ハ當然佛ノ國籍ニ編入セリ(三)甲カ乙國ニ出生シタル狀態ハ直チニ乙國ノ國籍ヲ取得スルニ十分ナリト看做スヘカラス是レ出生ノ地ハ偶然ニ係ルコト多ク(四)又両親ノ意思ニ依リテ異ナルコトアレハナリ尤モ系統ノ原則ハ之ヲ絶對ニ適用スルトキハ實際ニ於テ不都合ナル結果ヲ生スルコトアリ即チ事實上數多ノ子孫ヲ有スル親族ヲ以テ外國人ト看做サヽルヘカラサルコトアルヘシ故ニ上ニモ掲ケタルカ如ク所謂二世ヲ重ネテ國内ニ出生シタル親族ハ内國人ト推定スト云ヘル佛國ノ新法ノ規定ハ頗ル嘉スヘキナリ少クトモ國内ニ於テ第二世ニ生レタル子孫ニハ此法ヲ適用スルコトヲ要ス(五)

小兒ハ子タル法律上ノ資格ニ因リテ父ノ國籍ヲ取得ス且此場合ニハ反致效ヲ有ス尤モ此點ニ付テハ學者ノ說未タ一致セス然レトモ余輩カ斯ク說ク所以ハ法律上ノ資格ナルモノハ畢竟自然ノ既成關係ヲ法律上認ムルモノニ過キサルニ由ル但其子又ハ其後見人ノ承諾ヲ要スルコト論

(三)佛國ニ於テ生レ其成年ニ達シタルトキ仍ホ佛國ニ住所ヲ有シタル者ハ亦佛國民ト看做ス(千八百八十九年ノ法律)然レトモ其者ニシテ他國ノ國籍ヲ有シ其父國ヨリ兵役ニ應スヘシトノ催告アリタルコトヲ證明シタルトキハ一定ノ期間内ニ佛國人タルコトヲ拒ムコトヲ得(佛國ニ於テ近頃發布セラレタル國民ニ關スル法律ハ主トシテ兵役義務ヲ免ルヽ者ヲ妨止セントスルニ在リ

(四)両親ニ於テ出生ノ前ニ國籍ヲ變シタル場合ニモ出生地ハ出生ノ時期ヲ以テ之ヲ決セサルヘカラス

(五)両親ノ知レサル小兒(棄兒)ハ其發見セラレタル地ヲ以テ國籍ヲ定メシムルヲ可トス

ヲ俟タス之ニ反シテ養子ハ純然タル任意ノ所爲ニ基ク故ニ其效力ハ總テ國籍ニ及スコトヲ得ス

二、皈化詳言セハ國權カ國籍ヲ特ニ賦與スル事

(イ)、一二ノ國(例ヘハ白耳義匈牙利ノ如シ)ニ於テハ大皈化ト通常歸化トノ區別ヲ爲シ通常皈化ハ效力甚タ狹少ナリ政治上ノ權利就中衆議院議員撰擧權、高等官吏就任能力ハ大皈化ニ非サレハ附與セス隨ヒテ大皈化ハ特別法ヲ以テ之ヲ認許シ又久シク繼續シテ其國ニ寄寓スルコトヲ以テ認許ノ條件ト爲セリ他ノ國就中獨逸國ノ如キハ皈化ハ一ニシテ完全ノ效力ヲ之ニ附シ皈化者ニハ總テ政治上ノ權利ヲ附與セリ(六)

(ロ)、皈化(Naturalisation)ハ皈化シテ國民ニ加ハラント欲スル者ノ意思行爲有效ナルヲ要ス故ニ皈化人ハ行爲能力ヲ有セサルヘカラス獨逸法第八條第一項ニ於テハ明文ヲ以テ國民タラント欲スル者ハ從來ノ本國法ニ依リ處分能力ヲ有スルコトヲ要スト云ヘリ尤モ獨逸法ハ尚ホ一般ノ規定ヲ以テ處分能力ノ缺點ハ法定代理人(後見人、輔佐人、父)ノ承諾

(六)北米合衆國ニ於テハ皈化後七个年ヲ經テ初メテ國會議員被撰擧權ヲ與ヘ大統領被撰擧權ハ移住民ニ與ヘス佛國新法第三條ニ於テモ皈化後十年ヲ經過スルモノニ非サレハ立法議員ノ被撰擧權ヲ賦與セス

ヲ以テ之ヲ補完スルコトヲ得ト云ヘリ佛國學者ハ玆ニ要件トセル意思行爲トハ成年ノ本人ニ屬スル意思行爲ニシテ未成年者ハ固ヨリ其代理者ニ於テモ代理スルコトヲ得サルモノナリト說明セリ尤モ千八百八十九年ノ法律第一條ニ於テハ此主義ニ例外ヲ認メ以テ佛國ニ出生シタル外國人ノ小兒ノ利益ノ爲メ佛國ノ國籍ヲ認メタリ

歸化ヲ爲スニハ必シモ其者カ歸化スル前ニ於テ屬セシ國ノ關係ヲ形式上ニ於テ離レ又ハ其關係ノ消滅シタルコトヲ必要トセス獨逸法モ外國轉籍ノ自由主義ハ敢テ反對スル所ナシ唯獨逸ト一二ノ國トノ條約ニ於テ此事ヲ規定セルノミ尤モ從來ノ國ノ關係未タ解除セサルニ他ノ國ニ歸化シタルトキハ亦大ニ法律ノ衝突ヲ生スヘシ此事ハ後ニ悉シク說明セン

(ハ)、歸化ハ數多ノ國ノ法律ニ依レハ國民編入ヲ欲スル者歸化前一定ノ繼續期間其國領ニ住居ヲ有スルコトヲ要ス但國ノ官吏ニ任命スル際歸化スル場合ハ此限ニ在ラス

（七）貴賓ノ資格ノ賦與ハ皈化ニ非ス

（二）皈化ハ國權カ特別ノ行爲ヲ以テ之ヲ宣言シテ爲サシムルヿヲ得（七）（皈化証書ノ交付）又暗默ニ官吏ニ任シテ爲サシムルコトヲ得（獨逸法第九條ノ如シ但諸國ノ法律總テ斯ノ如シト謂フニ非ス）皈化ノ國際法上ノ效力ヲ十分ナラシムルニハ其皈化スヘキ國ノ領地ニ住所ヲ轉スルコトヲ要ス獨逸法ニ於テハ此要件ヲ掲ケス故ニ獨逸ノ皈化ハ他ノ國カ個人ニ對シテ異議ヲ挾マサル以上ハ獨逸國ト皈化人トノ間ニハ其者カ獨逸國內ニ住所ヲ有スルト否トヲ問ハス完全ノ效力ヲ生スルモノトス一二ノ國例ヘハ墺太利及ヒ伊太利ノ如キハ皈化証書ヲ交付シタル上尚ホ國民ノ誓ヲ爲サシムルモノトセリ皈化ヲ認許スルハ獨逸國法ニ於テハ管轄廳ノ意見ヲ以テ定ム他國ニ於テモ亦斯ノ如キモノ往々アリ合衆國ニ於テハ裁判所ヲシテ皈化ノ要件具備スルヤ否ヤヲ調査セシメ裁判所カ國件ニ之ヲ編入スルコトヲ宣言スルモノト定メタリ故ニ皈化ノ要件具備スル場合ニハ之ヲ一個ノ權利請求ト看做セリ諸威及ヒ丁馬塞ニ於テハ二年間住所ヲ國內ニ有スル者ハ法律ノ結果

トシテ當然國籍ヲ取得ス但政治上ノ權利ハ此限ニ在ラス特別皈化ハ内國人ト結婚シテ國民トナリタル婦人ニ適用スルモノニシテ殆ト總テノ諸國ニ於テ認ムル所ナリ又特別皈化ニシテ國民ニ再皈ノ權利ヲ指示スルコトアリ例ヘハ佛國ノ女子カ婚姻ニ依リ佛國ノ國籍ヲ失ヒタルニ後再ヒ佛國ニ復歸シタル場合ノ如シ獨逸法第二十一條ハ獨逸人カ外國ニ十年寄寓シ獨逸ノ國籍ヲ喪失シタルニ後再ヒ獨逸國ニ移住シタル場合ニ此特別歸化ヲ許セリ

(ホ)歸化ハ獨逸法第十一條ニ據レハ妻及ヒ父權ノ下ニ立ツ總テノ者ニモ及フモノトス又伊太利瑞西法及ヒ千八百八十九年ノ佛國法モ亦然リ(但佛法ニ依レハ小兒ハ成年ニ達シタルトキ一定ノ期間內ニ佛國ノ國籍ヲ拒ムコトヲ得)(八)(九)

(ヘ)歸化ハ一國ノ國權ノ作用ナルヲ以テ他ノ國ノ裁判所ハ直接ニ之ヲ無效ト認ムルコトヲ得ス他ノ國モ亦然リ從來ノ國籍關係及ヒ之ニ伴フ權利ヲ傷害シテ歸化シタル場合ト雖モ他ノ國ノ裁判所ハ其國ニ於テ

(八)佛國ノ新法ニ依レハ佛國ニ皈化シタル外國人ノ要ハ歸化ノ權利ヲ有スルニ過キス

(九)白耳義法ハ之サ異ニセリ獨逸法ハ家族ノ單一ヲ可成的維持セントト欲スル精神ニ出ツ此法制モ竊スヘキニ非ラス

ハ歸化ハ有效ナル旨ヲ宣言スヘキ義務アリ(一〇)

乙、國籍ハ左ノ事項ヲ包含シテ其意義ヲ搆成スルモノナリ

一、臣民ハ國ニ居留生活スル權利アリ(臣民ハ驅逐ヲ受クルコトナシ)(一一)

二、國家ハ臣民ニ對シテ或特別ノ給付ヲ要求スル權アリ(一二)就中兵役義務ヲ課スルコトヲ得尤モ政治上ノ役務ハ事情ニ依リ國領内ニ於テノミ住スル外國人ニ對シテモ亦課スルコトヲ得

三、國家ハ臣民ニ對シテ忠順ナルコトヲ求ムル權利アリ隨ヒテ臣民ハ國ニ對シテ此義務アリ又外國ニ寄寓スル際ト雖モ此權利義務ハ仍ホ或條件ノ下ニ存ス又刑法ニ明示スル權利義務モ追隨スヘキモノトス(一三)

四、國家ハ外國ニ於ケル其臣民ニ對シテモ亦保護ヲ與フル權アリ國家ノ此權利ハ國際上ノ權利ニシテ國際上ノ問題起ルトキハ其者ノ屬スル國ハ直チニ保護ヲ與フル資格ヲ有スルモノナリ(一四)

五、近世最多數ノ國及ヒ法學者ノ採ル主義ニ依レハ(此點ニ付テハ尚ホ後ニ説明スル所アルヘシ)或人ノ人權ハ其者ノ屬スル國ノ法律ニ依リテ定マ

(一〇)内國ノ法律ノ效果ヲ避ケント欲シテ外國ニ皈化シタル塲合ニハ内國ハ其皈化ノ效力ヲ認メサルヲ得ヘキカ此點ニ付テハ爭アリ唯外國ニ歸化シタル者カ外國ニ於テ目的ヲ遂シタルヤ否ヤ直チニ再ヒ内國ニ歸化スル塲合例ヘハ内國ニ於ケル離婚禁制ヲ避クル爲メニ離婚ヲ許ス外國ニ歸化シ其離婚ヲ了ヘタルヤ否ヤ直チニ内國ニ復歸スル如キ塲合ニ付テハ先ノ歸化ヲ認メサル傾向アリ

(一一)數多ノ國就中獨逸國ノ如キモ臣民ハ他國ニ處刑ノ爲メ引渡スコトナシ然レトモ英國及ヒ北米ノ如キハ之ニ反セリ

(一二)甲國カ乙國ノ臣民ニ兵役ヲ強要スルトキハ之ヲ國際公法違犯ノ甚シキモノト謂ハサルヘカラス

(一三)外國人モ内國ニ居留スル間ハ之

ルモノトス政治上ノ權利ハ臣民ニ固有ノモノニ非ス政治上ノ權利ハ臣民ニ非ラサル者モ行使スルコト決シテナシトセス（尤モ稀有ノ場合タルハ論ヲ俟タス）

丙、國籍ノ喪失ハ他國ノ國籍ヲ取得スルト否トニ拘ハラスト雖モ完全ナル效力ヲ生スルハ一方ノ國籍ヲ喪失スルト同時ニ他國ノ國籍ヲ取得スルトキニ於テス特ニ佛國ノ如キハ民法（一五）ニ於テ他國ノ國籍ヲ取得スルトキハ當然從來ノ國籍ヲ喪失スル旨ヲ明規セリ（一六、一七）是レ蓋シ人ハ一个國ノ國籍ヲ取得スルコトヲ得ヘキモ同時ニ數个國ニ屬スヘキモノニ非サルカ故ナリ一國國籍主義ハ個人ニ對シ頗ル保護ヲ奪ヒ權利ヲ喪失セシムル結果ヲ生シ數國國籍主義ハ解クヘカラサル衝突ヲ釀生スル虞アリ是レ數个國カ個人ニ對シテ同一ノ忠義ヲ盡サンコトヲ求ムルニ當リテ其數个國相互ニ敵視スル場合ニハ個人ハ到底其要求ニ應スルコト能ハサレハナリ然レトモ此等ノ主義ハ未タ何レノ國ニ於テモ完全ニ認メラレタルモノニ非ラス往々法律ヲ以テ內國人カ外國人ト結婚シタル結果ニ依リ

ニ或程度ノ忠義ヲ盡ス義務ヲ課スルコトヲ得

（一四）關係者ノ屬セサル國ハ非常ノ場合ニ非サレハ道德上ノ理由ヲ以テ其者ノ爲メニ他國ニ容喙スルコトヲ得ス

（一五）佛民法第十七條參照

（一六）他國ノ國籍取得ハ從來ノ國籍喪失ノ形式的要件ニ非ス然レトモ未タ他國ノ國籍ヲ取得セサル間ハ從來ノ國ニ於テ實質上ノ請求（例ヘハ兵役義務ヲ課スルカ如シ）ヲ爲スモ之ヲ不當ト謂フヘカラス

（一七）婚姻外ノ私生兒ノ認知ニ歸化ノ效力ヲ附スルトキハ父カ外國人ナル場合ニハ子ハ其認知ニ依リテ內國ノ國籍ヲ喪失スルモノト謂フヘシ

國籍ヲ脫スル場合ハ一般ニ認メラルル所ナルヲ以テ之ヲ擱ク)形式上ノ失踪若クハ官廳ノ宣告若クハ一定ノ方法ヲ以テ其國籍ノ維持ヲ圖ラス永ク繼續シテ外國ニ滯在スル事實等ニ依リテ國籍ヲ喪失スト規定シ(一八)又ハ外國ニ於テ兵役ニ就クトキハ他ノ國籍ヲ取得スルト否トニ拘ラス自國ノ國籍ヲ喪失スト規定セルアリ而シテ此等ノ法律遂ニ衝突ヲ生スル場合(例ヘハ甲國ノ法律ハ失踪ニ依ルニ非サレハ國籍ヲ喪失セスト爲ス場合ニ其臣民カ之ニ依ラスシテ單ニ乙國ニ歸化シ而シテ甲國ハ兵役義務等ニ關シ仍ホ之ヲ其臣民ト看做ス等ノ場合)ニハ國家ハ其權力ノ及フ領域內ニ於テハ其法律ヲ行ハシムルコトヲ得然レトモ第三ノ國ヲシテ此意見ヲ認メシメ自己ヲ助ケテ其要求ヲ遂行セシムルコトヲ得ス特ニ其失踪者ニ非サル者ノ歸化ヲ許シタル國ハ決シテ其補助ノ請求ニ應スルコトナカルヘシ又舊ト其者ノ屬シタル國カ其者ニ於テ他國ニ歸化シ其國ニ數年間滯留シタル故ヲ以テ之ヲ其臣民ト看做ス權ヲ拋棄スル場合ニ付テハ衝突甚タ單純ナリ此場合ニハ移住自由ノ主義行ハルル夫ノ北

(一八)獨逸法第二十條ニ曰ク國籍ハ唯左ノ場合ニ於テノミ之ヲ喪失ス
一、失踪ス
二、官廳ノ宣告
三、三十年間外國ニ滯在シタル場合
四、婚姻外ノ子チ法律ニ依リ認知スル場合ニハ父カ母ト異ナル國ニ屬セルトキ
五、獨逸ノ女子ニシテ外國人ト結婚シタルトキ

米合衆國カ千八百六十八年乃至千八百七十二年歐洲諸國北獨逸同盟(一九)次キニ南獨逸其他墺太利匈牙利)ト締結シタル(特ニ兵役義務ニ付テ重要ナル)「バンクロフト」條約(二〇)ナルモノハ此主義ニ基ケリ一國カ國籍喪失ノ宣告ヲ取消シ又申立ニ因リ他國トノ關係ヲ絶タシムルニハ其者ニ於テ未タ新ナル國籍ヲ取得セサル以上ハ他國ノ承認ヲ經ル要ナシ(二一)故ニ原來ノ本國ハ其者ノ請求ニ因リ再ヒ之ヲ國籍ニ編入スルコトヲ得是レ驅逐ノ塲合ニ最モ必要アル所ナリ之ニ反シテ國家ハ其失踪シタル者ニ保護ヲ與フルコトヲ拒ムコトヲ得尤モ此塲合ニハ國家ハ唯内國人ニ對シテノミ爲スコトヲ得ル請求權ヲ以テ驅逐完結後ノ者ニ對シテ主張スルコトヲ得ス是レ(二二)刑法上ニ於テ最モ必要ナル所ナリ脱籍ハ獨逸法(十八條)ニ依レハ脱籍証書ヲ交付シタル時完成スルモ脱籍者ニシテ証書交付後六个月以内ニ其住所ヲ獨逸帝國外ニ轉セサルトキハ無效ナルヲ以テ脱籍ハ住所ヲ拋棄シタルトキ完了スルモノトス其他ノ國ニ於テモ多クハ此方法ヲ採ル然レトモ稀ニハ他ノ國籍ヲ取得セルト否トニ拘ラス許可ナク他

(一九)千八百六十八年二月廿二日北獨逸同盟ト合衆國ト締結セシ條約ノ間ニ一方ノ國ヨリ他方ノ一國ニ移住シタル者ノ國籍ヲ定メタルナリ此條約ハ五年ヲ以テ期間トシ定メタリ其後制定セラレタル國籍法第二十一條第三項ハ此精神ヲ酌ミ規定シテ曰ク外國ニ五年以上繼續シテ居留シ其地ニ於テ國籍ヲ取得シタル者ニ付テハ條約ヲ以テ十年ノ期間ヲ五年マテニ短縮スルコトヲ得ト

(二〇)「バンクロフト」ハ米國公使ノ名ナリ

(二一)此原則ハ事實上諸國ノ認ムル所ニシテ獨逸ニ於テハ伊太利墺太利匈牙利等ト此點ニ付キ條約ヲ締結セリ千八百五十一年七月十三日「ゴター」協定モ亦此原則ヲ酌メリ

(二二)尤モ數多ノ學者特ニ「ラバンド」

ノ如キハ住所ヲ變更スルマテハ獨逸法ニ依リテ獨逸國民ニ屬スル義務ヲ履行セサルヘカラスト主張セリ

國ノ兵役ニ就ク場合等ニ於テ刑罰トシテ其國籍ヲ喪失セシムル規定ヲ設ケタル國アリ(佛民法第二十八條)國カ從來ノ國籍ヲ留保シテ他國ノ役務ニ從フコトヲ許可シタル場合(獨逸法第二十三條參照)ニ關シテ法律ノ衝突ヲ生スルトキハ通常最終ノ國ニ對スル義務ヲ以テ優先ノモノト看做スヘシ而シテ他國ノ役務ニ從フ者其國ヨリ完全ナル國民タル取扱ヲ受クルトキハ從來ノ國籍ノ留保ハ唯再ヒ舊國ニ復歸スル無條件ノ權利ヲ與ヘタルモノタルニ過キス

丁、聯邦國ニ於テハ國籍ニ二ツノ區別アリ即チ各聯邦ノ臣民權及ヒ總國ノ臣民權是ナリ而シテ總國ノ臣民權ハ各聯邦ノ臣民權ノ結果ニシテ又各聯邦ノ臣民權ハ總國ノ臣民權ノ結果ト看做スコトヲ得各獨逸聯邦ニ於テ一邦ノ臣民權ヲ取得シタル者ハ之ト同時ニ亦獨逸國民權ヲ取得ス北米合衆國ノ憲法ニ於テモ亦之ト同シク聯邦ノ民權ヲ取得シタルトキハ其者ノ住スル國ノ國民ト爲ル瑞西ノ法ニ依レハ歸化ヲ爲スニハ中央政府及ヒ當該州ノ認許ヲ要ス且瑞西同盟憲法第四十三條第一項ニ於テハ各州民ハ瑞西國民ナリト云ヘリ殖民地ニ於テ國籍ヲ取得シタル者ハ本國ノ臣民ト同一ノ範圍ニ於ケル權利ヲ行フコトヲ得ス隨ヒテ他ノ殖民地ニ於テ其本國民タル權利ヲ行使スルコトヲ得ス

戊、州カ他ノ國ニ割讓セラルルトキハ國籍ノ變更ヲ生スルコトアリ此場合ニハ出生地又ハ住所ヲ以テ基礎トシ割讓ヲ爲シタル國ノ民ニシテ割讓セラレタル地ニ出生シ又ハ割讓セラレタル地ニ住スル者ハ總テ國籍ヲ變更セラル蓋シ(二三)此原則ハ普通ニシテ夫ノ割讓セラレタル地ニ住シ幷ニ其地ニ出生シタル者ハ國籍ヲ變更スト云ヒ又ハ割讓セラレタル地ニ於ケル住所及ヒ出生カ國籍變更ニ重要ノ事項ナリト(二四)ノ說ハ未タ正確ノモノト謂フヘカラス又割讓セラレタル殖民地又ハ島嶼ニ於テ特別ノ國籍ヲ取得シタル者ニ付テハ其特別國籍ヲ以テ標準ト爲ササルヘカラス土地割讓ヲ定メタル新條約ハ割讓セラレタル地ノ民ヲシテ一定ノ期間內ニ割讓ヲ爲シタル國ニ歸來シ又ハ割讓ヲ受ケタル國ニ歸化スル權利ヲ、

(二三)割讓セラレタル地ニ出生シ又ハ住所ヲ有スル他國人ナルトキハ固ヨリ國籍ニ變更ヲ生スルコトナシ

(二四)千八百七十一年五月十日ノ佛獨媾和條約第二條及ヒ千八百七十一年十二月十一日追加條約參照

與フルコトヲ得斯ノ如キ場合ニハ一定ノ官廳ニ於テ其皈來又ハ皈化ノ意思ヲ表示スルニハ割讓ヲ爲シタル國ノ割讓セサル部分ニ住所ヲ轉スルコトヲ要ストシ定ムヘシ尤モ此條件ハ條約ニ於テ特ニ之ヲ記載セサルトキト雖モ亦然ラサルコトヲ得ス

第十章

第三、人權ノ確定（住所又ハ國籍ニ依リテ）(一)

個人カ一定ノ國ニ繼續シテ從屬スルトキハ人權ヲ確定スル結果ヲ生ス詳言セハ私法關係ハ事物ノ性質上個人ト國トノ繼續結合スルヲ以テ前提要件トセルモノニシテ此要件定マルトキハ私法關係ニ付テ何レノ國ノ法律ヲ以テ標準ト爲スヘキヤノ問題ハ容易ニ之ヲ解クコトヲ得然レトモ其詳細ニ至リテハ或ハ住所ヲ以テ個人ト國家トノ法鎖ト做シ又近世ニ於テハ國籍ヲ以テ其標準ト爲スアリ即チ英國及ヒ北米利加(二)ノ法律ニ於テハ住所ヲ以テ私法關係ノ標準トシ獨逸ニ於テモ普通法及ヒ普國普通民法（總則第二十三條參照）ハ之ニ則ルノ之ニ反シテ佛國伊太利及ヒ索遜法ハ國籍ニ依リ

(一) 英國及ヒ北米ノ學者ハnational domicilナル語ヲ用ヰ此語ニ依ル原則ハ普通羅馬法ノ原則ト稍ヽ差別アリ

(二) 判例ニ於テハ最モ多ク此主義ヲ採用セリ唯近世ニ至リ多少異リタル

テ之ヲ決シ(三)最近世ニ於テハ獨逸ニ於テモ(四)漸次國籍主義ヲ採用セリ蓋シ新民法實施ト共ニ此主義獨逸帝國ニ行ハルルニ至ラン然レトモ聯邦內ノ特別法ニ於テハ聯邦ニ屬スル者ニ自由ニ他國ニ轉渉スルコトヲ許スヲ以テ人權ヲ確定スルニハ住所ヲ以テ標準トスルヲ可ト爲スナラン又人權ヲ確定スルニ個人ノ意思ヲ解釋スル場合ニハ往々住所ノ法ニ依ルヘキモノトス隨ヒテ自由ナル意思ニ依ル商行爲ヲ判斷スルニハ營業地ニ行ハルル法律ヲ以テ其標準ト看做ササルヘカラス(五)

斯ノ如ク人權ハ或ハ住所ノ法律ニ依リ或ハ國籍ニ依リテ確定スヘシ然レトモ余輩今便宜ノ爲メ兩者ヲ概括シテ屬人法(Personalstatut)ナル語ヲ用ウ但屬人法ト云ヘハ住所ノ法律又ハ國籍ノ法律中何レカ一ニ依ルヘキモノニシテ決シテ他ノ法律ハ之ヲ標準ト爲ササルコトヲ示ス

國籍ヲ喪失シテ未タ他ノ國籍ヲ取得セサル者ハ何レノ法律ヲ以テ其人權ノ標準ト爲スヘキヤ此問題ニ付テハ見解種々ナリ甲說ニ據レハ住所ノ法律ヲ以テ之ヲ決スヘシト云ヒ乙說ニハ其最終ノ國籍ノ在ル國ノ法律ヲ適

判決ヲ現出セリ

(三)墺太利法ニ依レハ墺太利人ニ對シテハ國籍ヲ標準トシ非墺太利人ニ付テハ其標準區々ナリ

(四)國籍主義ニ付テハ國際法會議ノ決議アリ

(五)一方ニ於テ人ノ住所ノ法律ヲ以テ其人格ヲ確定スル標準トシ又他方ニ於テ同時ニ國籍ノ法律ヲ以テ其者ノ人格ト爲スコトヲ得ヘシ而シテ斯ノ如キ學術上解クヘカラサル積極的ノ衝突ヲ生スル場合ニハ裁判官ハ自國ノ法律ヲ指示シテ之ニ依リ住所ヲ以テ標準トスヘキカ將タ國籍ニ依ルヘキカヲ決スルノ外ナシ又消極的衝突ヲ生スル場合即チ住所ノ法律ハ國籍ノ法律ヲ指示シ

用スヘシト唱フ蓋シ乙說ハ條理適正ニシテ獨逸民法草案第三十二條(六)ニモ之ヲ採用セリ但最終ノ國籍ヲ確定シ得サル場合ハ頗ル其趣ヲ異ニス決シテ前者ト同一ニ視ルヘカラス此場合ニハ住居ヲ以テ決スルノ外他ニ良準ナシ

外國ニ於テ治外法權ヲ有スル者ハ其本國ノ住居ニ依リテ屬人法ヲ決スヘキコト論ヲ俟タス然レトモ獨逸帝國ノ人民ニシテ普國普通民法ノ行ハルル地ニ住居セサル者カ其住居ヲ獨逸領事裁判權ノ行ハルル國ニ轉スルトキハ(例ヘハ土耳其ニ轉住スルトキハ)其屬人法ヲ變セサルヘカラサル特殊ノ結果ヲ生ス即チ此場合ニハ普國普通民法幷ニ其附屬ノ普國法律ヲ以テ其者ノ屬人法ト爲ス(領事裁判權ニ關スル千八百七十九年七月十日ノ帝國法及ヒ千八百八十九年十二月十六日並ニ千八百九十年二月十日ノ帝國裁判所判決參照)尤モ獨逸國ノ公使及ヒ治外法權ヲ有スル領事ニハ此原則ヲ適用スルコトヲ得ス(獨逸民事訴訟第二十四條參照)

第十一章

國籍法律ハ住所ノ法律ヲ指示スル場合ニハ住所ノ法律ヲ以テ基礎ト爲スヲ正當トス此說ハ學者ニ依リテ其理由ヲ異ニスト雖モ亦數回獨逸國帝裁判所ノ採用シタル所ナリ然レトモ近時ノ判例ハ(千八百八十九年五月三十一日ノ判例)法廷地法ニ依リテ外國法ヲ定メ外國法ヲ實質ニ適用セントセリ

(六)本書ノ引用セル國際私法ニ關セル獨逸民法草案ハ第一讀會前ノ舊草案ニシテ確定法律案ニハ此等ノ規定ハ盡ク施行法中ニ編入セリ

外國人ノ權利能力

方今開明諸國ニ行ハルル主義ニ據レハ外國人ハ私法上ノ關係ニ於テハ(一)政治上ノ關係トハ相反シテ特ニ法律ヲ以テ別段ノ規定(二)ヲ爲ササル限ハ內國人ト同一ノ權利能力ヲ有スルモノトス然レトモ時トシテハ外國人ニ土地ノ所有ヲ禁スル國アリ又魯漏士國ノ如キハ最近世ニ於テ外國人ノ私權ヲ大ニ制限シタリ他國ノ立法又ハ官廳カ我國ノ臣民ヲ非常ニ不利益ニ取扱フトキハ我國ハ報復(Rociprocitaet)ヲ行フコトヲ得即チ當該他國ノ臣民ニ同一ノ不利益ナル法律規定ヲ適用スルコトヲ得然レトモ外國人ノ權利能力ハ總テ其者ノ本國ニ於テ我臣民ヲ取扱フ程度ニ比例セシメントスル報復主義ハ甚タ不當ニシテ國際上ノ交通ニ有害ノ結果ヲ生スヘシ報復ハ之ニ適用スヘキ法規ノ認ムル外國人ノ資格ヲ有スル外國人又我國民ノ資格ヲ有スル我國民ニ對(三)シテノミ之ヲ適用スルトキ稱スルモノニシテ反對ノ規定ニ依リ之ヲ他ノ國民ニマテモ適用スヘキ塲合ニハ報復ナルモノナシ且報復ハ法律ヲ以テ之ヲ特定シ又ハ法律ノ許可シタルトキニ非サレハ之ヲ

(一) 就中伊太利法典第三條參照

(二) droits civils ト droits natureles(佛民法第十一條參照)トヲ區別シ droits natureles ハ通常ハ外國人モ享有スト雖モ droito civils ハ外國人ノ享有スル所ニ非ストノ說ハ根據ナキモノニシテ近世佛國ノ法學者モ亦其謬說タルヲ認識セリ外國人ニ屬スヘカラサル權利ハ甚タ尠シ(參照 Weiss §52)

(三) 獨逸民法草案ニ曰ク他國ニ於テ

行ハス若シ此等ノ條件ヲ缺クトキハ裁判所ハ報復ヲ行フ權ナキモノト看做スヘキナリ

其他外國人ノ私法上ノ權利能力ハ十分之ヲ認ムルモ國民的海船（四）ノ取得ハ之ヲ禁スルコトアリ或ハ唯海船所有ノ一定部分ノミ外國人ノ所有タルコトヲ認ムルコトアリ而シテ國領內ニ滯留シ又ハ之ニ進入スル權ハ他國人ハ形式上之ヲ求ムルコトヲ得ス各國ハ各個ノ他國人又ハ他國人ノ或階級ニ對シ一般ノ法令ヲ以テ其國境ヲ封鎖シ之ヲ驅逐スル權ヲ有ス然レトモ驅逐法ハ國際上ノ取引ニ於ケル善意ヲ害シテ擅ニ之ヲ行フコトヲ得ス故ニ公ノ安寧ニ關シ之ヲ必要トスルトキ又ハ他國人カ貧窮保護ノ義務ヲ其國ニ負擔セシムルカ如キ場合ニ非サレハ之ヲ行使スルコトヲ得ス

不當ノ驅逐ハ當該外國人ニ損害ヲ與フルノミナラス間接ニハ內國人ニモ大ナル不利益ヲ與フルモノナリト雖モ其濫用ヲ防クノ保障備（五）ラサル國多ク特ニ多クノ場合ニハ警察官ニ無限ノ認定權ヲ賦與シテ之ヲ處斷セシム特ニ獨逸國ニ於テ然リトス又伊太利ノ如キモ此類ナリ尤モ英吉利ニ於テ

獨逸國ノ臣民ヲ法律ヲ以テ其國民ヨリ不利益ノ地位ニ置クトキハ國務大臣ハ聯邦議會ノ協贊ヲ經テ命令ヲ以テ其國ノ臣民及ヒ其承繼人ニ對シ報復ノ法ヲ適用スヘキ旨ヲ定ムヘシ即チ獨逸ニ於テハ聯邦議會及ヒ國務大臣ニ立法權ヲ委任セリ

（四）漁業及ヒ領海航行ハ條約ヲ以テ之ヲ認ムル場合ノ外ハ唯之ヲ自國ノ臣民ノミニ許ス千八百八十一年五月二十二日ノ獨逸帝國法第一條參照同條ニ曰ク獨逸港灣ニ於テ貨物ヲ積ミ荷卸ノ爲メ他ノ獨逸港灣ニ運搬スル權ハ獨逸船ノミ之ヲ有スト然レトモ獨逸國ハ他ノ諸國ト契約シテ領海航行ヲ相互ニ認許スルモノ極メテ多シ千八百八十一年十二月二十九日ノ勅令千八百八十三年十二月五日ノ墨西哥トノ條約千八百

ハ事實上他國人ハ之ヲ驅逐スルコトナシ戰時ト雖モ驅逐スルニハ特別法ヲ要スルコトト定メリ合衆國ハ或他國人就中支那勞働者ノ移住ヲ防ク策ヲ立ツルモ他ニハ何等ノ制限モ設ケス(六)

外國ノ法人(社團財團及ヒ商事會社)即チ外國ニ事務所ヲ有スル法人ハ法律又ハ條約ニ依リ特ニ之ヲ認メサルモ權利能力ヲ有ス少クトモ裁判所ニ於ケル權利伸張又ハ書面若クハ電信ヲ以テ法律行爲ヲ締結シタル點ニ關スル事項ニ付テハ權利能力アリトス之ニ反シテ外國會社ノ支店及ヒ代理店ノ設立ハ(七)特別ノ條件ニ係ラシムル例ヘハ公衆ヲ擔保スヘキ特別ノ準備金(千八百八十二年伊太利商法第二百三十條及ヒ第二百三十一條參照)又ハ內國政府ノ特許ヲ要ストセルカ如シ而シテ外國法人ハ內國社團ノ如ク人ノ臨終處分ニ因リテ財產ヲ取得スル能力ヲ有スルコト難ク又同種ノ外國社團及ヒ財團ニ於テ享有スル特權モ當然享有シ得ヘキモノニ非サルヘシ其他獨逸國ニ於テハ同種ノ內國法人ノ有セサル特權ハ外國ノ會社財團ニ於テモ主張スルコトヲ得ス(八)

八十六年七月一日ノ阿蘭トノ條約等參照

(五)千八百四十九年ノ波蘭法及ヒ千八百八十五年ノ白耳義法ハ名譽ノ進歩ヲ爲シタリ又條約ニ依リテモ驅逐權ノ制限ヲ定ムルコトヲ得近世國際法會議ニ於テモ此重要ナル問題ヲ研究スルニ至レリ即チ千八百八十九年之ヲニ關シテ假決議ヲ爲シタリ千八百九十二年再ヒ此問題ヲ掲ケラレタリ驅逐權ニ關スル著書ノ報告及ヒ意見ハ千八百九十一年乃至九十二年ノ報告書ニ載セタリ

(六)東洋ニ於ケル佛國領事カ其領土裁判權ヲ行ヒ得ル國ヨリ佛國民及ヒ其保護民ヲ驅逐スル權利ヲ有スルヤ否ヤニ付テハ Feraud-Giraud Revue 19 (1887) S.I. ff.ヲ參照スヘシ

(七)外國株式會社ニ對シ內國ニ於テ營業ヲ禁シタルモ

第十二章

法律行爲ノ形式（場所ハ行爲ヲ支配ストイフ原則）

法律行爲ノ形式ハ論理上其旨趣ノ標準タルヘキ屬地法ニ依リテ之ヲ判斷セサルヘカラス然レトモ中世ノ末葉以來權利ノ取引ヲ確保容易ナラシムルカ爲メ場所ハ行爲ヲ支配ストイフ原則國際慣習法トシテ一般ニ行ハルルニ至レリ場所ハ行爲ヲ支配ストハ法律行爲ハ形式上之ヲ締結シタル地ニ行ハルル法律ニ照シテ要件缺クル所ナキトキハ形式上有效ナリト云フ意ナリ（一）

第一、多數學者ノ唱道スル所ニシテ余輩ノ亦正當ト信スル說ニ據レハ右原則ハ權能的ノモノニシテ強行的ノ性質ヲ有セス（二）故ニ當事者ハ行爲地ノ形式ヲ用井ルコトヲ得ト雖モ法律行爲ヲ支配スヘキ他ノ法律ニ基ク形式モ事實上之ヲ用キルコトヲ得ル場合ニハ用井ルコトヲ妨ケス加之（三）其法律行爲ノ服從スヘキ法律ニシテ却テ此原則ノ適用ヲ禁スルコトアリ例ヘハ內國人ハ外國ニ於テハ特許ヲ經タル場合ハ格別之ナキ以上ハ婚姻ヲ承諾

之ニ依リ其會社ノ內國裁判所ニ於テ權利ヲ伸張スルコトヲ許サヽルモノト解スヘカラスト八百八十二年四月十四日判決（判錄六卷三四號）參照）獨逸國ハ著名ノ諸國ト特約シテ獨逸商事會社及ヒ工業會社ハ當該外國ノ裁判所ニ權利伸張ヲ爲スコトヲ得ルコトヽセリ即チ伊太利白耳義英吉利墺太利匈牙利露西亞等ト此約ヲ爲セリ

（八）我民三六參照

（一）獨逸民法草案ニ曰ク法律行爲ニ要スル形式ハ其法律行爲ノ標準タルヘキ法律ニ依ル但法律行爲ヲ爲シタル地ノ法律ニ基キタル形式ヲ遵守スルヲ以テ足レリトス尚ホ我條法八參照」

（二）此原則ニ強行的ノ性質ヲ付スルトキハ大ナル不都合ヲ生スヘシ獨逸民法草案モ亦之ヲ機能的ニ定メタリ

（三）例ヘハ當事者

スルコトヲ得ストノ法律存スル場合ノ如シ但此等ノ除外例ハ次ノ第二ニ掲ケタル法規ヲ除キテハ想像スルコトヲ得ス

第二、場所ハ行爲ヲ支配ストイフ原則ハ動産幷ニ不動産ノ所有權及ヒ其他ノ物權ヲ確定又ハ移轉スル形式ニハ之ヲ適用スルコトヲ得ス（五）

第三、此原則ハ裁判所又ハ公証上ノ形式ノミナラス其他總テノ形式ニ適用スルコトヲ得特ニ法律行爲ノ外面形式及ヒ内面形式ノ區別ヲ爲ス要ナシ然レトモ法律行爲ノ形式トハ當事者カ法律行爲ヲ爲サントスルニ當リ遵守スヘキモノヲ稱シ當事者カ强制スルコトヲ得サル他ノ當事者ノ承認ノ如キハ法律行爲ノ形式ニ非ス場所ハ行爲ヲ支配ストイフ原則ヲ本國法ニ於テ儀式(Acte solennel)ヲ必要トスル場合ニモ適用スヘシトノ論ハ頗ル妄斷的ナリ又當事者カ内國ニ於テ規定ノ形式ヲ遵守スルトキハ煩累又ハ費用ヲ要スルヲ以テ之ヲ避クルカ爲メ外國ニ於テ其地ニ行ハルル形式ニ依リ法律行爲ヲ締結スル場合ニ之ヲ法ヲ免ルル行爲ト做シ遂ニ其行爲ノ無效ヲ主張スルハ不可ナリ

ノ本國法ニ行爲ハ一定ノ官廳ニ於テ之ヲ爲スヘキコトヲ定メタル場合ニ於テ其官廳カ行爲ヲ爲スヘキ地ニ存セス又ハ其行爲ヲ爲ス職權ナキトキハ事實上之ヲ爲スコトヲ得ス

（四）契約締結地ニ行ハルル形式ニ關スル法規ヲ遵守セサルトキハ當事者ハ有效ノ約束ヲ爲ス目的ヲ有スルヤ否ヤ容易ニ疑ヲ容ルルニ至ル特ニ當事者カ同一ノ國ニ屬セサルトキ然リトス片面的法律行爲ヲ爲ス場合ニハ行爲者ノ本國法ヲ遵守スルニ依リテ終局ノ意思ヲ表示シタルモノト看做スヘシ

（五）獨逸民法草案ニ曰ク第九條第二項（註第一ヲ見ヨ）ノ規定ハ物上權ヲ發生移轉又ハ消滅セシムル行爲ニハ之ヲ適用セスト

第四、隔地者間ニ(書面又ハ電信若クハ電話ニテ)締結シタル行爲ハ正說ニ據レハ場所ハ行爲ヲ支配ストイフ原則ヲ適用スルコトヲ得ス双面的契約ハ當事者双方ノ意思ヲ表示シタル地ノ法律ニ基クトキハ完全ナル效力ヲ有ス片面的行爲ハ義務者ノ法律ヲ遵守セハ足レリトス

第五、近世ノ法律及ヒ條約ニハ一國ノ臣民カ其國ノ公使及ヒ領事ノ面前ニ於テ法律行爲若クハ其一定ノ種類ノ行爲ヲ爲シ又ハ其地ノ本國管轄官廳ニ於テ之ヲ爲スコトヲ得ル旨規定セリ是レ(六)場所ハ行爲ヲ支配ストイフ原則ノ權能的性質ヨリ來ル結果ニシテ領事カ通常治外法權ヲ有スルヨリ來ル結果ニ非ス故ニ此等ノ行爲ハ公使又ハ領事ノ駐剳スル國ノ承諾ヲ要スルコトナシ

(六)斯ノ如キ方法ヲ以テ締結シタル契約ハ當事者ノ本國ニ存セサル物ノ上ニハ物上效力ヲ及ホスコトナシ

第十三章

附錄、國際關係ニ於ケル納稅義務

第一、各國ハ外國ニ滯在又ハ住居スル自國ノ臣民ニ對シテモ屬人稅就中各種ノ收入稅ヲ取立ツル權利ヲ有ス然レトモ內國ニ住所ヲ有セサル者及

ヒ長ク外國ニ寄寓スル者ニ對シテハ此等ノ租税ヲ課セス之ニ反シテ内國ニ住所ヲ有シ又ハ内國ニ長ク寄寓セル外國人ハ事實上内國ノ治安ニ依リテ利益ヲ受クルモノナレハ寧ロ此等ノ租税ヲ取立ツルヲ通常トス(一)斯ノ如キヲ以テ外國ニ住所ヲ有シ又ハ寄寓スル者ハ屢、諸國ノ法律ニ依リ二重ノ租税ヲ課(二)セラルルコトアリ而シテ此不當ヲ避クルニハ唯國際條約又ハ法律ノ制定ヲ愼ムニ在リ此方法ノ存セサルニ於テハ個人ハ二重ノ調税ニ對シ救濟ヲ求ムル所ナシ

外國ニ存スル土地ヨリ生スル所得ハ屬人税ノ一部トシテ其所得者ノ從屬スル國又ハ所得者ノ住所ヲ有シ若クハ寄寓スル國ニ於テ課税スヘシ然レトモ納税義務ニ付テハ一人ニシテ數个所ニ住所ヲ有スルモノト看做サルルコトアリ故ニ例ヘハ一人カ數個ノ國ニ製造所、營業所若クハ耕作場ヲ有スル場合ニハ其製造所又ハ營業所若クハ耕作場ノ存スル國ニ於テ各所得税ヲ課スルコトアルヘシ

然レトモ内國ニ存スル土地又ハ内國ニ存スル其他ノ財源(例ヘハ内國ノ俸

(一)千八百九十一年六月二十四日普國收税法第一條參照

(二)千八百七十年五月十三日獨逸二重課税豫防法參照

(三) 上記普國所得稅法第二條參照

(四) 普國近世ノ法律ニハ之ヲ規定セス然レトモ伊太利及ヒ墺太利ノ如キハ尙ホ此法ヲ設ケリ

(五) 金錢ノ支拂又ハ代替物ノ給付ヲ目的トスル契約ハ契約上ノ履行地ヲ主眼トス千八百六十九年七月十日ノ手形印稅ニ關スル獨逸帝國法第一條參照其他帝國印稅ニ關スル千八百八十五年五月二十九日ノ帝國法ヲ參看スヘシ

給、內國ノ株式等)ヨリ生スル外國人(又ハ外國ニ住スル者)ノ所得ニ內國ノ所得稅ヲ課スルハ(三)屬人稅ノ徵收ニ非スシテ物上又ハ所得稅ノ不當賦課ナリ最モ不當ナルハ國家カ外國ノ債務者ニ其債務ヲ契約シタル後所得稅ノ名義ヲ以テ契約利子ヲ減却スルコト是ナリ(四)

第二、或種類ノ法律行爲ニ課スヘキ印稅ハ法律行爲ノ締結其者ニ付テ印稅ヲ要スル場合ト財産ヲ他人ニ移轉スルニ依リテ印稅ヲ支拂フ場合トヲ區別シ終リノ場合ニ於テハ當時財産ノ存在スル國(五)ニ於テ其印稅ヲ徵收スル權アリ其額モ其國ノ法律ニ依リテ定ムヘキモノトス第一ノ場合ニ於テハ行爲締結地ノ法律ニ依リテ之ヲ決シ締結ヲ完了シタル地ヲ領スル國ハ之ヲ徵收スルノ權アリ

第三、遺産稅ハ國家カ遺産ヲ整理シタル報酬ト看做ス場合ハ姑ク擱キ其他ノ場合ニ於テハ其遺産カ遺産タル資格ヲ以テ服從シタル法律ヲ發シタル國ニ於テ管轄スヘキモノトス故ニ遺産カ包括相續産トシテ被相續人ノ本國法ニ服從シタルトキハ外國ニ存在スル不動産ニシテ遺産ニ屬スルモ

ノハ被相續人ノ死亡當時屬セル國ノ國庫ニ納稅スヘキモノトス然レトモ是レ所在地法ニ據ルヘキカ爲メニ非ス尤モ法律ヲ以テ積極的ニ外國ニ存在スル不動產ニシテ內國ノ被相續人ニ屬スルモノニ對シテハ徵稅セスシテ內國ニ存在スル不動產ニシテ外國ノ被相續人ニ屬スルモノニ課稅スル旨ヲ定ムルコトアリ(六)

(六)千八百七十三年五月三十日ノ遺產稅ニ關スル普國法參照

第十四章

第一 總說、生存能力、生存ニ關スル推定 死亡宣告

第一、人ノ肉體的存在ハ是レ純然タル事實ナリ故ニ諸種ノ屬地法ヲ適用スルニ付キ生スル問題ハ小兒ノ生存能力、生存若クハ死亡ノ推定就中失踪ノ宣告又ハ死亡ノ宣告ニ付キテノミナリ而シテ此等ノ事項ハ親族及ヒ相續ノ關係ニ關スルヲ以テ當該親族及ヒ相續ノ關係ヲ規定スル法律ニ依リテ之ヲ決スヘシ隨ヒテ小兒ノ相續能力ヲ決スルニ其生存能力ノ有無ヲ以テスル場合ニハ小兒ノ屬人法ニ據ルヘキニ非スシテ被相續人ノ屬人法ヲ以テ其標準ト爲スヘシ現今死亡セル者カ他ノ者ノ遺産ヲ相續スル場合ニハ其生存ノ推定(他ノ者ニ生キ殘リタル事)ヲ爲スニ亦被相續人ノ屬人法ニ據ラサルヘカラス然レトモ死亡ノ宣告ハ死亡セリト看做サレタル者ノ親族及ヒ相續ノ關係ヲ定ムル目的ヲ有スルモノナレハ死亡者ト看做サルヘキ者ノ屬シタル國ノ總テノ裁判所之ヲ爲ス管轄ヲ有ス又死亡ノ宣告ハ涉

一千八百八十九年一月三日及ヒ十四日ノ判決モ一致セリ即チ曰ク「ウユルテムブルグ」ニ於テ開始セラレタル遺產ノ爲メニ「ウユルテムブルグ」ニ於テ設定セラレタル管理人ニシテ各國ニ於テ出生シ茲ヲ失踪シタル遺產者ノ直系卑親屬ナルトキハ如何ナル權能ヲ有スルヤ即チ其管理人ハ失踪者ニ代リテ遺產ヲ受ケ得ルヤ否ヤハ「ウユルテムブルグ」法ニ依リテ判斷スヘシト

外效力(非屬地的效力)ヲ有スルモノナレハ必シモ他國裁判所ノ判決ヲ認可又ハ執行スルニ付テノ要件存スルコトヲ要セス

第二、數多ノ學者ハ尙ホ曰ク人ノ適格詳言セハ人ノ權利能力及ヒ行爲能力ハ其屬人法(住所地法若クハ本國法)ニ依リテ判斷スヘシ唯例外トシテ屬人法ノ涉外效力ハ他ノ國ニ行ハルル强行法ニ對抗スルコトヲ得ス例ヘハ一定ノ宗徒ニ土地所有權ノ取得ヲ禁スル場合ノ如シト然レトモ權利能力ニ關スル法規ト行爲能力ニ關スル法規トハ之ヲ明ニ區別スルコトヲ要ス(一)而シテ人ノ適格ハ何レノ處ニモ同一ナラサルヘカラストノ說ハ能力ナル言語ニ拘泥シテ法理ニ適セサル論ト謂ハサルヘカラス蓋シ人ノ適格ハ自然的ニシテ何レノ處ニモ同一ナルヘキ性質ノモノニ非スシテ人ニ適用セラルヘキ數多ノ法規ヲ總括シタルモノノ謂ナリ而シテ法規ハ地ヲ異ニスル每ニ又其旨趣ヲ異ニスヘケレハ人ノ適格ノ各所同一ナラサルハ必然ノ結果ナリ而シテ能力ナル語ヲ以テ人ノ適格ヲ論スルハ最モ不當ニシテ其推論ハ全ク本末ヲ轉倒セルモノナリ是レ當該者ノ能力トハ法規ノ集合体ヲ指示スルモノニシテ其法規タルヤ專ラ人格ヲ規定シタルモノニ止マラスシテ彼ノ法律行爲ノ形式ヲ規定セシ法規ノ如キヲモ包含スレハナリ

第十五章

第二 權利能力ノ判斷

權利能力即チ吾人ノ權利ヲ取得、享有、行使シ得ル點ニ付キ規定スル法規ノ全體ニ付テハ全ク屬人法ヲ離レテ係爭ノ權利關係ノ標準タルヘキ法律ニ依リテ之ヲ決スヘキモノトス(一)是レ內外人ノ權利平等主義ニ基クモノニシテ此場合ニ當事者ノ屬人法ニ據ルトキハ外國人ハ或ハ我法律ノ全ク認メサル原由ニ因リ不利益ヲ受ケ又ハ內國人ヨリハ優先ノ權利若クハ特別ノ利益ヲ享クルコトアルヘシ(二)故ニ或人カ土地ノ所有ヲ取得シ得ルヤ否ヤ遺產ヲ相續スル能力アルヤ否ヤノ問題ハ土地ニ付テノ權利ノ標準タルヘキ所在地法(Lex rei sitae)又ハ被相續人ノ屬人法ニ依リテ之ヲ決スヘキモノトス尙ホ各個ノ場合ニ付テハ左ニ之ヲ說明セン

第一、人身ノ不自由(奴隸奴僕)ハ之ヲ認メサル國ニ於テハ其者ニ對シテ主

(一)修正法例草案第三條參照

(二)權利能力及ヒ行爲能力ヲ同一ニ論シテ屬人法ニ依ラシムヘシト爲ス說ハ其法規カ相競合スル場合ノ不都合ヲ避クルニ付キ其法規ノ性質強行的ノモノヲ先ツ適用スヘシト云フ然レトモ權利能力ニ關スル法規ハ總テ強行的ノ性質ヲ有スルモノナリ

張スルコトヲ得ス奴隷ト雖モ之ヲ認メサル國ニ滯留スル間ハ自由ノ人ト同シク總テノ權能ヲ行使シ總テノ權利ヲ取得シ總テノ行爲ヲ爲スコトヲ得然レトモ奴隷タリシ國ニ歸復スルトキハ再ヒ不自由者トナル奴隷ヲ認メサル國ニ於テ國民分限ヲ取得スルトキハ其分限ハ前節歸化ニ付キ說明シタル所ニ依リ涉外的ノ効力ヲ有ス

第二、刑事判決ニ因ル權利能力ノ制限ハ外國ニ於テハ効力ヲ生セサルモノトス是レ之ヲシテ涉外的効力ヲ有セシムルトキハ外國刑事判決ヲ一部執行スルト異ナル所ナケレハナリ

第三、宗敎組合ニ入リタルカ爲メニ生シタル權利能力ノ制限ハ宗敎上ノ宣誓ニ民法上ノ効力ヲ附セサル國ニ於テハ之ヲ認ムルコトナシ然レトモ安貧ノ誓（Votum paupertatis）ヲ爲シテ組合ニ入リタルトキハ自己ノ受クヘキ遺產ヲ拋棄シタルモノト看做スヘク而シテ其拋棄ハ涉外効力ヲ有スヘシ寺院宣誓ニ民法上ノ拘束力ヲ附セル法律ノ行ハルル國ノ僧侶ハ此法規ノ行ハレサル外國ニ於テモ有效ニ婚姻スルコトヲ得ス是レ結

婚能力ハ夫ノ分限法ニ據ルヘキモノナレハナリ

第四、貴族ノ身分上ノ特權ハ唯本國ノ貴族ノミニ認許スヘキヤ將タ外國人ト雖モ其法律上此種ノ特權ヲ主張スルコトヲ得ル者ニハ亦之ヲ認ムヘキヤ此問題ハ之ヲ概括ニ論シ去ルコトヲ得ス畢竟各國ノ法律ニ依リテ之ヲ決セサルヘカラス爵位ハ唯一時内國ニ寄寓スル外國人モ慣例上其屬人法ニ基キテ用ヰルコトヲ得セシム而シテ内國人ノ有スルコトヲ得ル爵位ハ外國人皈化スルトキハ之ヲ默許シタルモノト看做スヘシ然レトモ正説ニ據レハ其皈化國ニ於テ内國人ニ斯カル爵位ヲ認許セサル場合ニハ歸化ニ因リテ之ヲ喪失シタルモノトス

第十六章

第三　行爲能力

人格ノ權利ヲ規定スル法規ハ權利能力ノ法規ニ止マラスト雖モ其他ニ於テハ唯或者カ生存者間ノ法律行爲ニ付キ有效ノ意思ヲ有スルヤ否ヤノ規定ヲ爲ス法規ノミ人ノ權利ヲ規定スルモノト謂フヘシ即チ法律上有效ナ

ル意思ハ人格ニ存スル通常ノ附隨物ト看做スヘキナリ之ニ反シテ或者ノ實權ヲ認可若クハ否認スル標準ト爲ルヘキ法規ハ之ヲ人格ノ權利ヲ規定スル法規ト謂フヘカラス是レ人格ハ實權ヲ有セサルモ成立スルコトヲ得レハナリ處分ハ生者間ノ取引ニ於テハ必要ナリト雖モ或國ニ於テハ臨終ノ處分ナル事ハ全ク認メスシテ法定相續ノミ爲サシムルコトアリ然レトモ此場合ニモ其國ノ住民ハ盡ク行爲能力ナシト謂フヲ得サルヘシ通常之ヲ行爲能力アル者ト認ムヘキ場合ニ生者間ノ法律行爲ヲ爲ス行爲能力ヲ奪ヒ又ハ其行爲能力ヲ制限スル法規ハ畢竟其者ヲ保護スル目的ニ出ツルモノナリ即チ其者ノ無學無經濟輕忽心ヨリ生スル結果ヲ豫防スルカ爲メ他ノ者（父母、後見人、保佐人、夫、又或國ニ於テハ裁判所ノ監督）ヲシテ其者ノ自ラ爲スコトヲ得サル必要ノ法律行爲ヲ其者ニ代リテ承認セシムルモノナリ然レトモ此規則ノ適用ニ付テハ左ノ事項ニ注意スルコトヲ要ス

一、土地ト繼續ノ關係ナキ者ニ其屬人法ニ於テ此保護（一）ヲ必要ト看做サヽルニモ拘ラス尚ホ此ノ如キ保護ヲ需及セントスルハ不當ナリ蓋シ氣候ハ

（一）臨終處分ノ能力制限ハ被相續人（處分者）ヲ保護スルニ非ス處分者ノ相續人（即チ親族

チ保護スルモノト看做スヘシ

人ノ發達ニ大ナル影響ヲ及ホスモノニシテ人ノ精神上ノ能力ニ付テハ本國法ヲ以テ最モ正確ノ標準ト看做スヘキモノナリ加之斯ノ如キ保護制度ヲ行フトキハ一時駐在スル者又ハ其國ニ財產ノミヲ有シ一回タモ其地ヲ蹈マサル者ノ關係ヲ錯雜ナラシムル弊アルヘシ故ニ屬人法カ之ヲ制限セスシテ唯行爲地法ノ制限スル所ハ之ヲ適用セサルヲ以テ普通トス

二、其國民ヲ保護スル目的ヲ以テ定メタル法律ニシテ國境外ニ於テ其國民カ爲シタル行爲ハ當然存在セサルモノト看做スモノハ良法ニ非ス其領域他國ト相接シテ容易ニ他國ニ出入スルコトヲ得ル場合ニ於テ尙ホ斯ノ如キ法律ヲ設クル國ハ其國民ノ保護ヲ全ク隣國ノ立法カ其臣民ニ向ヒテ適當ト認ムル所ニ一任スルモノト謂フヘシ其結果本國法ニ依リテハ行爲能力ナキ未成年者モ外國ニ於テ事實上後見ヲ免レ且本國ニ於テ設ケタル後見モ外國ニ於テ法律行爲ヲ爲スカ爲メ何等ノ益ナキニ至ラシムヘシ故ニ法律及ヒ裁判所ハ其國ノ臣民ニシテ外國ニ寄寓シテ法律

行爲ヲ爲シタル場合ニモ尙ホ本國法ニ於テ其行爲能力ヲ認メサル以上ハ之ヲ行爲能力ナキモノト看做スヘシ

然レトモ內國ニ於テ法律行爲ヲ爲シタル外國人ニ付テハ大ニ其趣ヲ異ニス蓋シ外國人ノ無經驗等ヲ保護スルハ內國人ト同一ノ事實上ノ要件存スル場合ニ內國人ヲ保護スル程度以上ニ於テセサルモノナリ且內國人ニシテ外國人ト契約スルニ當リ其外國法カ內國法ト異ナリテ其外國人ノ行爲能力ヲ認メス又ハ制限セルコトヲ知ラサル場合ニ尙ホ其外國法ヲ適用シテ外國人ト締結シタル行爲ヲ無效ノ原因ニ基クモノト看做サンカ內國人ハ大ニ損害ヲ受クヘシ此等ノ理由ヨリシテ我邦裁判所ハ內國ニ於テ法律行爲ヲ爲シタル外國人ハ假令其本國法ニ據ルトキハ(其屬人法ニ據ルトキハ)行爲能力欠缺セルモノト雖モ尙ホ之ヲ有能力者ト看做スヘシ(二)

之ニ反シテ英吉利及ヒ北米利加ノ學者ハ行爲能力ニ付テハ行爲地法ヲ適用スル主義ヲ採レリ此主義ノ根據ハ契約當事者ノ一方ノ知ラサル法律ハ取引上ニ適用スルコトヲ得ストノ點ニ在リ然レトモ海外ノ取引漸次頻頻

(二)　條法三ノ二參照

ト爲リテ舊來ノ英吉利主義ハ不利益ナルコト明瞭トナリ又英國ノ立法モ英國人ノ婚姻ヲ承諾スル能力ハ其屬人法ニ依リテ之レヲ判定セシムルニ至リシカハ英國ノ裁判例モ歐洲大陸ノ學説ニ近ツカントセリ尙ホ茲ニ注意セサルヘカラサルモノアリ即チ大陸諸國ノ法律モ行爲能力ヲ屬人法ニ依リテ判定スルノ除外例ヲ認メ內國ニ於テ法律行爲ヲ締結スル外國人ハ內國ノ法ニ於テ行爲能力ヲ認ムル場合ニハ全然能力者ト看做セリ(三)蓋シ此方法ヲ以テ內國ノ取引ヲ保護シ就中內國人ヲ保護シ假裝的能力者タル外國人カ內國ニ於テ契約ヲ爲シ後其能力ノ欠缺セル故ヲ以テ法律行爲ノ無效ヲ主張スル危險ヲ避ケシメントセリ然レトモ世人之ヲ採用スルト同時ニ此法規ヲ目的以外ニ援引シ之ニ依リテ爲シタル判決ヲ敗訴者ノ本國ニ於テ執行スルコトヲ得サルモノト爲シ遂ニ國際取引ヲ確保セントシテ却テ之ヲ害スルニ至ル故ニ將來ニ於テハ折衷主義採用セラレ契約當事者ノ一方ニ於テ其屬人法ニ依リテ(行爲地法ニ非ス)無能力者タル外國人カ法律行爲ヲ爲スニ當リ其相手方ニ於テ外國人ノ行爲能力ヲ調査スルニ過失ア

(三)屬人法ニ依リテ行爲能力ヲ有スル者ハ亦內國法ニ依リテ行爲能力ヲ有ス普國民法總則第三十五條栗國民法第八條「チュリヒ」民法第二條第二項千八百八十一年六月二十二日瑞西聯邦法第十條獨逸普通爲替法第八十四條我條法第三條第二項參照

リタリト認ムルコトヲ得サルトキハ之ニ對シ其無能力ヲ主張スルコトヲ得スト爲スニ至ルヘシ(特別ナル事情存スルトキハ相手方ノ錯誤ヲ正當ナラシム)(四)

各個ノ點ニ付テハ尙ホ左ノ事項ニ注意スヘシ

一、行爲能力ヲ判定スルニハ其者ノ出生ノ時有シタル屬人法ニ據ルヘカラス係爭行爲ノ時ニ於ケル屬人法ヲ標準トスヘシ是レ行爲能力ニ關スル法律ハ人ヲ保護スルヲ以テ目的トシ其保護ハ當該者ノ歸化ニ依リテ他國ノ國籍ニ編入セラルルト同時ニ其國ニ移轉スヘク且其保護ハ一旦有效ニ爲シタル行爲ヲ既往ニ遡リテ無效タラシムルコトヲ得サレハナリ然レトモ其從來ノ屬人法ニ於テ既ニ成年ニ達シタル者ハ假令之ヲ以テ猶ホ未成年者ト爲ス國ニ歸化スルモ再ヒ未成年者ト爲ルコトナシ是レ數多ノ學者ノ主張スル正說ナリ又歸化ニ關スル必要行爲ヲ爲スニ當リ一タヒ其行爲能力ヲ認メタル國ハ其後他ノ行爲ニ付テ之ヲ無能力者ト看做スコトヲ得ス

(四)此點ニ付テ近頃佛國ニ有名ノ判決アリタリ又千八百八十年國際法會議議決ヲ參照スヘシ同一意味ヲ以テ論シタル者ハMeili, Geschichten u. System I.53

二、法律カ直接ニ或者ヲ行爲無能力者ト看做スト間接ニ其機關即チ管轄裁判官ヲシテ其宣言ヲ爲サシムルトハ國際法上ノ效力ニ差異ヲ生スルコトナシ完全ナル、若クハ制限的ノ行爲能力ヲ賦與スル場合ニ於テモ亦然リ故ニ管轄裁判官(本國又ハ住所地ノ裁判官)カ浪費ヲ原因トシテ民法上ノ行爲能力ヲ剝奪シタルトキ又ハ本國法ニ依リ成年宣告(Venia aetatis)ヲ受ケタルトキハ外國ニ於テモ亦當然其效力ヲ生シ更ニ民事訴訟法上ノ要件ヲ具備セシメテ確認若クハ執行判決ヲ求ムル必要ナシ(是レ訴訟事件ニ於ケル裁判官ノ判決ニ付テハ最モ嚴格ヲ遵守スル佛國學者ニ於テモ認ムル所ナリ)浪費者ニ保佐人ヲ附スルコトヲ以テ人ノ自由ヲ不當ニ制限スルモノト看做シ決シテ之ヲ設置セサル國(例ヘハ英吉利ノ如シ)ニ於テハ外國ニ於テ浪費ノ原因ニ依リ禁治產ノ處分ヲ受ケタル者ヲモ行爲能力者ト看做ス精神病ニ基ク禁治產ハ唯精神病ノ事實ヲ確定スルモノナリ而モ其管轄裁判官(本國又ハ住所地ノ裁判官)ノ爲シタル確定ハ反証ノ擧アルマテハ外國ニ於テモ亦效力ヲ有スルモノトス(五)

(五) 修法四及七五參照

三、法律カ或者ノ能力ヲ單ニ制限スルニ止マリ全部剝奪セサルコトアリ即チ或一定ノ種類ノ義務例ヘハ手形義務ヲ其者ニ於テ負担スル場合ニ全然之ヲ無效ト爲サスシテ單ニ取消スコトノミヲ許スコトアリ(羅馬法ニ於テモ家族タル小兒ノ金錢貸借、妻ノ保證等ニ關シテ斯ル規定ヲ爲セリ)此場合ニハ左ニ注意スヘシ

(イ)法律カ其者ノ利益ヲ慮リテ規定シタル形式ハ場所ハ行爲ヲ支配スト
イフ原則ヲ適用スヘシ(六)

(ロ)其他ニ於テハ或學者ハ普通ノ慣習法ニ依リ屬人法ニ因ル行爲能力制限ノ效力ハ外國ニ於テモ有效ナリト主張スト雖モ此普通慣習法ナルモノ果シテ存スルヤ否ヤ之ヲ證明スルコト難シ立法上及ヒ實際ノ必要上ヨリ論スルトキハ屬人法ニ因ル法律行爲ノ無效ハ外國ニ於テ制限的行爲能力ヲ有シ又ハ全ク能力ナキ者ト善意ヲ以テ且別段ノ懈怠ナク契約シタル者ニ對シテハ之ヲ主張スルコトヲ得ストノ見解ニ從フヲ可トス

(六)故ニ新法ニ於テ妻ノ保證モ或形式ヲ履ミタルトキ(例ヘハ裁判所ニ於テ豫メ其結果ヲ諭成シタル後ニハ有效ナリトス場合ニハ場所ハ行爲ヲ支配スト云フ原則ヲ適用スヘシ然レトモ官廳ノ認可ハ之ヲ形式ト謂フヘカラス

四、未成年者ノ原狀回復ニ付テハ數多ノ學者ハ之ニ法廷地法（Lex fori）ヲ適用スヘシト云フ（例ヘハ「サビニー」「ストッベー」ノ如シ）蓋シ法律行爲ノ取消ノ申立ニ關スルカ故ナリ然レトモ法律行爲ノ取消ヲ申立テ得ルヤ否ヤヲ判斷スルニ法廷地法ニ依ルハ當ヲ得ス原狀回復ハ唯其屬人法ニ於テ之ヲ請求スル權ヲ認メタル場合ニ其者ノ利益ノ爲メニ例外トシテ許スヘキモノナリ其他ノ點ニ於テハ原狀回復ヲ以テ其取消ヲ求ムル法律行爲其者ノ標準トナルヘキ屬地法ヲ以テ之ヲ決スヘシ故ニ例ヘハ原狀回復ニ依リテ土地ニ關スル物權ヲ回復セント欲スル場合ニハ所在地法ニ依ルヘシ

親族法

第一　婚姻法

第十七章

（イ）結婚能力（一）

親族ハ人類ノ繼續集合体ニシテ國家ノ要素ヲ構成スルモノナリ故ニ親族權ニ關スル法律ハ他ノ原則ト一致スル以上ハ之ヲ其國ノ繼續臣民ニ適用スヘキモノトス歐洲大陸ノ學者ノ一致スル所ニシテ英國學者モ方今ニ至リテ漸次贊同スル學説ニ據レハ結婚能力ハ結婚者又ハ他ノ者ト結婚セント欲スル者ノ屬人法ニ依リテ之ヲ判定スヘキモノトス一國ハ一時在留スル外國人ノ婚姻ニ關シテ法規ヲ設クル利害ノ關係ヲ有セス又之カ規定ヲ設クルモ有效ニ實施スルコトヲ得サルモノナリ之ニ反シテ北米ノ法律家ハ結婚者ノ能力ハ結婚地法ヲ以テ決シ之ニ普通ノ效力ヲ附與スルノミナラス結婚者ノ本國ニ於テモ仍ホ效力ヲ有スルモノトセリ此説ハ學理ニ適

（一）結婚能力婚姻ノ儀式及ヒ離婚ニ關スル法律ノ適用方法ハ國際法會議ニ於テ議決セラレタリ

（二）結婚地ノ法律ノ效力カ何レノ地ニ於テモ及フトスルトキハ或地方ニ於テ禁セル婚姻モ其禁制ナキ他國ニ旅行シテ有效ニ結婚スルニ至ルヘシ就中聯邦ヲ組織スル國ニ於テハ容易ニ一邦ノ禁制ヲ他邦ニ於テ免ルル結果ヲ生スヘシ

（三）條法一三參照

セサルモノニシテ實際ニ於テモ亦不都合ヲ生ス蓋シ交通ノ程度尚ホ一歩ヲ進メ北米合衆國ノ結婚法モ今日ヨリ一層改善シテ規定セサルヘカラサルニ至ラハ學者亦大ニ其非ヲ悟ルヘシ（二）

第一、數多ノ學者ノ採用スル説ニ據レハ婚姻ヲシテ有效ナラシムルニハ結婚者双方カ結婚ノ時其屬人法ニ依リテ結婚能力ヲ有セサルヘカラサルモノトス（三）尚ホ他言ヲ以テ之ヲ云ヘハ許婚者ノ本國法ノ認ムル結婚ノ障礙事實ハ許婚者カ結婚ニ依リテ入國シタル國ニ向テモ亦全然效力ヲ有スルモノトス然レトモ正説ニ據レハ此點モ尚ホ左ノ場合ニ區別シテ説明スルコトヲ要ス

（イ）公法的婚姻ノ障礙（即チ當事者ニ於テ主張スルコトヲ得ルト否トヲ問ハス官廳ノ主張スルコトヲ得ル障礙）中其既ニ締結セル婚姻ヲ不成立タラシムル原因タルヘキモノハ妻ト稱スル者既ニ夫タル者ニ追隨シテ夫ノ國ニ在留スルトキハ夫ノ屬人法ヲ以テ之ヲ決スヘシ是レ妻ハ外國ニ來ル自由アリトスルトキハ妻ノ舊ト屬セシ國ハ其組織セル又ハ組織スヘ

キ親族ニ付キ利害ノ關係ヲセサレハナリ蓋シ其國ノ法律ハ專ラ其國ニ屬スル親族ノ幸福ヲ增進スルニ在ルヲ以テ之ヲ他國ニ屬スル親族ニ適用スルコトヲ得サルナリ(四)

(ロ)之ニ反シテ所謂婚姻ノ障礙ナルモノカ畢竟個人ノ利益ヲ保護スル目的ニ出テタルモノナルトキ例ヘハ錯誤、强暴(未成年ニ付テハ)兩親ノ承諾ノ欠乏(五)夫ノ陰莖痿縮等ノ事實ハ妻ノ屬人法ニ依リテ之ヲ決スヘシ是レ此場合ニハ婚姻ヲ爲シ以テ他國ノ臣民ニ加ハラント欲スル個人ノ意思カ法律上有效ナルヤ否ヤヲ調査スヘキモノナレハナリ(六)(七)

第二、外國ノ國籍ヲ有スル双方カ其屬人法ニ依リ結婚能力ヲ有スルモ其國ニ行ハルル刑法ニ於テ此兩者ノ結合ヲ禁スル場合又ハ必然公ノ秩序ヲ害スル虞アル場合(八)ニハ一國ノ官吏(戶籍吏)ハ其加效ヲ拒絕スヘキモノトス數多ノ國法就中獨逸法ニハ戶籍吏ハ結婚者ヲシテ其結婚ヲ行フ前ニ當リ其本國法上結婚能力アルコトヲ証明セシメサルヘカラスト定メリ然レトモ此規定ハ決シテ外國人間ノ結婚ニ當然適用スヘキモノニ非ス英國及ヒ

(四)甲國ノ臣民丙ト乙國ノ臣民丁トニ結婚シタリ然ルニ乙國ハ此兩人間ノ關係近親ニ屬スルノ故ヲ以テ婚姻ヲ無效トシタリ甲國ハ婚姻前ニ於テコソ其調査モ必要ナレ婚姻後ニ於テハ最早之ニ干渉スヘキモノニ非スト爲ス場合ニ乙國ハ何カ故ニ此婚姻ヲ妨クルコトヲ得サルカ

(五)佛法ノ Actes respectueux ノ如ク兩親ノ承諾ハ單純ノ儀式ヲ遵守スルニ於テ之ヲ補完スルコトヲ得ル場合ニハ結婚地法ヲ遵守スルヲ以テ足ル

(六)此事實以外ノ障礙事實ハ此論ヲ適用スルコトヲ得ス故ニ例ヘハ其國ノ法ニ依リテ結婚能力ナキ僧侶ハ斯ル制度ヲ採ラサル

北米國ニ於テハ此規定アルコトナシ而シテ此證明ハ通常本國官廳ノ爲シタル保證書ヲ用井テ爲ス但此保證書アリト雖モ必シモ婚姻ヲ有效ト爲スニ足ラス後日他ノ方法ヲ用井テ之ニ異議ヲ主張スルコトヲ得

第三、結婚ニ付キ標準ト爲スヘキ屬人法ハ結婚者カ結婚ノ時有セル屬人法ニシテ以前ノ屬人法(例ヘハ出生當時適用ヲ受ケシ屬人法ノ如シ)又ハ將來ノ屬人法ハ標準ト爲スヘカラス故ニ例ヘハ一タヒ離婚シタル者カ再ヒ結婚スルニハ其離婚ヲ爲シタル時支配ヲ受ケタル法律ニ依リテ其能力ノ如何ヲ定ムヘキニ非ス必ス其現時ノ屬人法ニ依リテ之ヲ決スルコトヲ要ス然レトモ一タヒ有效ノ方法ヲ以テ締結シタル婚姻ハ後ニ至リ前ニ爲シタルカ如キ婚姻ヲ以テ無效ト爲ス法律規定ノ存スル國ニ轉籍スルモ尙ホ解除セラルルコトナシ(九)

第四、身分ニ關スル婚姻ノ障礙存スルモ其結婚者ノ屬スル國ノ官廳ニ於テ特ニ結婚ヲ認許スルトキハ其婚姻ハ國際法上亦有效ナリトス而シテ戶籍吏カ結婚ヲ取扱フコトヲ得ルヤ否ヤニ付キ疑問存スル場合ニハ其上長

他國ニ至リテモ婚姻スルコトヲ得ス若シ此等ノ事實ヲモ許ストキハ立法ノ差異ハ屬人法ノ效力ヲ全滅スルト同一ノ結果ヲ生スヘシ

(七) 千八百八十九年六月四日判決ニハ婚姻ノ無效ノ問題ヲ決スルニハ專ラ夫ノ住所地法ヲ基礎ト爲スヘシト云ヘリ

(八) 寡婦カ亡夫ノ喪ニ服セスシテ結婚セントスル場合ノ如シ

(九) 然レトモ一夫一婦ノ制ニ非サレハ認メサル國ニ於テハ一夫多妻又ハ數夫一妻ハ眞正ノ夫婦ト看做サス

官廳ニ於テ特許ヲ與フルコトヲ得

第十八章

（ロ） 結婚ノ儀式

結婚ノ儀式ニ付テモ場所ハ行爲ヲ支配ストイフ原則ヲ標準トスヘシ即チ婚姻ハ結婚地（結婚者ノ結婚ノ承諾ヲ爲シタル地ノ法）ニ基キテ儀式ヲ履行スルニ於テハ有效ナリトス尚ホ詳細ノ點ニ付テハ左ノ事項ニ注意スヘシ

一、此規則ハ此場合ニハ强行的ノ意義ヲ有スルコトナシ（一）近世一二ノ學者ニ於テ强行的ノモノナリト論スル者アルモ（就中「ローラン」第四卷第二百三十號以下）是レ無稽ノ説タルヲ免レス（二）故ニ結婚者双方ノ本國法ニ準據スルモ不都合ナシ唯實際ニ於テ双方ノ本國法ノ儀式ニ依リ結婚スルコトヲ得サル處アルノミ（例ヘハ結婚地ニ於テハ國ノ戸籍吏ノ面前ニ於テ儀式ヲ擧クルコトヲ許シ豫メ民事上ノ儀式ヲ履マスシテ直チニ寺院ニ於テ式ヲ擧クルコトヲ禁シ若シ之ニ違背スルトキハ關係ノ僧侶ヲ罰スル刑法ノ規定存スル場合ノ如シ千八百七十五年二月二十五日ノ帝國法參

（二）千八百八十七年一月二十日判決モ此意味ノ言渡ヲ爲セリ千八百七十五年二月六日獨逸帝國法第四十一條ニ曰ク獨逸國ノ領内ニ於テハ戸籍吏ノ面前ニ於テ婚姻ヲ締結スルトキハ之ノミニテ結婚ハ有效ナリト是ニ由テ之ヲ觀レハ本國ハ儀式ナキ結婚ヲ以テ有效ト看做スコトヲ得ルハ明白ナリ其國ノ法律ニ於テ結婚ニ儀式ヲ要スト規定スレハトテ豈ニ外國人カ

照)加之國家ハ其臣民ニ對シテ外國ニ於テ結婚スルコトヲ禁スルヲ得此禁制ハ實際ニ於テ行ハレ難シト雖モ若シ斯ノ如キ禁制アルトキハ結婚地ノ儀式ヲ履行スルコトヲ得サルヘシ

二、國家ハ法律ヲ以テ自國ニ屬スル者カ外國ニ於テ結婚スルトキハ其國ノ許可ヲ要スルコトナク其國ノ公使又ハ領事ノ面前ニ於テ之ヲ爲スコトヲ得ト規定スルコトヲ得而シテ此儀式ヲ以テ爲シタル婚姻ハ國際法上一般ニ效力アリトス(三)然レトモ國家カ斯ノ如キ特別法ヲ施行スルハ通常結婚ニ付キ確實ナル儀式存セサル國若クハ儀式アルモ、開明(耶蘇教)國ニ適セサル場合又ハ專ラ他ノ信徒ノ爲スコトヲ得ザル如キ寺院ノ儀式ノミニ依ラシムル法制ヲ採ル國ニ於テス獨逸法第十條ニ於ケルカ如ク結婚者ノ一方ノミ其國ニ屬スル場合ニ其公使又ハ領事ニ依リテ結婚ヲ爲スコトヲ許ストキハ其結婚ハ國際法上一般ノ效力ヲ有スルコトナシ(四)其結婚地ノ國ハ之ヲ認ムル必要ナシ特ニ結婚者ノ一方カ自國ニ屬スル場合ニ於テ然リトス(五)而シテ斯ノ如キ場合ニハ當時者間ニ種々困難ナル關

其地ニ於テ結婚スル場合ニモ尚ホ無式ヲ許サスト論スルコトヲ得ンヤ

(二) 修法一三但書參照

(三) 修民七七六參照「コードシビル」第四十八條モ此意義ニ於テ規定セリ

(四) 千八百七十年五月四日獨逸帝國第一條ニハ國務大臣ハ結婚ノ權能ヲ賦與スルコトヲ得ト規定セルモ外交上ノ代表官又ハ領事ニモ此權アリト

定メス(五)千八百八十三年五月二十四日白耳義法ハ白耳義國ノ男子ト外國ノ女子トノ間ノ婚姻ニ關スル管轄權ヲ制限セリ

係ヲ生スヘシ而シテ之ヲ防クノ方法ハ國際協議ニ依ルノ外ナシ國際法ノ會議ハ既ニ之カ草案ヲ作レリ

三、結婚ノ儀式ニ寺院及ヒ非寺院(國家)ノ區別アルモ國際法上ニハ之ヲ認メス是レ正説ニシテ亦最モ多クノ學者ノ採用セル所ナリ即チ僧侶ノ爲サシメタル婚姻モ其國ノ法律ニ依リテ之ヲ許ス場合ニハ民法上有效ノモノトス故ニ近世ニ於テハ此點ニ關シテハ僧侶ヲ以テ戸籍吏ナリト云フ而シテ本國ハ其臣民ニ對シテ一定ノ儀式ヲ以テ爲ス結婚例ヘハ寺院ニ於テノミ爲ス結婚ハ之ヲ禁スルコトヲ得ヘシト雖モ斯ノ如キ法タルヤ實際ノ便宜ヲ斟酌シタルモノト謂フヘカラス

四、臣民カ其國ノ必要トスル煩雜ノ儀式ヲ避クルカ爲メ他國ニ至リ其地ノ儀式ニ依リ婚姻シタル場合ニ於テモ直チニ之ヲ以テ法ヲ免ルルノ行爲ト做シ且之ニ基ク結婚ノ無效ヲ主張スルコトヲ得ス

五、擧式前ノ公告ノ長短ハ結婚ノ儀式ノ標準ト爲リタル法律ニ據ルヘシ

六、婚姻ノ擧式ニ對スル異議ハ其式ヲ擧クル國ノ管轄廳裁判所裁判スル權

ヲ有ス而シテ其裁判ハ其國ノ官吏ニ對スル命令又ハ禁令ヲ以テ爲ス然レトモ其際必要ナル場合ニハ先決問題ヲ他ノ國ノ裁判所ニ於テ裁判セシムルカ爲メ適法ニ之ヲ移送スルコトヲ得

第十九章

（八）婚姻取消ノ訴

婚姻ハ必要ナル儀式ヲ履マサルトキ又ハ結婚者ノ一方カ結婚ノ當時結婚能力ヲ有セサルトキハ無效ナリ故ニ多數學者ノ採用スル說ニ據レハ結婚者一方ノ屬人法ニ規定スル婚姻ノ障礙存スルトキハ婚姻ハ無效ナリト云フ然レトモ之ト異ナル一方ノ反對說ニ據レハ婚姻ノ無效ハ唯夫ノ屬人法ニ規定スル障礙存スルトキニ限ルト云フ尤モ右兩說何レヲ採ルモ結婚者カ結婚ノ當時支配ヲ受ケタル屬人法ニ據ルヘキコト論ヲ俟タス（一）但結婚者ニシテ國籍ヲ變更スルトキハ或欠缺ヲ補充スルカ爲メ後ノ屬人法ヲ適用セサルヘカラサルコトアリ又一說ニハ婚姻ハ結婚者ノ屬人法幷ニ結婚地法ニ於テ認ムル無效ノ原因存スルトキニノミ無效ナリト此說ハ法理ニ適

（一）千八百九十年十二月九日判決參照

セス又實際ニ於テモ不都合ノ結果ヲ生スヘシ故ニ此說ニ左袒スル者極メテ鮮シ

第二十章

(二) 婚姻ノ豫約

婚姻ノ豫約能力及ヒ其豫約ノ拘束力(一)ハ豫約ヲ承諾シタル者ノ屬人法ニ依リテ決スヘシ然レトモ其屬人法ニ依レハ豫約ハ一方ヲ拘束セストスルトキハ他方モ亦拘束ヲ受ケサルモノトス其形式ハ場所ハ行爲ヲ支配ストイフ原則ヲ適用スヘシ然レトモ屬人法ニ於テ豫約ハ本國ノ一定ノ官吏ノ面前ニ於テ締結シタル場合ニノミ效力ヲ生スト定メタルトキハ前述ノ原則モ亦之ヲ適用スルコトヲ得ス(三)

(一) 例ヘハ婚姻ノ豫約ヲ爲スニハ父ノ承諾ヲ要スルヤ否ヤ等ノ如シ

(二) 後ニ至リ婚姻ヲ拒ミタル場合ノ損害賠償ニ關スル效力是ナリ

(三) 法廷地法ニ於テ豫約ノ訴ヲ許サヽルトキハ却下セラルヘシ

第二十一章

(ホ) 婚姻繼續中ニ於ケル婚姻者間ノ關係

婚姻繼續中ハ夫ノ屬人法ヲ以テ標準トス(一)就中歐洲大陸ノ法ニ據レハ婚姻ハ妻ノ行爲能力ヲ制限スルモノトス然レトモ尚ホ左ノ例外ニ注意スヘシ

(一) 修法一四參照

一、夫ノ妻ニ對スル强制權ハ其在留地ノ法律ニ於テ許ス程度ニ於テノミ之ヲ行フコトヲ得

二、夫カ妻ニ一時ノ養料ヲ給與スルハ在留地ノ法ニ依リ繼續ノ養料義務ハ屬人法ヲ標準トス(一)

第二十二章 (ヘ) 離婚

離婚(及ヒ別居)ニ關シテハ夫ノ屬人法ニ依ルヘシ就中離婚ノ訴ヲ爲ス時ノ屬人法ニ依リ婚姻ヲ承諾スル時ノ屬人法(二)又ハ離婚ノ訴ノ基ク事實ノ生シタル時ノ屬人法(二)ハ以テ其標準ト爲スニ足ラス是レ離別ノ權ハ契約上ノ權利ニ非スシテ法律カ其婚姻ヲ結婚者ノ意思ニ反シテモ維持スル必要ナシト信スル場合ニ成立スルモノナレハナリ故ニ裁判所ハ其離婚カ法廷地法ニ適合スル場合ニノミ之ヲ宣言スルコトヲ得(三)而シテ離婚ハ斯ノ如ク一方ニ於テハ屬人法ニ依リ地方ニ於テハ法廷地法ヲ以テ決スヘシト云フヲ以テ恰モ矛盾ノ觀アリ然レトモ離婚ハ近世ノ法律ニ於テハ全然當事者ヲシ

(一) 夫婦別居スルトキハ夫ノ妻ニ對スル養料義務ハ夫ノ屬人法ニ依リテ定マル隨ヒテ夫ノ屬人法變更セラルルトキハ其義務モ亦變更セラル千八百八十一年一月三日判決參照

(二) 獨逸有名ノ裁判所ニ於テハ此主義ヲ採レリ獨逸普通法ニ依レハ此場合ノ屬人法ハ住所地法ヲ採レリ三一條法一一六ハ此主義ヲ採レリ

(三) 千八百八十六年六月二十六日判決參照

テ任意ニ處分スルコトヲ許サヽルヲ以テ其訴ハ屬人(四)管轄ヲ有スル裁判官ニ專屬シ(五)法律上管轄ヲ有セサル裁判官ノ審理ニ依ルヲ得スト云フニ過キス然レトモ妻ニシテ事實上夫ニ隨從セサル塲合ニハ夫ノ國籍(住所)ノミ變更ヲ生スルモ(六)其曾テ離別ニ關シテ生シタル裁判籍ハ之カ爲メニ消失スルコトナシ又曾テ生シタル離婚ノ原因モ消滅スルコトナシ(七)而シテ離別判決ニ於テ勝敗ヲ決スルニハ法廷地法ヲ以テ標準ト爲スヘシト云フ(八)説ヲ以テ最モ正確ノモノトス

結婚者カ他國ニ於テ離別セント欲シテ先ツ他國ニ歸化シ而シテ其地ニ離別ヲ爲シ直チニ舊ノ本國ニ復歸シテ再ヒ其國民權ヲ取得スルコトアリ此塲合ニ結婚者ノ本國ニ於テハ其離婚ヲ認ムルヤ否ヤニ付テハ學者ノ論未タ一致セス(九)

再婚ハ離婚ノ標準ト爲リシ法律カ離婚者ニ此能力ヲ認ムル塲合ニ之ヲ爲スコトヲ得離婚者離婚後國籍ヲ變シ其國籍地ノ法律ハ其臣民ニ同一ノ條件ヲ以テ再婚スルコトヲ許サス又ハ單ニ加特里久寺院法ノ所謂机及ヒ寢

(四)獨民訴五六八ノ如ク住所ノ裁判所ノ管轄ト爲ストキハ内國ニ住所ヲ有スル外國人モ離婚判決ヲ求ムルコトヲ得特ニ法律ニ別段ノ定ナキ以上ハ法廷地法ニ依ルヘシ其當事者ノ屬スル國ノ法律ニ於テ離婚ヲ認ムルヤ否ヤハ問フ要ナシ千八百八十一年一月十日判決千八百八十五年六月十三日「エナ」高等地方裁判所判決參照

(五)獨民訴五六八ニ曰ク離婚・婚姻ノ無效取消復婚ヲ目的トスル訴訟ハ夫タル者ノ普通裁判籍ヲ有スル地方裁判所ニ專屬スト

(六)夫婦共ニ新住所ヲ取得シ其新住所ノ裁判所ニ離婚ノ訴ヲ提起スル塲合ハ之ヲ異ニセリ當住所地ニ於テ生シタル事實ニシテ其地ノ法律上離婚ノ原因タルモノヲ取リ新住所地法上ノ離婚ノ原因タル

モノハ之ヲ取ラス千八百八十三年六月十九日判決參照

(七)獨民訴五六八ノ二參照夫カ妻ヲ遺棄シ外國ニノミ住所ヲ有スルトキハ妻ハ夫ニ對シテ其獨逸國ニ於ケル最後ノ住所ノ地方裁判所ニ起訴スルコトヲ得但被告カ原告ヲ遺棄シタルトキ獨逸人ナリシコトヲ要ス

(八)千八百八十五年十月一日巴威爾高等地方裁判所判決

(九)此場合ニハ舊國民分限ノ再取得ヲ距絕スルヲ以テ正當トス

(二〇)千八百七十五年二月六日獨逸帝國法第七十七條第二項ハ此法ノ實施前常ニ別居セル者ニ此權ヲ與ヘタリ

所ノ離別(Separatio a thoro et mensa)ノミヲ認ムル場合ト雖モ苟モ離婚ノ標準タリシ法律ニ於テ之ヲ許ス以上ハ離婚者ハ此能力ヲ失フコトナシ又後ニ取得シタル屬人法ニ依リ再婚能力ヲ得タル者ニハ之ヲ認メサルヘカラス是レ第一ノ場合ハ離婚判決(詳言セハ其眞意)ヲ認メサルヘカラサルニ基因シ第二ノ場合ハ婚姻ノ障礙ハ現時ノ屬人法ニ依リテ判斷セサルヘカラサルニ職由ス故ニ國籍ヲ變更シタル者(歸化人)ハ舊ノ本國法ニ依リテハ單ニ永久ノ別居ノミヲ認メラレタルニ新ナル本國法ハ眞正ノ離婚ヲ認許スル場合ニハ裁判所ノ言渡ヲ以テ其別居ヲ眞正ノ離婚ニ變セシメ以テ再婚ヲ爲ス便ニ資スルコトヲ得(二〇)

離婚及ヒ婚姻取消ノ訴即チ婚姻事件ニ付テ其結婚者ノ國籍ノ在ル國ノ裁判所ヲ以テ專屬管轄トスルトキハ結婚者カ久シク他國ニ住居シタル場合ニ種々實際上ノ不利益ヲ生スヘシ然レトモ之ヲ住所ノ裁判所ノ管轄トスルトキハ本國ノ婚姻法ニ基キ實質上ノ裁判ヲ爲ササルヘカラサル場合ニハ裁判所ハ法律ノ適用ニ苦マサルヲ得サルヘシ故ニ條約ヲ以テ本國ノ管

轄裁判所ハ自ラ終局裁判ヲ爲スカ爲メニ或一定ノ證據ニ關スル點ノ裁判ヲ住所ノ裁判所ニ囑託スルコトヲ得ト定ムルコトヲ得ヘシ

第二十三章　（ト）　夫婦ノ財産關係

第一、獨逸ノ學說及ヒ判決例ニ於テ當今一般ニ採用セラレ伊太利及ヒ佛蘭西ニ於テモ近世ニ至リ頻ニ唱道セラルル所ノ說ニ據レハ夫婦ノ財産權ハ所在地法ヲ適用スヘキニ非スシテ結婚者（一）ノ屬人法ヲ適用スヘシト云フ是レ結婚者間ニ默示ノ契約（二）アリトスル故ニ非ス蓋シ直接ニ法律ニ因リテ生シタル夫婦財産權ハ婚姻ノ本質ヲ國民的ニ觀察シタル結果ニ外ナラス且結婚者ノ屬人法ニ依ルトキハ外國ニ存在スル土地モ單ニ其位置外國ニ在ルノ故ヲ以テ屬人法ノ適用ヲ妨ケラルルコトナキカ故ニ結婚者ニ取リ甚タ便利ニシテ其土地ノ存在スル外國ノ立法者モ通常自國ニ屬セサル者ノ夫婦ノ財産關係ニ付キ其屬人法ト異ナル規定ヲ設クル點ニ於テ利害ヲ有セサルモノナリ是レ實ニ夫婦ノ財産關係ハ屬人法ニ依ルヘシト云フ理

（一）結婚者カ結婚當時同一ノ屬人法ヲ有セサルトキハ結婚後主ト〆婚姻ニ適用スヘキ夫ノ屬人法ニ依ルヘシ

（二）默示契約說ハ夫婦財産制ヲ誤テ聽用的ノ法規ト爲シタルニ基クモノニシテ佛國ニ於テ多ク行ハル而シテ住所地法及ヒ本國法中何レヲ採ルヤニ付テハ此說ヲ採用スル判決例モ未タ一定セス

由ナリ尤モ所在地法モ全然之ヲ排斥スヘシト謂フニ非ス外國ニ存在スル土地ニ付キテハ例外トシテ其適用ヲ見ル就中特有ノ財産例ヘハ別段ノ相續法ニ依ルヘキ獨逸法ノ世襲財産又ハ種族財産(Lehn-Fideikommisz-oder Stamm-Gut)ノ如キニハ之ヲ適用スルヲ正當トス又立法者カ第三者ヲ保護スルノ目的ヲ以テ內國ノ結婚者ノ契約ノ自由ヲ制限シ法律ノ規定ニ異ナル契約ハ之ヲ一定ノ方法ヲ以テ公ニシタル場合ニ非サレハ第三者ニ對シテハ効力ナシト定メタル場合ニハ所在地法ヲ適用スヘシ(三)小作制度ニ付テ論スルトキハ方今英國及ヒ北米ノ學者ハ昔日獨逸學者間ニ唱道セラレタルカ如ク夫婦ノ財産權ハ所在地法ニ依リテ判斷スヘシト說ケリ此說ハ英米物權法ニ採用セラレタルモ漸次其純然タル意義ハ喪失スルニ至レリ

第二、夫婦ノ財産權ハ結婚者ノ屬人法變更スルモ共ニ變更スルコトナシ是レ學者間ニハ異論ナキニ非サルモ漸次勝利ヲ制セル說ニシテ就中獨逸法學者及ヒ獨逸帝國裁判所(四)ノ採用スル所タリ然レトモ此說ノ論據ヲ以テ結婚者間ニ默示ノ財産契約ヲ認ムル點ニ存スト爲スハ誤解ナリ蓋シ此說

(三) 此場合ニハ外國ノ結婚者カ適當ノ方法ヲ以テ所在地法ト異ニスル屬人法ノ財産制ニ依ルヘキ旨ヲ公告シタルトキ初メテ其屬人法ヲ以テ第三者ニ對抗スルコトヲ得

(四) 千八百八十二年四月十八日及ヒ千八百八十二年三月七日判決參照千八百八十八年國際法會議議決モ亦此說ヲ採用セリ

ノ基因スル所ハ法律ハ結婚者ノ別段ノ意思表示ナキ場合ニモ其財產關係ヲ規定スルヲ以テ既ニ一旦定メタル關係ヲ蹂躪シ多クノ場合ニハ其變更ノ爲メニ全ク秩序ヲ紊亂セシムルニ至ル結果ヲ生セシムルハ其目的ニ在ラスト云フ點ニ在リ唯第三債權者ノ利益ノ爲メ絶對ニ夫婦ノ財產權ヲ規定スル法律（後ニ至リ結婚者ニ效力ヲ生スヘキ屬人法）ハ其債權者ニ付テハ又別段ノ規定ヲ設クルコトアルヘシ（五）

第三、妻ノ行爲能力ノ制限（夫カ妻ノ財產上ニ權利ヲ有スルニ依リ妻ノ處分權ニ制限ヲ生スル場合トハ之ヲ區別スルコトヲ要ス）（六）ハ行爲ヲ爲シタル時ノ屬人法ニ依リテ之ヲ判斷スヘシ結婚者双方ノ行爲能力ヲ制限スルモノハ羅馬法ノ夫婦間ノ贈與禁制幷ニ結婚後婚姻財產ノ變更禁制（佛民四三二）妻ノ持參シタル土地ノ讓與ノ禁制是ナリ（七）

第四、夫婦ノ財產權ニ關スル契約ノ形式ハ場所ハ行爲ヲ支配ストイフ原則（八）ヲ適用ス其他ニ於テハ原則トシテ本國法ヲ以テ裁判スヘシ然レトモ事情ニ依リテハ結婚者其住所共同住所又ハ夫若クハ妻ノ住所）ニ行ハル法律

（五）千八百八十四年十月七日判決ハ「ベーデン民法」「コードシビル」第四百四十三條ノ夫婦財產制裁判上解除ニ關スル規定ハ絶對ノ效力ヲ有シ國內ニ住メル夫婦ニハ總テ適用スヘキ規定ナリト說明セリ又普國民法第二編第三百五十二條第一ハ普通財產制ノ行ハル地ニ住所ヲ變更シタル場合ニ付テ規定セリ而シテ此條ニ付テハ千八百八十八年十月二十四日及七十一月五日ノ判決アリ就テ見ルヘシ獨逸民法草案第二十條ニ曰ク內國ニ住所ヲ有スル外國人カ其財產關係ニ適用スヘキ外國法ヲ以テ第三者ニ對抗スルニハ內國カ第三者對ニノ法定ノ夫婦財產制ヨリ異ナル財產關係ヲ主張スルコトヲ得ル場合ノ條件存スルトキニ限ル

（六）此點ニ付テ

ハ婚姻ヲ爲シタル當時ノ屬人法ニ依ルヘシ此區別ニ付テハ千八百八十二年四月十日ノ判決ヲ參照スヘシ又獨逸民法草案第十九條ニ曰ク夫婦間ノ贈與ノ許否又ハ取消ハ夫カ之ヲ爲シタル當時屬シタル國ノ法律ニ依ルト

（七）讓渡シタル要ノ不動產ヲ占有ニ依リテ取得スルコトヲ得ルヤ否ヤニ付テノ所在地法ニ依ルヘシ

（八）物權ヲ設定スルニハ所在地法ヲ遵守セサルヘカラス

ニ服從スル意思ヲ有スルモノナリトノ說モ理由ナキニ非ス特ニ本國法カ契約ノ自由ヲ認メタル程度ニ於テ住所地法ヲ適用スヘシ結婚者カ結婚後直チニ他國ニ轉住スル目的ヲ有スルトキハ前揭ノ場合ニ付テハ新國法ヲ適用スルコトヲ得

第五、死亡ニ因リテ婚姻解除スルトキハ夫婦財產權ノ直接ノ效果ト相續權トヲ區別スルコトヲ要ス相續權ハ被相續人ノ最終ノ屬人法ニ依リ夫婦財產權ノ直接ノ效果ハ結婚ノ時ノ屬人法ヲ標準トスヘシ

第六、離婚ノ場合ニハ法律ノ課スル私罰ノ程度ハ現時ノ屬人法ニ依リテ之ヲ決シ財產共同ノ解除ヨリ生スル單純ノ效果ハ結婚當時ノ屬人法ヲ以テ判斷スヘシ

第七、再婚ノ財產權上ニ及ホス效果ハ舊ト爲シタル取得ノ變体トシテ之ニ適用スヘキ法律ニ依リテ判斷スヘシ故ニ例ヘハ再婚ノ父ノ相續シタル財產ヲ最初ノ婚姻ニ因ル小兒ノ爲メニ剝奪スヘキトキハ死亡シタル結婚者ノ最終ノ屬人法ヲ以テ之ニ適用スヘキ法律ト爲ス之ニ反シテ初婚ノ小

兒カ新結婚者ノ財産上ニ有スル權利ハ新結婚者ノ屬人法ニ依ル就中其結婚ノ時ノ屬人法ニ依リテ判斷スヘシ

第二　親子ノ關係

第二十四章

(イ)　身分關係總說

身分關係ニ付テハ屬人法ニ依リテ之ヲ決スヘシ然レトモ茲ニ一二ノ注意ヲ惹クヘキモノアリ即チ左ノ如シ

一、係爭行爲ノ在リシ時ニ成立セル又ハ成立スル屬人法ニ據ルヘシ(一)出生ノ時ノ屬人法ハ何時マテモ繼續シテ適用ヲ受クヘキモノニ非ス(唯舊トノ屬人法ノ認メタル規定例ヘハ小兒ノ宗教上ノ教育ニ關スル規定ノ如キハ維持セラルルコトアルヘシ)(二)

二、子ニシテ親(父)ト異ナル屬人法(異ナリタル國籍)ヲ有スルトキハ親ハ其子ノ屬人法ノ認ムル程度以外ニハ權利ヲ有スルコトナシ

三、他國カ取テ其國ノ良慣習ニ背キ又ハ個人ノ自由ヲ妨害スルモノト認ム

(一) 獨逸民法草案第二十三條ニ曰ク親子間ノ屬人關係及ヒ親カ子ノ財産ニ對シテ有スヘキ權利ハ當時ノ親ノ法ニ依ルト又修法二〇參照

(二) 千八百八十一年六月二日「ウィーン」最高等裁判所判決千八百七十六年十二月十六日「パイエルン」最高等裁判所判決千八百七十七年十月五日「ツェルレー」控訴裁判所判決

ル權利ハ其國ニ駐在スル間ハ行フコトヲ得ス

第二十五章

(ロ) 父權

父權(一)ハ(假裝的ノ)父ノ親族ニ從屬スルニ基クモノナレハ原則トシテ先ツ父ノ屬人法ヲ以テ之ヲ決定セサルヘカラス就中左ノ如シ

一、正婚ニ因ル子ナルヤ否ヤ隨ヒテ父權ニ服從スヘキヤ否ヤハ子ノ出生ノ時ニ於ケル父ノ屬人法ニ依リテ判斷スヘシ此原則ハ正婚ノ特別推定ニ付テモ亦適用スヘキモノトス但子ヲ認知スルニハ場所ハ行爲ヲ支配ストイフ原則ニ依リ之ヲ認知スル地ノ形式ヲ用井ルコトヲ得(二)

二、婚姻外ノ子ニ後日ニ至リ嫡出子ノ身分ヲ授與スルニハ其授權ノ由リテ生スル事實ノ存セシ時父ノ有シタル屬人法ヲ以テ其標準ト爲スヘシ(故ニ結婚前ニ生レタル子ハ両親カ結婚ノ時有セル屬人法ニ依リ授權ノ要件ヲ具備シタルトキハ嫡出子タル身分ヲ取得ス)然レトモ舊ノ屬人法ノ下ニ爲シタル認知カ後ノ事件(就中母ノ後ノ婚姻)ヲ條件トスル授權上ノ

(二) 修法一七參照獨逸民法草案第二十一條モ之ト同一ナリ

權利ヲ與ヘタルモノナルトキハ此權利ハ屬人法ノ變更ニ依リ消滅スルコトナシ其授權セラルヘキ子ニシテ父ト異ナル國ニ屬スル場合ニハ父ノ屬人法ニ定ムル要件ヲ充ストキ授權セラルルモノトス但自己若クハ後見人ノ承諾ヲ要スルハ論ヲ俟タス蓋シ授權禁制ノ規定ハ姦通ニ因リテ生シタル子ヲ害スル目的ヲ有スルニ非スシテ唯父ノ親族ヲ保護シテ不都合ノ事件ノ發生ヲ豫防セントスルニ過キス但其保護ヲ與フヘキヤ否ヤ及ヒ其程度ハ一ニ父ノ親族カ繼續シテ服從スル法規ニ依リテ之ヲ決スヘシ尤モ多數學者ノ唱フル說ニ據レハ授權ハ父ノ属人法ノミナラス子ノ屬人法ノ要件ヲ充ス場合ニノミ效力アリト云フ(二)(Legitimatio 正說ニ據レハ後日ノ婚姻ニ因ル授權ト國君又ハ官廳ノ處分ニ因ル授權 per rescriptum)(三)トノ間ニハ區別ヲ認ムルコト能ハス而シテ何レモ專ラ屬人法ノ涉外效力ヲ認ムルモノナレハ他ノ國ニ於テ法律ニ國君ノ處分ニ因ル授權ノ規定ヲ爲サス又ハ其規定ヲ廢シタルモ之カ爲メ其效力ヲ失フコトナシ然レトモ英國ノ判例ニ於テ最モ多ク採用セラルル說ニ據レハ當

(二) 修法一八參照

(三) 舊法ニ依レハ婚姻外ノ子ハ往々權利能力ヲ制限セラレタリ故ニ權利能力ノ授權ナルモノアリキ而シテ數多ノ學者ハ涉外效力ヲ有スルモノニ非スト云ヘリ

事者ノ屬人法ニ基ク授權ハ其國ノ不動產ヲ有スル權ヲ相續スルノ效ナシト云フ此說ハ封建時代ノ法律觀念ヲ誤解シタルモノニシテ大方學者ノ駁擊スル所ナリ

授權ノ形式ハ普通ノ說ニ於テハ場所ハ行爲ヲ支配ストイフ原則ヲ適用スルコトヲ得ト爲セリ然レトモ獨逸民法草案（第二十二條第二項）ニ於テハ奇怪ニモ之ヲ適用セスト定メリ蓋シ外國人カ外國人ニ授權スル點ニ付キ規定ヲ爲シタルハ獨逸法ヲ以テ規定シ得ル範圍ヲ脫シタルモノト謂フヘシ

三、養子及ヒ合家ニ依リテ父權ヲ發生セシムルハ授權ニ依リテ父權ヲ發生セシムルト同シク屬人法ニ據ルヘキモノトス就中養子（合家スル者）并ニ養父（合家ヲ受クル者）ノ屬人法ノ要件ヲ充サヽルヘカラス但養子（合家）ヲ制限スル（或場合ニハ之ヲ禁スル）規定ハ養父ノ家族ノ利益ノミニ設ケラレタルモノナルコトヲ注意スヘシ故ニ此規定ニシテ唯養子ノ屬人法ノミニ存シ養父ノ屬人法ニハ存セサルトキハ之ヲ適用スル要ナシ之ニ反シテ正說ニ據レハ養父ノ屬人法ニ掲クル禁令ハ如何ナル原因ニ基クヲ問ハス涉外效力ヲ有スルモノトス例ヘハ僧侶ノ身分ヲ有スル者ニ養子ヲ禁スル場合ノ如シ養子ノ形式ハ場所ハ行爲ヲ支配ストイフ原則ヲ適用スヘシ然レトモ形式ハ官廳ノ認可若クハ不認可ノ要件ニ非ス法律ニ別段ノ規定ナキトキハ外國人モ內國人ヲ養子ト爲スコトヲ得然レトモ佛國ノ判例ニ於テハ之ト異ニシテ民法及ヒ自然法ノ區別ヲ立テ之ヲ以テ其論據ト爲セリ

四、父權ノ終了ハ當事者ノ屬人法ニ依ル然レトモ父子屬人法ヲ異ニスル場合ニハ其何レカ一方ノ屬人法ニ依リ父權消滅スルトキハ亦終了ス

第二十六章

（八）　子ノ財產ニ對スル父（又ハ母）ノ權利

此場合ニ於テモ夫婦財產權ト同シク屬人法ヲ以テ之ヲ決スヘシ但英國及ヒ北米ノ法律ニ於テハ不動產ニ付テハ所在地法ヲ適用スルモノト定メタリ尙ホ此點ニ付テハ左ニ注意スヘキモノアリ

一、此場合ニハ夫婦ノ財產權ト異ニシテ屬人法不變ノ原則ハ之ヲ遵守スルコトヲ得ス是レ一方ニ於テハ父權ハ婚姻ノ如ク終身繼續スヘキモノニ非ス又他方ニ於テハ此場合ニ適用スヘキ法律規定ハ强行的ニシテ自由ノ契約ヲ許サス隨ヒテ初メ定メタル點モ其效力ヲ維持スルコトヲ得サルコトアルニ由ル故ニ其取得ノ時ニ於ケル現行屬人法ヲ以テ之ヲ決スヘシ然レトモ此場合ニハ物ハ土地ノ相場ニ換價シ金ハ土地ノ物ニ換價ストイフ原則ヲ適用セサルヘカラス然レトモ多少ノ爭ナキ能ハスト雖モ最モ正確ナリト信スヘキ說ニ據レハ國籍又ハ住所ノ變更ヲ生スルモ父又ハ子カ其子ノ既ニ爲シタル取得ニ對シテ有スル權利ハ變セラルルコトナシト(一)云フ之ニ反對スル學者ハ子ノ權利ハ狀況ニ依リ固ト父ノ意思ニ支配セラルヘキモノナリト說ケリ

二、父ノ屬人法ノ規定ト子ノ屬人法ノ規定ト差異アル場合ニハ子ノ屬人法ノ規定ニ依リテ之ヲ決スヘシ

第二十七章

（一）獨逸民法起章委員ノ提出案ニ曰ク親カ國籍ヲ變スルモ親ノ屬セシ國ノ法律ハ子ノ既ニ存スル財產ニ付テ標準ト爲スト

第三　扶養ノ義務及ヒ嫁資ノ義務

親族關係ニ基ク扶養ノ義務ニ付テモ學說區々ナリ然レトモ最モ正確ナル說ニ據レハ請求ヲ受クル者ノ屬人法ニ依リテ之ヲ決スヘキモノトス(一)然レトモ婚姻外ノ子ノ其生父ニ對スル扶養請求權ニ付テハ大ニ學者間ニ議論アリ舊時ノ獨逸學者ハ其子ノ生命ノ親タル者ノ行爲ハ良習慣ニ背キタル私犯行爲ナレハ之ニ犯罪地法又ハ法廷地法ヲ適用スヘシト說ケリ此說ハ千八百五十五年六月五日ノ「ミユンヘン」控訴裁判所總會議ニ採用セラレ巴威爾ニ於テハ一ノ裁判例ト爲レリ此說ハ子ノ請求ニ關シ不當ノ觀察ヲ下シタルモノニシテ最近世ニ於テハ攻擊スル者多シ特ニ佛國學者ノ如キ然リ又普漏士ニ於テハ夙ニ上等裁判所(二)ニ於テ常ニ之ヲ斥ケ扶養請求ハ先ツ子ノ屬人法ニ依リテ判決セサルヘカラス是レ扶養ノ義務ハ子ヲ保護スル目的ノモノナレハナリト論セリ然レトモ正確ノ說ニ據レハ(子ノ出生スル時マテハ可ナリト雖モ)(三)專ラ子ノ屬人法ヲ以テ之ヲ決スルハ不可ナリ唯野合ヲ爲シタル地ノ法律カ請求ヲ認ムル程度ニ於テ請求ヲ爲スコトヲ得是(四)

(一) 異說第一ニ曰ク權利者ノ法律ニ依ルヘシト第二ニ曰ク親族關係ノ標準タリシ法ニ依ルヘシト第二說ニ反對スル者ノ曰ク扶養ノ權利及ヒ其義務ハ家族ノ出生ト共ニ發生スル權利ニ非スト

(二) 參照千八百四十九年十一月二十一日上等裁判所判決（ヘヅヰフエルト判決集三卷二五四號）

(三) 但此場合ニハ出生ノ時ヲ以テ標準ト爲スヘカラス

(四) 異ナル法律ノ行ハルル數多ノ地

レ婚姻外ノ子ノ母ノ屬人法ハ他ノ地ニ在ル外國人ニ對シテ義務ヲ課スル能ハサレハナリ而シテ最終ニ於テ法廷地法ヲ適用スヘシ蓋シ何レノ國ノ裁判所ト雖モ其國ノ法律カ之ヲ裁判所ニ於テ主張証明スルヲ以テ良慣習ニ違背スルモノト看做ス場合ニハ其請求ヲ認可スルコト能ハサルヘシ(佛法典第三百四十條參照)(五・六)生父ノ本國ニ於テ之ヲ訴フルコトヲ得サル場合ニハ(此本國ニ於テ訴フル場合ニハ生父ノ屬人法ヲ唯法廷地法トシテ適用スヘシ)生父ノ屬人法ハ之ヲ顧ルノ要ナシ(七)尤モ婚姻外ノ生父ノ親族就中其父ニ對シテハ其親族ノ屬人法カ其請求ヲ許ス程度ニ於テ之ヲ爲スコトヲ得婚姻外ノ母カ自ラ其子ノ父ニ對シテ爲シ得ル請求ハ私犯又ハ準私犯ノ請求ナレハ之ニ適用スヘキ原則ヲ援テ論スヘシ

第二十八章

第四　後見人及ヒ保佐人

後見ハ被後見人ノ財産上ニ關スルモノナリト雖モ固ト之ヲ保護スル爲メニ設ケタル法制ナレハ通常未成年者ノ屬人法ヲ適用シ外國ニ存在スル被

ニ於テ野合ヲ爲シ子ヲ生ミタルトキハ其子ニ最モ利益ノ法律ヲ適用スヘシ

(五) 然レトモ此條ハ扶養ノ義務ニ付テ言渡シタル外國判決ノ主張ヲ妨クルモノニ非ス

(六) 數多ノ學者ハ法廷地法ヲ適用スヘシト云フ是レ風俗ニ關スルカ故ナリ「サビニー」「ウンゲル」ノ如キ是ナリ瑞西聯邦民法第十二條モ此説ヲ採用セリ

(七) 又請求ヲ受クル者ノ屬人法ニ依ルヘシト云フ説アリ是レ家族權上ノ請求ナルニ由ル

後見人ノ土地ニ付テモ亦其屬人法ノ效力ヲ霑及セシムヘキモノトス是レ歐洲大陸ニ於テハ一點ノ疑ナキ見解ナリ(一)然レトモ英國及ヒ北米學者ハ內國ニ存在スル不動產ニ付テハ外國ニ於テ設定セラレタル後見ヲ認メスシテ內國ノ官廳ノ監督ノ下ニ特別後見人ヲ立ツルコトヲ要スト做セリ(二)

第一、佛蘭西伊太利幷ニ魯士亞ノ學說ニ基キ墺太利ニ採用セラレタル見解ニ據レハ國籍ヲ以テ之ヲ決シ(三)住所ハ其標準ト爲サス(舊普通法學者ノ說ハ住所說ヲ採レリ)而シテ國籍ヲ變更スル場合ニハ後見ハ未成年者ノ爾來屬スヘキ國ノ官廳ニ移ルヘキモノトス(四)然レトモ假設ノ後見人トシテハ內國ニ住スル外國人ト雖モ之ヲ許シ又已ムコトヲ得サル場合ニハ一時內國ニ駐在スル外國人ト雖モ敢テ此權ヲ排除セス(正說ニ據レハ)其他假設ノ後見人ハ可成職務ニ制限ヲ加ヘテ假ニ內國法ニ依リテ設定スルヲ以テ人情ニ適スルモノト爲ス(五)夫ノ外國ノ官廳ニ於テ後見ヲ引受クルマテ自國ニ於テ假ニ後見ヲ保續スル如キモ亦然リトス外國ノ住所ニ於テ被後見人タル者ノ屬スル國ノ裁判所ニ高等後見ヲ爲サシムルハ實際大ナル不利益ヲ生

(一) 參照修法二三三

(二) 後見ハ裁判所ノ處分ニ依リテ設定セラルルモ是レ外國ニ存在スル不動產ニ後見ヲ延長スル理由ト爲スニ足ラス

(三) 參照索遜民法第十六條、千八百七十五年七月五日ノ普國後見法モ茲ニ基礎ヲ建テリ

(四) 國籍ニ疑アルトキハ住所ノ官廳ハ後見人ヲ任設スヘシ

(五) 普國後見法第六條第二項ニ曰ク普國ニ於テ住所ヲ有セサルトキハ居所ノ裁判所假處分ヲ爲スコトヲ得而シテ本國政府カ後見ヲ受クヘキ者ニ

スヘシ故ニ最近世ノ領事條約(六)ニ依リ領事ハ自國ノ臣民ニ付テ常ニ高等後見人タル裁判所ニ代リテ其權ヲ行フコトヲ得ト定メタリ

第二、後見ヲ爲ス能力モ亦後見ヲ受クル者ノ屬人法ニ依リテ之ヲ決シ後見人ノ屬人法ニ依ルヘカラス是レ何人カ後見人ニ適スルヤ否ヤノ問題ハ特別保護ヲ要スル者ニ對スル監護ノ方法ヲ定ムル法律ニ依リテ決スヘキモノナレハナリ但其能力ニシテ後見人ノ行爲(若クハ處分)能力ニ關スルモノハ後見人ノ屬人法ニ依ルヘシ外國人モ法律ニ明文ヲ以テ別段ノ規定ヲ爲ササル以上ハ後見ヲ爲ス能力ナシト謂フヘカラス是レ佛國學者ノ方今唱道スル所ナリ以上說明シタル所ハ後見人ニ類スル權利者例ヘハ母ノ如キニモ適用スルコトヲ得

第三、後見人ト爲ルヘキ義務ハ後見其者トハ頗ル性質ヲ異ニシテ國民普通ノ義務ニ屬ス故ニ其義務ヲ負担スヘキ者ノ本國法ニ依リテ之ヲ決スヘキモノトス然レトモ之ヲ詳論スルトキハ何人ト雖モ外國ノ後見ヲ爲ス義務ナシ是レ何人モ假令彼我ノ法律規定同一ナル場合ト雖モ外國裁判所裁

對シテ保護ヲ與ヘサルトキハ亦同裁判所ニ於テ後見人ヲ命スヘシト巴威爾ニ於テハ住所ヲ以テ標準トセリ

(六)近世佛國ノ締結シタル領事契約ニ斯ノ如キ規定ヲ定メリ又千八百六十八年十二月二十一日獨逸伊太利間ノ條約第十一條千八百八十一年十一月二十六日獨逸希臘間ノ條約ヲ參照スヘシ國際法會議モ此點ニ付キ千八百九十一年「ハムブルグ」ニ於テ會議ヲ開キタリ而モ未タ決セス然レトモ遠カラス領事ノ管轄權ヲ一層擴張シ領事ノ爲スヘキ後見ニ付テ詳細ナル規定ヲ定ムルニ至ルヘシ

判權ノ下ニ此義務ニ服從スル者ナケレハナリ

第四、後見人ノ義務及ヒ權利(七)(又被後見人ノ身上ニ對スル懲戒權)ハ被後見人ノ屬人法ニ依リテ判定スヘシ被後見人ノ物就中不動產ヲ讓渡スル權能(八)モ亦然リ故ニ讓渡ニ必要ナル特許ハ其屬人管轄ヲ有スル裁判官之ヲ與ヘ(九)所在地ノ裁判官ノ干與スヘキ所ニ非ス(一〇)

其他ノ後見即チ未成年者以外ノ者ニ附スル保佐ハ保佐ヲ付セラルル者ノ屬人法ノ支配ヲ受ク(一一)然レトモ假保佐ヲ付スル原因ハ狹義ノ假後見ヲ設クル場合ヨリ一層多カルヘシ(例ヘハ外國人カ突然精神病ニ罹ル場合ノ如シ)保佐ヲ受クヘキ者ノ居所地又ハ其訴ヲ起ス地ニ於テ保佐ハ人身ノ自由ヲ制限スルモノナレハ許スヘキ限ニ在ラスト認ムルトキハ其種ノ保佐ハ此地ニ於テハ屬人法ニ依リ主張スルコトヲ得ス(一二)

如何ナル人ハ強制ヲ以テ入檻セシムルコトヲ得ルヤ此問題ハ其者ノ在留地ノ法ニ依リ判斷スヘシ是レ一方ニ於テハ公益ニ關係ヲ有シ他方ニ於テハ人身ノ自由ヲ制限スルモノナレハナリ

(七)財產目錄調査財產管理等ヲ云フ

(八)後見人ノ強制權ヲ行フニ付テハ父權ノ強制權ヲ行フ場合ト同シク居所地法ノ制限ヲ受ク

(九)此場合ニ不動產ハ外國ノ主權ニ服從スルコトヲ得サルヲ以テ所在地法ニ依ルヘシト云フハ其當ヲ得ス

(一〇)第三者ヲ擁保スル爲メノ形式ハ固ヨリ所在地法ニ依ル

(一一)參照修法二〇四

(一二)英法ハ浪費者ノ保佐人ヲ認メス

第二十九章

第一、総則

第一、不動產上ノ權利ハ所在地法ニ依リテ判斷スヘシトハ殆ト爭ナキ普通ノ說ナリ然レトモ此原則ノ理由ニ至リテハ學者ノ間議論一致セス最モ正確ナル理由(一)ハ土地主權ハ其意思ニ依リテ他國法ノ效力ヲ排除スルコトヲ得(二)又他國ノ法律ニ依リテ不動產上ノ權利ヲ判斷スルトキハ循環論ニ陷リ且非常ノ錯雜ヲ惹起スヘシ假令一時ハ占有者ノ人權ヲ以テ之ヲ決スヘキモ久シキ繼續期間ニ涉リテハ所在地法ヲ適用セサルヘカラス然レトモ或土地ニ物上權ノ存スルヤ否ヤヲ決スル先決問題ニ至リテハ所在地法ニ依ルヘカラス夫ノ英北米學者ノ唱道スル所ハ蓋シ誤レリ(例ヘハ土地讓渡ノ效力ヲ論スル場合ニ其讓渡人ノ行爲能力ヲ判スルニ所在地法ヲ以テスルカ如シ)此等ノ場合ニハ占有權及ヒ物權ニ屬スル法規ハ之ヲ所在地法ト區別スルヲ要ス

(一)「サビニー」ハ不當ニモ所在地法ノ適用ハ常事者ノ任意服從ニ基クモノナリト云ヘリ新伊佛派ノ公益說ハ寧ロ正說ト謂フヘシ

(二)所在地法ノ認メサル物上權ハ存在スルコトナシ外國ノ裁判所カ或者ニ權利ヲ認ムル場合ト雖モ所在地法ノ認メサル物上權ハ存在スルコトナシ

第二、動産上ノ權利モ原則トシテハ不動産上ノ權利ト同一ニ論スヘキナリ就中(三)近世ノ學者ハ實際ニ於テ漸次他ノ主義ノ採用スヘカラサル所以ヲ悟ルニ至リ舊學派ノ本據タル動産ハ人ニ追隨ス(Mobilia personam sequuntur od. Mobilia ossibus inhoerent)ト云フ原則モ之ヲ精究スルトキハ唯相續權及ヒ夫婦ノ財産權ニ於テハ動産ニ對シテ所在地法ノ適用ヲ避クヘシト云フ意義(四)ニ過キス蓋シ動産ハ容易ニ輾轉スルコトヲ得テ其位置屢變更スヘキモノナリ而シテ其度毎ニ相續權、夫婦財産權ニ異動ヲ生スルトキハ實際ニ於テ大ナル錯雜ヲ來ス虞アリ是レ此原則アル所以ナリ然リ而シテ動産ハ所在地法ニ支配セラルトノ原則モ例外ナキニ非ス然レトモ數多ノ學者例ヘハ「ストッベー」ノ主張スル如ク(五)動産ノ種類ニ依リテ此例外ヲ認ムヘキニ非ス唯法規ニ依リテ之ヲ區別スヘキノミ即チ物カ一定ノ屬地法ニ繼續シテ服從スルヲ其前提要件ト爲ス法規ニ付キ此例外ヲ認ムヘシ(占有及ヒ時效ニ關スル法規)而シテ此場合ハ(占有者ハ何時ニテモ其意ニ依リテ物ノ場所ヲ定ムルコトヲ得數多ノ動産ノ場所ハ長キ時日ノ間毎日之ヲ變ル

(三) 巴威爾民法第一編第二章第十七條索遜民法第十條、白耳義民法草案第十條ハ此主義ヲ採レリ

(四) 動産ハ人ニ追隨ストイフ原則ヲ採用スル法律ハ普國普通民法總則第二十八條墺國民法第三百條是ナリ此規定ハ實際ニ施行スルヿヲ得ス故ニ普國普通民法ヲ說明スル學者モ多クハ此規定ハ唯物ヲ以テ財産ノ構成分ト看做スヘキ場合(即チ相續法及ヒ夫婦財産法)ニ於テノミ採用セリ伊國民法前加編第七條ニハ動産ハ所有者ノ本國法ニ從フ但物ノ場所ノ法律ニ別段ノ定アルトキハ此限ニ在ラスト規定セリ伊國

コト能ハサルモノナレハ)先ツ占有者ノ住所地法ヲ以テ之ヲ決スヘシ占有者ハ自己ニ利益ナル場合ニハ所在地法ノ要件トセル期間內其物カ所在地法ノ法域內ニ存在セシコトヲ說明スルコトヲ得ルハ固ヨリナリトス其他尙ホ注意スヘキ點ヲ擧クレハ左ノ如シ

(イ)動產上ノ物權ノ有無ハ其物ノ權利ヲ生スル行爲又ハ事件ノアリタル時其物カ存在セシ地ノ法ニ依リテ判定スヘシ(六)而シテ屬地法ニ依リテ一旦其地ニ於テ發生シタル權利モ其物他ノ地ニ移轉セラレ其地ノ法律ニ於テハ其權利ノ成立ニ前者ト異ナリタル要件ヲ具備セサルヘカラサルトキハ消滅ス

(ロ)然レトモ他ノ法域ニ在ル動產カ他ノ權利關係ニ服從セサルヘカラサルトキハ舊ト其物ノ上ニ生シタル權利ハ總テ後ノ權利關係又ハ占有關係ト衝突スル場合又ハ後ノ關係カ絕對的ノ效力ヲ有スル場合ニハ消滅ス(七)(故ニ學者後在地法ハ優先ノ效力ヲ有スト云フ)此原則ハ白耳義法最近草案(第五條第三項)ニ明ニ採用スル所ニシテ所在地ヲ變更ス

學者ハ此規定ヨリ推論シテ物權ニハ所在地法ヲ適用スヘシト云ヘリ

(五)川船汽車等ハ特定ノ規定ナキモ住所ヲ有スト爲サハ何故ニ衣服旅行用行李其他總テノ動產ニハ之ヲ認メサルカ

(六)千八百八十九年七月六日判決(「ポルチェー」八卷一一五號)我修法一〇參照

(七)舊「エナー」高等抑訴裁判所千八百八十三年七月七日判決(「ソヰフヘルト」判集六卷一號)

ル場合ニハ當然從來ノ所在地ノ法ニ支配セラルルモノトス(八)此原則ハ尚ホ後ニ數多必要ナル適用ヲ示スコトアルヘシ

第三、不動產ト動產トヲ問ハス物件ノ設定、移轉及ヒ消滅ニ關シテハ當事者カ物ノ從來ノ所在地ト異ナリタル場所ニ於テ其假裝的ノ權利設定、權利消滅ノ行爲ヲ爲ス以上ハ場所ハ行爲ヲ支配ストイフ原則ハ之ヲ適用スルコトヲ得ス(九)此場合ニハ其形式ハ總テ其所在地法ニ依ルヘシ特ニ一ノ國ニ於テハ所有權ヲ移轉スルニ無形式ノ契約ヲ以テ爲スコトヲ許シ他ノ國ニ於テハ引渡若クハ書面陳述ヲ必要トスル場合ニ於テ然リトス然レトモ亦左ノ事項ニ注意セサルヘカラス

(イ)當事者ノ目的ニ注意スヘシ當事者ノ目的物權ノ移轉ニ存セサルトキハ(運送中ニ在ル物ニ付テ屢見ル如ク)當事者ノ當時知ラサル所在地法ニ定ムル物權ノ移轉(又ハ消滅)ノ形式ヲ履マサルヘカラス之ニ反シテ當事者ノ目的其移轉(又ハ消滅)ニ存スルトキハ此目的ヲ保續スルニハ從來ノ所在地ノ法ニ依ルヘカラス後ノ所在地法ヲ標準トスヘシ後ノ所在地法ニ

(八) 獨高等商事裁判所千八百七十二年四月二十六日判決(「ゾイフヘルト」判集二八卷二號)

(九) 不動產ニ付テハ爭ナキ所ナリ然レトモ動產ニ付テハ獨逸民法草案第十條ヲ見ルヘシ

依ルトキハ契約ハ當事者ノ新ナル行爲ヲ用ヰスシテ物上ノ效力ヲ維持スルコトヲ得(一〇)

(ロ)物權移轉ノ契約中ニ債權上ノ契約モ包含セシムルコトヲ得此場合ニハ場所ハ行爲ヲ支配ストイフ原則行ハル

第四、或物ヲ以テ動產若クハ不動產ト看做スト云フ規定ハ畢竟動產若クハ不動產ニ適用スヘキ法規ヲ以テ之ニ適用スヘシトノ規定ヲ簡略ニ言顯シタルモノナリ故ニ其動產若クハ不動產タル性質ニ付キ別段ノ規定存セサル場合ニモ其恰當ナル屬地法ヲ適用スヘキモノトス其他或ル法律上ノ關係ヲ指示スルカ爲メニ一物ヲ以テ特ニ不動產ノ分類中ニ加フルコトアリ(例ヘハ其性質動產タルヘキ物モ夫婦ノ財產權ニ關シテハ不動產ト看做サレ夫婦ノ財產共同制ヨリ除外セラルルコトアリ)而シテ最近世ノ學說ニ據レハ動產及ヒ不動產ハ同一ニ屬地法ヲ適用スヘキヲ以テ國際私法上ニ於テモ此區別ハ亦大ナル必要ナキニ至レリ

第五、何人カ物ノ權利ヲ取得行使スル能力アリヤノ問題ハ屬人法ニ依リ

(一〇)是レ運送中ノ物ニ付テ重要ナル所ナリ(例ヘハ船舶ニ荷積中ノ物ノ如シ)目的ヲ繼續スル場合ニハ目的地ノ法律ノ形式ヲ履ムヲ以テ足ル

テ決スヘキニ非スシテ所在地法ニ依ルヘキコト論ヲ俟タス是レ此問題ハ權利能力ニ關スルモノナレハナリ(第十五章參照)然レトモ此問題ハ學說ニ於テモ又判決ニ於テモ往々誤解ヲ爲セリ是レ人ノ能力ナル慣用語ニ眩惑セシ結果ナリ

第三十章

第二、各種ノ法律關係

第一、占有ハ動產ナルト不動產ナルトヲ問ハス所在地法ニ依リテ判定スヘキコト論ヲ俟タス正說ニ據レハ果實ノ取得及ヒ其物ノ爲メニ費シタル費用ニ關スル占有者ノ權利ハ動產ニ付テハ占有取得ノ當時其物ノ存在セシ地ノ法律ニ依ルヘキモノトス占有ノ訴ニ對スル制限ハ實体法上ニ基クモノト訴訟法上ニ基クモノトヲ區別スルコトヲ要ス而シテ實体法上ノ規定ハ唯其國ニ存在スル物ニノミ適用スヘク訴訟法上ノ制限(立法者カ之ヲ不必要ト認ムル訴訟ノ制限)ハ其國ノ裁判所ニ提出セラレタル總テノ訴訟ニ適用スヘシ(故ニ法廷地法行ハルルモノトス)

第二、所有權ニ付テハ左ニ區分シテ説明セン

(イ)、或物ニ從タル物ノ性質ハ當事者カ之ニ異ナリタル意思ヲ表示セサル限ハ其從タル物ト主張セラルル物ノ存在スル地ノ法律ニ依リテ判定シ主タル物ノ存在スル地ノ法ヲ適用スヘカラス

(ロ)、所有權ノ制限幷ニ國家ノ公用徵收權ハ當然所在地法ニ依リテ判定スヘシ

(ハ)、沒收ハ沒收ノ判決ノ下リタル時其地ニ在リタル物ニ付テハ唯沒收セラレタル物ノ後ニ存在スル地ノ國カ此制限ヲ以テ沒收ヲ認ムル效ヲ有スルニ過キス

(ニ)、所有權ノ訴ヲ以テ物件引渡ノ義務ヲ有スル占有者ニ對シテ求ムル給付ハ苟モ訴訟上ノ罰ニ非サル以上ハ(多少議論アルモ最モ正確ト認ムヘキ說ニ據ル)法廷地法ニ依ルヘカラス即チ其目的カ不動產ナルトキハ所在地法ニ依リテ判斷スヘシ是レ占有者即チ原告ノ實体上ノ權利ニ關スルモノナレハナリ

(ホ)、動產ノ所有權回復ノ制限(例ヘハ善意ノ取得者又ハ占有者ノ利益ノ爲メノ制限)ハ占有者ノ住所地法及ヒ取得ノ時物ノ存在セル地ノ法律ヲ比較シ引渡ヲ求メラルル占有者ニ取リテ最モ利益ノ法ニ依ルヘシ然レトモ(正說ニ據レハ)受訴裁判所ノ法律ノ認ムル所有權ノ訴ノ制限ハ之ヲ占有者ノ利益ニ適用スヘカラス此場合ハ訴訟法上ノ規定ニ關スルニ非スシテ取引ヲ保障スル規定ニ關スルモノナリ而シテ此場合ニハ有体物引渡ノ訴ハ通常住所ノ裁判所ニ訴フヘキモノニシテ又占有者ハ通常任意ニ其住所ニ物ヲ携帶スルコトヲ得ルヲ以テ斯ノ如クスルニ於テ初メテ取引ヲ保障スルニ足ル

(ヘ)、動產ノ占有ニ付テハ第二十九章第二ニ說明シタル所ヲ參照スヘシ然リ而シテ住所ニ變更ヲ生スル場合ハ正說ニ據レハ比例ヲ以テ之ヲ計算スルコトヲ得ス唯占有者ハ最モ自己ニ利益ナル住所地法ヲ主張スルコトヲ得然レトモ後ノ住所地法ノ效力ハ其住居ヲ設定シタル時ヲ以テ開始スルモノトス故ニ占有者ニシテ先ツ三年ヲ以テ動產占有ノ取得時效ヲ

得ル國ニ一个年住居シ其時效ノ終了セサル前ニ一个年ヲ以テ取得時效ヲ得ル國ニ轉住シタルトキハ既ニ一个年ヲ經過シタルヲ以テ直チニ第二ノ住所地ノ法律ニ依ル占有ヲ主張スルコトヲ得若シ此場合ニ比例ヲ以テセハ最初ノ住所地ノ法ニ依ル一年ハ後ノ住所地ノ法ニ依ル四个月ニ相當スルカ故ニ占有者ハ住所ノ變更ニ依リ尚ホ三分ノ二个年即チ八个月間占有セサルヘカラサル結果トナルヘシ

第三、不動產上ノ地役ハ之ニ異ナリタル當事者ノ意思ヲ許ササル法規ニ關スル點ニ付テハ承役地ノ所在地法ニ依ルヘシ(一)而シテ此場合ニハ當事者ノ意思ヲ解釋スルニ普通ノ原則ヲ適用スルコトヲ得ス之ニ反シテ土地所有者土地ノ上ニ物權ヲ有スル者(二)幷ニ採掘權ヲ有スル者ノ普通ノ權能ハ(他ノ土地ノ所有者ニ對スル法定ノ賠償義務ニ付テモ)係爭行爲ヲ施シ又ハ變更ヲ加ヘタル土地ノ存在スル地ヲ支配スル屬地法ヲ以テ判定スヘシ(三)尤モ此場合ニモ相互ノ原則行ハレ損害ヲ受ケタル土地ノ法律ニ於テ賠償義務ヲ認メサルトキハ他ノ法ノ行ハルル地ニ存在スル土地カ同一ノ事情ニ因

(一) 是レ土地所有者ノ自由ヲ保護スルカ爲メニ一私人ノ意思ヲ制限スルモノナリ

(二) 例ヘハ疏水行爲ノ如シ

(三) 千八百八十九年二月六日及ヒ四月二十四日判決(「ゾイフヘルト」判集四四卷一六一號)モ一致セリ

リ損害ヲ受タル場合ニモ賠償ヲ爲ス要ナシ(動產物ニ付テハ所有者ト役權者トノ關係ニ於テハ所有者ノ居所地法ヲ適用スルヨリ住所地法ニ依ルヲ可トス)第三者ノ權利ニシテ地役權ト衝突ヲ來ストキハ普通ノ原則即チ物件所在地法ニ依リテ判斷スヘシ動產上ノ物權ハ第二十九章第二ノ(ロ)ニ於テ說明シタル所ニ依リ假令後ノ所在地ノ國ニ於テ同一ノ方法(例ヘハ賃貸借ノ契約)ニ依リテハ成立スルコトヲ得サルモ消滅スルコトナシ唯其物ノ後ノ所在地ニ於テ發生シタル他ノ者ノ權利カ其制限ト相容レサルトキ初メテ消滅ス故ニ普國普通民法ノ如ク賃借人カ賃貸借ノ契約ニ因リ其賃借物ノ上ニ物權ヲ取得スルトキハ正說ニ據レハ賃貸借ニ物權ヲ附與セサル普通法ノ行ハルル國ニ於テモ亦其物權ノ主張ヲ妨ケスト云フ

第四、質權ニ付テハ左ノ如ク區別シテ說明スルコトヲ要ス

(イ)質權設定ノ原因タル義務ノ有無(效力)、此場合ニハ所在地法ヲ適用スヘカラス債務ノ標準タルヘキ屬地法ニ依ルヘシ

(ロ)質權設定者及ヒ質權者間ニ成立スル義務ニシテ羅馬法ニ於テハ正面及

ヒ反面質訴權(Aetio pigneraticia directa u. contraria)ヲ以テ主張シ得ルモノ、此義務ハ所在地法ト異ナリタル法律ノ支配ヲ受ケシムルコトヲ得然レトモ不動產ニ付テハ此限ニ在ラス

以上ノ場合ヲ除ク外ハ所在地法ヲ以テ之ヲ決スヘシ今其場合ヲ列擧セハ左ノ如シ。

(イ)、不動產質ニ付テ

(い)、不動產質ハ所在地法ノ形式ヲ履ムニ非サレハ成立スルコトヲ得サルモ或名義ヲ以テスル不動產質設定ハ他ノ法律ノ形式ニ依ルモ可ナリ」

(ろ)、質權又ハ或名義ノ不動產質ニシテ直接ニ法律ニ依リ(當事者ノ之ニ對スル意思表示ヲ用フルコトナク或法律關係ニ於テ附與セラレタルモノ(例ヘハ夫ノ財產ニ對スル婦ノ質權後見人ノ財產ニ對スル被後見人ノ質權等)ハ外國人ト雖モ單ニ外國人タル故ヲ以テ否認セラルルコトナシ(佛國ノ裁判例ハ全ク反對ノ說ヲ採レリ然レトモ學說上ヨリ論スルトキハ其誤謬ニ出ツルコト疑ヲ容レス)國庫ノ特權ハ法律ニ別段ノ

定ナキトキハ常ニ内國ノ國庫ノミニ屬ス然レトモ其擔保セラルヘキ法律關係ノ準則タル法律ニシテ其法律關係ニ不動産質ヲ附與セサルトキハ所在地法カ同一ノ法律關係ニ付キ法定不動産質ニ又ハ或名義ノ不動産質ヲ與フルノ故ヲ以テ之ヲ認ムルハ當ヲ得タルモノニ非ス故ニ法定質權ハ其質權ヲ以テ擔保スヘキ法律關係ノ準則タル法律幷ニ所在地法ニ依リテ之ヲ認ムルニ非サレハ直接ノ物權的效力ヲ有スルコトナシ之ニ反シテ或名義ノ不動産質ハ專ラ之ヲ以テ擔保スヘキ法律關係ノ準則タル法律ニ依リテ其認否ヲ決スヘシ所在地法カ之ト異ナル内國法ニ依リテ判定スヘキ同一ノ内國法律關係ニ之ヲ認メサルトキト雖モ上記ノ法律ニ於テ許ストキハ之ヲ認ムルヲ以テ妥當トス

(ロ)、動産質權

(イ)、設定ノ形式ハ所在地法ニ依ルヘシ(四)然レトモ最初ノ設定ノ形式無效タリシ質權モ其物ヲ異ナリタル法律行ハルル國就中質權設定者ノ住所ニ持來リタルトキ仍ホ質入ノ意思存續スルニ於テハ有效トナル是レ

(四) 千八百七十三年九月五日高等商事裁判所判決

質權設定者ノ住所ニ於テ更ニ全財產ヲ質入スルトキ屢見ル所ナリ

(ろ)質權一旦有效ニ設定セラレタルトキハ後其物件カ前設定行爲ヲ以テハ質權設定ノ要件ヲ充スニ足ラストスル法律ノ行ハルル地ニ移轉セラルルモ其效力ハ消滅スルコトナシ之ニ反シテ後ノ所在地法カ質權ヲ存續スルニハ前ニ要件ト爲ササリシ行爲(例ヘハ質權者ニ占有又ハ監督權ヲ附與スルコト)ヲ必要トスル場合又ハ第三者カ質權ト相容レサル權利ヲ取得シタル場合(五)ニハ質權消滅ス然レトモ物ノ移轉ニ因リ其效力ヲ失ヒタル質ハ之ヲ舊位ニ復スルトキハ再ヒ有效トナル以上說明シタル所ニ依リ之ヲ按スルトキハ破產又ハ破產類似ノ配當手續ニ於ケル質權ノ優先權(六)ハ破產ノ時物ノ存在セシ地ノ法律ヲ以テ判定スヘキモノトス是レ此場合ハ其程度ニ於テ物ノ後ノ所在地ノ法ニ依ル權利ノ衝突ニ關スルモノニシテ各個ノ質權ノ有無ノ問題ハ他ノ屬地法ニ依ルヘキモノナレハナリ

權利質ニ付テハ動產質ニ適用スヘキ原則ヲ準用スヘシ是レ權利質ハ其

(五)「サビニー」(一九七頁)ハ其論決ヲ同クシテ說明ノ理由ヲ異ニセリ曰ク質權ハ唯物ノ交付ニ依リテ設定スヘキモノナレハナリト

(六)千八百六十一年五月十八日「オルデンブルク」高等扣訴裁判所判決「ヅヰフヘルト」判集一七卷一一一號千八百七十五年四月八日伯林高等裁判所(「ヅヰフヘルト」判集三一卷一九四號)千八百六十一年四月十七日「チェルレー」高等

扣訴裁判所判決(「ゾォフヘルト」判集四卷二七一號)參照

權利ヲ動産質ニ準シテ移轉スルモノニ外ナラサレハナリ

第五、他ノ物權ニ付テハ場所ノ法律ハ承役地ヲ支配ストノ點ニ注意スヘシ封建法ニ於テ土地カ諸種ノ屬地法ニ支配セラルル塲合ニハ當事者ノ意思ヲ容レサル强行的ノ原則ニ付テハ所在地ノ法ヲ適用シ聽用的ノ原則ニ付テハ封建法廷地法ニ依ルヘシ

第一 契約ニ因ル債權

第三十一章

（イ）總則

近世ノ學者幷ニ獨逸帝國裁判所ノ判決ニ於テ採ル說ニ據レハ契約ニ基ク屬入義務ハ先ツ第一ニ當事者ノ意思ヲ以テ決スヘシト云フ（一）數多ノ場合ニ於テハ當事者カ契約締結ノ際為シタル合致ノ意思表示ニ依リテ直チニ契約締結後爭ト為リタル點（例ヘハ債務者カ遲滯ヲ為シタル場合ノ給付等）ニ付キ裁判スルコトヲ得ルコトアリ又當事者ハ斯ル意思表示中ニ一定ノ屬地法ヲ以テ其爭ヲ決スル標準ト為スヘキ旨ヲ定メ直接ニ其何レノ法ニ依ルヘキヤヲ決スルコトアリ故ニ上段說明セル見解モ斯ル範圍內ニ於テハ之ヲ正當ト謂ハサルヘカラス然レトモ當事者ノ眞意ハ殆ト契約ノ際合致シテ表示シタルモノニ依リテ確定スルコトヲ得サルコトアリ（二）此場合ニハ當事者間ニ爭アルニ當リテハ當事者ハ應ニ如何ナル法律ヲ其意中ニ置キ

（一）千八百八十七年十月二十一日判決（判錄二〇巻三三五號）千八百八十二年三月一日判決（判錄六巻一三三頁）、千八百八十九年十一月五日判決（判錄二四巻一一三號）參照即チ契約關係ハ如何ナル法律ニ依リテ決スヘキヤノ問題ハ先ツ當事者カ依リテ以テ契約ノ效果ヲ生セシメント欲スル法律ナリト云フヘシ

（二）例ヘハ賣買ヲ為スニ當リ賣品カ引渡前不可抗力ニ依リテ消滅スル場

合等ハ法律家ニ非サレハ通常想像セサル所ナリ

タルヘキカヲ確定スヘキ要アリ契約締結ノ當時表示シタル言文ハ往々精密ヲ欠キ寧ロ錯誤ヲ惹起スニ足ルコトアリ故ニ契約法ニ付テモ其係爭ノ契約ニ適用シテ能ク事物ノ自然ニ適合スル屬地法ハ何レノ法ナルヤヲ研究スヘキ必要アリ且上述ノ見解ハ當事者ノ意思ヲ容レサル法律規定ニ關スル場合ニハ遂ニ貫徹スルコト能ハサルヘシ例ヘハ內國ノ法律ノ支配ヲ受ケサルヘカラサル契約ヲ締結スルニ當リ其適用セラルヘキ法律規定強行的ノ性質ヲ有スル場合ニハ假令當事者ニ於テ其契約ニハ當事者ノ欲スル他國ノ法律ヲ以テ爭ヲ決スル標準ト爲スヘシト表示スルモ猶ホ且內國法ノ適用ヲ免ルルコト能ハサルヘシ蓋シ之ヲ學理的ニ言ヘハ此場合ノ主タル問ハ當事者ハ事實何ヲ思惟スルヤニ在ラスシテ當事者ハ何ヲ思惟スルコトヲ得ルヤニ在リ此問題ハ實際ニ於テモ殆ト總テノ場合ニ潛伏スルモノナリ唯實際ノ爭カ唯當事者ノ意思ヲ容ルル屬地法ノ規定ニ關シテ發生スルカ爲メニ世人ノ注意ヲ惹クコト尠キノミ此等聽用法ノ規定ニ關スル場合ト雖モ當事者ノ意思別段何等ノ表示ナキニ拘ラス尙ホ當事者ノ有

スル意思ヲ酌ミテ其適用スヘキ屬地法ヲ決スヘシト論スルハ之ヲ妄斷ト謂ハサルヘカラス是レ帝國裁判所判決（千八百九十一年二月二十五日ノ判決）ニモ言ヘル如ク當事者ハ契約ヲ締結スル際ニハ此問題ニ付キ思慮セサルコト多シ而シテ學者ノ取リテ當事者ノ意思ト名クルモノハ事物ノ自然ニ基ク結果ニ外ナラサレハナリ次キニ契約ニ基ク債權ノ判定ニ關スル諸說ヲ示サン

一、舊說、此說ハ佛國及ヒ伊國ニ於テハ當今尙ホ最モ數多ノ學者ノ主張スル所ナリ此說ニ結レハ契約ニ因ル債權ハ契約締結地ノ法律（三）ニ依リテ判定スヘシト云フ然レトモ偶然ノ事情存スルトキ例ヘハ旅行中ニ契約ヲ締結シタルトキノ如キハ其締結地ヲ判定スルコト能ハサルヘシ

二、新說、此說ハ源ヲ「サビニー」ノ原則ニ酌ミタルモノニシテ獨逸ノ學者一般ニ之ヲ唱ヘ近世ノ獨逸ニ於ケル判例（四）ニモ最モ多ク採用セラレ英國ニ於テモ近來之ニ贊同スル學者多シ其說ニ曰ク契約ニ因ル債權ノ最終ノ目的ハ履行ニ在ルヲ以テ其履行地ノ法律ヲ以テ債權ノ標準ト爲スヘシ

（三）墺國民法第三十五條以下伊國民法前加篇第九條第二項參照

（四）帝國高等商事裁判所千八百七十一年五月九日判決千八百七十四年二月二十五日判決千八百七十四年十二月九日判決ハ此說

ト或方法ノ履行ハ當事者ニ於テ履行地ノ法律ニ服從セントト欲スルヤ必セリ加之或範圍内ニ於テハ之ニ服從セサルヘカラス然レトモ當事者カ履行地ノ法律ノ如何ヲ知ルト否トニ拘ラス總テ之ヲ標準ニ取ラサルヘカラスト謂フニ至リテハ頗ル妥當ヲ欠ク加之契約ニ依リテハ其標準地タル履行ノ場所ハ屢之ヲ判知スルニ非常ノ困難ヲ生スルコトアリ又當事者カ契約後ニ於テ履行地ヲ變更シ若クハ數多ノ履行地ヲ約スル場合ニモ仍ホ履行地主義ノ原則ヲ適用センカ往々矛盾ノ判定ヲ爲シ若クハ全ク任意ノ法律ヲ以テ標準ト爲ササルヘカラサルニ至ラン

三、正說、此說ハ最近時數多ノ學者就中獨逸國學者（五）ノ唱道スル所ニシテ債權ハ債務者ノ屬人法（六）ニ依リテ判定スヘシト云フ其理由二アリ即チ左ノ如シ

（イ）、當事者ノ意思ヲ制限スル法規ハ畢竟債務者ノ利益ヲ計リテ（保護スル爲メニ）設ケタルモノナルニ由ル

（ロ）、契約當事者ハ自己ノ知レル法規即チ屬人法ニ依リテ意思ヲ表示シタ

ナリ獨逸帝國裁判所モ此原則ヲ採用シタルモ近頃ニ至リ一二ノ例外ヲ加ヘリ千八百八十二年三月一日判決（判錄六卷二三號）千八百八十四年五月七日判決（判錄一二卷一號）是ナリ然レトモ千八百八十二年七月八日判決（「ホルチエー」判集一卷三三號）千八百八十七年七月一日判決（「ホルチエー」五卷九號）千八百八十九年五月二十五日及ヒ千八百八十九年五月十三日判決（「ホルチエー」八卷九號八號）千八百八十九年十一月五日（判錄二四卷二一號）ハ仍ホ此原則ヲ採用セリ又衆遜氏法第十一條モ履行地法主義ナリ

（五）「ウィンドシャイド」等是ナリ

ルモノト看做スヘキニ由ル或ハ此説ヲ駁シテ曰ク當事者双方ノ屬人法ノ規定相異ナルトキハ其何レヲ以テ標準ト爲スヘキヤ之ヲ判別スル能ハスト然レトモ屬人法説ニ據レハ當事者ノ各一方ハ相手方ノ屬人法ニ定ムル所ニ依リテノミ相手方ノ約束ヲ受クヘキモノト爲スヲ以テ此駁論ハ理由ナシト謂ハサルヘカラス(七)而シテ眞ニ屬人法ノ衝突ヲ生センカ其中最モ被告ニ利益ナル法規ヲ適用スヘシ(八)而シテ被告ノ屬人法ニ依レハ被告ノミ義務ヲ負ヒ原告ハ何等ノ義務モナキトキハ請求ヲ受クル被告ハ原告ニ於テ先ツ自ラ其履行ヲ爲スカ若クハ其屬人法ニ於テ先ツ義務ヲ負担スヘシト言渡サレシコトヲ求ムルコトヲ得ヘシ

以上債權ニハ債務者ノ屬人法ヲ適用スヘキコトヲ説明シタルモ是レ通則トシテ然ルモノニシテ例外ナキニ非ス今其必要ナルモノヲ擧ケンニ左ノ如シ

(イ)取引ニ關スル規定ニシテ専ラ土地ノ狀況ニ基クモノアリ斯ノ如キ規

(六) 獨逸民法草案ハ住所地法ニ依ルヘシト云ヘリ

(七) 千八百六十年五月二十四日「ハンブルグ」高等地方裁判所判決(「ゾイフェルト」判集四四卷二四〇號)ハ此意味ヲ以テ裁判セリ千八百八十九年十一月二十九日判決(「ボルチェー」判集九卷六號)ハ曰ク商法全体ノ精神ニ於テハ一個ノ商行爲ヲ判定スルニ種々ノ地法ニ依ルヘキコトヲ許サスト此説明ハ誤レリ

(八) 千八百九十年十二月十二日及ヒ千八百九十一年二月十八日判決(「ボルチェー」判集一一卷一二號及ヒ二〇號)參照

(九)故ニ事情ニ因リ履行地法ヲ適用セサルヘカラサルコトアリ契約締結地ト契約履行地ト同一ナル塲合ニ履行地法ヲ適用スヘシトノ說アリ千八百九十一年十一月十三日及ヒ二月二十六日判決(ボルチェー判集一卷一三號及ヒ一四號)是ナリ

定ハ內國人カ外國ニ於テ爲ス法律行爲ニハ適用スルコトヲ得ス例ヘハ法定利息制限法ノ如キ是ナリ

(ロ)國際取引上ニ於テハ善意ヲ貴フヲ以テ大市及ヒ小市ニ於テ爲シタル大市及ヒ小市ノ法律行爲其他一定ノ塲所ニ於テ之ヲ爲シ又其地ニ於テ完了スヘキ法律行爲(九)(例ヘハ甲國ノ臣民カ乙國ニ居留スル間其地ニ住家ヲ賃借スルカ如シ)ハ他ノ國ノ法律ニ依リテ判定セサルヘカラス

(ハ)履行ニ付テハ履行地ニ行ハルル禁制ハ之ヲ遵守スヘシ又履行ノ方法(金錢ノ種類容量ハ疑アル塲合ニハ當事者ハ履行地ノ法定若クハ慣用ノ方法ニ依ル意思ナリト看做スヘシ其他不動產ニ關スル契約ハ通常所在地法ニ依リテ解釋セサルヘカラス

(ニ)以上說明ノ理ニ依リ近世ノ學者「ストッペー」(三十三章)等ノ主張スル說モ或制限的ノ意義ニ於テハ正當ト謂ハサルヘカラス其說ニ曰ク債權ニ付テハ一般ニ一定ノ主義ヲ定ムヘカラス又債權法ノ範圍內ニ於テ外國法ヲ適用スル主義ヲ法律ニ規定スルハ非常ニ困難ナリトノ說

モ亦之ヲ正當ト爲ス

善意ヲ重スル主義ヲ酌ムニ於テハ債權法ニ所謂屬人法トシテハ本國法ヲ採ラスシテ住所地法ヲ適用セサルヘカラサル結果ヲ生セリ而モ之ニ因リ直チニ當事者カ其住居ヲ去ルトキ契約ハ完了スルモノナリト論斷スルハ非ナリ然レトモ伊太利法典(總則第九條第二項)ニ於テハ明カニ本國法ヲ採用セリ

契約ノ形式ニ付テハ當然場所ハ行爲ヲ支配ストイフ原則ヲ適用スヘシ隔地者間ニ於テ書面ヲ以テ爲シタル契約及ヒ電信若クハ電話ニ依リテ締結シタル契約ハ正説ニ據レハ(一〇)各當事者ノ住所地法ニ依ルヘシト云フ(一一)此説ヲ採用スルトキハ敢テ困難ナル問題ヲ生セス尤モ數多ノ學者ハ契約締結地ヲ以テ之ヲ決セント欲ス(一二)然レトモ契約ノ締結有效ナルヤ否ヤヲ知ルニハ先ツ之ニ標準タルヘキ屬地法ヲ定メサルヘカラス故ニ此説ハ其論斷ヲ誤ルモノト謂フヘシ尤モ時トシテハ善意ノ原則ニ依リ住所地ノ法律ニ先チテ日時記載ノ地ノ法律ヲ適用セサルヘカラサルコトア

(一〇)當國民法第一卷第五第百十五條ニ於テハ當事者ノ住所地法ニ認ムル形式相異ナル場合ニ付キ規定シテ曰ク行爲ノ成立ニ最モ便ナル地法ニ依ルヘシト

(一一)「ストッペール」等是ナリ

(一二)當事者ノ一方カ完全ナル申込ヲ

爲シ相手方カ單純ニ之ヲ承諾シタルトキハ契約ハ申込者ノ意思及ヒ法律ニ依リテ解釋セサルヘカラス

(二)取消モ同一ノ原則ニ依ル取消ハ不完全ナル又ハ條件附ノ無效ニ外ナラス

リ

(ロ)、本論

第三十二章

(い)、債權總則

第一、債權ハ當事者ノ豫定セル行爲地ニ於テ其履行ヲ禁セラルル場合ニハ總テノ場所ニ於テ之ヲ無效ト看做スヘキナリ正說ニ據レハ此原則ハ外國ノ租稅法禁制ニ關スル場合ニモ其適用ヲ見ルト云フ而シテ一般ニ認ムル國際公法ノ原則ニ違背シタル行爲ノ無效タルハ復論ヲ俟タス然レトモ本國ノ警察上ノ命令及ヒ禁制ハ其國民カ外國ニ於テ爲シタル行爲ニ支障ヲ與フルモノニ非ス唯裁判官ハ其國ノ法律上良習ニ背クモノト認ムヘキ行爲ヲ判決シテ強制スルコトヲ得サルノミ

第二、契約ノ效力(二)及ヒ訴權ハ第一ノ末段及ヒ第三ニ說明スル法廷地法ノ效果ヲ生スヘキ場合ヲ除クノ外ハ法廷地法ヲ以テ決スヘキニ非スシテ契約ノ實質ノ標準タルヘキ屬地法ニ依ルヘキモノトス但其形式上ノ效力ニ

關シテハ場所ハ行爲ヲ支配ストイフ原則ヲ適用スヘシ契約ニシテ締結地ノ禁制ニ係ルモノハ其地ニ於テハ其契約ヲ有效ニ締結シ得ル形式ナシト謂ハサルヘカラス然レトモ此契約ハ契約ノ實質カ支配ヲ受クヘキ他ノ屬地法ノ形式ニ依ルトキハ有效ニ締結スルコトヲ得ヘシ

訴訟法上ノ理由ニ基ク抗辯モ亦法廷地法ニ依リテ判斷スルコトヲ得ス此等ノ抗辯ハ債權ノ一種ノ無效ヲ主張スルモノニ過キス

第三、法廷地法カ良風習ニ違背スルモノトシテ禁シ又ハ其訴權ヲ認メサル法律行爲ハ假令他ノ原則ニ依リテハ實質上外國ニ屬スルモノトシテ外國法ニ照シ判定スヘキモノナルモ裁判所ノ加效ヲ以テ之ヲ實行スルコトヲ得ス即チ賭博及ヒ競爭契約(又ハ法廷地法カ之ト同一ニ看做ス契約)ノ如キ其適用ヲ受ク故ニ外國ニ於テ爲シタル此等ノ行爲ニ基ク訴ハ之ヲ却下スヘキナリ(二)然レトモ國家カ財政上ノ理由ノミニ因リ或種類ノ契約例ヘハ外國ニ關係ヲ有スル富籤ノ如キヲ禁スル場合ニハ内國法ハ直チニ之ヲ以テ善良ノ風俗ヲ害スルモノトシテ絕對ニ之ヲ禁遏スルコトヲ得ス世間或

(二)千八百七十四年六月十二日帝國高等商事裁判所判決(判錄一四卷八九號參照)

ハ契約ヲ其間接ノ效果（詳言セハ豫見スルコトヲ得ル效果ト其他ノ內容トニ區別シ間接ノ效果ニ付テハ其效果ノ生スル地ノ法律ヲ適用スヘシト論スル者アリ是レ（三）正當ノ說ニ非ス其效果ノ生スル地ノ法律ハ唯債務者ノ惡意、過失、遲滯ニ因リテ其債權カ後ニ至リ變形スル場合ニノミ適用スヘシ然レトモ不可抗力ノ效果例ヘハ債務ノ目的物ノ滅失等ニ付テハ亦之ヲ適用スルニ足ル但履行ノ正否ハ常ニ履行地ノ法又ハ慣習ニ支配セラルルモノトス

條件付契約ハ假令其條件他ノ地ニ於テ履行セラルル觀アルモ又事實上他ノ地ニ於テ其實行ヲ見ルモ直チニ其履行地ノ法律ニ依リテ判定ヲ下スヘカラス但其條件タル事實其者ニシテ（例ヘハ相手方カ他國ニ歸化スルヲ條件トシテ契約ヲ爲シタル場合ノ如ク）一定ノ法律上ノ性質ヲ有スルトキハ其他ノ地ノ法律ニ依リテ之ヲ審理スヘシ

過怠約款ハ當事者カ契約ノ不履行又ハ正當ノ時ニ履行セラレサル場合ヲ慮リテ當事者ノ任意ニ定メタル變体債權ニ外ナラス故ニ過怠約款ニ付テ

（三）此區別ハ數多ノ佛國學者ノ主張スル所ニシテ各個ノ場合ニ於テ推測スヘキ當事者ノ意思ト聽用法トヲ混同シタルニ基ク

テハ主タル契約ノ標準タルヘキ法律ニ依リテ判定ヲ下シ過怠約款支拂地ノ法律ニ依ルヘカラス(四)

第四、狹義ニ於ケル契約ノ解釋詳言セハ契約ノ原文ノ意義ヨリ生スル疑義ヲ解釋スルニハ一定ノ規則ナシ數多ノ塲合ニ於テハ契約ノ標準ト爲リタル法律ノ行ハルル地ノ慣用ニ依リテ之ヲ解釋スヘシ然レトモ當事者ノ用井ル言語ハ能ク注意セサルヘカラス申込完了シテ唯單純ノ承諾ヲ俟チテ契約完成スヘキ塲合ニハ申込者ノ住所地(五)ニ用井ラルル言語ニ依リテ解釋スヘシ就中工業者ノ業務ニ關スル塲合ニ於テ然リトス

第五、金錢ノ支拂ヲ目的トスル契約ハ疑アル塲合ニハ履行地ニ通用スル當該名目ノ貨幣ヲ約シタルモノト看做ス然レトモ契約締結後支拂地(又ハ債務者ノ住所)ニ强制貨幣發行セラレタルトキハ外國ノ債權者ハ之ヲ以テ滿足ヲ表セサルヘカラサルヤ否ヤ此點ニ付テハ學者ノ間議論區々ナリ蓋シ債權カ普通ノ原則ニ依リ强制貨幣ヲ發行セラレタル國ノ法律ニ服從セサルトキハ外國ノ債權者ト雖モ亦其强制貨幣ノ支拂ニ不服ヲ主張スルコ

(四)「ベーム」ハ此意義ヲ以テ說明セリ千八百七十五年二月一日帝國高等商事裁判所判決(「ジィフヘルト」判決集三一卷一九五號)及ヒ千八百七十六年三月十四日「ミユンヘン」商事裁判所判決モ亦然リ

(五)千八百八十九年三月七日判決(「ボルチエー」判決集六卷七號)

トヲ得ス貨幣本位變更ノ結果一ノ貨幣ヲ以テ他ノ貨幣ニ交換セラレタルトキモ亦然リ債務者カ債權者ニ數多ノ支拂地及ヒ數多ノ本位ニ付キ其一ヲ撰擇スル權ヲ與ヘタルトキハ如何正説ニ據レハ債權者ハ(眞實唯一ノ本位ヲ約シ唯便宜ノ爲メ債務証書ニ諸本位ノ換算ヲ揭ケタルニ非ラサルトキ)ハ其撰擇シタル或一國ノ法律カ契約締結後其當時ノ本位ニ代ヘタル本位ヲ以テ支拂ヲ求ムルコトヲ得(六)是レ貨幣ノ本位ヲ變更スルニ當リテハ從來當事者ノ約シタル債權ノ眞價ヲ維持セシムル爲メ比例ヲ用井ルモノニシテ且本問ノ債務者ハ畢竟債權者ニ數多ノ本位中其一ヲ撰擇スル權ヲ與ヘテ其權利ヲ一層厚ク擔保セント欲シタルモノナレハナリ

第六、　利息ノ義務ニ付テハ左ノ事項ニ注意スヘシ

一、利息ノ最高度ハ法廷地法ニ依リテ定マル然レトモ方今漸次學者ノ認ムル所ト爲リタル正説ニ據レハ法廷地法ノ定ムル最高度ヲ超ユル利息ヲ請求スル訴ト雖モ利息ニ關スル其他ノ義務ヲ外國法ニ依リテ判斷セサルヘカラサルトキハ敢テ之ヲ却下セス蓋シ利率ノ高低ハ大ニ場所ニ關

(六)是レ獨逸國ノ金本位實施後一年間與國鐵道會社ニ對シテ提起セラレタル訴訟ニ於テ其實例ヲ見ル所ナリ

係ヲ有スルモノニシテ内國ニ於テ許ササル高利ト雖モ外國ニ於テハ必シモ排斥スル要ナキニ由ル

以上利息ノ最高度ニ付テ述ヘタル所ハ重利ニ付テモ亦之ヲ適用スルコトヲ得

二、以上述ヘタル外ニ於テハ利息ハ畢竟債權者ノ金錢缺乏ニ對スル賠償ナルカ將タ債權者カ自ラ金錢ヲ使用シタル場合ノ果實ト看做スヘキヤニ付キ先ツ研究スルコトヲ要ス若シ債權者ノ金錢缺乏ニ對スル賠償ト看做スヘキ場合ニハ當事者間ニ別段ノ約束ナキ限ハ債權者ノ住所ノ利率ヲ基礎トシ債權者ノ金錢使用ノ果實ト認メサルヘカラサル場合ニハ債務者ノ住所ノ利率ヲ標準トシ又不動產質付貸借ノ場合ニハ其土地ノ存在スル地ノ利率ニ依ルヘシ故ニ例ヘハ定期勘定ノ取引ニ於テハ當事者ハ各其住所ノ利率ニ依リテ利息ヲ請求スルコトヲ得前拂ヲ爲セル仲買人ハ其住所ノ利率ニ依リテ利息ヲ計算スルコトヲ得買主カ或事情ニ因リ未タ支拂ノナキ代價ニ對シテ利息ヲ支拂ハサルヘカラサルトキハ債權者ノ住所ノ利率ヲ以テ計算スヘシ尤モ或一定ノ場所ニ於テ支拂フヘキ商人ノ無記名証劵ニ付テハ支拂地ノ利率ヲ以テ其標準ト爲ス訴訟利息ハ遲滯利息ノ一種ニ過キサレハ別ニ說明ヲ要セサルヘシ(七)

第七、代理人ヲ以テ締結シタル契約ニ付テハ左ニ注意スヘシ

一、代理人カ契約締結ノ時他人ノ代理人タルコトヲ知ラシメサルトキハ本人ノ住所地法ヲ以テ其契約ニ適用スルコトヲ得ス

二、代理人ノ義務カ契約ヲ締結スルニ在ラスシテ單ニ契約ノ草案ヲ作リ本人ノ承諾ヲ受クヘキニ止マルトキハ(正說ニ據レハ)草案作成地又ハ代理人住所地ノ法律若クハ慣習ヲ以テ其標準ト爲スヘシ少クトモ狹義ノ契約解釋ニ關スル場合ニ於テ然リトス

三、代理人カ其資格ヲ相手方ニ明ニシ且契約ヲ爲ス權利義務ヲ帶ヒテ之ヲ締結シタルトキハ正說ニ據レハ其代理權ノ範圍內ニ於テハ本人カ其契約ヲ締結シタルヘキトキ遵由スヘキ法律ヲ適用スヘシ但代理權ノ範圍及ヒ存續(例ヘハ本人ノ死亡ノ如シ)ハ常ニ本人ノ住所地法又ハ代理ヲ設

(七)千八百八十九年十二月七日及ヒ十九日判決(「ボルチエ」判集九卷九號)ハ遲滯利息ト訴訟利子トヲ判然區別シテ遲滯利息ハ債權ノ法律ニ依リ訴訟利子ハ訴訟地ノ法ニ依リテ判定スヘシト云フ

(八)千八百九十年七月一日判決(判錄一卷四三七頁)千八百八十七年十一月二十八日(判錄二〇卷五三號)又債權讓渡ノ第三者ニ對スル效力ニ付テハ千八百八十八年五月三十日判決(「ボルチェー」判集六卷四一號)
(九)千八百八十七年十一月二十八日判決(判錄二〇卷五三號)參照
(一〇)債權讓渡人ノ責任ニ付テハ債權讓渡ハ獨立ノ行爲ト看做ス故ニ此塲合ニハ讓渡サレタル債權ノ標準タル

定シタル地ノ法律ニ依リテ判定シ代理權ヲ使行スル地ノ法律ニ依ルコトヲ得ス然レトモ所在地法カ或物ノ物權移轉ニ付キ或事情ニ因リ第三取得者ニ完全ナル保証ヲ與ヘント欲スル塲合ニハ此原則ノ例外ヲ見ルコトアリ

第八、債權讓渡ハ先ツ其讓渡ヲ爲スヘキ債權ノ標準タル法律ノ支配ヲ受ク故ニ通常債務者ノ住所地法ニ依ルモノトス然レトモ(八)債權讓渡ハ同時ニ又他ノ塲所ノ法律ノ支配ヲ受クヘキ獨立ノ行爲タルコトアリ(例ヘハ債權者ノ住所ニテ讓渡ヲ爲ストキ債權者ノ住所地法ニ依ルカ如シ)(九)而シテ其形式ニ付テハ塲所ハ行爲ヲ支配ストイフ原則ヲ適用スヘシ(一〇)以上ノ理由ニ因リ讓渡サレタル債權ノ債務者ハ其地ノ法律ニ依リテ債權讓渡ノ債權者タル讓受人ニ支拂ヲ爲ストキハ其義務ヲ免ル又善意ニテ債權其者ノ法律ニ依リテ債權者タルヘキ者ニ給付ヲ爲シタルトキモ其義務ヲ免ル債權ニ對スル假差押ノ效力モ亦之ニ依リテ判斷スヘシ是レ假差押ノ效力ハ債權ノ强制的類似讓渡ニ外ナラサレハナリ或種類(例ヘハ係爭債權等)ノ債權讓渡

ヘキ屬地法ヲ適用スルコトヲ得スト千八百九十年三月八日判決（「ボルチエー」判集九卷一五號）參照

（二）「レッキス、アナスタジアナ」トハ債權ノ買主ハ債務者ニ對シテ其代金ニ利子ヲ附シタル以外ニハ請求スルコトヲ得スト定メタル法律ナリ

ヲ禁スル法律ハ畢竟債務者ノ利益ノ爲メニ設ケタルモノナレハ債務者ノ住所地法ニ依リテ讓渡ヲ禁セル場合ニハ差押ヲ爲スコトヲ得ス「レッキスアナスタジアナ」(lex Auastasiana)（二）ニ基ク抗辯モ亦然リ（「サビニー」ハ此法ヲ以テ良習ヲ維持スル目的ニ出ツルモノトシ法廷地法ヲ以テ之ヲ決スヘシト云フ此見解ハ現今ニ於テハ實際ニ採用スル者ナキニ至レリ）

第九、 債權履行セラレタルヤ否ヤハ債權ノ內容ニ付キ標準ト爲ルヘキ法律ニ依リテ判斷スヘシ是レ內容ノ如何ニ依リテ履行ヲ定ムヘキモノナレハナリ然レトモ當事者ハ履行ニ代ヘテ獨立ノ法律行爲ヲ成立セシムルコトアリ（例ヘハ支拂ニ代ヘテ手形ヲ振出スカ如シ）斯ル場合ニハ事情ニ因リ（例ヘハ當事者カ舊ノ當事者ト異ナルトキノ如シ）舊ノ契約ノ標準タルヘキ法律ト異ナル法律ヲ以テ其行爲ヲ判定セサルヘカラサルコトアリ金錢不渡ノ抗辯ノ許否モ亦之レニ依リテ裁斷スヘシ相殺ハ訴訟法上ノ理由ニ因リ許スヘカラサルコトアリ（例ヘハ相殺ニ用ウル債權未タ期限到來セサル場合ノ如シ）其他ニ於テハ相殺ヲ以テ其履行ニ充ツヘキ債權其者ノ法ニ依

リテ判定スヘシ(一二)取立恩惠(Beneficium competentiae)(一三)モ同一ノ法律ニ依リテ決スヘシ然レトモ執行法廷地法カ取立恩惠ヲ以テ善良ノ風俗ニ關スル直接絕對ノ命令ト爲ス場合ニハ其執行法廷地法ニ依ラサルヘカラス債務ヲ約シタル後始メテ發布セラレタル債權履行ノ法律ニシテ唯外國ノ債權者ヲ害スルモノハ其領域外ニ於テハ外國人ニ對シ拘束力ナシ其法律租稅ノ名目ヲ以テ發布セラレタルトキト雖モ猶ホ且然リ(一四)

相手方カ法律行爲ヲ履行セサルニ因リ一方ノ意思ノミニテ之ヲ解除スルコトヲ得ルヤ否ヤニ付テハ債權ノ標準タリシ法律ニ依リテ決スヘシ(一五)

第十、契約ニ基ク連帶債務者ノ義務ノ範圍ハ其契約ノ標準タリシ法律ニ支配セラル然レトモ初メ或當事者間ニノミ契約ヲ締結シタルニ其後他ノ一人之ニ加入シタルモノナルトキハ其加入者ノ連帶義務ハ其契約ノ法律ニ依リテ決スヘキカ將タ加入者ノ住所地法ニ據ルヘキカ此問題ハ一般ニ論スルコトヲ得ス

保証人カ主タル債務者ニ代リテ義務ヲ盡ササルヘカラサル場合ニハ如何

(一二)千八百九十七年七月一日判決(判録二六巻六七頁)參照

(一三)債權ノ取立ヲ爲ス際債務者ノ身分ニ應スル生活資料ヲ遺留スル恩惠ナリ

(一四)千八百八十二年十月四日判決(判録九巻二號)ハ此意味ヲ以テ裁判セリ

(一五)千八百八十八年十一月九日判決(「ポル・チェー」判集六巻一八號)

ナルモノヲ辨濟スヘキヤハ主タル債務ノ標準トナリシ法律ヲ以テ決スヘシ之ニ反シテ保証人カ全然支拂ヲ爲スヘキカ一時給付ヲ爲スヘキカノ問題ハ特別契約トシテ普通ノ原則ニ依ルヘシ即チ通常保証人ノ住所地法ヲ以テ其標準ト爲スヘシ特ニ撿索ノ抗辯、分別ノ抗辯及ヒ主タル訴ノ讓渡ノ反對請求ニ付テ然リトス(一六)(一七)

第十一、訴ノ時效ニ因リテ債權(又ハ其訴權)ノ消滅スル點ニ付テハ昔時ハ訴ヲ以テ專ラ訴訟ニ屬スルモノト看做シタルヲ以テ法廷地法ヲ以テ判定スヘシト說ク學者多カリキ今日ニ於テモ英國北米及ヒ蘇格蘭ノ學者ハ仍ホ此說ヲ採レリ然レトモ現今獨逸ノ學說及ヒ裁判例ニ於テハ殆ト皆又佛國及ヒ伊國ニ於テハ多數ノ學者訴ノ時效ニ關スル法律ヲ以テ實体法ト爲セリ而シテ獨逸ノ學說及ヒ裁判例ハ債權ノ其他ノ點ニ於テモ準據ト爲スヘキ法律ニ依ラシムヘシト云ヘリ故ニ獨逸ニ於テハ從來債權ニハ履行地法ヲ適用スヘシトノ說勝ヲ占メタルヲ以テ債權カ訴ノ時效ニ因リテ消滅スル場合ハ亦履行地法(一八)ヲ以テ決スヘシトノ說最モ行ハレタリ佛國學者ノ

(一六)千八百八十三年五月二十三日判決(判錄九卷四六號)千八百八十七年一月十七日判決(「ボルチェー」判集四卷二〇號)ハ此說ヲ採レリ

(一七)第九及ヒ第十ノ場合ハ債務者保証人ノ抗辯ニ關スルヲ以テ法廷地法ニ依ルヘシト云フ說アリ此說ハ不當ニシテ獨逸法學者ハ皆之ヲ排斥セリ

(一八)千八百七十四年十月十七日獨逸高等商事裁判所判決

著名ナル者及ヒ佛國裁判所ノ新判例並ニ獨逸學者「ストッペー」(一九)ハ之ニ反シテ債務者ノ住所地法ヲ適用スヘシト主張ス蓋シ此說ノ基ク所ハ時效ノ規則ハ債務者カ旣ニ陳套ニ屬シ且多クハ理由ナキ所ノ請求ヲ受クル場合ニ之ヲ保護スル爲メニ設ケタルモノナリ故ニ裁判官ハ其管轄ノ住民ニシテ訴ヘラルルトキハ債務者ニ利益ナルヘキ法律ヲ適用セサルヘカラスト云フニ在リ又或學者ハ他ノ點ニ於テ債權ノ標準トナリシ法律ノ行ハルル地ノ裁判所ニ訴ヲ提起スル場合ニハ其法律ヲシテ外國人ニ特權ヲ附與シ其地ノ裁判所ニ於テ自己ニ利益トナルヘキ本國ノ時效規則ヲ主張スルコトヲ許サシメサルヘカラスト說ケリ此說モ亦妥當ヲ欠ク且住所地法ハ債務者ニ於テ自己ニ利益ナル他ノ法律ヲ主張スル場合ニ之ヲ遮斷スル力ナキモノナリ而シテ債務者カ其住所ニ在ラス且茲ニ十分ノ財產ヲ有セサルカ爲メ債權者カ事實上債務者ノ住所地ニ訴ヲ起スコト能ハサルトキハ國際法上一般ノ認ムル善意主義ニ依リ債務者ニ利益タルヘキ住所地法モ遂ニ其適用ヲ受クルニ由ナカルヘシ(二〇)債務者ノ住所變更シタル場合ニハ正說(グ

決(「ヅィフヘルト」判集三〇卷二二一號)千八百八十二年一月十七日判決(判錄六卷五號)千八百八十二年七月八日判決(判錄九卷六〇號)千八百八十九年九月二十一日判決(「ボルチエー」八卷一八號)時效ヲ判定スルニ復行地法ニ依ルヘシトノ裁判ニ付テハ千八百八十九年五月十三日判決(「ヅィフヘルト」四五卷一號)

(一九)「テェール」及ヒ「グラツワイン」モ亦然リ

(二〇)故ニ一般ノ裁判ハ之ヲ許ササルヘシ

ラワイン)ニ據レハ下ニ述フル制限ヲ以テ自己ノ利益ニ基キ新舊何レノ住所地ノ時效ニテモ主張スルコトヲ得然レトモ新住所地ノ法律ニ依ル時效ハ新住所ヲ設定シタル時ヨリ始マルモノトス起訴ニ必要ナル時期ヲ決スル標準トナリタル法律ハ訴ノ時效ニ於ケル特權及ヒ中斷ノ要件ニ付テモ亦適用スヘシ之ニ反シテ起訴カ有效ナルヤ否ヤニ付テハ他ノ屬地法ヲ以テ之ヲ決スヘシ(三二)(三三)

第十二、更改ニ因リテ債權消滅スル場合ハ相殺ニ付テ述ヘタル原則ヲ適用スヘシ但債務ヲ相續人ニ移轉スル場合ニ付テハ債權其者ノ法律ヲ標準トスヘシ然レトモ相續財產ノ標準タル法律モ亦此場合ニ適用ヲ受クルコトアリ是レ債務者ノ相續人ノ義務ハ債權ノ法律及ヒ相續ノ法律ニ於テ兩カラ同一ニ之ヲ認ムルトキニノミ存スレハナリ

第三十三章

(ろ)　各種ノ契約

各種ノ契約ニ付テハ左ニ注意セサルヘカラス

(三二)英國學者ノ如キハ時效ハ學理上訴訟法ニ屬スヘキ法制ナレハ法廷地法ニ依ルヘシト云ヒ他ノ國ノ裁判所ヲ此意見ニ拘束セントト欲ス是レ亦不當タルコト論ヲ俟タス

(三三)獨逸民法ニハ債務ノ訴ニ關スル時效ノ特別規定ヲ設ケス故ニ民法ハ他ノ點ニ於テ債權ノ標準タル法規ヲ以テ時效ノ標準タラシムル精神ナラン

(一)隔地者間ノ契約ニ付テハ第三十一章第七ノイチ參照スヘシ

第一、賣買契約(一)ニ於テ當事者カ所有權ヲ移轉スル意思表示ヲ缺ク場合ニハ契約ノ法律ニ依リテ之ヲ決スヘシ然レトモ物件所在地法ノ形式ハ之ヲ遵守スルコトヲ要ス危險ノ移轉、追奪擔保ハ契約地法ノ一般ノ規定ヲ適用スヘシ

第二、不動產ノ小作及ヒ賃貸借契約ハ通常所在地法ニ依リテ判斷スヘシ

第三、委任ハ之ヲ實行スル地ノ法律ニ於テ禁制スル事項ヲ目的トスルトキハ無效タルヘシ(第三十二章第一參照)受任者カ委任實行ノ爲メ損害ヲ受クルトキ委任者ノ受任者ニ對スル義務ノ範圍ハ受任者ノ住所地法ニ依ル尤モ委任者ノ一般ノ義務ニ關シテハ委任者ノ住所地法ニ依ルコトヲ得

第四、消費貸借ニ付テハ債權者ハ債務者ニ許與シタル程度ニ於テ讓歩セサルヘカラス故ニ債務者カ債權者ノ住所地以外ノ地ニ支拂ヲ爲スコトヲ得ル場合ニハ其支拂地ノ貨幣ヲ以テ支拂フコトヲ得但其額ハ消費貸借ヲ爲シタル貨幣ニ依リテ之ヲ定ムヘシ

第五、贈與ニ關スル特別規定ハ贈與者ノ屬人法（詳言セハ本國法）ニ依ラサルヘカラス(二)贈與ノ規定ハ立法者カ贈與者ヲ保護シテ輕忽、怠慢、浪費ニ陷ラサランコトヲ期スルモノナレハ贈與者ノ義務又ハ受贈ノ利得還付ニ關シテハ國際法上ノ善意ノ原則モ他ノ法ノ適用ヲ命スルコト能ハス（利得還付ハ贈與ノ目的物カ事實上尙ホ存在スル場合ニ贈與ノ取消ヲ實行スルニ外ナラス）

（イ）、贈與ノ形式ハ場所ハ行爲ヲ支配ストイフ原則行ハル但（他ノ場合ト同シク）其適用ハ權能的ニ屬ス(三)

（ロ）、贈與ヲ取消シテ利得ノミヲ還付セシムルハ普通ノ原則即チ贈與者ノ屬人法ニ依リテ判斷ス尤モ利得以外ノモノヲ取戾スヘキ場合ニハ受贈者ノ屬人法ヲ適用ス

(二) 千八百八十六年十月六日判決（判錄一八卷八號）

(三) 贈與ノ形式ト直接ノ物權移轉トハ之ヲ區別スヘシ直接ノ物權移轉ニ付テハ所在地法ヲ適用スヘシ

第三十四章

第二　直接ニ法律ニ因ル債權（準契約ニ因ル債權、不法行爲ニ基ク債權）

義務ヲ生セシメントスル意思ナクシテ發生シタル債權ニシテ他ノ關係例ヘハ親族法又ハ物權法等ノ關係ニ基クトキハ此等ノ法律ニ依リテ之ヲ判定スヘシ然レトモ又或法域內ノ各人ニ課スル一般ノ義務ニ基キテ債權ヲ生スルコトアリ此等ノ義務(私犯、準犯罪、及ヒ準契約ノ義務)ハ一定ノ土地ニ於ケル一般ノ秩序ヲ維持スル爲メ設定シタルモノナレハ當然其義務ノ事實カ存シタル地ノ法律ヲ適用スヘキナリ而シテ各國ハ自己ノ意見ニ依リ其地ノ一般ノ秩序ヲ維持スルコトヲ得外國人モ其地ニ入リタル以上ハ此秩序ヲ尊重セサルヘカラサルヲ以テ此等ノ義務ハ普通行爲地法ヲ適用スヘキモノタリ故ニ此等ノ義務ヲ請求スルニハ常ニ行爲地法ニ依ラサルヘカラス而シテ其義務カ損害賠償ニ關セスシテ單ニ罰(私法上ノ罰)ニ關スルトキハ之ヲ裁判スル裁判官ノ法律(法廷地法)ノ認ムルモノヨリ多クヲ請求スルコトヲ得ス是レ罰ハ各國ニ於テ其裁判所ノ相當ト認ムル程度ニ於テ之ヲ課スヘキモノナレハナリ以上述フル所ノ私犯及ヒ準犯罪ニ因ル損害賠償ノ判斷ハ昔時一般ニ唱道セラレタル說ナリシカ獨逸ニ於テハ一時

「ウェヒテル」及ヒ「サビニー」等專ラ法廷地法ニ依ルヘシトノ謬說ヲ唱道シタルカ爲メ大ニ不振ノ狀ヲ呈シタリ然レトモ現今ハ獨逸ニ於テモ他國ト同シク再ヒ此說ヲ採ル者多キニ至レリ(一)唯注意スヘキハ英國及ヒ北米派ハ損害賠償モ法廷地法ニ於テ認ムル程度ニ非サレハ之ヲ認可セス(二)

各個ノ點ニ付テハ左ニ注意スヘシ

一、行爲ノ結果カ其行爲ヲ爲シタル地以外ノ國領ニ發生シタルトキ(詳言セハ加害行爲又ハ非行ノ當時請求ヲ受クル者ノ滯在セル地ニ發シタルトキ)ハ曾テ說明シタル如ク(第四章第(三))結果ノ地ノ法律ニ依リテ之ヲ決スヘキニ非ス是レ結果ノ生シタル地ノ法律ニ依リテ判斷ヲ求ムルコトヲ得ルハ其行爲カ內國ニ在ル人又ハ物ヲ害シタルカ爲メ外國ニ於ケル外國人ト雖モ內國法ニ依ラサルヘカラストノ理由ヲ以テ請求ヲ爲ス場合ニ限ルモノナレハナリ(三)然レトモ裁判所就中獨逸裁判所ハ從來行爲ノ場所ヲ以テ結果ノ場所ト看做ス見解ヲ頑守シタリ(四)此說ハ國際法上ニ於テハ全ク誤解タルヲ免レス是レ此說ハ內國法(及ヒ裁判所)ハ直接ニ外國ニ

(一)千八百七十八年一月十九日高等商事裁判所判決.(判錄二三卷一七四頁)千八百八十二年九月二十日判決(判錄七卷一一六號)千八百八十七年九月二十三日(判錄一九卷七三號)千八百八十五年十一月廿四日判決(「ボルチエー」判集二卷(「キール」高等地方裁判所千八百八十四年五月十三日判決(「ゾイフヘルト」判集四〇卷二〇號)

(二)此說ノ「ウエヒテル」「サビニー」ノ說ト異ナル所ハ「ウエヒテル」「サビニー」ハ行爲地法ノ認メサル請求ヲモ認可スル點ニ在リ蓋シ「ウエヒテル」「サビニー」ノ說ハ行爲者カ行爲ヲ爲シタル當時知ルコトヲ得サル法律ニ依リテ判定セント欲スルモノナレハ其不當タル論ヲ俟タス

(三)結果ノ生スル

於ケル內國人ヲモ保護シ他國ノ主權ヲ無視スル見解ニ過キサレハナリ

二、動物又ハ他ノ者(例ヘハ小兒、從僕、被監督者)ノ行爲ニ因ル損害ハ行爲地法及ヒ自己ノ屬人法又ハ住所地法ニ於テ同一ニ其義務ヲ認ムル場合ニノミ責ニ任スヘシ但動物カ損害地ニ棲息シ又ハ被監督者カ他ノ地ニ於テ行爲ヲ爲シタルハ畢竟其請求ヲ受クル者ノ意思ニ出テタルモノナルト否トヲ區別セス(五)

三、準契約ニ因ル義務又ハ不當利得ニ因ル義務ハ事件ノ生シタル地ノ法律ニ依ルコトヲ得ヘシト雖モ場合ニ依リテハ當事者雙方ニ於テ之ニ依ル意思ナキコトアリ(即チ當事者雙方カ同一ノ住所地法ヲ有スル如キ場合ニ屢見ル所ナリ)故ニ寧ロ住所地法ニ依リテ之ヲ決スルヲ可トス又何人ト雖モ其居所ノ法律又ハ其屬人法ニ依ルノ外他ノ法律ニ依リテ義務ヲ負フコトナシ婚姻外ノ子ノ扶養義務ハ私犯債務ト看做スヘカラスト雖モ(第二十六章參照)(六)誘拐ヲ受ケタル者ノ損害賠償請求ハ準私犯ニ因ル請求トシテ其行爲地ノ法律ヲ適用スヘシ

場所ハ豫定スルコトヲ得ス行爲カ其地ニ於テ禁制セラレス如何ナル義務モ課セラレサルトキハ行爲者ノ知ラサル結果ノ地ノ法律ニ依リテ之ヲ判定スルヲ敢テ不當ト謂フヘカラス

(四)、千八百八十八年十一月二十日判決(判錄二三卷六五號)ニハ兩地ニ犯罪行爲アリト云ヒ千八百八十七年九月二十三日判決(判錄一九卷七三號)ハ書狀ニ載スル加害行爲ノ場所ハ書狀ヲ受取リタル地ナリト云ヘリ千八百八十七年九月二十三日判決(「ポルチ」「判集六卷一三號)ハ「バーテン」民法(「コード、シビル」)第四章第十三條ハ苟モ國內ニ於テ爲シタル犯罪ナレハ其責ニ任スヘキ者カ外國ニ住スルトキト雖モ之ヲ適用スヘシト說ケリ之ニ反シテ「ゾイフヘルト」判集四四卷一

私犯及ヒ準契約ニ因ル義務ノ移轉、消滅及ヒ時效ニ付テハ契約ノ義務移轉、消滅又ハ時效ニ適用スヘキ原則ニ依ルヘシ

六一號ニ掲クル千八百八十九年二月六日判決ハ本文ト一致ノ說ヲ採レリ

（五）千八百八十九年二月六日及ヒ四月二十四日判決（「ゾイフヘルト」判集四四卷一六一號）

（六）千八百七十一年十一月二十八日「チェルレー」控訴裁判所判決（「ゾイフヘルト」二六卷二七一號）

商法

第三十五章

第一、總則

第一、一ノ法律關係ヲ實質上商事ト看做シ之ニ商法ノ規定ヲ適用スヘキモノナルヤ否ヤノ問題ハ當該法律關係カ一般ニ服從スヘキ法律ニ依リテ之ヲ決スヘシ而シテ一ノ訴訟ヲ以テ商事ト爲シ特別商事裁判所ニ於テ審査スヘキモノナルヤ否ヤハ法廷地法ニ依ルヘク又訴訟ニ於テ他ノ訴訟事件ニハ之ヲ許ササル一定ノ証據方法ノ提出ヲ許スヘキヤ否ヤノ問題ハ一般ニ証據方法ノ標準タルヘキ普通ノ原則ニ依リテ判定スヘシ

第二、或人ヲ以テ法律上商人ト看做スヘキヤ否ヤノ問題ハ一ノ法律行爲カ商事ナルヤ否ヤノ問題ト相牽聯スルコトアリ此場合ニハ行爲ノ標準タルヘキ(商ノ性質ハ之ヲ除ク)屬地法ヲ以テ之ヲ決スヘシ若シ又此問題ニシテ公益ノ義務即チ帳簿ヲ用ヰ商業登記簿ニ登記スル如キ義務ニ關係スル場合ニハ住所又ハ營業地ノ法律ニ依ルヘシ(一)之ニ反シテ妻カ商人タルニハ

(一)各個ノ商行爲ヲ判定スルニ商人ノ住所ヨリハ先ツ

其夫ノ許可ヲ要スルヤ否ヤ等ニ付テハ屬人法(本國法)ヲ以テ決ス尤モ其許可ノ效力ハ營業地ノ法律ニ依リテ判定セサルヘカラス

第三、商人ノ補助員(例ヘハ營業使用人)ノ能力ハ補助員ヲ使用スル主、人ノ住所又ハ營業地ニ行ハルル法律ニ依ルヘシ(二)(此場合ニハ外國ニ於テ爲シタル委任ノ效力ニ關係アリ)而シテ商事會社ノ社員カ他ノ社員ノ行爲ニ因リテ義務ヲ負フ點(三)ニ付テモ亦同一ナリ又商事會社ハ其會社ノ存在地ノ法律ノ要式ヲ遵守シテ設立スルコトヲ要ス

第三十六章

第二、無記名債券

無記名債券ニ因ル債務ハ債務者ノ住所地法(一)(又ハ或範圍內ニ於テハ債務者カ明示又ハ默示ニテ服從シタル法律)ニ依リテ判斷スヘキモノナリ然レトモ之ニ對スル權利(債權)ハ債務者ノ意思表示ニ因リテ證券ヲ占有スルニ非サレハ之ヲ主張スルコトヲ得ス隨ヒテ其證券ヲ占有シ又ハ取得シタル地ノ法律ニ支配セラルルモノトス以上ノ理由ニ因リ左ノ結果ヲ生ス

營業ノ場所トシテ茲ニ業務ヲ營ム地ノ法律ヲ適用スヘキハ交通ノ普意ヲ置ンスル結果ナリ千八百八十八年九月二十八日判決(「ボルチェー」判集六卷一三三號)モ此意義ヲ以テ裁判ヲ爲セリ

(二)千八百七十二年十二月四日獨逸高等商事裁判所判決(「ボルチェー」一卷四一號)參照

(三)千八百八十四年十一月五日判決(「ボルチェー」一卷四一號)參照

(一)無記名債券發行ノ制限(例ヘハ政府ノ認可ヲ要スル等千八百三十三年六月二十三日佛國法參照)ハ假令內國人之ヲ發スルモ其性質上外國ノ領內ニ於テ行ハレル債權ニハ之ヲ及ホスコトヲ得ス又內國人カ外國會社ノ役員若クハ代理

債券ニ對スル債權ト債券ノ占有トヲ分離セシムルニハ債權ヲ支配スル屬地法ニ依ルヘク決シテ他ノ法ヲ標準ト爲スコトヲ得ス故ニ債務者ノ住所地法以外ノ法律ニ依リテ之ヲ決スルコトヲ得ス是レ債券ノ占有ト債權トヲ分離スルハ畢竟債務者ノ地位ヲ變更スルモノニシテ債務者ハ是ニ因リ其所持人タル他ノ者ニ支拂ヲ爲ササルヘカラサルカ故ナリ(二)以上ノ理由ニ因リ第一紛失債券ノ除權ハ唯債務其者ヲ決スル法律ヲ標準トシ其法律ニ於テ定ムル裁判所ニ依リテ爲スコトヲ得即チ通常唯債務者ノ住所地法ヲ標準トシ債務者ノ住所地ノ裁判所ニ依リテ之ヲ爲スヘシ(但債權者ニ對シテ債權ト同時ニ不動產質權ノ設定ヲ記載シタル證券ハ又不動產質權ノ目的物ノ所在地法ニ依ルコトヲ得(三))第二除權判決ニシテ舊占有者ノ利益ノ爲メ債務者ノ法律(又ハ債務ノ標準タルヘキ其他ノ法律)ヨリ廣キ範圍ニ於テ回收ヲ許スモノハ其回收スヘキ証券カ其手續ヲ制定シタル立法者ノ領域內ニ存スル間ハ有效ナルヘシ然レトモ除權ヲ許ササル法律ノ行ハルル地ニ於テ其地ノ法律ニ從ヒテ証券ヲ取得シタル者ニ對シテハ其效ナシ之ニ(四)

人トシテ外國ニ於テ發行シタルモノニモ及ポスコトヲ得ス千八百七十四年一月二十七日獨逸高等商事裁判所判決(判錄一二卷一〇一號)

(二)千八百八十一年三月九十日判決(判錄四卷四一號)ニ曰ク無記名債券ハ其性質ヲ發行ノ意思即チ此意思ニ法律上ノ效力ヲ與ヘタル屬地法ニ受ク隨ヒテ該屬地法ハ債權ノ性質ノ存續及ヒ消滅ノ要件ニ付テモ標準タルヘシト

(三)獨逸民訴八三九(我民訴七七九)ハ國際關係ニハ適セス外國ノ信用所及ヒ外國政府ハ我裁判所カ紛失ノ債券ニ除權判決ヲ下シタレハトテ新債券ヲ發行スル義務アリト認メサルヘシ千八百七十七年十二月三十一日巴里扣訴裁判所判決

(四)此原則ニ依リテ佛國ノ千八百七

反シテ証券ノ效力ヲ復セシムル場合ノ形式及ヒ效力ハ之ヲ復セシムル地ノ法律ニ依ルヘシ是レ效力ヲ復スル場合ニハ債務者ハ債權者ノ資格ヲ調査スル必要ナク隨ヒテ債務者ノ地位ハ之カ爲メ不利益ニ陥ルコトナケレハナリ(五)

第三十七章

第三、運送行爲、保險

第一、陸上運送及ヒ河船運送ニ關スル契約ハ普通ノ說ニ據レハ契約ヲ締結シタル地ノ法ニ依リテ判定スヘキモノトス(一)(詳言セハ運送ヲ開始スル地ノ法律ニ依リ運送人ノ引渡スヘキ地ノ法律ニ依ラス(二)(之ニ反シテ受取人ノ權利(三)及ヒ義務ハ受取地ノ法律ヲ標準トスヘシ但運送狀ニ基キテ義務ヲ負フ場合ハ此限ニ在ラス而シテ受取地ノ法律ハ又運送人ノ運送物ノ上ニ有スル質權ノ存否及ヒ引渡ノ方法ニモ適用スヘキモノトス運送物ヲ一ノ運送人ヨリ他ノ運送人ニ轉輾シテ運送セシムル場合ニハ普通ノ學說ニ於テハ後ノ運送人カ運送狀及ヒ運送物ヲ受取リタルニ因リテ先ノ運送人ノ契

十二年六月十五日ノ法律(Titres au porteur)ヲ判定スヘシ此法律ニ依レハ紛失(又ハ窃取セラレタル)債券ハ其紛失ノ旨ヲ一定ノ公報ニ掲クルトキハ所持人ヨリ之ヲ回收スルコトヲ得

(五) 証券所持人ノ請求ニ因リ債務者カ債券ニ附記セル番號ノ張簿ニ記入シテ之ヲ記名債券ニ變シタル場合ハ其趣ヲ異ニス此種ノ債券ハ他ニ於テ轉輾通用セシメント欲スルモ能ハス之ヲシテ通用セシムルニハ債務者カ記名債券ヲ無記名債券ニ變スル旨ヲ陳述スルコトヲ要ス

(一) 千八百七十二年十一月九日獨逸高等商事裁判所判決(判錄八卷一〇頁)

(二) 獨逸ノ裁判所ニ於テハ履行地說ヲ以テ一般ニ認メラルル說ト一致セ

シメント欲シ運送人ノ貨物發送ハ其義務ノ履行ナリト云ヘリ

(三) 權利ノ抛棄モ亦然リ

(四) 獨逸帝國モ近來之ニ加入シタリ

約(義務)ニ加入シタルモノト爲ス但此場合ニ於テハ先ノ運送人ハ連帶シテ尙ホ義務ヲ負フモノトス然レトモ後ノ運送人ハ其遵奉スヘキ法律ニ因リ唯此法律ノ規定ノ適用ヲ受クルノミニ止マルコトヲ得故ニ鐵道ニシテ數多ノ國ヲ通行スル場合ニハ種々ノ法律行ハルルカ故ニ國際取引ノ安全ヲ害スルコトアリ此等不安ノ狀態ヲ矯正セント欲シ夙ニ運送契約ノ或規定ニ付キ鐵道行政ノ一致ヲ計リタリ又近頃ニ及ヒテハ國際取引ノ爲メ各國同一ノ運送法ヲ設クルコトヲ企圖シタリ夫ノ國際鐵道運送法ニ關スル千八百八十六年ノ「ベルン」會議是レナリ然レトモ該會議一般ノ意見(四)ハ未タ以テ運送業ニ關スル國際私法上ノ原則ヲシテ無益タラシムルコト能ハサリシ是レ「ベルン」會議ハ唯鐵道取引ニ關シテノミ之ヲ爲シ河船ニ付テハ何等ノ協議ヲモ爲ササリシヲ以テナリ

鐵道業ノ契約外ニ基ク義務(例ヘハ千八百七十一年六月七日ノ獨逸賠償法ニ基ク義務ノ如シ)ハ準犯罪ノ義務トシテ唯其損害事件ノ在リタル地ノ法律ニ依リテ判斷スヘシ然レトモ鐵道營業者ノ住所地法ハ又外國ニ延長シ

タル鐵道上ニ於テ生シタル損害ノ義務ヲモ定ムルコトヲ得(五)

第二、保險行爲ハ之ヲ營業ニ爲シ且保險者カ自ラ制定公示シタル義務規則ニ依リテ之ヲ締結シタルトキハ保險者(保險會社)ノ住所地法ヲ以テ之ヲ判斷スヘシ然レトモ保險者カ外國ニ被保險者ヲ募リ被保險者カ外國語ヲ以テ契約ヲ締結シタル場合ニハ(六)例外ノ適用ヲ見ル假令被保險者ノ法律ニ依リテハ被保險者ノ義務無效ナルモ既ニ保險料ヲ支拂ヒタル場合ニハ保險者ノ義務ヲ無效タラシメス而シテ他ノ國ニ屬スル者カ其法律上有效ナル保險契約ヲ締結シタルトキハ之ヲ請求スル國ニ於テ其保險契約ヲ禁スルモ(例ヘハ佛商法第三百四十七條ノ如シ)裁判所ニ於テハ其主張ヲ禁スルコトヲ得ス然レトモ被保險者ニ對シテ保險者ヨリ訴ヲ起ストキハ被保險者ノ義務ニ付テハ其住所地法ヲ以テ判定スヘキモノトス(七)

第三十八章

第四　手形法

第一、手形法上ノ義務能力ニ付テモ英國及ヒ北米ノ學者ハ其所謂普通原

(五) 二月十三日判決(「ボルチェー」判集六卷二七號)參照

(六) 千八百七十一年十月二十日獨逸高等商事裁判所判決(判錄三卷三三九頁)

(七) 千八百九十一年二月十三日判決(「ゾイフヘルト」四七卷二號及ヒ「ボルチェー」一一卷一五號)

則ヲ適用シテ場所ハ行爲ヲ支配ストイフ原則ニ依ラシメントス然レトモ此能力ハ歐洲大陸ノ法律ノ如ク其義務者タルヘキ者ノ屬地法ニ依ルヲ正當トス今獨逸普通手形法第八十四條ニ掲クル所ヲ示サンニ左ノ如シ

> 外國人カ手形法上ノ義務ヲ負フ能力ハ其者ノ屬スル國ノ法律ニ依リテ之ヲ決ス但其國ノ法律ニ依リテ手形能力ナキ者ト雖モ内國ノ法律ニ依リテ手形能力アル限ハ内國ニ於テ手形義務ヲ負フニ依リテ其義務ヲ生ス

今之ヲ詳説センニ外國人ハ其屬人法ニ依リテ手形能力ヲ有スル場合ニモ其能力アリトス然レトモ(獨逸國及ヒ其裁判所ニ於テハ)外國人カ内國ニ於テ負担シタル手形義務ニ付テハ内國ノ法律ニ依リテノミ手形義務アル場合ニモ其能力アリトス以上獨逸手形法ノ規定ハ内國ニ於ケル法律上ノ取引ノ安全ヲ保護スル精神(一)ニ出ツルモノニシテ他ノ數國(即チ匈牙利手形法瑞典手形法瑞西債務法)モ之ヲ繼受シ數多ノ學會モ之ニ賛同ヲ表セリ(即チ千八百八十五年白耳義政府ノ「アントウェルペン」ニ召集シタル商法國際會ノ

(一)獨逸法ノ精神ヲ以テ本國ノ裁判所ニ依リ強制執行ヲ爲ス場合ノ必要ニ出ツト爲スモノハ誤解ナリ

如キ其一ナリ)此條文ハ手形ノ特別無能力即チ他ノ行爲能力アルニ拘ラス手形ニ付テハ能力ナシトスル舊主義ノ手形法ニ於ケル無能力ノミニ關スル規定ニ非スシテ普通ノ行爲能力ナキ者ヲ以テ(例ヘハ未成年ノ故ヲ以テ)手形能力ナシトスル新主義ノ手形法ニ於ケル無能力ニモ適用セラルルモノトス然レトモ獨逸普通手形法ノ行ハルル法域内ニ於テ特別法ノ定ムル行爲能力ノ點ニハ敢テ關係ナシ(二)第八十四條ハ手形義務ヲ含ム陳述ニ不正ノ日附ヲ爲シテ手形受取人ヲ詐ル場合ニ付テハ保護ヲ爲ササルモノト謂ハサルヘカラス蓋シ何人ト雖モ行爲ノ在リシ地ノ事實及ヒ自己ノ行爲能力ハ決シテ隨意ニ處分シ得サルモノナレハナリ(三)故ニ取引ノ安全ヲ圖ラント欲セハ寧ロ左ノ如ク規定スルヲ可トス

手形義務ヲ負フ無能力者ハ義務者カ其手形ノ意思表示ニ日附ヲ爲シタル地ノ法律ニ依リテ手形能力ヲ有スヘキトキハ之ヲ問フコトヲ要セス手形上ノ債權ヲ主張シタル者及ヒ其者ノ前者カ手形ヲ取得スル際善意ナルトキモ亦同シ而シテ善意ハ之ヲ推定ス

(二)千八百七十五年二月十七日判決ハ帝國内ノ成年ヲ二十一歳ト確定シタルモ此制限ニハ影響ヲ與フルコトナシ

(三)千八百七十八年五月三日獨逸高等商事裁判所判決(「ゾイフヘルト」判集三四卷二三七號)

第二　手形陳述ノ形式ハ場所ハ行爲ヲ支配ストイフ原則ヲ適用スルコトヲ得（獨逸手形法第八十五條參照）然レトモ必シモ此適用ヲ爲サヽルヘカラサルニ非スシテ唯之ヲ適用スルコトヲ得ルニ過キス獨逸手形法第八十五條第三項ニ於テモ少クトモ内國人ヨリ外國ニ於ケル内國人ニ對シ爲シタル手形陳述ニ付テハ斯ノ如キ意味ノ規定ヲ爲セリ但行爲地法ニ準據セサルヘカラサル場合ニハ其程度ニ於テ形式ノ規定（例ヘハ稅章ノ印刷）ノ目的（就中純然タル徵稅ノ目的）ハ之ヲ遵守スルコトヲ要ス

各個ノ手形陳述ノ形式的效力ハ其手形上ニ記載スル他ノ手形陳述ノ形式的效力ノ爲メニ何等ノ影響モ受クルコトナシ（四）故ニ左ノ行爲ハ有效ナリトス

（イ）手形カ外國ニ於テ作成セラレ外國ノ法律ニ照セハ無效タルヘキモ内國ノ法律ニ依リテ有效ナル以上ハ内國ノ形式的要件ヲ遵奉シテ之ニ對シテ爲シタル内國ノ引受又ハ裏書ハ有效ナリトス

（ロ）外國ニ於テ作成セラレ其作成地ノ法律ニ於テハ有效ニシテ内國ノ法律

（四）獨逸手形法第八十五條第二項ニ曰ク外國ニ於テ爲シタル手形陳述モ内國ノ要件ヲ具備スルトキハ其外國法上ノ要件ヲ具備セサルヲ理由トシテ後内國ニ其手形上ニ爲シタル陳述ニ對抗スルコトヲ得ス

ニ照セハ無效タルヘキ手形モ內國ノ法律ノ形式的要件ヲ充シテ爲シタル引受又ハ讓渡ハ有效ナリトス

外國ニ於テ爲シタル讓渡ニ基キ債務者ノ支拂ヲ爲スヘキ義務幷ニ支拂ニ因ル債務者ノ義務免除ハ第三十一章第八ニ於テ債權讓渡ニ付キ說明シタル原則ヲ適用スヘシ

第三、手形陳述ノ實質的效力ハ輓近ノ學說ニ據レハ其陳述ヲ爲シタル地ノ法律ニ依ルヘキモノトス(五)

(イ)然レトモ支拂ノ方法ハ支拂地ノ法律(又ハ慣習)ニ依ルヘシ故ニ手形ノ引受ハ支拂ヲ爲スヘキ執務時間、猶豫ノ日ニ付テハ支拂地ノ法律ヲ適用スヘキモノトス又手形ニ定ムル曆日ハ別段ノ定ナキトキハ支配地ノ曆日ヲ適用スヘシ(六)貨幣ノ本位モ亦同シ

(ロ)之ニ反シテ手形義務者ニ對スル償還請求ノ要件ハ方今勢力アル學說ニ據レハ各手形陳述ノ標準トナルヘキ法律ニ依ルヘキモノトス(七)即チ拒證書ノ作成及ヒ呈示ハ此法ニ依ル拒証書作成ノ形式、場所、引受人ノ營業場

(五)千八百七十二年五月十一日獨逸高等商事裁判所判決(判錄六卷一二五頁)

(六)支拂期日ヲ一覽後一定ノ期間后ニ定メタルモノハ此限ニ在ラス

(七)千八百七十六年二月一日獨逸高等商事裁判所判決(判錄一九卷二〇三頁)千八百八十

又ハ住所等)及ヒ時ハ其拒証書ヲ作成スヘキ地ノ法律ヲ適用スヘシ隨ヒテ又手形義務者ニ對スル手形ノ時效モ(八)其法律ニ依リテ定ムヘシ(總テノ手形義務者ニ支拂地ノ法律ヲ適用スルコトヲ得ス)(九)

立法者ハ手形義務發生後往々第一義務者ニ猶豫期間(Moratorium)ヲ賦與スルコトアリ此期間ハ其恩典ニ浴セサル他ノ手形義務者ノ義務ニ影響ヲ及ホスコトアリ然レトモ其影響タルヤ不可抗力ノ爲メニ支拂ヲ障ケラレタル場合ニ其支拂ヲ引受又ハ拒証書ヲ作成シタルト異ナルコトナシ故ニ猶豫期間ヲ認メサル外國法律ニ依リテ支拂ニ必要ナル拒証書ヲ作成セサルトキハ手形所持人ノ利益ヲ計リテ不可抗力ノ免責效ヲ認メサル獨逸手形法ノ原則(一〇)ニ依リテハ獨逸ノ裏書人又ハ手形振出人ニ對シテ償還ヲ求ムルコトヲ得ス(一一)然レトモ佛國幷ニ英國及ヒ北米手形法等ニ於テハ全ク其趣ヲ異ニセリ即チ此等ノ法律ニ依レハ手形ノ規定異ナル場合ニハ其遵奉スヘキ法律ニ依リテ償還ノ義務ヲ有スル者ハ其法律ニ依リ自ラ前者ニ對シテ償還請求ヲ爲スコトヲ得サルコトアルヘシ此原則ハ頗ル過酷ニ失スルモ

三年三月二十八日判決(判錄九卷一二三號)千八百八十九年十月二十二日判決(「ボルチェー」八卷二一號)

(八)手形ノ時效ハ訴訟法ノ制度ニ非サルコトハ千八百八十二年一月十九日判決(判錄六卷五號)ノ明言スル所ナリ英國及ヒ北米派ノ如ク之ヲ以テ訴訟上ノモノトスルトキハ法廷地法ヲ適用スヘシ英國法ノ手形時效ヲ獨逸裁判所ニ於テ適用シタル判例ニ付テハ千八百八十九年九月二十一日ノ判決(「ボルチェー」八卷一八號)ヲ參照スヘシ

(九)上記ノ判決ニ於テハ住所地ノ手形ノ時效ハ支拂地法ニ依ルヘシ是レ當事者カ此法ニ服從シタルモノナレハナリト云ヘリ

(一〇)正當ノ時ニ拒證書ヲ作成スルハ手形所持人ノ義務

コ非ス唯償還請求ノ前提要件タルニ止マル二一報復計算ハ戻手形ノ許否ノ問題ニ非ス〻ハ支拂地法ニ依リテ定ムルコトヲ得ス各義務者ノ法律ニ依リテ判定スヘシ

之ヲ矯正スルコト甚タ難シ又以上説明シタル如キヲ以テ手形ノ效力ヲ決シタル後其利得ノ返戻ヲ求ムル訴ハ其消滅ニ歸シタル義務ノ標準タルヘキ法律ニ依リテ之ヲ決スヘシ

第四、手形ノ特別訴訟ハ其義務ヲ負担シタル地ノ法律カ之ヲ以テ手形上ノモノト為シタルトキ之ヲ許ス而シテ手形義務ノ形式ハ法廷地法ニ依ル然レトモ原告ノ提出スル証據方法ハ法廷地法ノ手形訴訟要件ヲ充サヽルヘカラス手形ノ特別属人義務ハ義務者之ヲ他ノ義務ト共ニ負担シタルトキニノミ許ス即チ各個ノ義務ノ標準タルヘキ法律カ之ヲ許ストキニノミ許ス且法廷地法又ハ強制執行地ノ法律カ之ヲ認ムル範圍內ニ於テノミ之ヲ許ス尤モ後ノ場合ニハ數多ノ國ニ於テ人身ノ假差押ヲ為ス強制方法ヲ廢シタル以來實際ニ生スルコトナキニ至レリ

第五、手形訴訟ニ於テ適用スヘキ外國法ノ証明ハ其他ノ手形訴訟ニ必要ナル証據方法ト共ニ其証據ヲ提出シテ之ヲ為スヘシ

第六、如何ナル人カ手形上ノ義務ヲ負フカ例ヘハ如何ナル人カ他人ノ振

（一二）紛失手形ノ除權ハ引受人ニ對シテノミ其義勢ノ標準タルヘキ法律ニ依リテ求ムルコトヲ得

出シタル手形ヲ引受クヘキヤ此點ニハ債權法ノ普通原則ニ照シテ判定スヘシ（一二）

方今ハ既ニ國際法ニ等シキ手形法ヲ設ケテ國際私法ヲ以テハ排除スヘカラサル弊害ヲ除カント欲スル者アリテ國際法會議及ヒ千八百八十五年ノ「アントウェルペン」商法會議ハ之カ草案ヲ編纂シタリ

手形ニ非サル裏書証書ハ國際上ノ關係ニ付テハ手形又ハ無記名債券ノ原則ヲ類推適用スヘキナリ

第三十九章

第五、海法

古昔ニ於テハ開化ノ人民ノ遵守スル海法ハ何レノ國ニ於テモ同一物ナリトノ見解行ハレタリキ故ニ一ノ地ニ行ハルルモノト他ノ地ニ行ハルルモノトノ間ニ差違ヲ生シタル塲合ニハ之ヲ以テ法律ノ異ナルモノト爲サスシテ唯同一法律ノ解釋分レタルニ過キストシ裁判官カ裁判ヲ爲スニ當リ單ニ自國ノ法律ヲ指示シ例外トシテ法廷地法ニ代ヘテ船舶ノ定繋地ノ法律ヲ

適用スルカ如キハ古昔ニ於テ夢想セサル所ナリキ然ルニ本世紀ニ及ヒ海法モ他ノ法規ト同シク各國立法者ノ意思ニ依リテ成立スルモノナルコトヲ主唱スルニ至リ加之近世ノ訴訟法ニ於テハ屢原告ノ撰擇ヲ以テ種々ノ裁判所ニ起訴スルコトヲ得セシメタルヲ以テ法廷地法ノ專一適用ハ其運命甚タ薄弱ト爲レリ即チ當今ハ千八百八十五年「アントウェルペン」商法會議ニ於テ明ニ採用セラレタル見解漸次勢力ヲ得海法ニ付テハ國際法上ノ他ノ各個ノ場合ト同シク全然普通一般ノ規則ヲ適用スルコトヲ得ス唯國際私法ニ於テ用ヰラルル原則ヲ之ニ適用シ得ルノミトノ説行ハルルニ至レリ（一）

第一、船舶ノ國籍ハ近世ノ立法例ニ依レハ其全部（二）又ハ一定ノ部分ノ所有權ヲ有スル者ノ國籍ニ依リテ定マル然レトモ船舶カ國籍ヲ取得スルニハ就中國旗ヲ掲クル權利ヲ取得スルニハ尚ホ船籍港ノ形式上ノ要件ヲ充サヽルヘカラス即チ一定ノ登記簿ニ登記スルコトヲ要スルモノヽ如シ然レトモ船籍港ノ法律（三）ニ於テ登記ヲ經タル船舶ノ所有權ハ登記簿ニ登記スル

（一）「ロゲ子ル」ノ海法ハ近世ノ著述ニ係ルモ舊説チ掲ケリ往々之チ以テ實際ニ適スト辯護スル者アルモ其實ハ實際ニ適スルニ非スシテ裁判官ニ便利ナルノミ

（二）千八百六十七年十月二十五日獨逸法第二條ニ依レハ船舶ハ獨逸國民又ハ内國ノ會社若クハ組合ノ專屬タルヘシト定ム

ニ非サレハ移轉スルコトヲ得スト(四)定ムルコトアルモ直チニ外國ニ於テ外國ノ法律（就中形式ヲ要セサル法律）ニ從ヒテ爲シタル所有權移轉ハ之ヲ認メスト論斷スヘカラス斯ノ如キ法規存スルモ船舶ノ動産タル性質ハ變更スルコトヲ得サルヲ以テ動産物ノ物權ヲ取得スル場合ニ適用スヘキ國際私法ノ原則ニ依ルヘキモノトス(五)（第九章第二）尤モ其船舶本國法ノ行ハルル領域ニ歸港スルトキハ外國ニ於テ取得シテ未タ登記ヲ經サル權利(六)ハ既ニ登記ヲ經タル權利ニ對抗スルコトヲ得ス其取得ノ日時ノ先後ハ敢テ之ヲ顧ル要ナシ此原則ハ論理上船舶ノ質權ニモ適用スルコトヲ得特(七)ニ船籍港ニ於テ登記ヲ以テ取得シタル書入質權ハ其船舶カ船舶ノ登記質權ヲ認メサル國ノ港ニ到ルカ爲メ效力ヲ失フモノニ非ス(八)且船舶カ强制競賣ニ附セラルル場合ニ於テ質權ト先取特權及ヒ留置權トノ優劣ノ關係ハ繫留地（即チ强制競賣地）ノ法律ニ依リテ判定スヘシ(九)又船長ノ質入若クハ讓渡(一〇)ノ權利ハ原則トシテハ船籍港ノ法律ニ依ラス船舶ノ繫留地ノ法律ニ依リテ判定スヘシ船籍港ノ法律ニ依リ船長ノ權利ニ制限ヲ加ヘタルモ其效力ハ繫

(三)此法律ハ共有者相互間ノ權能ニ付テ裁定ヲ與ヘリ

(四)獨逸商法ハ之ヲ認メス

(五)阿蘭商法第三百十條ハ內國ニ於ケル所有權移轉ニ必要ナル登記ノ有無ニ拘ハラス繫留地ノ法律ニ依リテ之ヲ移轉シタルモノハ其效力ヲ認メリ

(六)又船舶ヲ書入質ノ目的ト爲スコトヲ得ルヤ否ヤノ問題ニモ適用スルコトヲ得

(七)此點ハ法律ヲ以テ確定スルコトヲ得ス然レトモ國際法會議及ヒ「アントウエルペン」會議ノ如ク船旗ノ法律ヲ以テ專決セシムルハ不當ナリ斯ノ如クンハ交通ノ善意ヲ害スルコト尠カラス

(八)船旗變更スルモ初メ取得シタル質權ハ當然消滅スルコトナシ其質權カ舊旗國ノ法定質權ニ係リ新旗國ニ

留地ノ法律ニ依リ有スル船長ノ代理權ヲ特ニ當事者ノ意思ヲ以テ制限シタルモノト異ナラス

第二、船長ノ私犯及ヒ準犯罪ニ因リ(例ヘハ他ノ船舶ニ損害ヲ加ヘタルニ因リ)船主ノ負フヘキ義務ハ純然タル屬人義務ニ關スル限ハ其營業ヲ支配スル法律即チ船籍港ノ法律ニ依リテ判定スヘキモノトス然レトモ船主ハ船舶ヲ以テ責ニ任スヘキ程度ニ於テ損害事件ノ生シタル地ノ法律ニ定ムル義務ヲ負サルヘカラス其船籍ノ法律ノ如何ハ之ヲ問フ要ナシ(一一)

第三、他ノ船舶ト衝突シタル場合ニ於ケル損害要償ノ請求ハ犯罪若クハ準犯罪ニ因ル請求ナリ故ニ或國ノ土地主權ノ行ハルル水上ニ於テ衝突シタルトキハ當然場所ハ行爲ヲ支配ストイフ原則ヲ適用スヘシ(一二)公海ニテ他ノ船舶ノ衝突ニ因リ損害ヲ受ケタルトキ其要償ヲ求ムル場合ニハ場所ハ行爲ヲ支配ストイフ原則ヲ適用スルニ由ナキヲ以テ其請求ハ法廷地法ニ依ルヘシ尤モ其請求ハ事變又ハ原告ノ意思ニ依リテ種々ノ結果ヲ呈スヘシ國際法會議幷ニ「アントウェルペン」商法會議ノ採用シタル説ニ據レハ其

於テハ之チ認メサル場合ニ於テモ亦然リ

(九)千八百六十一年四月十四日「ツエルレー」高等抑訴裁判所判決(「ゾイフヘルト」一四卷二七一號)千八百八十七年六月十八日判決(「ボルチエー」五卷二五號)

(一〇)「アントウェルペン」會議ノ決議ニ依レハ船籍港ノ法律ニ依リテ決スヘキモノトス

(一一)千八百七十八年九月二十一日高等商事裁判所判決(判錄二四卷二六號)千八百八十六年七月十二日判決參照

(一二)「アントウェルペン」會議及ロ國際法會議モ一致ナリ

損害ヲ加ヘタル船舶ノ船籍ノ存スル國ノ法律ヲ基礎トス但同一ノ場合ニ付キ其船籍ノ在ル地ノ法律カ認ムル額ヨリ多クハ之ヲ請求スルコトヲ得サルモノトス是レ蓋シ正當ノ說ナリ

以上ノ損害賠償請求ヲ保護スルカ爲メ定メタル形式及ヒ期間ハ其損害ノ事實或一定ノ主權ニ服從スル水上(又ハ港灣)ニ於テ生シタルトキハ其地ニ行ハルル法規ニ依ラサルヘカラス而シテ損害ノ事實公海ニ生シタル場合ニ付テハ「アントウェルペン」會議ニ於テ討議セラレタリ即チ損害ヲ加ヘタル船舶ノ法律、損害ヲ受タル船舶ノ法律、損害後先ツ到達シタル港ノ法律中其一ニ依ルコトヲ得ト決セラレタリ論理上ハ損害ヲ加ヘタル船舶ノ法律ニ依ルヲ正當トス但實際ノ必要ニハ適合セサルヘシ

第四　船舶及ヒ積荷ノ救護幷ニ救助ニ因ル請求

(イ)、領海ニ於テハ準契約ノ請求トシテ當然行爲地法ニ依ルヘシ

(ロ)、公海ニ於テ救援若クハ救助ヲ爲シタル場合ニ付テハ昔時ハ法廷地法ヲ適用シタリシモ現今ハ救助ヲ爲シタル船舶ノ國旗ニ示ス國ノ法律ニ依

ル傾向アリ此主義ハ法理ニ適シ且實際ノ必要ニ合スルモノニシテ「アントウェルペン」會議ニ於テモ採用シタル所ナリ船籍ヲ異ニスル船舶數多之ヲ救助シタルトキハ其主タル救助行爲ヲ爲シタル船舶ノ法律ニ依ルヘシ而シテ其救助公海ニ於テ始マリ領海ニ於テ終リタルトキハ最初ノ救助ノ標準タルヘキ法律ニ依リテ決スヘシ

第五、海上運送契約ハ陸上運送契約ト同一ニ取扱フヘシ(二三)當事者ノ使用シタル營業上ノ文辭ハ當事者ノ服從セントシタル法律ニ依リテ判定スルヲ必要トス

海損ハ畢竟運送契約ノ結果ト看做ササルヘカラス然レトモ海損ノ負担ハ到達港ニ於テ各利害關係人ニ對シテ之ヲ計算スヘキモノナルヲ以テ舊來ハ(其計算ニ便ナル)到達港ノ法律ヲ適用シテ總利害關係人ニ對シテ之ヲ行ヒタリ(二四)近世ニ至リテハ航海ノ關係大ニ其面目ヲ改メ屢、積荷ノ一部分中途ニ陸揚セラレ且出發ノ當時ハ未タ到達港定マラサルコトアリ又或ハ到達港數多アルヘケレハ著名ノ學者ハ(二五)國旗ノ法律ニ從フヘシト云ヘリ是レ正

(二三)千八百八十九年十一月十一日「ハムブルグ」控訴裁判所判決「ゾイフェルト」四五卷一六一號)千八百八十九年五月一日及七月二十五日判決(判錄二五卷二四號)

(二四)千八百七十二年九月二十四日及ヒ千八百七十八年十一月十三日高等商事裁判所判決(判錄七卷一六三頁二五卷二頁以下)

當ノ説ナリ然レトモ「アントウェルペン」會議ノ多數員ハ陸揚ノ地ノ法律ニ依ルヘシト決定シタリ普通一般ニ行ハルヘキ海損法ヲ設ケテ之ヲ適用スルトキハ諸種ノ關係ニ於テ利益アルコト論ヲ俟タス然レトモ此目的ヲ以テ千八百六十四年幷ニ千八百七十七年出版セラレタル(York and Antwerp rules)ハ充分識者ノ贊同ヲ得ル能ハサリキ

第六、海上保險ニ付テハ海損ノ標準タル法律ヲ直接ニ適用スヘシ是レ保險者ハ海損ノ確定計算ヲ遵守セサルヘカラサルヲ以テナリ其他ニ於テハ債權法ノ普通原則ヲ適用スヘシ然レトモ其適用スヘキ法律ヲ定ムルニ當リテハ通常保險契約作成ノ際使用シタル文辭ニ重キヲ置クヘシ尤モ當事者ノ契約ノ自由ヲ制限スル規定ニ付テハ第一船舶ノ保險ノ利益ニ於ケル制限(一六)第二詐欺ニ對シテ保險者ヲ保護スル爲メノ制限(一七)第三保險カ賭博ニ流レサル爲メノ制限ニ區別シ第一ノ制限ハ國旗ノ法律第二ノ制限ハ保險者ノ住所地法第三種ノ制限ハ保險者ノ住所地法幷ニ法廷地法ヲ適用スヘシ

第七、船員及ヒ船長ノ船舶所有主ニ對スル權利及ヒ義務ハ船籍港ノ法律

(一五)「リヨオンカン」及ヒ「アントウェルペン」會議是ナリ

(一六)例ヘハ獨商第七百八十四條ニ依レハ船員ノ貸借物ハ共ニ保險セス

(一七)例ヘハ獨商第七百八十六條ニ依レハ他人ノ計算ニテ保險セラレタルコトヲ告示スルコトヲ要ス

ニ依ル(一八)

第八、海上取締及ヒ衛生制度ニ關スル警察ノ規定ハ內國ノ船舶ニ對シテハ外國ニ在ルトキト雖モ之ヲ行フ外國ノ船舶ト雖モ內國ノ港ニ於テ荷物及ヒ旅客ヲ取扱フ場合ニハ之ヲ適用スルコトヲ得船籍港ニ於テ受ケタル証明書ハ蓋シ以テ海上取締法ニ適合スル証據ト爲スニ足ラス艤裝セル他國ノ船舶ニ對シテハ假差押ヲ爲スコトヲ得サルヤ否ヤ此問題ハ國際私法ノ問題ニ非ス且一般ニ之ヲ論定スルコト難シ

(一八)往々外國ノ港ニ於テ船舶ノ屬スル國ノ領事之ヲ裁判スルコトアリ

非物質的權利

第四十章

第一、文學、音學及ヒ技術上ノ著作物ノ著作權

著作權(所謂精神上ノ所有權)ノ法律上ノ性質ハ之ヲ客觀的ニ觀察セハ公衆ニ對スル禁制法(專賣權)ニシテ主觀的ニ觀察セハ人格ノ權ナルカ如ク又財産權ニ屬スルカ如シ故ニ著作權ニ付テハ左ノ事項ニ注意スルコトヲ要ス

甲、公衆ニ對シテハ先ツ第一ニ專ラ其領地內ニ於テ保護ヲ求ムル國ノ法律ヲ標準トスヘシ是レ公衆ハ普通ノ自由ヲ有シ(例ヘハ一定ノ書物ヲ謄寫ニ代ヘテ活版ニ附スルコト自由ナリ)他國ノ法律ニ拘束セラルルコトナケレハナリ故ニ此種ノ法律ニ支配ヲ受クヘキモノハ左ノ如シ

一、著作權ノ範圍即チ翻譯戯曲及ヒ音曲ノ興行ノ印刻拔抄及ヒ摸寫(原書ノ主旨ヲ敷衍シ其他內外新聞紙ノ複載其他建築上ノ圖面技術物ノ摸造ヲ許スヘキキ否ヤニ關スル問題

二、著作權保護ノ一般ノ規則ニ例外ヲ認ムルヤ否ヤ例ヘハ公開ノ演舌ノ

如キハ保護ヲ受クルヤ否ヤノ問題

三、一定ノ期間ノ經過等ニ因リ又ハ公用徵收ニ因リテ著作權ノ消滅スヘキ事項

四、著作權ノ侵害ニ對スル損害賠償ノ額、處罰ノ程度及ヒ著作權ノ侵害ヲ受ケタル者ノ權利ヲ伸張スルニハ被害者ノ申立ニ因ルヤ將タ職權ヲ以テ爲スヘキヤノ問題

以上ノ關係ニ於テ著作權所有者ハ総テ其禁制法ノ行ハルル國ニ於テ認ムル以上ニ請求スルコトヲ得ス尚ホ之ヲ精究スルトキハ著作權(著作權ノ完全ナル效力就中訴ヲ提起スルコトヲ得ル權能ヲ取得スルニ必要ナル形式(見本ヲ官廳ニ納付スル事等)ハ其著作權ヲ主張セントスル國ノ法律ニ依ラサルヘカラス國際條約ニハ往々實際ノ必要ヨリ此等ノ關係ニハ原始國ノ法律ヲ適用スヘシト定ムルコトアリ實ニ斯ノ如キ條約ハ文學技術及ヒ音學上ノ著作物ニ付テハ無用ノ長物ニ過キス此條約ノ存スル場合ハ單ニ之ヲ著作權ニ對スル租稅ノ一種ト看做スヘキノミ

乙、著作權ハ之ヲ主觀的ニ觀察セハ一個ノ私權ナリ故ニ左ノ結果ヲ生ス

一、出版契約ハ他人ヲシテ專賣權ヲ行使セシムル權利義務ノ原因タリ故ニ此契約ハ普通ノ原則ニ依リテ判斷スヘシ場所ハ行爲ヲ支配ストイフ原則ハ又其適用ヲ見ル然レトモ著作權ヲ處分シテ公衆ニ別段ノ義務ヲ負担セシメ又ハ不便ヲ感セシムルコトヲ得ス故ニ特ニ法律ヲ以テ之ヲ許サヽル以上ハ分割發行權ハ公衆ニ對シ拘束力ヲ有スルモノニ非ス分割發行權トハ禁制權ヲ土地ニ依リテ分割スルモノニシテ例ヘハ甲地ニ於テハ甲某ニ非サレハ其書籍ヲ出版スルコトヲ得ス乙地ニ於テハ乙某ニ非サレハ之ヲ發行スルコトヲ得スト云フカ如シ

二、著作權ノ相續ヲ詳言セハ何人カ一般相續人又ハ特定相續人トシテ著作權ヲ主張シ得ルヤノ問題ハ著作者ノ屬地法ニ依リテ判斷スヘシ

三、著作物共力者ノ權利ハ共力契約ノ標準タルヘキ法律ヲ以テ決スヘシ著作物發行地法ハ原則トシテ之カ標準タルヘキモノニ非ス

近世ノ所説ハ著作權ヲ以テ單ニ人格權ト看做シ誤テ屬地法ノ適用ヲ擴張

セントス其結果何人ト雖モ其本國ニ於テ有セサル人權ハ又之ヲ外國ニ於テ主張スルコトヲ得スト云ヒ(一)遂ニ著作者ニハ本國及ヒ其著作權ヲ實行スヘキ國ノ法律ヲ比較シテ其中著作者ニ最モ不利益ナルモノヲ適用スルコトト爲セリ特ニ保護期間ニ付テ然リ此學說ハ著作權ニ關スル國際條約ニ影響ヲ及ホシ千八百八十五年ノ「ベルン」會議ニモ採用セラレタリ

丙、著作權ハ其權利者カ精神上ノ技能ヲ著作シタルニ因リテ之ヲ認メタル普通ノ禁制權ナルヲ以テ外國人及ヒ內國人ハ私法上ノ關係ニ於テ同等ナリトノ原則ニ依レハ外國ナルト內國ナルトヲ問ハス此禁制權(所謂精神上ノ所有權ノ保護)ヲ有スルコトヲ得(幷ニ外國及ヒ內國ニ於テ公ニスルコトヲ得)然レトモ數多ノ國ハ立法ノ基礎ヲ此點ニ建テス(二)(是レ著作權ハ近來ニ至リ初メテ發達シタルモノニシテ之ヲ以テ單ニ內國ニ於テ公ニスル特權ト看做シタル昔日ノ觀念仍ホ一般ノ法律思想ニ浸潤セルニ由ル)通常外國人(外國ニ於ケル著作)ニハ相互保証ノ場合ニノミ保護ヲ與ヘントト欲シ其結果相互保証ニ基キ國際條約(出版物條約)(三)ヲ締結セリ內國

(一) 其他便宜ヲ原由トシテ主張スル者アリ

(二) 千八百五十二年三月二十八日ノ佛國勅令ハ此主義ヲ採レリ然ルニ數多ノ條約ニ於テハ相互主義ヲ採レリ

(三) 專ラ相互ノ保証存スル場合ニ他

ノ利益ニ限リテ保護ヲ與フル場合ニハ內國ニ於ケル發行地（屬地主義）（四）又ハ著作者ノ內國人タル性質ニ依リテ之ヲ決ス內國ニ於ケル發行地ヲ以テ標準トスル主義（英及ヒ佛國ニ行ハレ「ベルン」條約ニモ之ヲ採用シタリ）ハ正當ナリ著作者ノ內國人タル性質ヲ基トスル主義ハ北米合衆國ニ行ハル獨逸法（書籍、肖像、音曲、戲曲ノ著述ニ關スル千八百七十年六月十一日ノ法律）第六十一條ハ獨逸人タル著作者ノ總テノ著作及ヒ獨逸國內ニ營業所ヲ有スル者ノ發行シタル著作ハ總テ之ヲ保護セリ又獨逸國ハ數多ノ國即チ佛國、白耳義、伊太利、英國、瑞西國ト著作上ノ條約ヲ締結シタリ

丁、如何ナル行爲ヲ以テ內國法違反者ト看做スヘキカ例ヘハ不法ノ編纂又ハ不法ノ飜刻ハ之ヲ違反者ト看做スヘキヤ否ヤノ問題及ヒ外國ニ駐在スル內國人カ此關係ニ於テ內國ノ禁制法ニ支配セラルヽ程度ハ各國ニ於テ其法律ヲ以テ之ヲ定ムルモノトス但此場合ト雖モ刑法ノ屬地效力ハ之ヲ遵守セサルヘカラス故ニ內國人カ外國ニ滯在スルトキニモ內國ノ禁制法ニ依リテ義務ヲ課セラレ得ルト雖モ正說ニ據レハ當該行爲ヲ

國人ニ保護ヲ與ヘントスルハ實際ニ適セサル主義ナリ是レ各國ノ法律規定一ナラス又文學若クハ技術上ノ製作物ノ種類甚タ多カルヘキヲ以テ形式上ノ相互保證ハ未タ事實上ニ於テ用ヲ爲サヽルヘケレハナリ

（四）此主義ニ依レハ發行者ノ國籍ハ之ヲ問フノ要ナシ專ラ其住所若クハ營業所ニ注意スヘシ

爲シタル國ニ於テ之ヲ認許セル塲合ニハ之ヲ罰スルコトヲ得ス(五)

戊、甲國ノ條約ニ依リ乙國ニ發行セラルヘキ著作ニ保護ヲ與フルトキハ此條約ハ乙國ニ於テ既ニ發行セラレタル著作ニモ反致效ヲ及ホスモノトス隨ヒテ甲國ニ於テ既ニ出來セル印刷ハ之ヲ剝奪スルコトヲ得ヘシ單ニ保護ヲ有セサル著作ニ關シテ報酬契約ヲ締結シタレハトテ後條約ニ依リ其著作ニ保護ヲ與フルニ至リタルカ爲メ禁制權ヲ取得スルコトナシ

己、文學上及ヒ技術上ノ著作ニ法律ノ保護ヲ與ヘタル「ベルン」協定ノ最モ必要ナル規定ハ左ノ如シ此協定ハ(千八百八十五年「ベルン」ニ於テ成立シ)各國皆加入シタリ(六)

第一、協定ノ主タル部分ハ上段著作權ニ關シ説明セシ所ト一致スルモ左ノ點ニ付テハ差異ヲ見ル

(イ)、相互保証ヲ以テ其基礎ト爲シタル點尤モ協定國ハ相互ノ保証ナキモ協定ニ加入セサル國ニ於テ公ニセラレタル著作ニ保護ヲ附與スルコトヲ妨ケス

(五) 例ヘハ印行ノ戯作ヲ演劇ニ興行スルカ如シ

(六) 加入國ハ獨逸、白耳義、佛蘭西、英吉利、伊太利、瑞西、西班牙等ナリ加入セサル國ハ北米合衆國ナリ故ニ合衆國ニ於テハ外國ノ著作物ハ保護ヲ爲サス然レトモ千八百九十一年三月三日 Copy Right Act 第十三條ニ依レハ外國人カ此法律ノ保護ヲ受クル塲合ハ當該外國カ著作

權保護ノ相互ヲ保スル條約ニ加ハリ且合衆國カ其條約ニ載スル規定ヲ任意ニ採用シ得ル場合ニハ當該外國カ合衆國民ニ自國臣民ト同一ニ著作權ノ保護ヲ與フル場合ナリトス而シテ右二ツノ場合ハ合衆國大統領ニ於テ審査確定スルモノトス獨逸國及ヒ合衆國間ニハ千八百九十二年一月十五日斯ル相互ノ保証ヲ約セラレタリ但既行ノ著作物ニ反致效ヲ及ホス點ヘ之ヲ除ク故ニ外國人ノ書物ヲ合衆國ニ於テ保護ヲ受ケント欲セハ合衆國內ニ於テ作リタル見本二部ヲ納本セサルヘカラス

(ロ)、著作者カ最初ニ之ヲ公ニシタル國ニ於ケル保護期間ノ經過シタルトキハ最早保護ヲ受クル權ナシトノ原則ヲ維持シタル點

(ハ)、原始國ノ必要ト認ムル形式ハ必ス之ヲ遵守セサルヘカラス然レトモ之アルトキハ他國ノ形式ニ依ラサルコトヲ得ト爲ス點

第二、協定ハ同盟國ニ向テ國際上同等ノ權利ヲ認ムル規定ヲ多ク確定セシメタリ就中翻譯、摸寫戲作又ハ音曲ノ興行ニ關スル規定ヲ制定セシメタリ

第三、協定ノ規定ハ國際保護及ヒ國際同權ノ最程度ナレハ同盟國ハ相互ノ間ニ特約ヲ締結シテ(其特約「ベルン」協定ト矛盾セサル限ハ)尚ホ厚キ保護ヲ與ヘ且之ヲ「ベルン」協定ト併行セシムルコトヲ得

第四、協定國ハ一定ノ目的ヲ有スル協定ヲ爲ス爲メ「ベルン」ニ國際上ノ事務所ヲ設立シタリ

夫ノ原始寫眞詳言セハ著作權ノナキ寫眞又ハ之アルモ或種類ノ摸寫ニ對スル保護ヲ與ヘサル物ノ寫眞ハ總テノ國ニ於テ複寫スルモ妨ケナシトセ

リ(八)「ベヤン」條約ノ終尾ニ於テ之ニ關スル特別規定ヲ爲セリ

第四十一章

第二、特許權、工業上ノ見本及ヒ摸型權、商標權、商號權

特許權ハ何レノ國ニ於テモ其國ノ現行法ニ依リテ取得スルコトヲ要ス而シテ其效力ハ其國內ニ及フノミナリ(一)然レトモ特許權ハ內國人ト外國人トノ間ニ區別ヲ立テス何人ト雖モ之ヲ取得スルコトヲ得ヘキモノナリ故ニ特許權ハ現今ノ處ニテハ國際私法ノ問題トナルヘキ材料ノ存スルコト甚タ鮮シ唯問題トナルハ各國ハ如何ナル行爲又ハ如何ナル人ノ行爲カ其保護ヲ與フル特許權ヲ侵犯シタリトシテ罰(私法上ノ罰)ヲ課シ又損害賠償ノ義務アリトスルコトヲ得ルヤ是ノミ(此關係ニ於テハ第四十章甲ノ部ニ於テ著作權ニ付キ述ヘタル所ヲ參看スヘシ)特許權ヲ移轉スルニハ內國ニ於テ一定ノ形式ヲ行フコト例ヘハ特許公簿ニ登錄スルカ如キヲ必要トスルトキハ(千八百九十一年四月七日ノ專賣法第十九條第二項參照)此形式ヲ履ムマテハ假令外國ニ於テ契約ヲ締結シ其地ノ形式ヲ履行スルモ其移轉ハ單

(八) 千八百七十六年一月十六日寫眞保護法參照

(一) 獨逸現行法ハ斯ク規定セルモ數多ノ國ノ法律ハ文學上及ヒ技術上ノ所有權ニ付キ一樣ニ規定シテ曰ク內國特許ハ藝ト外國ニ於テ得タル特許ト相俟チテ其效力ヲ持續スト

ニ當事者間ニ效力ヲ有スルニ止マル今夫レ特許ヲ以テ保護スヘキ發明ノ如キハ絶對ノモノタラサルヘカラサルカ將タ内國ニ於テノミ新發明ナレハ可ナルカノ問題及ヒ外國ノ特許局ニ於テ之ヲ公布シタル以上ハ内國ニ於テモ之ニ特許權ヲ許スヘカラサルモノナルカノ問題ニ至リテハ各國ノ内規ニ依リテ定マルモノニシテ國際私法上ノ問題ニ非ス特許權ハ渉外的世界的)ノ效力ヲ生スル性質ヲ有スルモ其效力ヲ保タシムルニハ積極的ニ之ニ關スル法規及ヒ或點ニ於テ國際上同一原則ノ法律ナカルヘカラス千八百八十三年五月二十日巴里市ニ於テ確定セラレタル協定(二)(Constituant une union pour la protection de la propriéte industrielle)(三)ハ蓋シ此基礎ヲ與フルモノナリ此協定ハ特許ヲ屬地法ニ依リテ效用アラシムル必要ヨリ特許權ノ屬地主義ヲ認メ其第四條ニ於テ協定國ノ一ニ於テ特許ヲ申請シタル者ニハ爾餘ノ國ニ於テモ六个月間特許權ヲ有スト定メ(四)第五條ニ於テ一ノ同盟國ニ於テ製造シタル物品ハ他ノ同盟國ニ於テモ特許權ヲ喪失スルコトナシト規定シタリ

(二) 此協定ニ加盟セル國ハ佛蘭西、白耳義、伊太利、西班牙、瑞西等ニシテ英吉利ハ後ニ加盟シタリ獨逸ハ今日マテ加盟セス

(三) 此協定ハ工業上ノ見本及ヒ摸型ニモ關係アリ

(四) 是レ萬國特許ノ嚆矢ナリトス千八百九十一年獨逸國法第二條第二項ニハ獨逸國ハ相互ノ保證ヲ爲シタル國ニ於テ特許證ヲ受クルモ既ニ獨逸國ニ於テ特許權ヲ

工業上ノ見本及ヒ摸型ノ著作權モ發明權ト同シク其保護ヲ受ケントスル國ニ於テ或形式ノ履行ヲ要スルモノナリ而シテ其形式ハ之ヲ履行シタル國ニノミ效力ヲ有シ他ノ國ニ於テハ更ニ其國ノ形式ニ依ラサルヘカラス故ニ工業上ノ見本及ヒ摸型ニ付キ保護ヲ得ントスル者ハ各國ノ法律ニ定ムル總テノ要件ヲ充タササルヘカラス此保護ハ內國人タルカ故ニ與フヘキモノニ非スシテ自國ノ工業タルカ故ニ與フヘキモノナレハ發明者ノ國籍ハ之ヲ問フノ必要ナク內國ニ在ル製造所又ハ內國ニ於テ仕揚ヲ爲スヘキ物品ニ付キ保護ヲ求ムルコトヲ得(五)然レトモ最近世ノ條約ハ相互保証ノ主義ニ基キ外國ノ工業所ノ見本及ヒ摸型ニモ亦保護ヲ與フルコトトセリ蓋シ此論ヲ貫徹セシムルニハ形式モ亦外國ノ形式ヲ以テ足レリトセサルヘカラス然レトモ最近世ノ條約ハ此論結ヲ採ラス尙ホ外國ノ形式ヲ履マサルヘカラサルモノトセリ(例ヘハ千八百八十三年五月四日ノ獨逸伊太利通商及ヒ航海條約第六條ノ如シ(六))工業上ノ見本及ヒ摸型ニ關スル權利ノ移轉ハ著作權ノ原則ヲ適用スルコトヲ要ス故ニ其保護ヲ受クル國ノ法律

授與シ之ヲ官報ニ公示シタル以上ハ三个月ノ期間內之ヲ妨クルコトヲ得スト

(五) 千八百七十六年一月十一日獨逸法第十六條ハ稍異ナル精神ヲ以テ規定ヲ爲セリ

(六) 文學上及ヒ技術上ノ著作權ニ付テハ此形式ハ不用ナリ故ニ國際法上ニ於テモ此キニ述

ヘタル如ク別段ノ取扱ヲ爲セリ

(七) 商標ハ文學上及ヒ技術上ノ製作物ノ如ク獨立ノモ

ハ常ニ以テ之ヲ決スルノ標準ト爲スニ足ラス近世工業上ノ見本及ヒ摸型ノ保護ニ關シ締結セラレタル契約ニ依レハ外國ノ製造所ノ保護ハ其原始國ニ於テ既ニ保護ヲ受クル能ハサルモノナルトキハ之ヲ拒絶スヘキヤ否ヤノ問題ニ付キ種々ノ規定ヲ爲セリ獨逸國ノ締結シタル條約ニハ皆此點ニ付キ何等ノコトモ規定セス

千八百八十三年巴里條約モ工業上ノ見本及ヒ摸型ニ關シテ相互保証主義ヲ酌ミテ保護ヲ受クル國ノ法律ニ依ルヘキモノトシ特許ノ場合ノ如ク期間ヲ定メ其期間内ニ於テ同盟國ノ一ニ見本又ハ摸型ヲ納付シタル者ハ他ノ同盟國ニ於テ同一ノ見本又ハ摸型ニ關スル他ノ申請ニ對シ優先權ヲ有スルコトヲ得ト定メタリ

商標モ國際法上ニ於テハ工業上ノ見本及ヒ摸型ト同一ノ原則ニ支配セラルヘキモノトス但本國ニ於テ保護ヲ受クヘキモノニ非サル標章又ハ本國ニ於テ之ヲ專用スル權利消滅シタル標章ハ他ノ國ニ於テモ保護ヲ受クルコトヲ得ス(七)最近世ニ於テ獨逸其他數多ノ國ノ締結セル條約ニ依レハ當該

外國ニ於テ登錄セル商標ハ他ノ國ノ商標簿ニモ登錄スルモノトシ其結果屬地禁制法ノ強行的性質ト一致セサル所アリト雖モ本國ノ要件ヲ充シテ登錄シタル商標ハ其本國法ニ於テハ原ト其國ノ商標タル性質ヲ以テ保護ヲ受クルコトヲ得サルトキト雖モ他ノ國ニ於テ保護ヲ受クルコトアリ(八)尙ホ各種ノ點ニ付テハ左ニ注意スヘシ

一、商標ノ保護ニ關シ內國法ノ要件ヲ充ストキハ外國ニ於ケル支店モ(其者ノ國籍ハ判準タルモノニ非ス)當然其請求權ヲ有スヘキモノトス然レトモ數多ノ國ノ法律ハ之ニ反シテ(相互ノ保証ヲ必要トスル)條約又ハ政府ニ於テ保証ヲ裁可スルコトヲ以テ必要トセリ(九)然レトモ惡意ヲ以テ摸造ヲ爲シタル者ニ對スル保護ノ法規存スル場合ニハ商標ニ關スルモノノ外ハ外國人ニモ此保護ヲ與ヘサルヘカラス就中商號侵犯ニ對スル保護ハ然リトス佛國學者ハ不當ニモ商號權ヲ以テ外國人ニ當然屬セサル民法上ノ權利ト看做セリ(現今ハ千八百七十三年十一月二十六日ノ法律ニ於テ相互ノ保証其他條約ニ依ルコトヲ許セリ是レ例外ナリ)

ノニ非スシテ人又ハ營業所ノ標章ニ過キス故ニ之チ有スル人ノ本國又ハ營業所所在地ニ認メラレサルモノハ外國ニ於テモ其效ナシ千八百七十八年十二月十六日及ヒ千八百九十一年五月二十三日獨墺通商條約千八百八十一年五月二十三日獨瑞間ノ條約參照

(八)千八百八十六年三月二十九日及ヒ六月二十一日ノ帝國裁判所刑事判決千八百八十八年二月廿八日民事判決參照此等ノ判決ニ曰ク內國ニ於テ後ニ登錄シタル商標ハ外國ニ於ケル商標ハ外國ニ於ケル商標ノ附隨物ナリ故ニ外國法ニ依ルヘシト又千八百八十三年五月四日ノ獨逸伊太利間ノ通商條約第五條千八百九十一年十二月二十六日ノ獨逸墺太利間ノ相互專賣權摸型及ヒ商標

權ニ關スル協定第六條ヲ參照スヘシ即チ曰ク「方ノ領地ニ於テ商標製造標ノ登錄ヲ受ケタル者カ他方ノ領地ニ於テ登錄ヲ出願スルトキハ其標章カ其地ノ標章ノ組織及ヒ外形ニ關スル規定ニ依ラサル所アルノ理由ヲ以テ登錄ヲ拒絶スルコトヲ得ス但帝王族ノ肖像又ハ國章其他ノ公ナル徽號ノ使用ヲ禁セル規定ハ此限ニ在ラス」

（九）千八百七十四年十一月三十日商標保護法第二十條參照

二、適法ニ取得シタル內國ノ商標ハ內國ニ於テハ外國ノ商標ニ先セラルルコトナシ外國ノ商標カ內國ノ商標ヨリ先キニ外國ニ於テ登錄セラレタルトキト雖モ亦然リ斯ク內外法律ノ衝突ヲ生シタル場合ニハ內國ノ商標ハ內國ニ於テ外國ノ商標ハ外國ニ於テ之ヲ主張スルコトヲ得而シテ外國ノ商標ニシテ內國ニ於テ使用セル自由標識(Freizeichen)ト同一ナルモノハ內國ニ於テハ效力ナシ

三、商標權ヲ內國ニ於テ侵犯シタル者ニ對スル損害賠償ノ請求(及ヒ私法上ノ罰又ハ謝罪法)ハ專ラ內國法ニ依リテ決スヘシ內國(又ハ內國ニ於テ相互ノ保証上認メタル)商標ヲ外國ニ於テ侵犯シタルトキハ正說ニ據レハ其行爲カ外國法ニ於テモ商標權侵害トシテ罰スルトキニシテ其加害者カ內國人ナル場合ノミ權利ノ伸張ヲ爲スコトヲ得而シテ此場合ニハ刑事上ノ訴ト共ニ商號權確認ノ民事ノ訴(賠償請求ヲ包含ス)ヲ提起スルコトヲ得ヘシ商號權ハ之ヲ有體物ノ權利ト看做シ所有權侵害ノ訴ヲ提起スルコトヲ得ス是レ商號權ニ關シテハ禁制法ニ關スル救濟ヲ求メ得ヘ

キモノニシテ唯其確認ヲ訴フヘキモノナレハナリ若シ夫レ如何ナル行為ヲ以テ商號權侵害ト看做スヘキヤハ各國ノ法規ニ依リテ之ヲ決スヘシ

四、上掲千八百八十三年ノ巴里條約ハ商標ニ付テモ規定ヲ為セリ其第六條ニ依レハ原始國ニ適法ニ納付シタル商標ハ他ノ條約國ニ於テモ之ヲ使用スルコトヲ得但條約國ハ其商標カ風俗又ハ公ノ秩序ニ違フトキハ納付ヲ拒絶スルコトヲ得ト又第八條ニ於テハ商號ハ各條約國ニ於テ相互ニ之ヲ保護スト規定シ又第十條ニ於テハ詐リテ一定ノ製産地ノ名稱ヲ附シタル工業物ハ一ノ條約國ニ輸入スルトキ之ヲ差押フルコトヲ得而シテ羅馬ニ於テ為シタル追加條約ハ巴里條約ニ於テ定メタル制限ヲ削除シ差押ハ擬造又ハ摸造商號詐欺ノ目的存スルトキニ於テノミ之ヲ行フト定メタリ

相續法

第四十二章

第一、總則、法定相續權

相續權ハ動産ニ關スルト不動産ニ關スルトヲ問ハス被相續人ノ(最終ノ)屬人法ニ依リテ之ヲ決ス是レ(一)現今獨逸法學社界ニ行ハレ曾テ反對ナキ説ニシテ佛國法學界(二)ニ於テモ漸次之ヲ認メ伊太利法典(前加編第八條第九條)索遜民法第十七條ノ如キモ亦之ヲ採用セリ然レトモ佛國ノ裁判例墺太利法(三)及ヒ英國幷ニ北米法學界ニ於テハ不動産ノ相續ニ付テハ所在地法ヲ適用スヘキモノトセリ

相續法ハ專ラ被相續人ノ屬人法ニ支配セラルルトノ説ハ一般承繼タル相續權ノ意義ニ適合セリ(四)加之相續權ハ少クトモ其基本タル法定相續權ニ於テハ(屬人法ニ依ルヘキ)親族權ノ附隨タルモノナレハ益、此説ノ至當ナルヲ知ルニ足ル且其家族カ繼續シテ屬スル國ニ非サレハ法定相續ニ關スル承繼ヲ規定スル利害ヲ有セサルモノナリ而シテ遺言ニ依ル承繼ハ法定相續

(一) 夫婦財産權ノ效力(一方ノ死後ノ效力)ト相續トハ之ヲ區別スルコトヲ要ス前者ハ夫婦ノ結婚承諾ノ時有セシ屬人法ニ依ルヘキモノトス

(二) 例ヘハ「ローラン」「ワイス」ノ如キ是ナリ

(三) 千八百八十二年七月二十二日敕令及ヒ千八百五十四年八月二日法律參照

(四) 不動産ノ相續ハ所在地法ニ依ルヘシトノ説ハ頗ル歴史上ノ關係アルモノナリ完全ナル一般承繼ノ思想ハ中世以來始メテ發達セシモノニシテ相續權ヲ以テ一般ノ承繼ト意味セサル場所ニハ相續ハ物ヲ取得スル一方法ナルカ故ニ常ニ所在地法ヲ適用シタリ英國及ヒ北米法ハ未タ封建法ノ引渡ノ觀念ヲ脫却スルコト能ハサルモノナリ旣ニ眞正ノ一般承繼ヲ認ム

ト牽聯スヘキモノナレハ專ラ被相續人ノ屬人法ヲ以テ相續權ヲ判定スルハ當然ノ事ナリトス然レトモ此場合ノ屬人法ノ適用ヲ以テ(同一ノ屬人法ヲ以テ判斷スヘキ被相續人ノ意思ヲ豫想シタルモノト論スルハ正當ニ非ス(五)然リ而シテ學者本國法ヲ以テ屬人法ト定ムルトキハ相續權ハ亦本國法ニ依ルヘキコト論ヲ俟タス(六)但獨逸法及ヒ(七)普國民法ノ法域ニ於テハ相續權ニ付キ住所地法主義ヲ採用シ獨逸民法草案(第二十九條)ニハ本國法主義ヲ取レリ所在地法ニ依リテ特別相續ヲ爲スヘキ外國不動產カ遺產ノ一部分タルトキハ其不動產ハ之ヲ其餘ノ遺產ト分割シテ所在地法ヲ適用セサルヘカラス又封建財產及ヒ世襲財產モ一般承繼ノ目的タルコトヲ得サルヲ以テ之ヲ認ムル法律行ハルル領域ニ於テハ所在地法ニ依リテ承繼スヘキモノトス(獨逸民法草案第三十條モ亦此意義ヲ以テ規定ヲ爲セリ)然リ而シテ一方ニ於テ相續權ニ付キ外國法律ヲ認ムルニ拘ハラス他ノ一方ニ於テ猶ホ其外國法律カ我立法ノ精神ト背馳スル政略上又ハ國民經濟上ノ點ニ出テタルノ故ヲ以テ之ヲ除外セントスルハ(八)甚タ擅恣ニ過クルヲ以テ贊同

ル國ニ於テハ所在地法ニ依リテ相續ヲ決スルトキハ非常ナル混雜ヲ生セリ猶ホ墺國民法及ヒ「コード、シビル」ニ於ケルカ如シ今日所在地法說ヲ主張スル者ノ理由トスル所ハ第一土地主權ハ他國ノ屬人法適用ヲ忍容スルコトヲ得ス第二各國ハ不動產ノ相續ニ付テハ別段ノ利益ヲ有セリト云フニ在リ然レトモ動產ト雖モ各國ノ領土內ニ在ルトキハ其國ノ主權ニ服從スルモノニシテ獨リ不動產ニ付テノミ第一ノ理由アルヲ得ンヤ又不動產モ動產ト同シク甲乙丙丁何レノ者カ相續スルモ其所在地ノ國ニ取リテハ利害ノ關係ナシ財產ヲ分タサル點ニ於テハ其國ノ利害ニ影響アリト雖モ此點ノミナレハ他ノ方法ヲ以テ屬人法ノ支配ヲ排除スルヿヲ得豈ニ

スルコトヲ得ス蓋シ此等ノ見解ハ夫ノ强行法ノ主義ノ適用ニ過キスシテ誤謬タルコト亦辯ヲ要セス(九)

一物ヲ以テ動產ト看做スヘキカ將タ不動產ト爲スヘキカハ其相續ニ適用スヘキ法律ニ依リテ之ヲ決スヘシ

相續能力(一〇)モ原則トシテハ相續ニ付キ一般ニ適用スヘキ法律ヲ以テ之ヲ決シ相續人ノ屬人法ニ依ルヘカラス然レトモ相續人ニ相續財產ヲ移轉スルノ目的事實上相續ノ標準タルヘキ法律ノ精神ニ反シテ貪慾ナル外國又ハ外國ニ於ケル死セル手ヲ利益スル爲メニ爲スモノナルトキハ相續人ノ屬人法ニ依ル斯ノ如キ場合ニ於テノミ相續能力ハ相續財產ノ法律幷ニ相續人ノ法律ニ依リテ完全ナルコトヲ要ス私生兒ノ相續能力モ亦被相續人ノ屬人法(又ハ所在地法)ニ依リテ判斷スヘシ

外國人ハ當今ハ通常完全ナル相續能力アルモノトス而シテ以前ハ外國ニ輸出セラルヘキ相續財產部分ハ相續稅ヲ課セラレタルモ現今ハ漸次廢セラレタリ外國ノ法人又ハ社團ハ當然同種ノ內國法人及ヒ社團ト同一ノ取

特ニ不動產ニ付テノミ所在地法ニ依ヲサルヘカラスト謂フ必要アラシヤ

(五) 法定相續法チ以テ被相續人ノ意思チ推定シタルモノトスルトキハ住所地法チ適用スルチ可トス佛國ニ於テハ實際ノ適用區々ニシテ往々外國人カ佛國ニ財產チ遺シテ死亡スルトキハ其原籍法チ適用シ又其外國人カ佛國ニ住所チ有スルトキハ佛國法チ適用セリ

(六) 修法二丘參照

(七) 千八百八十三年七月七日帝國裁判所判決獨逸カ諸多ノ國ト締結シタル條約ニハ遺產ノ處分ニ付テハ本國法主義チ採レリ即チ千八百七十四年十一月十二日ノ獨督間ノ條約第十條千八百八十二年一月十日獨逸及ヒ「セルビエン」間ノ領事條約第十九條參照

(八) 伊國及ヒ佛國

扱ヲ受クルモノニ非ス

第四十三章

第二、遺言及ヒ相續契約

遺言ハ被相續人ノ臨終ノ意思ヲ以テ法定相續ヲ動カスモノナレハ法定相續ニ關シ適用スヘキ法律ニノミ依ラシムヘキモノトス(一)即チ此法律ニ依ルヘキモノ左ノ如シ

一、遺言狀ヲ作成スル能力、　此能力ハ被相續人ノ最終ノ屬人法ニ依リテ存在スルコトヲ要ス但遺言狀作成ノ時遺言者ノ能力ニ欠缺アルトキハ其遺言狀無效トナリ單ニ國籍ヲ變更スルモ有效ナラシムルコト能ハス

二、遺言ノ方式　遺言ハ(最終ノ)屬人法ノ方式ニ依ルトキハ外國ニ於テモ之ヲ作成スルコトヲ得然レトモ是レ決シテ必ス屬人法ノ方式ニ依ラサルヘカラスト云フニ非ス其屬人法ニ於テ特ニ之ヲ禁セサル以上(二)ハ場所ハ行爲ヲ支配ストイフ原則ニ依ルコトヲ得(三)此原則ニ關スル其他ノ例外(例ヘハ法ヲ免ルルカ爲メ遺言狀ヲ外國ニ於テ作成スルコトヲ得サルコト

ノ數多ノ學者ハ曰ク外國ノ相續法ニ於テ其地ノ相續ニ長子ノ權利ヲ認ムルモ伊國及ヒ佛國ノ裁判官ハ之ヲ認ムヘカラスト

(九)近世獨逸國ノ締結セル一二ノ條約ニ於テハ不動產ノ相續ハ所在地法ニ依ルヘシト爲ス是レ畢竟締結國カ今日仍ホ所在地法主義ヲ壘守スルニ由ル例ヘハ普國ノ如シ英國ニ於テハ封建法ノ觀念漸次實益ニ伴ハサルコトヲ知レリ故ニ遠カラス不動產相續モ屬人法ヲ標準ト爲スニ至ルヘシ

(一〇)失踪者ノ相續能力ニ付テハ千八百九十年一月七日ノ判決ヲ見ルヘシ(「ゾイフヘルト」四五卷二三六)「スチユガルト」高等地方裁判所千八百六十二年七月八日判決ハ反對說ヲ採レリ(「ゾイフヘルト」一五卷一九九號)

(一) 修法二六參照

(二) 佛民法第九百九十九條モ此原則ヲ認メリ但佛國人カ遺言狀ヲ外國ニ於テ作成スルニハ職權的方式(此方式ノ要件ハ外國法ニ依ルヘキモノトス)ニ依ルヲ要スト云ヘリ

(三) 修法二六ノ三參照又千八百六十一年八月六日ノ英國法(Lord Kingdown's Act 依レハ英國ノ遺言ハ被相續人ニ於テ之ヲ作成スルトキ有セシ住所ノ法律ニ定ムル方式ヲ遵守スルトキ亦有效ナリトス

本國法(屬人法ノ要件トスル方式カ詐欺ヲ豫防スル目的ニ出ツルニ此原則ヲ適用セサルコト等ハ之ヲ認ムルコトヲ得ス之ニ反シテ其遺言ハ本來ノ方式ヲ用井サルヘカラス但普通羅馬法ノ認ムル如キ必要相續人ヲ定ムル要ナシ普通法ハ必要相續人ニ一定ノ權利ヲ與フルモノニシテ又(被相續人ノ屬人法ニ依リ)遺言ヲ强行的ニ解釋シタルモノト謂フヘキナリ遺言狀作成ノ後特ニ之ヲ補充セントスルトキハ遺言ノ方式ノ標準タルヘキ法律ノ定ムル方式ヲ履ムニ非サレハ効力ナシ此方式ヲ履ムニ於テハ追加ヲ爲シタル地ノ法律ニ依ルトキハ其追加ハ方式不充分ナル所アリト雖モ猶ホ且效力アリ(千八百八十三年十月三十日巴威爾高等裁判所判決「ゾイフヘルト」判集三九卷一一八號參照)

三、遺言者ノ意思ノ制限

(イ)、遺言者ノ意思ヲ制限シテ或者ニ遺留スルコトヲ禁スルコトアリ(斯ル禁制ハ其者ノ取得ヲ妨クル原因ト看做スコトヲ得隨ヒテ其者ノ屬人法トシテ效力ヲ有スヘシ(實際ニ於テ特ニ必要ナルハ法人又ハ社團財

團)ニ遺贈ヲ爲スニハ遺言者及ヒ當該法人ノ所在地ノ政府ノ認可ヲ經サルヘカラス

(ロ)、必要相續人及ヒ義務分權利者ノ權利ニ依リテ遺言者ノ意思ヲ制限スルコトアリ尤モ此等ノ者ノ屬人法ハ之ヲ斟酌スルノ要ナシ是レ此等ノ者ノ權利ハ被相續人ノ意思ニ依リテ消滅セシムルコトヲ得サル法定相續權ニ外ナラサレハナリ故ニ常ニ被相續人ノ最終ノ屬人法ニ依リテ之ヲ決セサルヘカラス

(ハ)、世襲財產法ノ禁制ニ依リテ遺言者ノ意思ヲ制限スルコトアリ此禁制(例ヘハ「コード、シビル」第八百九十六條乃至第八百九十九條)ハ直接物權ノ意義ヲ有ス故ニ世襲財產ハ遺產ニ付キ一般ニ適用スヘキ法律(被相續人ノ屬人法)幷ニ所在地法ニ於テ許サヽルトキハ之ヲ作ルコトヲ得ス故ニ遺言ヲ以テ世襲財產ヲ作ル塲合ニ政府ノ認可ヲ經ルニ非サレハ效力ヲ生セサルトキハ其認可ハ二个國ノ政府ニ於テ爲スヲ必要トス

四、遺言狀ノ解釋ハ之ヲ作成シタル地ノ律法及ヒ語意ニ依ランヨリハ本國又ハ住所地ノ法律及ヒ語意ヲ標準トスヘシ然レトモ住所ヲ以テ標準ト爲ササルヘカラサルトキハ遺言ヲ爲シタル時ニ於ケル住所地法ニ依ルヘシ其最終ノ住所ハ標準タル能ハス尤モ特別ノ條件アル場合ニハ遺產タル不動產ノ所在地法及ヒ語意ヲ以テ決セサルヘカラサルコトアリ

五、遺言ヲ改正シ又ハ物件讓渡ニ依リテ之ヲ取消ス場合ニ付テハ遺產ニ適用スヘキ法律ヲ以テ標準トスヘシ方式上ノ取消ニハ場所ハ行爲ヲ支配ストイフ原則ヲ適用スヘシ(四)尤モ此場合ニモ必シモ其適用ヲ爲ササルヘカラサルニ非ス

相續契約ハ遺言ノ通則ヲ準用スヘシ最モ疑問多クシテ今日マテ決セサル問題ハ一タヒ有效ニ締結シタル相續契約ハ被相續人ノ屬人法變更ノ爲メ(例ヘハ相續契約ノ效力ヲ認メサル國ニ移住又ハ歸化シタル爲メ)無效又ハ取消シ得ヘキモノトナルヤ否ヤ是ナリ

(四) 千八百八十三年七月七日判決(判錄一四卷四三號)及ヒ千八百八十三年四月十二日「ハムブルグ」高等地方裁判所判決(「ゾイフヘルト」三八卷二〇二號參照)

第四十四章

第三、單純相續及ヒ限定相續

第一、單純相續及ヒ限定相續ハ相續ノ其他ノ點ニ於テ標準タルヘキ法律カ此等ノ取得ニ關シ爲シタル規定ノ要件ヲ充スニ非サレハ之ヲ取得スルコトヲ得ス尤モ所在地法カ單純相續又ハ限定相續ノ專用法タラサル場合ニハ場所ハ行爲ヲ支配ストイフ原則ヲ適用スヘシ最モ相續ノ法律(又ハ相續人ノ屬人法)カ一定ノ方式ヲ履ミテ陳述ヲ爲スヘシト命スルニ其方式ヲ履マスシテ陳述ヲナシタル場合ニハ拘束力ヲ有スル陳述ヲ爲ス目的存スルヤ否ヤ頗ル疑アルヘシ遺言執行者ノ能力ハ相續ノ標準タルヘキ法律ニ依リテ之ヲ判定スヘシ(一)

相續ノ法律ニ定ムル要件ヲ充スモ之ノミニテハ未タ相續人トシテ義務ヲ負担セシムルニ足ラス(二)外國ノ相續人又ハ外國ニ寄寓スル相續人ハ通常其相續ノ承認カ其屬人法ニ於テモ有效タルヘキトキニノミ義務ヲ負フ然レトモ相續ノ謝絕ハ單ニ相續ノ標準タルヘキ法律ニ依リテ之ヲ爲シタルモ尙ホ有效ト爲ス被相續人ノ生存セル時ニ於テ有效ニ爲シタル相續ノ抛棄

(一) 千八百八十八年一月二十六日判決(ボルチェー一六卷一一號)然レトモ遺言者ノ意思ニ依リテ遺言執行者ノ權利等ヲ決スヘキ場合ニハ遺言執行者ノ擬定ノ爲シタル當時有セシ住所地ノ法律ヲ適用スヘシ千八百九十年十月二十一日判決(判錄二六卷一九號)

(二) 千八百八十四

年十月二十三日「キール」高等地方裁判所判決「ゾイフヘルト」四〇巻一七二號）
(三) 千八百八十三年一月二十九日判決（判錄八卷三七號）
(四) 千八百七十九年十一月二十七日「スチュトガルト」高等地方裁判所判決（「ゾイフヘルト」三五巻九號）

モ又相續ノ標準タルヘキ法律ヲ以テ之ヲ判定スヘシ相續ニ依リテ義務ヲ負フヘキ能力ハ其屬人法ニ依リテ決スヘク管理人（例ヘハ破産管財人）ニ付テハ管理人ニ適用スヘキ法律ニ依ルヘシ(四)

第二、各相續人カ義務ヲ承認シタルトキ其義務ノ額ヲ定ムルニハ相續ニ適用スヘキ法律即チ相續人カ相續ノ承認ニ依リテ服從セサルヘカラサル法律ニ依レリ就中共同相續人ニ自己ノ財産ノ一部分ニ加入ヲ許ス義務、相續税、相續ノ成立ニ關スル相續人ノ負担ニ付テ然リトス相續權ニ所在地法ヲ適用スヘシトノ規定存シ且土地ニ對スル特別債務存セサル限ハ其相續人カ諸種ノ屬地法ニ依リ諸種ノ身分ヲ有スルトキハ各相續人ニ皈スヘキ相續分ノ價額ニ依リテ平等ニ債務ヲ分擔スルノ外ナシ

第三、相續スヘキ物ノ占有ハ動産ニ關シテモ所在地法ヲ適用スヘシ故ニ占有ヲ爲スニ公官廳（裁判所）ノ監督又ハ加效ヲ必要トスル程度相續財産ト看做スヘキ物ノ性質等ハ所在地法ノ規定ニ依ル是レ英法及ヒ英領北米法ノ規定スル所ニシテ又英國裁判所ニ於テ相續上ノ債權ヲ主張スルニハ豫

メ行政廳ノ証明書ヲ求メサルヘカラス(五)近世ノ領事條約ニ於テハ領事カ其代理スル國ノ臣民ノ遺産ヲ整理スル際加效スヘキ點ニ付キ規定ヲ為セリ(例ヘハ千八百六十九年獨逸伊太利間領事條約第十一條以下千八百七十一年ノ獨逸國及ヒ合衆國間ノ領事條約第十一條參照)

第四、遺産ノ分配ニ付テハ相續ノ標準タルヘキ法律ヲ適用スヘキコト論ヲ俟タス然レトモ相續ノ標準タルヘキ法律ノ規定ハ唯自國ノ者例ヘハ自國ノ未成年者)ヲ保護スル目的ノミニ出テ其分配ノ物上效果ニ付テハ所在地法ニ依ラシムルコトアリ佛國ノ遺産分配ニ關スル法律ノ如キ是ナリ

第五、(遺産債權者ノ利益ノ為メノ)分割權ハ遺産ノ法律及ヒ所在地法ノ法律ニ於テ之ヲ許ス場合ニノミ之ヲ行フコトヲ得是レ此權ハ遺産債權者ノ權利ニシテ之ヲ執行スルニハ相續人ノ破産債權者ノ假差押權ニ對抗セサルヘカラサルニ由ル

第六、遺産ヲ總括財産トシテ他人ニ移轉スルニハ遺産ノ法律ニ服從セサルヘカラス(六)

(五)外國被相續人ノ外國住所地裁判所カ相續ノ性質ニ付キ為シタル証明ハ英國ニ於テハ動産ニ關シテハ此証明書ヲ得ルニ因リテ足レリト為ス

(六)千八百八十七年十一月廿八日判決(判錄二〇卷五三號)

第四十五章

第四、相續人曠缺ノ財產、相續人未定ノ遺產

第一、獨逸國ニ方今行ハルル說ニ據レハ相續人曠缺ノ財產ニ對スル國家ノ權利ハ之ヲ眞正(補助的)ノ相續權ト看做スカ故ニ相續人曠缺ノ財產ハ被相續人ノ本國又ハ被相續人カ最終ノ住所ヲ有セシ國ニ歸屬ス然レトモ其財產外國ニ存在スルトキハ之ヲ單純ノ先占權行使ト看做シ又ハ主權ノ作用ニ因ルモノトシテ多クハ物ノ所在地ノ國庫ニ歸屬セシム

第二、相續未定ノ遺產ヲ管理スル管理人ノ能力ハ其遺產ニ適用スヘキ法律ニ支配セラルル假ノ管理人ハ已ムコトヲ得サル場合ニ限リ遺產ノ存在スル各國ノ管轄官廳ニ於テ之ヲ命スルコトヲ得

(一)普國民法ニ付テハ千八百八十二年十一月十三日ノ判決(判錄八卷六二號)ヲ見ルヘシ

訴訟法

第四十六章

第一、總論

訴訟ハ專ラ法廷地法ニ支配セラルヘキコト論ヲ俟タス然レトモ實体上ノ法規カ訴訟ノ法規中ニ包含スルコトアリテ往々法規ノ眞正ノ性質ヲ判スルニ付キ諸種ノ問題ヲ生スルコトアリ加之一ノ裁判所ノ訴訟行爲カ他ノ裁判所ノ訴訟行爲ノ前提トナルコトアリ(例ヘハ甲裁判所ノ判決ノ執行ヲ乙裁判所ニ申立ツルトキハ甲裁判所ノ判決ハ乙裁判所ノ判決ノ前提トナルカ如シ)而シテ他國ノ裁判所ノ訴訟行爲ヲ基礎トシテ審理ヲ爲ス裁判所ハ其基礎トナルヘキ訴訟行爲カ有効ナルヤ否ヤヲ判斷セサルヘカラス隨ヒテ此場合ニハ當該外國ノ訴訟法ヲ研究スル必要アルヘシ故ニ裁判所ハ訴訟法ニ付テハ唯内國法ノミ適用セハ足レリト謂フハ正當ノ説ニ非ス但此場合ニハ訴訟ヲ裁判スル裁判所(受訴裁判所)ト裁判ヲ補助スル裁判所トハ地ヲ異ニスルコトヲ要ス(三)

(三)尤モ領事裁判所ハ其領事代表スル國ニ取リテハ内國裁判所ナリ然レトモ近頃埃及ニ設ケラレタル混合裁判所ハ之ヲ構成スル者ノ本國ニ取リテモ内國裁判所トハ謂フヘカラス

第四十七章

第二、受訴(判決)裁判所ノ外國法適用

第一、管轄、或一定ノ事件ヲ以テ何レノ國ノ何レノ裁判所ノ管轄ト為スヘキカノ問題ハ専ラ之ヲ判斷スル裁判所ノ自國ノ法律ニ依リテ決ス若シ夫レ其國カ其裁判所ノ國際關係ニ於ケル管轄權ヲ擴張スルコト過度ナルナキヤ否ヤ他國(及ヒ他ノ國ノ裁判所)ハ其管轄權ノ擴張及ヒ之ニ基キテ成レル判決ヲ認メサルヤ否ヤノ點ニ至リテハ當該裁判所ノ顧慮スヘキ所ニ非ス當該裁判所ハ國際上ノ管轄ニ付テモ其國ノ法律ノ規定スル所ニ準據スヘキモノトス(二)

正當ニシテ且何レノ國(耶蘇教國但佛國ハ之ヲ除ク)ニ於テモ行ハルル説ニ依レハ裁判所ノ管轄ノ問題ニ付テハ當事者ノ國籍ハ之ヲ標準ト為スニ足ラス但訴訟ノ實質上當事者ノ國籍重要ニシテ之ヲ當事者ノ屬スル國ノ裁判所ノ管轄ト為スヲ正當ト為ス場合(例ヘハ婚姻事件ニ關スル場合ノ如シ)ハ此限ニ在ラス佛國法ハ以上説明ノ原則ニ反シテ佛國ノ裁判所ハ其國民

(二)然レトモ訴訟事件カ民事事件ナルヤ將タ行政事件ナルヤノ問題ハ當該請求ノ實質的性質ニ關スルヲ以テ其訴訟ニ付キ實質上標準トナルヘキ法律ニ依リテ之ヲ判斷スヘシ

ニ權利保護ヲ與フヘキ場合ニ非サレハ職ヲ執ルコトヲ得ストノ原則ヲ基礎トセリ(二)然レトモ此原則ハ甚タ不當ナリ佛國ニ於テモ學者ノ排斥スル所ニシテ且實際ニ於テモ已ムコトヲ得ス數多ノ例外ヲ認ムルニ至レリ

第二、訴訟能力ハ一般ノ行爲能力若クハ義務能力ノ結果ニ過キサル場合ニハ當然(少クトモ歐洲大陸ニ行ハルル主義ニ依レハ)當事者ノ屬人法ニ依リテ判定スヘキモノトス或ハ曰ク或範圍ニ於テハ場所ハ行爲ヲ支配ストノ原則ヲ行フヘシト此說ハ普通ノ契約ヲ保護スルモノナリ(三)ト雖モ訴訟ニ付テハ種々ノ理由ニ依リ之ヲ採用スルコトヲ得ス(獨逸民事訴訟法第五十三條ニ於テハ此說ヲ採ルモ(四)該條ハ獨逸臣民ノ權利ヲ確保スルニ足ラス却テ抵觸矛盾及ヒ爭論ノ原因トナレリ(五)獨逸民事訴訟法第五十三條ハ屬人法上必要ナル特別授權例ヘハ後見人ノ授權ノ如キハ之ヲ適用スルコトヲ得ス又外國人ハ其本國ニ於テ後見ニ附セラレタル者モ獨逸裁判所ニ於テハ其後見ヲ剝奪セラルル結果ヲ呈スヘシ)當事者ハ辯護士(其裁判所所屬ノ辯護士)ニ代理セラレサルヘカラサルヤノ問題ハ手續ノ形式ニ屬スルヲ以テ

(二) 第二十一章ヲ參照スヘシ

(三) 第十五章ノ註(二)ヲ參照スヘシ

(四) 外國人(非獨逸人)ハ其本國法ニ依リテ訴訟能力ヲ有セサルモ受訴裁判所ノ法律ニ依リテ訴訟能力アルトキハ訴訟能力アリト看做ス

(五) 屬人法ニ依リテ未成年者タル者ノ後見人カ訴訟ヲ爲サント欲スルトキハ如何民事訴訟法註釋家ノ說ハ甚タ區々タリ

法廷地法ノ支配ヲ受ク當事者ハ他ノ當事者ノ共同訴訟人トシテ同一ノ位置ニ於テ訴訟ヲ爲シ又ハ參加人トシテ繫屬スル訴訟ニ參加スルコトヲ得ルヤ否ヤノ問題モ亦法廷地法ニ依リテ決スヘシ

第三、當事者相互ノ權利義務[六](訴訟上ノ保證ヲ立テ訴訟費用ヲ賠償シ證書ヲ提出スル義務)ハ實体上ヨリ發達シタル訴訟關係ノ一部ナルヲ以テ法廷地法ニ依ルヘシ而シテ此塲合ニハ普通ノ規則ニ依レハ外國人ハ內國人ト同等ノ權利義務ヲ有ス而シテ唯外國人カ原告トナリタルトキノミ訴訟費用賠償ノ爲メ保證ヲ立ツル義務アリテ內國人ニハ此義務ナキ塲合アリト雖モ是レ被告タル內國人ニ特權ヲ與ヘタル次第ニ非スシテ原告タル外國人ハ自己ニ不利益ナル判決ノ執行ヲ免カルルコト甚タ容易ナルヘケレハ之ヲ防ク爲メ事實上ノ必要ヨリ設ケタルモノナリ故ニ法律ニ之ト反對ノ規定存セサル以上ハ外國人カ被告トナル塲合ニモ右保證ノ請求ヲ許ササルヘカラス但佛國ノ法律ハ訴訟費用ノ保證ヲ求ムル權ヲ以テ內國人ノミニ屬スルモノト看做セリ尙ホ右保證ノ事ニ付テハ左ノ事項ニ注意スヘシ』

(六)外國ノ當事者カ訴訟ヲ爲スニ當リテハ國ニ對シテ內國ノ當事者ト同一ノ權利ヲ有ス故ニ訴訟上ノ救助權ノ如キハ別段ノ條約ナキモ外國ノ當事者ニ於テ有セサルヘカラス然ルニ近世ノ條約ハ之ニ反シ訴訟上ノ救助權ハ相互承認ノ存スル塲合ニノミ之ヲ認ムト定メタ例ヘハ千八百七十八年十月八日ノ獨逸白耳義間ノ條約千八百七十九年七月十二日ノ「ルクセンブルグ」獨逸間ノ條約千八百八十三年二月二日ノ佛獨條約參照

（イ）外國人カ請求ヲ主張スルヤ否ヤニ依リテ保證義務ヲ決スヘシ其請求カ元來外國人ノ身上ニ基クヤ否ヤハ其標準ト爲スニ足ラス
（ロ）內國人タル原告カ訴訟ノ進行中內國人タル身分ヲ失フトキハ訴訟進行中ニモ此義務ヲ生ス
（ハ）外國人カ原告トナリテ內國人ト共同訴訟ヲナス場合ニモ費用ハ連帶負擔タルヘキモノナレハ又此義務ヲ生スルコトアリ
（ニ）形式上原告トシテ表示セラルルモ實質上或事ヲ求メ又ハ請求ノ認諾ヲ得ント欲スルニ非サレハ此義務生スルコトナシ控訴人及ヒ假差押ノ取消ヲ申立ツル者ハ保證ヲ立ツル義務ナシ之ニ反シテ獨逸民事訴訟法ノ意義ニ於ケル原狀回復若クハ取消ノ訴ヲ提起シ又ハ强制執行ニ參加シ又ハ外國判決ノ執行ノ宣言ヲ求ムルモノハ此義務アリ反訴ニ於テハ其反訴ノ請求カ唯同一訴訟ノ反對面タルニ過キサルトキハ保證義務ヲ生スルコトナシ
獨逸民事訴訟法ニ依レハ其他原告ノ屬スル國ノ法律ニ於テ獨逸人ニ同一

ノ場合ニ保證ヲ立ツル義務ヲ課セサルトキハ其外國人ノ原告ニハ又保證義務ヲ免除セリ而シテ(七)近世ニ至リテハ條約ニ於テ斯ル原則ニ基キ保證義務免除セラレタルモノ多シ蓋シ漸次時ヲ經ルニ從ヒ保證義務ハ全ク其跡ヲ絶ツニ至ラン

第四、假差押ノ訴訟ニ付キ外國人ハ昔時頗ル不利益ノ地位ニ立チシモ今世ニ至リテハ然ラス外國人ト雖モ内國人ト同一ノ條件ヲ以テ假差押ヲ申立ツルコトヲ得而シテ外國人タル資格ヲ以テ其財產ニ假差押ヲ爲ス原因ト爲スコトハ最早行ハレサルニ至レリ(八)然レトモ是ト同時ニ外國人ト雖モ他ニ對シテ假差押ヲ爲サント欲スルトキ不當假差押ニ因リテ生スヘキ損害賠償請求ニ付テハ假差押命令ヲ發シタル地ノ法律ニ服從セサルヘカラス(九)

第五、訴訟ヲ爲ス裁判所所屬ノ辯護士ノ委任ニ付テハ當事者ハ委任ノ其裁判所ニ對シテ有效ナラサルヘカラサルコトヲ知ルモノナレハ法廷地法ニ依リテ之ヲ決スヘシ是ト同一ノ理由ニ依リ辯護士ノ手數料モ法廷地法

(七)獨逸民事訴訟法第百二條第二號乃至第四號ハ尚ホ第二ノ例外ヲ爲セリ尚ホ我民訴第八十八條參照

(八)獨逸民事訴訟法第七百九十二條第二項ニ曰ク判決カ外國ニ於テ執行セサルヘカラサルトキハ假差押ノ原因十分ナリト看做スト故ニ人ノ性質ハ之ヲ問ハサルナリ

(九)千八百八十二年九月二十日判決(判錄七卷一一六號)千八百九十一年四月二十日判決(「ゾイフヘルト」四七卷三號)然レトモ假差押命令ノ地ト命令執行ノ地ト異ニシ且兩地ニ異ナル法律行ハルルトキハ損害賠償請求ノ存在及ヒ範

ニ依リテ計算スヘシ

第六、各個ノ訴訟行爲ハ裁判ノ基礎トナルヘキモノナレハ受訴裁判所ノ法律ニ基キテ爲スコトヲ要ス然レトモ外部ニ對シテ爲ス訴訟行爲ハ官廳ノ行爲タル效力ヲ有セサルヘカラサルモノナレハ之ヲ爲ス地ノ法律ニ定ムル要件ヲ充ササルヘカラス故ニ

（イ）當事者ニ爲スヘキ送達（一〇）ハ其爲シタル方法（例ヘハ公示方法）ニ依リテ足ルヤ否ヤノ問題ハ受訴裁判所ノ法律ニ依リテ判斷セサルヘカラス（一一）然レトモ外國官廳ノ加效ニ依リテ送達スヘキトキ其加效ヲ要スル部分（一二）ハ外國法ニ依リテ決セサルヘカラス（當事者ノ住所ニ送達ヲ爲スニ代ヘテ書面ヲ途中ニ於テ之ニ交付シ得ルヤ否ヤノ問題モ亦然リ）外國ニ於テ爲スヘキ送達ヲ便宜ノ爲メ種々ナル推定ヲ以テ足レリトスル法律尠カラスト雖モ其不當タルヤ亦論ヲ俟タス（一三）

（ロ）證據行爲ノ實体上ノ要件ハ判決裁判所ノ法律ニ依リテ之ヲ判定スヘシ之ニ反シテ公證ニ關スル行爲ノ存否ハ其行爲ヲ爲シタル裁判所（囑託裁

圖ハ尤モ利益ナル法律ニ依リテ定ムヘシ是レ賠償義務者ハ訴訟債權ニ依リ受訴裁判所ノ法ニ基ク義務ヲ負フノミナラス不當ノ假差押ハ準犯罪ノ義務ヲ生スルモノニシテ且權利ノ保護ハ其申請者ニ於テ命令施行地ノ法ニ依ル場合ニノミ之ヲ受クルモノナルカ故ニ亦命令施行地ノ法ニ依ルヘキモノナレハナリ

（一〇）證人及ロ鑑定人ニ爲ス送達ハ專ラ之ヲ爲ス地ノ法ニ依ルヘシ是レ此等ノ者ニ對スル呼出ハ公法上ノ義務ニ基クモノニシテ公法上ノ義務ハ居所地法ニ依ルヘキモノナレハナリ

（一一）送達ト辨論トノ間ノ必要期間ヲ遵守シタルヤ否ヤモ亦然リ

（一三）領事及ヒ一國ノ外交代表者ハ他者ヲ其代表國ノ治外法權ヲ有スル臣民トシテ之ニ送達

判所）ノ法律ニ依ルヘキモノトス然（一四）レトモ獨逸民事訴訟法第三百三十四條ノ規定ハ（場所ハ行爲ヲ支配ストノ原則ヲ倒用シテ）反對ヲ認メタリ（一五）

（い）、宣誓ハ之ヲ爲ス地ノ法律ニ定ムル要件ヲ充スニ於テハ受訴裁判所ニ對シテモ亦形式十分ナルモノト看做スヘシ受訴裁判所ノ法律カ（內國ニ於テ爲サシムル宣誓ニ付テ）之ト異ナル宗敎上ノ形式ヲ要件トスル場合ニ於テモ亦然リ

（ろ）、證人及ヒ鑑定人ノ供述ノ證據力ハ判決裁判所ノ法律ニ依リテ判定スヘシ故ニ內國法ニ於テハ一定ノ形式ヲ履ムニ非サレハ證據力ヲ有セシメサル場合ニ外國ニ於テ此形式ヲ行ハサルトキハ判決裁判所ハ自由ナル意見ヲ以テ其證據力ノ程度ヲ判斷スヘシ證據方法ノ許否モ判決裁判所ノ法律ニ依リテ判定スヘク訊問裁判所ノ法律ニ依ルヘカラス之ニ反シテ或種類ノ法律行爲ニ付キ或一定ノ證據方法（一六）ヲ許スヘキヤ否ヤハ（正說ニ據レハ）契約地ノ法律ニ依リテ判斷セサルヘカラス是レ取引上ノ善意ニ基クノミナラス此場合ニハ法律行爲ノ效力ノ不完

狀ヲ交付スル權ナシ尤モ當該他國ノ特別ノ照會アルトキハ此限ニ在ラス

（一三）獨逸民事訴訟法第百八十二條ノ規定ハ正當ナリ曰ク外國ニ於テ執行スヘキ送達ハ外國ノ管轄官廳又ハ外國ニ駐在セル獨逸國ノ領事又ハ公使ニ囑託シテ之ヲ爲スト又第百八十六條ニ曰ク當事者一方ノ居所知レサルトキハ送達ハ公示ノ方法ヲ以テ之ヲ爲ス公示送達ハ外國ニ於テ爲スヘキ送達ニ付テハ其規定ニ從フ能ハサルトキ又ハ之ニ從フモ效ナキコトヲ豫知スルトキニヨ又之ヲ許スト我民訴第一五三、一五六亦此意ノ規定ヲ爲セリ

（一四）即チ訊問ヲ受ケタル者ハ調書ニ署名スヘキヤ否ヤノ問題ニ之ヲ適用スヘシ

（一五）同條ニ曰ク外國官廳ノ爲シタル

全(又ハ其效力被告ノ自白等ヲ條件トセルコト)カ問題トナルモノナレハナリ又之ト同シク民事上ノ身分證書(出生婚姻ニ關スル證書)ノ證據力ハ其記載ノ事實ノ生シタル地ノ法律ニ依リテ判定スヘシ(一七)

一國ノ官廳カ其國ノ法律ニ基キテ作成シタル公文書ハ公ノ信用ヲ附セサルヘカラス但公文書ニ署名セル官吏ハ公證(一八)ニ依リテ確定セサルヘカラス即チ其文書ヲ用井ル國ノ領事又ハ公使ニ於テ公證スルコトヲ要ス商業帳簿ノ證據力ハ何レノ法律ニ依リテ判定スヘキヤ學者ノ議論區々ニシテ尚ホ疑問ニ屬セリ然レトモ其係爭行為ニ付キ實質上ノ裁判ノ標準タル法律ハ商業帳簿ニ一層强キ證據力ヲ認ムルトキニ非サレハ之ヲ適用スルコトヲ得ス

第七、訴訟中ニ外國裁判所ノ共助ノ必要ヲ生スルトキハ(送達、證據調、判決ノ執行)通常外國ノ管轄裁判所ニ宛テタル申請書ヲ用井ルモノトス(此申請書ハ通常外國官廳ノ手ヲ經テ(一九)送付ス獨逸民事訴訟法第三百二十八條參照)然レトモ利害關係人ヲシテ自ラ外國裁判所ニ其共助ヲ求メシムルコトヲ

證據調カ受訴裁判所ノ現行法ニ適スルトキハ外國法律ニ照シ不完全ナル所アルモ異議ヲ申立ツルコトヲ得スト

(一六)例ヘハ法律行為ノ價額百五十「フランク」以上ノモノハ證人ヲ許ササルヤ否ヤハ佛國法ニ依ルヘキカ如シ

(一七)神聖證人(Solenitaetszeugen)ノ性質ニ關スル要件ハ行為地法ニ依ラサルヘカラス而シテ別段反對ノ法律存セサルトキハ外國人モ神聖證人ノ行為ヲ為ス能力アリトス反對說(佛國ニ行ハル)ハ種々困難ナル問題ヲ生シ實際ノ適用確乎タル能ハス

(一八)當該外國官吏ノ原本及ヒ印影タルコト判然セル場合(例ヘハ隣國ニ於ケルカ如シ)ニハ公證ノ要ナシ獨逸民事訴訟法第四百三條ニ曰ク外國

得(二〇)而シテ多クノ場合ニハ外國裁判所ハ當事者ノ申立ニ因リテノミ共助ヲ爲スコトアリ各種ノ法律關係ニ關スル證據力及ヒ法定ノ推定ニ付テノ法規ハ寧ロ之ヲ實體法ト謂フヘキナリ(二一)隨ヒテ此等ノ點ニ關スル問題ハ法廷地法ニ依ルヘカラス又法律關係ニ付キ實質上ノ標準タル法律ニ依リテ判定スヘシ

第三、外國裁判所ノ行爲ノ前提タルヘキ受訴裁判所ノ法律行爲

第四十八章

一、囑託(證據)行爲及ヒ送達ノ共助

中世紀以來耶蘇教國ニ於テハ或一種ノ法律上共同團體ナル思想行ハレ國際條約(一)ヲ以テ法律上ノ共助ヲ約セサルトキモ猶ホ且外國裁判所ニ共助ヲ與フル慣例ヲ生シタリ就中左ノ行爲ニ付テハ共助ヲ爲シタリ

一、純然タル囑託行爲(證據)ニ付テハ共助ヲ囑託スル裁判所ノ管轄ヲ調査セ(二)スシテ之ヲ與ヘタリ但受託裁判所ハ自國ノ法律ニ依リ自己ノ管轄及ヒ

官廳又ハ公ノ信用アル外國人ノ作リタル證書ヲ詳細ナル證明ナクシテ眞正ナルモノト看做スヘキヤ否ヤハ裁判所カ其場合ノ事情ニ依リ之ヲ定ム右證書ノ眞正ナルコトヲ證明スルニハ獨逸國ノ領事又ハ公使ノ公證ヲ以テ足レリトス

(一九)獨逸ニハ條約ニ依リ獨逸裁判所ト他國裁判所トノ間ニ直接ニ書類ノ交付ヲ爲スコトヲ許セリ

(二〇)獨逸民事訴訟法第三百二十九條ニハ外國裁判所ニ於テ證據調ヲ爲スヘキトキハ擧證者ハ(獨逸ノ受訴)裁判所ノ命令ニ依リテ行爲ヲ爲サヽルヘカラサル旨ヲ規定セリ

(二一)千八百八十二年四月十七日帝國裁判所判決(判錄六卷二七號)及ヒ獨逸民事訴訟法第二百五十五條ノ理由書ヲ參照スヘシ

囑託行爲ノ許否ヲ調査スヘキモノトス尙ホ此點ニ付テハ左ノ事項ニ注意スヘシ

(イ)受託裁判所ハ囑託ノ行爲ヲ爲スニ當リテ專ラ自國ノ法律ノ必要トスル形式ヲ遵守セサルヘカラス(正說及ヒ普通ノ慣例ニ依レハ)其他受訴裁判所ノ法律ノ定ムル形式ノ遵守ヲ囑託セラレタルトキハ之ヲ遵守スルコトヲ要ス但其形式カ受託裁判所ノ法律及ヒ其國ノ慣習風俗ト相反シ又ハ當事者ヲ強制スルニ非サレハ之ヲ遵守スルコト能ハス若クハ外國ノ形式ヲ遵守スルカ爲メ受託裁判所ニ過度ノ煩累ヲ生スル場合ハ此限ニ在ラス

(ロ)囑託ノ實施ニ關係ヲ有スル第三者(三)(證人及ヒ鑑定人)カ出頭、供述及ヒ宣誓スヘキ義務ハ專ラ滯在地ノ法律ニ依リテ定マル而シテ其義務(及ヒ費用幷ニ損害ニ基ク權利)ニ關シテハ受託裁判所之ヲ裁判ス條約ニ別段ノ規定アル場合ノ外ハ何人ト雖モ自國ノ受託裁判所ヨリ他國ノ裁判所ニ出頭スヘキコトヲ命セラルルコトナシ尤モ受託裁判所ハ證人

又獨逸民事訴訟法施行條第十六條第一項ヲ參照スヘシ

(二)獨逸國ハ現今ニ至ルマテ法律上共助ニ關スル條約ヲ締結シタルコトナシ墺太利匈牙利トハ締結セル條約ハ今日效力ヲ有セス尤モ各聯邦ニ取テハ尙ホ其效力アリ

(三)受託裁判所カ管轄ヲ有セサルトキハ囑託ヲ其國ノ管轄裁判所ニ交付スルコトヲ得

(三)此場合ノ當事者ノ義務ハ又受訴裁判所ノ法律ニ依リテ決スヘシ但近世ノ訴訟法ニ依レハ當事者ニ對シテハ訴訟ノ進行中直接ノ強制ヲ加フルコトヲ許サス當事者カ命令ニ服從セサル場合ニハ唯不利益ノ裁判ヲ受クルノミ

ニ對シ豫メ裁判スルコトナク外國裁判所ノ呼出ヲ通知セサルヘカラス

二、當事者ヲ呼出ス(四)ニ當リテモ正説ニ依レハ受託裁判所ハ一ノ場合ニ説明シタル以外ノ調査ヲ爲スノ要ナシ訴狀ノ送達ハ近世ノ訴訟法ニ於テハ被告ニ防禦ヲ爲サシムル機會ヲ與フルモノナレハ受託裁判所ノ管轄ハ送達ヲ受クル者ニ於テ認ムルト否トハ之ヲ問フノ必要ナシ

受託裁判所カ不當ニ囑託ヲ拒ムトキハ其上級審裁判所受託裁判所ノ屬スル國ノ裁判所構成法ニ依リテ裁判ス

獨逸國内ニ於テハ民事又ハ刑事ノ囑託ニ付テハ受託裁判所カ同一ノ聯邦ニ屬スルト他ノ聯邦ニ屬スルトニ依リテ區別スル要ナシ獨逸裁判所構成法第百五十七條乃至第百六十九條ハ獨逸裁判所ノ相互ニ爲スヘキ共助ノ事ヲ規定セリ同法第百六十一條ニ依レハ獨逸裁判所ニ呼出スニハ其呼出ヲ受ケタル者ノ普通裁判籍ヲ有スル地ノ裁判所又ハ其者ノ滯在スル地ノ裁判所ノ紹介ヲ經ル必要ナシ唯管轄ヲ有スル執達吏ニ於テ

(四)此呼出ハ或範圍ニ於テハ受託裁判所ノ屬スル國ノ領事ニ依リテ之チ爲ス但通常ハ其國ノ臣民ニ對シテノミ之チ爲ス千八百六十七年九月八日ノ獨逸領事條例第十九條參照

呼出狀ヲ交付スヘキノミ獨逸裁判所構成法第百五十八條ニ依レハ囑託ヲ施行スル裁判所ハ區裁判所ナリトス然レトモ證人ノ訊問及ヒ宣誓ハ受訴裁判所ノ屬スル國ノ領事ニ於テ之ヲ爲スコトヲ得(但領事カ完全ノ裁判權ヲ行フ場合ハ姑ク擱キ其者カ領事ノ代理スル國ニ屬スル場合ナルヲ要ス)領事カ其代理スル國ノ臣民ニ關シテモ完全ニ裁判權ヲ行ハサル國ニ於テハ常ニ其領事ノ本國ノ授權ナカルヘカラス又千八百六十七年十一月八日ノ獨逸領事條例第二十條ニ依レハ領事ニシテ完全ナル領事裁判權ヲ有セサル場合ニハ國務大臣ニ於テ當該領事ニ授權スルコトヲ要スト定メタリ(五)

二、外國裁判所ノ下シタル判決ノ效力

第四十九章

(イ)、總則　確定力ト强制執行ノ區別(一)

昔時ハ外國裁判所ノ判決ト雖モ受訴裁判所カ(當時此點ニ付キ各國ニ於テ一致セル原則ニ依リ)管轄ヲ有スルモノト看做サレ得ル場合ニハ確認及ヒ

(五) 千八百七十九年六月十日ノ領事裁判法参照

(一) 獨逸民事訴訟法註釋書ヲ見ルヘシ

執行ヲ拒マサルヲ以テ通例トシタリ然ルニ各國ノ主權漸次擴張セラレ判決ハ主權ノ作用ニ出テ主權ノ作用ノ效力ハ其名ニ於テ判決ヲ下ス主權ノ及フ土地ニ制限セラルルニ至リ外國裁判所ノ下シタル判決ヲ確認執行スルニハ別段ノ理由ヲ要スルコトトナレリ而シテ此點ニ關スル學者ノ說ハ甚タ區々ニシテ或ハ外國判決ヲ否認スルハ外國ノ主權ヲ侵スモノナリト云ヒ或ハ判決ハ契約ト同一ナリト說キ或ハ判決ハ既得權ヲ發生セシムルモノナリト論ス然レトモ最モ確實ナル說ハ裁判所ノ判決ハ爭點ニ關スル特別法ナリ故ニ其一般ノ法律カ係爭關係ニ付テ標準タルヘキ國ノ裁判所ノ下シタル判決ハ國際法上有效ノモノト認メサルヘカラス尙ホ詳言セハ其法律カ係爭ノ請求ニ付キ標準トナリシ國ノ裁判所ハ裁判ヲ爲サヽルヘカラスト云フニ在リ(二)尤モ事件ノ標準タルヘキ實體法カ當事者ノ任意服從ヲ許スモノナルトキハ其當事者ノ任意ニ服從シタル裁判所ノ判決モ亦有效ナリトス(三)但正說ニ依レハ大ニ駁擊スヘキ點ナキニ非ス確定力ヲ確認スルト之ヲ强制方法ヲ以テ執行スルトハ區別セサルヘカラス判決ニ依リテ

(二)故ニ遺產ノ繼承ニ關スル訴訟ハ被相續人ノ本國ノ裁判所之ヲ裁判ス但原告カ被相續人ノ兄弟ノ正婚ノ子ナルヤ否ヤ即チ被相續人ノ限定相續ヲ爲スヘキ親族ナルヤ否ヤノ問題ハ被相續人ノ本國法ニ依ルヘカラス被相續人ノ兄弟ノ屬人法ニ依ルヘシ又此問題ハ相續ノ訴訟ニ關スル裁判ニ影響ヲ及ホスコトアリ

此論ハ國際法會議ニ於テ千八百七十五年定メタル規則ト一致セリ

生スル確定力ハ裁判所ノ管轄（國際法上ノ管轄次章參照）ヲ以テ要件ト爲ス然ルニ執行ハ法律ニ於テ特別ナル意思又ハ反對ノ要件ヲ以テ之ヲ許スコトアリ此等ノ區別ヲ採ラサル學說ハ確定力モ亦執行ト同一ノ要件ヲ付スルコトヲ得ヘシト云ヘリ此說ニ依レハ法律ハ外國又ハ一定ノ國若クハ數多ノ他國ノ判決ノ執行ハ概シテ之ヲ許ササルコトヲ得其結果此等ノ判決ハ總テ我裁判所ニ於テハ確定ヲ認メサルコトヲ得ト論セサルヘカラス隨ヒテ外國判決ノ執行ニ因リ相手方ニ給付シタルモノノ返還ヲ訴求スル者アルトキハ不當ノ口實ヲ設クルニ非サルヨリハ之ヲ許ササルヘカラサルニ至ルヘシ故ニ此說ハ外國判決ノ確定力ヲ認メサル結果カ國際交通ニ如何ナル影響ヲ及ホスモノナルヤヲ明ニセサル論ト謂ハサルヘカラス

學者ノ論爭ハ又獨逸國法ニ關シテ囂々タリ獨逸民事訴訟法第六百六十一條ニ定ムル外國判決執行ノ要件ハ（我說ニ據レハ不當タルヤ論ヲ俟タス）獨逸帝國裁判所ノ判決（四）幷ニ數多ノ註釋家（五）ハ確定力ヲ認ムル場合ニ適用スヘキカ如ク論セリ然レトモ一ノ法律カ或條件ヲ以テ外國判決ノ執行ヲ許ス

（三）數多ノ學者ハ此說ヲ以テ一般ノ原則ト爲サス雖法律又ハ條約ニ規定アルトキ行ハルモノトセリ然レトモ法律及ヒ條約ハ反對ノ處分ヲ爲ササラシムル爲メ普通原則ヲ規定スルコトアリ且外國判決ノ確認及ヒ執行ノ事ヲ法律及ヒ條約ニ規定スルハ甚タ困難ナリ之ヲ條文ニ記載スルトキハ往々缺點ヲ生スルコトアリ故ニ交通ノ危險ヲ免カレント欲セハ之ヲ原則トシテ認ムル必要アリ普通ノ原則ハ往々之ヲ成文ノ規定ニ比シテ確實ナラサルコトアリ然レトモ此理由ヲ以テ自已ノ非說ヲ辯フヘカラス故ニ此原則ニ對スル異論ハ之ヲ正當ト稱スルコトヲ得ス

（四）千八百八十二年一月二十九日判決（判錄八卷一一五號）

トキハ同一ノ條件ヲ以テ外國判決ノ確定力モ認メサルヘカラス是レ執行ハ既ニ成立セル狀態ニ過キサル確定力ヲ認ムルヨリハ一層效力强キモノナレハナリ

外國判決ノ確定力ヲ認メ强制執行ヲ許ス場合ニハ實質ニ入リテ之ヲ調査スルコトヲ得ス唯其確定力ヲ認メテ執行ヲ許ス判決ハ(蓋シ皮想的ノ)新判決ニ外ナラス而シテ判決ヲ爲シタル裁判所ノ法律ニ定ムル確定力ノ要件存スルトキハ之ヲ認ムルニ足ル(六)國際法上ノ管轄ヲ有セサル裁判所ノ下シタル判決ハ當事者ノ特ニ認ムルニ非サル以上ハ確定力ヲ有スルモノニ非ス隨ヒテ外國ニ於テ其强制執行ヲ許スヘキニ非ス

佛國ニ於テハ特別ノ條約ナキ限ハ外國ノ判決ヲ執行セス然レトモ近世ノ學派ハ裁判所カ管轄ヲ有スル場合ニハ外國判決ノ確定力ヲ認メタリ又佛國ニ於テハ一般ニ其國民ノ身分ニ關スル訴訟ニ於ケル他國ノ判決ヲ有效ト爲セリ英國及ヒ北米合衆國ニ於テハ條約ナキモ執行ヲ許セリ伊太利モ亦同一主義ヲ執レリ墺太利國ニ於テハ管轄ヲ有スルコトト相互ヲ保證ス

(五)「ワッハ」ノ如キ是ナリ「フランケー」ハ折衷説ヲ唱ヘリ然レトモ贊成スヘキニ非ス

(六)同一ノ條件ヲ以テハ內國判決ニ確定力ヲ生セサルヲ以テ外國判決モ亦確定力ヲ與フルコトヲ得スト論スヘカラス

(七)獨逸民法草案第三十七條ニハ外國裁判所ノ下シタ

ルコトトヲ以テ執行ヲ許ス要件ト爲セリ
判決ノ確定力ヲ生スル程度即チ訴訟ニ直接ノ關係ヲ有セサル者ニ及ホス程度及ヒ判決ノ如何ナル部分(裁判理由)カ確定力ヲ有スヘキカノ問題ハ受訴裁判所ノ法律ニ依リテ判定スヘシ但其管轄カ國際法上有效ナルヤ否ヤハ豫メ之ヲ調査セサルヘカラス又判決カ(他ノ訴訟ノ進行中ニ於テ下リ)豫斷ノ性質ヲ有スルヤ否ヤ若クハ別段ナル取消ノ訴ヲ以テ無效ヲ主張シ得ヘキモノナルヤ否ヤハ其判決ノ標準トナリシ法律ニ依リテ判決スヘシ(七)

第五十章

(ロ) 國際法ノ意義ニ於ケル裁判所ノ管轄

裁判所ノ管轄ハ前章ニ述ヘタル原則ニ基キ左ノ如クナラサルヘカラス(一)

一、身分法及ヒ親族法ニ關スル訴訟ハ本國ノ裁判所

二、不動產上ノ物權ニ關スル訴訟ハ其物ノ存在スル國ノ裁判所、動產ハ所在地法ニ依ラシムルトキハ實際ノ不便甚シキヲ以テ其占有者カ物ノ場所ヲ定ムルコトヲ得ル場合ニ限リ被告タル占有者ノ住所ノ裁判所管轄權

ル判決ハ獨逸國裁判所ノ判決ヨリ大ナル效力ヲ得サル旨規定シタルモ正當ト云フ謂フヘカラス外國裁判所ノ判決ノ確定力ヲ認ムルトキハ國際法上ノ管轄ニ基ク制限ニ非サル以上ハ外國裁判所ノ法律ニ於テ定メタル範圍及ヒ方法ニ於テ之ヲ認メサルヘカラス外國判決ニハ故ラニ優先權ヲ與フル必要ナキモ國際法上認ムル效力ヲ減殺スルハ不可ナリ若シ斯ク外國判決ノ効力ヲ減殺スルニ於テハ内國裁判所カ外國判決ノ裁判セル爭點ニ付キ管轄ヲ有セス且外國裁判所モ法律ニ依リテ再ヒ其裁判ヲ爲スコトヲ得サル場合ニハ其爭點ハ途ニ裁判ヲ受クル能ハサルニ至ラン

(二) 異說

一、判決ヲ下シタル裁判所ハ其國ノ法律上管轄ヲ有

ヲ有ス
三、債務關係ニ關スル訴訟ハ事情ニ依リ實質ヲ決スヘキ法律ノ規定ニ依リ或ハ債務者タルヘキ者ノ住所ノ裁判所或ハ契約締結地或ハ犯罪地ノ裁判所或ハ履行地ノ裁判所之ヲ管轄ス（二）
四、相續ノ訴訟ハ其相續カ一般承繼ト看做スヘキ場合ニ限リ被相續人ノ最終ノ住所ノ裁判所
五、住所ノ裁判所ハ被告カ自由ニ處分シ得ヘキ法律關係ニ關スル訴訟ニ付キ總テ管轄權ヲ有ス是レ住所ノ設定ハ畢竟住所ノ存スル國ニ於テ爲シタル法律關係ニシテ自由ニ處分シ得ヘキモノニ任意服從スル意思ヲ表示シタルモノト看做スコトヲ得ヘケレハナリ尤モ不動產上ノ物權ニ關スル訴訟ハ此限ニ在ラス此等ノ權利ハ近世ノ法律及ヒ條約ニ於テハ通常專ラ（三）所在地法ニ依ラシム
六、當事者ノ處分スルコトヲ得ル訴訟ハ總テ當事者ノ明示又ハ默示ヲ以テ定メタル受訴裁判所ヲ以テ管轄裁判所トス即チ原告トシテ或裁判所ニ

セサルヘカラス然レトモ外國カ擅ニ我裁判所ノ專屬管轄ニ立入リテ規定ヲ爲スカ如キハ決シテ我々ノ認ムルコトヲ得サル所ナリ

二、判決ヲ執行スル裁判所ハ其執行ヲ爲ス國ニ行ハレヽ法律上管轄權ヲ有セサルヘカラスト此論或ハ內國裁判所間ノ事務分配ニ付テハ原則タルヲ得ヘキモ之ヲ以テ國際上ノ管轄ニ適用スルハ難シ常事者ニ取リテハ甲國ノ裁判所カ裁判スヘキヤ將タ乙國ノ裁判所ニ於テ判決スヘキヤノ問題ハ同一領土內ノ甲裁判所カ裁判スヘキヤ乙裁判所カ裁判スヘキヤノ問題ヨリ重要ナリ且此原則ニ依レハ當事者ノ一方ハ甲國ノ裁判所ニ訴訟ヲ提

訴求シタル者ハ之ヲ訴求シタル縁由ノ如何ヲ問ハス其裁判所ノ裁判權ニ服從セサルヘカラス然レトモ被告カ訴訟ノ爲メ呼出ヲ受ケタルニ拘ラス出頭セサルモ直チニ之ヲ以テ其裁判所ニ服從シタルモノト看做スコトヲ得ス

七、國籍ヲ確定スルコトヲ得サルトキハ其者ノ住所ヲ有スル國ノ裁判所身分及ヒ親族法上ノ訴訟ニ付キ裁判ヲ爲ス而シテ住所ナキトキハ已ムコトヲ得サル場合ニ限リ居所地ノ裁判所住所ノ裁判所ニ代リテ裁判スルコトヲ得

八、人情上ニ基ク假ノ處分方法ハ已ムコトヲ得サル場合ニ限リ當該者及ヒ物件ノ存在スル地ヲ管轄スル裁判所其法律ノ規定ニ依リ國際法上ニ於テモ管轄ヲ有ス

假差押ノミニ因ル裁判籍ハ國際法上ニ於テハ假差押ノ物件ノ價額又ハ其立テタル保證ノ額マテ管轄ヲ有ス獨逸民事訴訟法第二十四條(四)ニ定ムル裁判籍又ハ内國人一方ノ利益ノミニ定メタル「コード、シビル」第十四條ノ裁判

起シ他ノ一方ハ乙國ノ裁判所ニ起訴スルコトヲ得ルノ弊アリ加之之ニ依リ種々管轄ノ衝突ヲ來スヘシ

(二) 正説ニ依レハ債務關係ノ裁判籍ヲ定ムルニハ(私犯上ノ債務關係ハ之ヲ除ク)尚ホ此他ニ被告ニ受訴裁判所ノ國ニ於テ訴狀ヲ交付シタルコト或ハ被告カ其國ニ執行ニ十分ナル財產ヲ有スルコトヲ要ス

(三) 獨民訴二五我民訴二二參照

(四) 我民訴一七二ニ當ル曰ク獨逸國内ニ住所ヲ有セサル者ニ對スル財產權上ノ請求ニ係ル訴ニ付

籍ハ其效力尙ホ弱シ

反訴、確定ノ訴、上訴等ニ依リ裁判籍ヲ人工的ニ擴張シテ自然ノ關係ヲ倒ニシ原告カ被告ニ追隨セサルヘカラサル如キハ國際法上有效ノ裁判籍ト認ムルコトヲ得ス

獨逸民事訴訟法第六百六十一條第三項ハ不當ノ原則ヲ酌ミ外國ノ判決ヲ獨逸國ニ於テ執行スヘキトキハ外國裁判所ノ國際法上ノ管轄ハ、獨逸民事訴訟法ノ原則ニ依リテ判定スト云ヘリ

尙ホ茲ニ注意スヘキコトアリ受訴裁判所ノ屬スル國ノ裁判所ハ概シテ管轄ヲ有スルモノトス受訴裁判所ハ自ラ其法律ニ依リ管轄ヲ有スルコトヲ特ニ表明スル必要ナシ國際法上一國ニ屬スル裁判權ハ其國ノ意見ニ依リ自由ニ其裁判所ニ分配スルコトヲ得〔五〕故ニ外國裁判所ノ事物上ノ裁判權ハ之ヲ調査スルコトヲ得ス然レトモ管轄ノ調査ヲ爲ス場合ニハ事實ヲ確定シ法律上ノ問題ヲ審査セサルヘカラス

（ハ）、外國裁判所判決ノ執行

テハ其財產又ハ訴ヲ以テ請求セラルル者ノ所在地ノ裁判所管轄ヲ有ス債權ニ付テハ財產ノ所在地ト看做スヘキモノハ債務者ノ住所ナリトス若シ債權ニ付キ物カ擔保ノ責ヲ負フトキハ其物ノ所在地ナリトス

〔五〕獨民訴六六一及ヒ我民訴五一五ハ此精神ニ出ツ但外國ノ或裁判所カ管轄ヲ有スルノミニテハ足レリトセス（隨ヒテ執行國ノ裁判所カ管轄ナキコト確定スルモ尙ホ足レリトセス）同一國ノ裁判所ノ管轄ニ關シテハ聯邦ヲ以テ成ル國ニ付テ往々困難ナル問ハヲ生ス此塲合ニ題ハ已ムナクンハ國ノ唯一ノ最高裁判所ニ於テ管轄スルモノト看做スベシ

第五十一章

甲、實質上ノ要件

外國裁判所ノ判決ヲ執行スルニ付テノ要件ハ左ノ如シ

一、判決ノ確定力ヲ認定ズル場合ト同シク判決裁判所ノ管轄ヲ調査スルコトヲ要ス但事物上ノ管轄ハ之ヲ調査スル要ナシ(唯行政廳ノ處分(一)ハ他ノ國ノ裁判所之ヲ執行スルコトヲ得ス政治的處分モ亦同シ)

二、正説ニ依レハ外國裁判ハ確定ヲ必要トセス唯執行力ヲ有スルコトヲ要スルノミ(然レトモ獨逸民事訴訟法第六百六十一條第一項ノ規定ハ全ク反對ナリ故ニ獨逸國ニ於テハ外國判決ハ確定力ヲ有スルモノニ非サレハ執行スルコトヲ得ス)闕席判決其法律上ノ效力ヲ保存スルヤ否ヤノ點ニ關スル問題ハ總テ外國法ニ依リテ判定スヘシ)ハ出頭セサル當事者ノ呼出狀合式ニ送達セラレ其管轄ノ在ル事證明セラレタル限ハ執行ヲ拒絶セサルヲ正當トス(二)而シテ之ヲ以テ單ニ假處分ノ執行ト看做スヘカラス又闕席判決ハ本案事件ニ付キ管轄ヲ有スル裁判所之ヲ爲シタルトキニ

(一)其名ニ拘泥スヘカラス獨立ニ專ラ其權利ヨリ之ヲ觀察スヘシ刑事裁判所ノ判決ハ同時ニ私訴ヲ確定スルトキハ之ヲ執行スルコトヲ得是レ刑事裁判所モ私訴ヲ判決スル限ハ民事裁判所ナレハナリ非常裁判所ノ判決ハ執行スルコトヲ得ス此判決ハ尋常ノ司法行政ニ屬スルモノニ非ス

(二)獨民訴六六一ノ四ハ此場合ニ獨逸國民ヲ保護スル爲メニ特別ノ制限

ノミ執行スルコトヲ得（獨逸民事訴訟法ニ依レハ假處分ノ場合ニハ執行ナルコトヲ言ハス）

三、判決ノ旨趣ニシテ執行ノ地ニ於テ法律上成立スヘカラサル關係ヲ直接ニ實行スルコトヲ目的トシ又ハ執行國ニ行ハルル道德ヲ害スル行為其地ノ禁制行為若クハ執行裁判所ノ法律上之ヲ強制スルコトヲ得サル行為ヲ以テ目的トセサルコトヲ要ス（此制限ニ關シテ他ノ學者ハ曰ク判決カ執行國ノ公法即チ公ノ秩序ニ違背セサルコトヲ要スト）獨逸民事訴訟法ハ曰ク強制執行ニ付テ判決ヲ為ス獨逸國判事カ國法ニ依リ強制スルコトヲ得サル行為ヲ其執行ニ依リテ強制セシムルニ至ルヘキトキハ其執行ヲ拒絶スト此制限ハ少クトモ其文面上甚タ十分ナラサル處アリ尤モ正説ニ據レハ判決カ上掲以外ノ點ニ於テ執行國ノ法律ニ違背シ又ハ國際私法ノ原則ヲ誤リテ適用セルモ之カ執行ヲ拒ムコトヲ得ス且外國カ内國判決ト矛盾スル場合ニ於テ其判決カ單ニ外國判決タルノ理由ヲ以テ之ヲ執行スルコトヲ得ストスルハ非ナリ之ニ反シ

チ付セリ曰ク敗訴ノ言渡チ受ケタル債務者カ獨逸人ニシテ應訴セサリシトキハ執行判決チ為サス但訴訟チ開始スル呼出又ハ命令チ受訴裁判所所屬ノ國ニ於テ又ハ法律上ノ共助ニ依リ獨逸國ニ於テ本人ニ送達セサリキトシニ限ルト此規定ノ適用チ受クルニハ呼出ノ時獨逸人ナルチ要スルヤ將タ執行ノ時獨逸人ナルチ要スルヤ此點ニ付テハ民訴ノ註釋書及ヒ「ヲムマツシユレ」四百二十七頁チ見ルヘシ獨逸領事裁判所ノ呼出ハ内國ニ於ケル呼出ト同一ノ效力チ有ス

(イ)、裁判ノ理由ノ欠缺ハ執行ノ障害トナル但其執行ニ必要ナル要件ノ存在ヲ認知スルコトヲ得サル程度ノ欠缺アルコトヲ要ス

(ロ)、判決カ當然無效ナル事情存スルモ舊普通法ノ學說ニ依レハ執行ノ障害タラス英國及ヒ北米派ハ外國ノ判決ニシテ甚シキ不當ノ理由ニ出ツルモノハ執行ヲ許スヘカラスト論セリ然シテ茲ニ所謂甚シキ不當トハ主トシテ管轄ヲ誤リ呼出ヲ推定(三)スル場合ニ生スルモノニシテ詐欺又ハ罰スヘキ所爲ヲ以テ判決ヲ下サシメ裁判及ヒ其理由カ判然タル偏頗及ヒ論理不貫ノ點顯然タルヲ云フ大陸ノ學派ハ此等ノ原因ヲ以テ執行ノ障害ト爲サス國際條約ニ於テ此等ノ原因存スルモ執行ヲ許スト爲ストキハ固ヨリ之ヲ以テ例外トシテ茲ニ論スヘキニ非ス

四、相互ノ保證ヲ以テ執行ノ要件ト爲スハ甚タ妄斷ノ立法ニシテ固ヨリ之ニ賛同スヘキ限ニ在ラス(四)但相互保證ヲ以テ要件トセル國ニ於テハ執行ヲ求ムル者ニ於テ之ヲ證明セサルヘカラス獨逸民事訴訟法第六百六十一條第五號ハ執行ヲ爲スニハ相互ノ保證存スルコトヲ要ストセリ(五)墺太

(三) 此場合ハ歐洲大陸ノ學者ニ於テモ主張スルモノアリ即チ曰ク判決チ執行スルニハ相互訊問存セサルヘカラスト

(四) 他ノ國ノ司法ニ信チ附スル能ハサル理由存スルトキハ此理由ハ相互ノ保証アリト雖モ消滅セシムル能ハス且相互ノ保証ナルモノハ或判決カ他國ニ於テ執行セラルルトキ又ハ我國ニ於テ下ス如キ判決カ他國ニ於テ執行セラルル場合ニノミ存スヘシ隨ヒテ大ニ訴訟ノ方

利ニ於テモ相互ヲ必要トセリ然レトモ英國及ヒ北米派幷ニ伊太利訴訟法(第九百四十四條)ノ如キハ之ヲ以テ要件ト爲サス實ニ至當ト謂ハサルヘカラス學說上最モ正當ニシテ實際ノ取扱上ニ於テモ最モ便ナルハ報復ノ制及ヒ佛國制ナリトス報復ノ制ハ普通ノ原則ニ依レハ政府カ法律ノ委任ニ基キ規定スヘキモノタリ而シテ佛國制ハ國際條約ノ規定アルニ非サレハ執行セサルモノナリ(佛國制ハ論理整然タリ實際ノ取扱上ニ於テモ判然シ且數多ノ當事者ニ不要ノ費用ヲ省略スル便アリ)此二種ノ制度ハ獨逸民事訴訟法ノ相互保證制ニ比シテ優ルコト遠シトス

他國ノ判決ノ執行ヲ國際條約ヲ以テ定ムル場合ニハ其規定ハ條約ノ成立以前ニ下シタル判決ニモ遡リテ效力ヲ及ホスモノトス

第五十二章

乙、執行手續

外國(一)ノ判決ヲ執行スル外形上ノ要件ハ內國ノ裁判權ニ依リテ執行ヲ命シ又ハ之ヲ許ス命令ヲ爲スニ在リ舊普通法ノ手續ニ依レハ斯ル命令ハ判決

式ヲ異ニシ裁判ノ搆成ニ別アル場合ニハ相互保証ノ制度ハ容易ニ外國判決ノ執行ノ停止ヲ惹起スヘシ故ニ獨逸國ニ於テハ事實上他國ノ判決ヲ執行スルコト甚タ尠シ

(五)如何ナル要件存スルトキハ相互ノ保証アリタリト爲スヘキヤ此點ニ付テハ議論尚ホ未タ止マス千八百八十二年五月十九日判決(判錄七卷一二四號)參照此判決ニ依レハ或場合ニ獨逸判決ヲ外國ニ於テ不適法ト爲シタルトキハ常ニ其國ノ判決ノ執行ヲ拒ムコトヲ得ト蓋シ法律又ハ條約ヲ以テ獨逸判決ノ執行ヲ明言セサルモ可ナリトス

(一)領土變更ニ依リ發ト下シタル判決ニ及ホス影響即之ヲ以テ內國判決ト看做スヘキヤ將タ外國判決ト看做

裁判所カ當事者ノ申請ニ因リ多クハ相手方ヲ審訊シタル後之ヲ爲シ又執行ヲ許シ若クハ許ササル命令ニ對シテハ上級裁判所ニ抗告ヲ以テ不服ヲ申立ツルコトヲ得トシタリ墺太利ノ如キハ尚ホ此手續ヲ採用セリ之ニ反シテ獨逸民事訴訟法ニ依レハ訴(二)ヲ提起シテ執行判決ノ言渡ヲ求ムルモノトス(三)然レトモ是レ唯外形上ノ形式ニシテ其實質ニ於テハ外國判決ノ意義ハ兩種ノ手續ニ於テ同一ナリトス

一、外國判決ニ執行ヲ許ス手續ニ於ケル防禦方法ハ內國ノ判決ニ對シテモ提出スルコトヲ得ルモノニ限リ之ヲ提出スルコトヲ得(故ニ異議ヲ提出セント欲スル者ハ其異議カ執行スヘキ判決ヲ下ス場合ニ標準タルヘキ法律ニ於テ許スモノナルコトヲ證明セサルヘカラス)故ニ獨逸民事訴訟法ニ依レハ執行ヲ受クル者ハ判決後生シタル異議ニシテ且其判決ヲ第六百九十一條第四號第五號ノ方法ヲ以テ辨濟シタルトキニ非サレハ內國裁判所ニ提起スルコトヲ得ス他ノ異議ハ受訴裁判所ニ於テ却下スヘク而シテ受訴裁判所カ變更ノ命令又ハ舊判決ノ執行ヲ停止スル命令ヲ

スヘキヤハ余カ著國際私法學說及ヒ實際第二卷五百一頁以下ヲ見ルヘシ混成組織ノ國ニ於テハ一地方ノ裁判所ノ下シタル判決ハ他ノ地方ニ於テ外國判決ト看做スヘキヤ否ヤ此問題ハ一概ニ論スルコトヲ得ス英國ニ於テハ英國ノ殖民地ノ裁判所ノ下シタル判決ハ之ヲ他國ノ判決ト看做スモ佛國ハ然ラス

(二)就中債務者ノ普通裁判籍ヲ有スル地方裁判所又ハ區裁判所ニ於テ起訴スヘシ而シテ債務者ノ普通裁判籍ナキトキハ獨民訴二四(我民訴一七)ニ依リ債務者ニ對シテ訴ヲ提起シ得ル區裁判所又ハ地方裁判所ノ管轄トス伊太利ニ於テハ扣訴院之ヲ判ス

(三)英國ニ於テモ亦然リ獨民訴ニ於テハ執行ノ訴ニ關スル裁判ニ對シテハ通常手續ニ於ケ

ル他ノ裁判ト同シク上訴ヲ許セリ外國判決ノ下リタル後ノ權利承繼ハ獨民訴六六〇（我民訴五一四）ノ手續ニ依リ確定スルコトヲ得千八百八十三年四月七日判決（判錄九卷一〇九號）

爲スマテハ獨逸裁判所ノ手續ハ之ヲ停止セス受訴裁判所ニ於テ提出シタル執行ノ異議ニ關スル受訴裁判所ノ裁判ハ執行裁判所ニ於テ當然標準ト爲スヘキモノトス

執行ヲ受クル者ノ反訴ハ手續上之ヲ許サス此手續ニ於テハ實質上ノ請求ニ付テ辯論ヲ爲スヘキニ非サルヲ以テ此等ノ主張ハ此手續ノ性質ニ反スルモノナリ然レトモ獨逸ノ訴訟法家（「ワッハ」ノ如キ是ナリ）ハ獨逸民事訴訟法ニ於テハ執行ノ訴ヲ以テ通常ノ訴ト爲スヲ以テ反訴ヲ許ス如ク主張セリ

外國判決ノ執行ニ關スル手續ニ於テハ其判決ニ附加スヘキ事件ノ裁判ヲ爲スコトヲ得ス是レ執行ノ訴ニ基キ下ス內國ノ判決カ執行ヲ得ルニ非スシテ外國判決ノミ此力ヲ得ルモノナレハナリ然レトモ獨逸民事訴訟法ニ依レハ獨逸ノ執行判決モ確定スルトキハ外形上執行力アリト看做ス

手續ノ費用ハ執行ヲ許ス裁判アリタルトキハ執行ヲ受クル者ニ於テ負

擔スヘキモノトス

外國判決ノ執行ヲ訴ヘタルニ當時當該國間ニ法律上ノ共助存セサルカ爲メ却下セラレタルトキハ其狀況ノ變更シタルトキ例ヘハ其後法律上ノ共助ニ關スル國際條約締結セラレタルトキハ再ヒ同一ノ訴ヲ提起スルコトヲ得外國ノ判決ニ付キ獨逸ノ裁判所カ執行判決ヲ爲シタルトキハ外國ノ判決ハ其執行判決カ執行力ヲ得ルト同時ニ獨逸全國ニ於テ執行スルコトヲ得

二、强制執行ノ方法ハ之ヲ爲ス地ノ法律ニ依リテ定マル受訴裁判所カ其法律ニ依リテ事件ノ判決ニ於テ記載セサルヘカラサル命令ヲ爲シタルモ之ニ依リ强制執行ノ方法ハ變更セラルルコトナシ然レトモ執行裁判所ノ法律ニ於テ或ハ義務ニ付キ例外トシテ一定ノ執行方法(例ヘハ人身拘留)ヲ認ムルトキハ其義務ノ標準タルヘキ法律ニ於テ之ヲ認ムル場合ニ限リ其特別執行方法ヲ行フコトヲ得

債務者ハ法律上ノ恩惠ハ執行地ノ法律ニ於テ認ムルトキ常ニ之ヲ保有

ス

第五十三章

(三)、仲裁裁判所ノ判決ニ因ル强制執行及ヒ非訟事件ノ强制執行

仲裁裁判所ノ判決ハ之ヲ國家ノ裁判權カ少シモ加效セサルモノト或點ニ於テ(例ヘハ仲裁裁判者ノ任命ニ依リテ)其加效ノアルモノトヲ區別スルヲ要ス國家ノ裁判權ノ更ニ加效セサル仲裁判決ハ外國ニ於テ之ヲ下シタルト內國ニ於テ下シタルトヲ論セス總テ純然タル個人間ノ契約ト爲ス之ニ反シテ國家裁判權ノ加效ニ依ル仲裁判決ハ外國裁判所ノ判決ニ準シテ論スヘシ(一)

外國ニ於テ作成シタル非訴事件ノ書類ニ內國ノ非訴事件ノ書類ト同シク(但其書類ハ書類作成地ノ法律ニ依リテモ執行スルコトヲ得ルモノナルコトヲ要ス)執行力ヲ附スヘキヤ否ヤハ(固ヨリ特別ノ命令ヲ以テスヘキコト論ヲ俟タス)法律上ノ共助ニ關スル國際條約ニ依リテ定マル(伊太利訴訟法

(一)先ツ外國法律カ此地ノ仲裁判決ニ執行力ヲ認ルヤ否ヤヲ調査シ若シ外國法律カ特別ノ執行宣言ヲ要スト爲ス場合ニハ外國ニ於テ執行宣言ヲ附セラレサル以上ハ我國ニ於テ執行スルコトヲ得ス

第九百四十四條參照）

第五十四章

第四、外國ニ於テ繫屬スル訴訟ニ基キテ爲ス權利拘束ノ抗辯、外國ニ於テ開始セル訴訟ノ係爭法律關係ニ及ホス效果

訴訟事件他國ニ繫屬スルトキハ其權利拘束ハ之ニ關スル判決カ我國ニ於テ執行セラルル限ハ我國ニ於テモ效力ヲ有スルモノト認メサルヘカラス國際法上ノ意義ニ於ケル外國裁判所ノ管轄ノ如キ亦之ニ屬ス其他當事者ノ自由ニ處分スルコトヲ得ヘキ事件ハ原告カ外國ニ於テ訴ヲ起シ而シテ被告カ之ニ對シテ管轄違ノ抗辯ヲ提起セス又ハ外國裁判所カ訴訟ノ實質ノ審理ヲ爲シタル場合ニハ被告ハ權利拘束ノ抗辯ヲ原告ニ對シテ提起スルコトヲ得原告カ外國ニ於ケル訴訟ヲ取下ケ又ハ其訴訟終了シタルトキハ權利拘束ノ抗辯ハ之ヲ提出スルコトナカルヘシ(一)然レトモ執行ノ問題ハ實際ノ場合ニ於テ國際私法ノ原則ニ依リテ決スヘキモノニ非スシテ各國

（一）原告ハ自ラ請求ヲ認ムル程度ニ於テ請求ヲ維持シ其請求ヲ否認スル

程度ニ於テ權利拘束ノ抗辯ヲ爲スコトヲ得

ニ於テ實際判決ノ執行ヲ爲スコトヲ得ルヤ否ヤニ依リテ決スヘシ訴訟ノ開始ハ係爭ノ法律關係ニ如何ナル效果ヲ及ホスヘキカ即チ被告カ果實ヲ負擔スヘキ義務及ヒ訴訟物ノ消滅等ニ關スル問題ハ係爭ノ實質的法律關係ノ服從セサルヘカラサル屬地法ニ依リテ判決スヘシ而シテ外國ニ於テ開始セル訴訟カ内國ニ於テ開始スル訴訟ト同一ニ看做スヘキヤ如何ナル程度ニ於テ同一ナルヤ此點モ亦同一ノ屬地法ニ依ルヘク決シテ他ノ法律ヲ以テ判斷スヘカラス然レトモ國際法上管轄權ヲ有セサル裁判所ニ於テ訴訟ヲ開始スルトキハ單ニ催告タル效果ヲ有スルニ過キス

破産法

第五十五章

第一、総説

破産手續ノ目的ハ支拂能力ナキ債務者ノ財産ヲ其債權者ニ適法均一ニ分配スルニ在リ而シテ均一分配ハ一國ノ法律ニ依リテ分配スルニ非サレハ其目的ヲ達スルコトヲ得サルハ固ヨリ説明ヲ要セス債務者ノ財産數多ノ領土ニ散在シ之ヲ分配スルニ種々ノ法律ヲ適用セサルヘカラサルトキハ破産手續ノ目的ハ大ニ妨ケラル特ニ債務者カ其財産ノ全部ニ付キ處分權ヲ有スル場合ニハ非常ノ方法ヲ以テ破産手續ヲ開始スル國境外ニ存スル其財産ヲ隱匿スルコトヲ得ヘシ是ニ於テカ伊太利及ヒ佛蘭西學派并ニ獨逸學派(一)ハ近時破産國際唯一主義(Die Theore der internationalen Universalitaet des Konkurses)ヲ唱導スルニ至レリ而シテ此主義ヲ主張スル學説ノ理由ハ甚タ區々タリ其區々ナル所ハ畢竟其根據ノ鞏固ナラサル所以ヲ示スモノナリ即チ或ハ曰ク破産ハ債務者ノ身分(二)ヲ變更セシムル者ナリ故ニ其屬人法ハ

(一)「ベーム」ノ如キ是ナリ

(二) 然レトモ債務者ハ破産ニ依リ未成年者ノ如ク無能力者トナルモノニ

何レノ國ニ於テモ適用セラレサルヘカラスト或ハ曰ク破産ハ管財人ノ委（三）任ノ原因タルモノニシテ其委任ハ外國ニ於テモ亦有效ナラサルヘカラスト或ハ曰ク破産ハ法人ヲ組成スルモノナリト（四）又或學者ハ破産ハ純然タル（五）事實ニシテ其事實ハ破産開始ノ決定ニ依リ確定シ何レノ國ニ於テモ確認ヲ受クヘキモノナリト主張シ或學者ハ破産ノ開始ハ確定裁判トシテ（六）如何ナル場所ニモ有效ノモノナリト説キ或學者ハ破産ハ萬國ニ渉リテ有效ナルヘキヲ至當（希望スヘキコト）トス（七）故ニ之ニ對スル異議ハ當然排却セサルヘカラスト論セリ之ヲ要スルニ破産ノ萬國ニ渉ル效力ヲ認ムルニハ國際條約ニ依リテ内國ノ債權者ノ利益ヲ保護スル保障及ヒ方法ヲ定メサルヘカラス此保障及ヒ方法ナクシテ絶對ニ之ヲ認ムルハ甚タ危險ナリ國際唯一主義ヲ採ル學者モ亦多ク一二ノ制限ヲ附加セリ然レトモ此制限タルヤ實際ノ必要ニ基クモノナリト雖モ之ヲ精究スルトキハ破産ノ國際唯一主義ハ當然ノ適理ナリト云ヘル精神ト大ニ矛盾スルモノナリ

破産ノ唯一主義ハ獨逸破産ノ反對スル所ナリ少クトモ外國ニ於テ開始シ

非ス若シ債務者カ破産ニ因リ處分能力ヲ奪ハルルヲ見テ行爲能力ナキモノト斷スルニ於テハ之ニ適用スヘキ法律及ヒ之ヲ裁判スル裁判所ハ住所ノ法律及ヒ裁判所ニ非スシテ本國ノ法律及ヒ裁判所ナラサルヘカラス

（三）破産管財人ノ權能ハ委任代理人ノ權能ヨリ強大ナル能ハス且破産債務者ト契約ヲ爲シ又ハ之ニ支拂ヲ爲シタル第三者ニ對スル破産ノ效力ヨリ見ルトキハ破産ノ場合ヲ委任ノ場合ト同一ニ論スルハ頗ル妥當ヲ欠ク

（四）此見解ハ獨斷的ニシテ成法ノ上ニ於テモ最モ不當ノモノナリ加之一國ニ於テ此主義ヲ採ルモ外國ハ其法人タル性質ヲ認ムルコト能ハサルヘシ

（五）破産開始ハ事實ヲ確定スルニ止マラス非常ノ強制

タル破產ノ效力ヲ獨逸國內ニ在ル財產ニ及ホス點ニ於テ之ヲ否認セリ是レ第二百七條ニ於テ明ニ外國ニ於テ開始セラレタル破產ノ涉外效力ニ絕對ニ反對シテ破產カ外國ニ於テ開始セラレタル當時外國ニ在ル財產ニ付テモ強制執行ヲ許ス旨規定セルニ由ル(八)立法者ハ務メテ內國ノ破產開始ニ涉外效力ヲ有セシメントノ目的ヲ有セサルヘカラサルハ固ヨリナリト雖モ之ヲ以テ外國ノ破產ニ涉外效力ヲ有セシメサルヘカラスト論スルハ誤レリ此關係ハ猶ホ人ノ行爲無能力ニ關スル規定ト同一ナリ本國ノ立法者ハ務メテ屬人法ノ明規セル行爲無能力ヲ其國民ノ外國ニ於テ爲シタル行爲ニモ及ホサントス然レトモ必スシモ之ト同時ニ外國人ノ屬人法カ其外國人ノ爲メニ定メタル行爲能力ノ制限ヲ內國ニ於テモ效力ヲ有セシメサルヘカラスト表白スルモノニ非ス

破產手續ハ支拂能力ナキ債務者ノ財產ニ對シテ一般執行ヲ爲スニ外ナラス一般執行ハ事物自然ノ理ニ照ストキハ債務者ノ財產ノ中心地即チ債務者ノ住所(九)ニ之ヲ爲スヘク而シテ債務者ノ總財產ニ對スル一般ノ假差押ハ

效力ヲ有スルモノナリ

(六)破產開始ハ係爭權利ノ裁判ニ非ス故ニ之ヲ確定判決ト同視スルハ獨斷的ト謂ハサルヘカラス

(七)此見解ハ完全ト謂フヘカラサルモ稍正鵠ニ近シ

(八)第二百七條第二項ニ同ク此規定（即チ第二項）ノ例外ハ聯邦議會ノ承認ヲ經テ帝國大臣ノ命令ニ依リテ之ヲ定ムト茲ニ所謂例外トハ唯一主義ヲ採リテ外國ノ破產ニ法律ヲ以テ一定ノ國ニ於テモ破產ノ效力アリト認ムル場合ヲ云フニ外ナラス是レ余輩ノ旨ヲ得タルモノナリ又「ホルチエンドルフ」ノ述フルカ如キ報復ノ事ハ第二百七條ニ規定セス

(九)「ワイス」ハ住所地法ヲ認ムト雖

モ破産ノ存否及ヒ之ヲ調査スル方法ハ本國法ニ依リテ決スヘシト說ケリ破産ノ唯一主義ヲ主張スル者モ此場合ニ住所地法ヲ基礎トセリ然レトモ「ワイス」ノ擧說ハ之ヲ實際ニ行フ能ハサルヘシ是レ破産法ハ其大部分強行法ニシテ裁判所ハ殆ント之ニ拘束セラルルヲ以テナリ

當然伴フモノトス假差押ハ債務者ノ其財産ニ對スル處分權ヲ剝奪シテ其管理ヲ公ノ監督ノ下ニ移スモノナリ(管財人等ニ依ル)假差押ハ內國ニ在ル破産財團ノ目的物ニ質權ヲ設定セシムルモ其質權ハ直接ニ唯其內國ニ在ルモノニ限ル然レトモ破産カ外國ニ在ル財産ニ對シテ或條件ヲ以テ必要ノ效力ヲ及ホシ涉外效力ノ結果ヲ間接ニ生セシムルコトハ假差押ノ性質ニ伴フモノナリ唯當然ノ事トシテ破産ノ涉外效力ヲ主張スルハ法律上理由ナキモノト謂ハサルヘカラス

第五十六章

第二、各種ノ問題

第一、破産ノ開始ニハ假差押ノ伴フモノニシテ假差押ハ強制方法トシテ(國際條約、法律又ハ慣習法ニ別段ノ定アルトキハ此限ニ在ラス)內國ニ於テノミ效力アルモノトス故ニ債務者ハ外國ニ在ル財産ハ一時之ヲ有效ニ處分スルコトヲ得然レトモ左ノ場合ハ此限ニ在ラス

(イ)、破産ノ開始後債務者カ外國ニ送致シタル物ハ質權ノ負擔アルヲ以テ之

ヲ取得スルモ所有權移轉スルコトナシ

(ロ)、破産裁判所ノ任設シタル破産管財人ハ債務者カ外國ニ於テ訴訟ヲ爲ストキハ之ニ參加スル權ヲ有ス(一)且外國ニ於テモ其任命ニ基キ外國ニ在ル債務者ノ財産ニ對シテ假差押ヲ爲スコトヲ得(二)債務者ノ財産ヲ外國ノ破産ニ編入スル場合ニハ債權者(就中他ノ國ニ住スル債權者)ハ之ニ異議ヲ申立ツル權ヲ有ス但正説ニ據レハ債權者ノ此權アルハ債權ニ付キ當該財産ノ在ル國ニ於テ裁判藉ノ設定セラレタルトキニ限ルモノトス(三)而シテ此種ノ債權者ハ外國ノ債務者ニ對シテ訴求スルコトヲ得(四)外國ノ法人(株式會社)カ破産シタルトキハ破産開始ニ基キ變更セラレタル代理人ハ外國ニ於テモ亦效力アルモノトス是レ法人ノ組織及ヒ代理ハ住所地法ノミ標準ト爲スヘキモノナレハナリ

第二、破産ハ債務者ノ住所(五)ニ開始スヘキモノトス而シテ債務者カ住所ヲ數個所ニ有シ又ハ數多ノ商事支店ヲ有スルトキハ重ネテ數所ニ破産ヲ開始スルコトヲ得獨逸破産法第二百八條ニ依レハ獨逸國ニ於テ特別破産

(一)千八百八十二年三月二十八日判決(判錄六卷一二五號)

(二)千八百八十五年一月十三日判決(判錄一四卷一一七號)及ヒ千八百八十二年三月二十八日判決(判錄六卷四〇五頁)

(三)此場合ニハ獨民訴二四四(我民訴一七二ニ當ル)ノ如キ裁判藉ハ甚タ必要ナリ然レトモ破産ノ唯一主義ヲ害スルコトアルヘシ外國ニ於テ任設セラレタル管財人カ内國ニ於テ取得シタル物件ハ破産法第二百七條ニ所謂一般債務者ノ財産ト看做スコトヲ得ス判決(判錄一四卷四二五號)

(四)故ニ債務者ニ對スル訴訟ハ外國ノ破産開始ニ依リテ中斷セラルヿナシ千八百八十五年九月二十八日判

決（判錄一六卷七八號）ハ債務者カ訴ヲ爲シタル場合ニハ中斷スルモノトセリ余ハ之ニ服スル能ハス

（五）佛國法ハ特別認許住所ニハ破産開始ヲ許サス又他ノ國ニ於テハ擬制住所ニ於テモ之ヲ許サス故ニ株式會社ニ付テハ之ヲ以テ業務ノ中樞ト爲スコト能ハス定款ニ任意ノ規定ヲ爲スモ敢テ顧ル要ナシ破産法ハ住所地法ニ依リ本國法ニ依ルヘカラサルコトハ一般ニ認ムル所ナリ然ルニ「ワイス」ハ本國法ヲ基礎トセリ然レトモ此說ハ何人モ贊成スル者ナカルヘシ

ヲ開始スルニハ獨逸國ニ營業所存在スルノミヲ以テ足レリトス同條ニ曰ク

債務者カ獨逸國ニ普通裁判籍ヲ有セサルモ其內國ニ在ル財產ニ付テハ其債務者カ製造商業又ハ其他ノ營業ヲ營ム目的ヲ以テ內國ニ業務所ヲ有シ此所ニ直接ニ行爲ヲ締結シタル場合ニハ破產ヲ開始スルコトヲ得債務者カ獨逸國ニ普通裁判籍ヲ有セサルモ內國ニ於テ住家及ヒ農業用建物ノ存スル土地ヲ所有者用益者又ハ小作人トシテ農作スルトキ亦同シ

數層ニ破產ヲ開始スルニハ債權者カ一回ノ特別破產開始ノ申立ノミニテハ其利益ヲ滿足セシムル能ハサルカ爲メ數層ニ其申立ヲ爲スコトヲ要ス而シテ債權ニ因リテ國內ニ特別裁判籍ヲ有スル者ニ非サレハ特別破產ノ申立ヲ爲ス權ナシ同一債權ニ基キ同一ノ債務者ニ對シテ數層ニ破產ヲ求ムルハ法理ノ許ササル所ナリ(英國ノ裁判例ニ依レハ一ノ債權者カ外國ノ破產ニ於テ債權ヲ主張スルモ其得タルモノヲ英國ノ破產財團ニ移付スル

トキハ英國ニ於テ同時ニ開始シタル同一債務者ノ破産ニ加ハルコトヲ許セリ)內國ニ於テ開始シタル特別破産ノ餘剩金ハ外國ニ於ケル破産ノ管理人ノ申立ニ因リ其破産財團ニ引渡スヘシ特ニ債務者カ外國ニ住所ヲ有シ內國ニ眞實ノ住所ヲ有セサルトキニ於テ然リトス

第三、不動産ヲ賣買スル場合ニハ不動産所在地ノ禁令ハ之ヲ遵守セサルヘカラス其他破産裁判所ノ法律ニ規定スル形式モ務メテ適用スルコトヲ要ス

第四、破産裁判所ノ法律ニ定ムルモノ及ヒ所在地法ノ之ニ編入スルコトヲ認許スルモノニ非サレハ破産財團ニ編入スルコトヲ得ス(動産ハ其場所ヲ異ニスル毎ニ之ヲ適用スヘキ法律ヲ異ニスヘキモノトス)

(イ)物權及ヒ第三者ノ物ニ對スル留置權ヲ破産財團ニ編入スル場合ニ付テハ所在地法ニ依リテ判斷スヘシ(六)而シテ其訴訟ヲ管轄スヘキ裁判籍ハ其權利者ニ對シテハ破産カ外國ニ開始セラレタルカ爲メ變更ヲ生スルコトナシ

(六)別除權ハ獨逸ニ於テ開始セラレタル破産ニ於テハ動産ニ付テノミ獨逸破産法ヲ標準トスヘシ

(ロ)、債務者ニ屬セサル物ヲ或原因ニ依リ破産財團ニ編入セント欲スルトキハ破産裁判所ノ法律幷ニ所在地法ニ於テ之ヲ認許スルコトヲ要ス

(ハ)、發送荷物ノ回収權ハ其荷物破産裁判所ノ法律ノ行ハルル領域ニ在リテ最早發送者ノ住所地法ヲ適用スヘキニ非サルトキニ限リ破産裁判所ノ法律ニ依リテ之ヲ判定スヘシ

(ニ)、如何ナル物ハ債權者(管財人)ノ攻擊ヲ免ルルヤノ問題ハ破産裁判所ノ法律幷ニ所在地法ニ依リテ債務者ノ利益ニ解釋スヘシ

第五、破産財團ヲ組成スル債權ト反對債權トヲ相殺スルニハ破産裁判所ノ法律若クハ相殺者ノ反對債權ニ適用スヘキ法律ニ於テ相殺ヲ認許スルコトヲ要ス

第六、破産ニ於テ主張スヘキ債權ノ順位ハ破産裁判所ノ法律ニ依リテ定マル然レトモ(七)質權ニ關係アル特權ハ其質權ノ標準タルヘキ法律ニ依ラサルヘカラス故ニ不動産及ヒ永ク場所ニ附着スヘキ動産又ハ債務者ノ占有セル動産(動産質又ハ假差押ヲ爲シタルモノ)ハ所在地法ニ依ルヘキモノト

(七)千八百八十年二月一日判決(判錄一卷二九號三二二頁)千八百八十五年十一月九日「ダルムスタット」高等地方裁判所判決「ツィフヘルト」四一卷三二三號

ス但此場合ニ質權及ヒ特權ノ有無ハ諸種ノ法律ニ依リテ判定スルコトヲ得(八)(第三十章參照)

破産債權ノ調査(淸算)ハ債權ノ效力及ヒ證據ニ適用スヘキ原則ニ依リテ之ヲ爲ス利息支拂ノ義務モ亦同シ獨逸破産法第五十條ニ規定セル利息ノ制限ハ外國法ニ依リテ判定スヘキ利息ニモ亦適用スヘキモノトス

破産開始前債務者(又ハ第三者)ノ爲シタル法律行爲ニ對シテ破産ノ利益ノ爲メニ取消ヲ爲スハ畢竟破産開始ノ效力ヲ遡及セシメタルモノニ過キス(九)故ニ此取消ハ破産開始ニ適用スヘキ法律(即チ破産裁判所ノ法律)(一〇)ニ依ルヘキモノトス然レトモ取消ヲ爲サスシテ他人ノ財産ニ歸シタルモノニ付テハ債務者カ其住所ヲ變更シ他ノ法律ニ依リテ破産開始セラレタルモ之ヲ理由トシテ取消ヲ主張スルコトヲ得ス返還義務ニ關シテ取消ヲ主張セントスルニハ其支拂ヲ受ケタル者ノ住所地法(一一)カ其取消ヲ認許スルコトヲ要ス(取消ノ物權的效力ニ關スル場合ニハ不動産ニ付テハ所在地法ニ依ルヘシ)又破産開始又ハ支拂停止ニ關スル法律行爲ノ取消ハ其破産開始又ハ支

(八) 千八百六十一年四月十七日「チエルレ」高等地方裁判所判決(「ゾイフヘルト」一四卷二七一號)

(九) 千八百八十八年六月二十八日「スチユツガルト」高等裁判所判決(「ゾイフヘルト」四五卷四四號)ニ曰ク支拂能力ナキ債務者ノ法律行爲チ取消ス債權者ノ權ハ强制執行チ擴張シタルモノニ過キスト

(一〇) 千八百八十六年七月六日判決(判錄一六卷一三號)千八百八十八年四月十日判決(判錄二一卷五號二二頁以下)

(一一) 數多ノ學者ノ

拂停止カ外國ニ於テ生シタルト內國ニ於テ生シタルトヲ論セス之ヲ一ノ事實ト看做シ同一ノ效果ヲ附セサルヘカラス故ニ外國ニ於テ爲シタル支拂停止ハ其後ニ及ヒ內國ニ於テ開始シタル特別破產ニモ效力ヲ及ホスモノトス

第七、破產ニ於テ債務者ニ與ヘタル免除又ハ期限[一二]直接ニ裁判所ノ決定ニ依ルト協諧契約ヲ以テシタルトヲ問ハス)ハ正說ニ據レハ實質上破產裁判所ノ法律ヲ適用スヘキ債權[一三]ニ限リテ破產ニ加入シタル債權者配當ヲ受ケタルコトハ必要ノ條件ニ非ス[一四])ニ付テノミ涉外的ノ效果ヲ有ス免除(及ヒ期限)ハ外國ニ於テ開始セラレタル特別破產[一五]ニ付テハ何等ノ效果ヲモ生スルコトナシ債務者ハ住所ヲ變更スルモ之カ爲メ既得ノ免除ハ喪失スルコトナシ然レトモ外國ニ於テ破產ヲ爲シタル塲合ニ於テハ其後住所ヲ變更スルモ新住所ノ法律ヲ之ニ及ホスコトヲ得ス[一六]債務者ノ假猶豫ハ(債權者多數ノ決定ニ基キテ爲スモノ)破產開始ヲ假ニ忌避シタルニ外ナラス故ニ債權者カ之ニ承諾ヲ與ヘサル限ハ涉外效力ヲ有スルコトナシ但之ヲ法律カ破

說ニ據レハ犯罪ニ關スルヲ以テ取消スヘキ行爲地法ニ依ルヘシト然レトモ近世ノ法律ハ取消ヲ爲スニ必スシモ故意ノ存スルコトヲ必要トセス

(一二) 惡意期間ハ期限ノ一種ナリ

(一三) 千八百八十四年十二月十一日判決(判錄一四卷二五號四一一頁)

(一四) 千八百八十七年、六月十三日帝國高等商事裁判所判決(「ゾイフヘルト」二一六卷一號)

(一五) 千八百八十八年三月二十日判決(判錄三卷三三號一〇頁)千八百八十九年五月十八日判決(判錄二四卷二四號三八七頁)

(一六) 千八百六十九年十月二十九日伯林高等地方裁判所判決(「ゾイフヘルト」二三卷二四號)及ヒ千八百八十六年三月三十一日「ブラウンシユワイヒ」高等地

方裁判所判決（「ゾイフヘルト」三八卷三三六號）破産財産ノ單純ノ推定ハ渉外效力ヲ有セス

（一七）獨逸破産法第二百七條ニ曰ク外國ニ於テ破産手續ヲ開始セラルルトキハ内國ノ手續ヲ開始スルニ當リ支拂無能力ノ有無ニ付キ別段ノ證據ヲ要セスト

産準備ノ方法トシテ規定シタル場合ニハ破産開始ト同一ニ渉外効力ヲ有ス

和解ニ因リ破産債權ヲ減スル場合ニ其和解ニ對シテ異議ヲ申立ツルトキハ破産裁判所ノ法律ニ依リテ之ヲ判斷スヘシ

内國ノ法律カ破産開始ノ事實トシテ規定スル事實ニシテ内國ニ於テ發生シタルトキハ内國ニ於テ破産ヲ開始スルコトヲ得而シテ其開始前既ニ外國ニ於テ破産ヲ爲シタルモ敢テ妨ケラルルコトナシ

第八、外國ノ破産開始ハ之ヲ事實ト看做スヘキモ破産開始ニ因リ債務者ノ受クヘキ權利能力ノ制限ハ破産カ經濟上ノ目的ヲ害セサル限ハ外國ノ破産開始ニ依リテモ發生スヘキモノトス（但内國ノ破産開始ト同一ノ效力ヲ及ホスヘキモノトス）而シテ外國ノ破産開始ヲ以テ事實ト看做スモ妨ナシ（一七）破産開始ニ因リ受ケタル權利能力ノ制限ニ對シテ復權ヲ求ムルニハ破産開始ノアリタル國ノ裁判所ニ申請セサルヘカラス

第九、外國人モ其債權ヲ主張スルニ付テハ内國人ト同等ナリ但報復ノ場

合(一八)及ヒ上段第二ニ掲ケタル如ク同時ニ外國ノ破産ニ於テ其債權ヲ主張スル者ハ此限ニ在ラス

領事裁判權ハ完全ナル地ニ於テハ領事裁判所ハ其領事ノ代表スル國ノ臣民ニ付キ破産裁判所ナリトス(一九)其他數多ノ領事條約ニ於テハ領事ニ其國ノ失踪者ノ破産ニ參與スル權ヲ賦與セリ(二〇)

終ニ尚ホ注意スヘキコトアリ千八百八十年「チユリン」ニ於ケル伊太利國際法會議ハ破産ノ渉外主義ヲ是認シタリ然レトモ唯商人ノ破産ノミニ付テ之ヲ是認シタルナリ而シテ同會議ハ破産開始ヲシテ他國ニ於テ十分ナル效力ヲ有セシムルニハ他國カ特ニ其執行ノ宣告ヲ爲ササルヘカラスト爲シタルカ故ニ益ゝ渉外主義ヲ薄弱ナラシメタルモノト謂ハサルヘカラス(二一)

(一八)獨逸破産法第四條

(一九)千八百七十九年七月十日領事裁判法第十四條及ヒ千八百八十五年十二月二十日獨逸國及ヒ「ツアンチバル」ノ「ズルタン」人間通商條約第十八條參照

(二〇)獨逸國及ヒ「ペルシヤ」間千八百七十三年六月十一日通商條約第十四條參照

(二一)千八百六十九年佛國及ヒ瑞西國間ノ共助條約モ亦之ニ類ス

第二編　刑法及ヒ刑事訴訟法

國際刑法

第五十七章

國際刑法ノ意義及ヒ總說

國際刑法（一）トハ罰スヘキ行爲ヲ罰スル各國ノ刑罰權ノ管轄及ヒ各國カ刑罰權ヲ行使スル際相互ニ爲スヘキ法律上ノ共助ニ關スル原則ノ謂ナリ而シテ其各國ノ刑罰權ニ關スル原則ト各國ノ法律上ノ共助ニ關スル原則ニ於ケル關係ハ猶ホ國際民事訴訟法カ國際民法ヲ基礎トセサルヘカラサルカ如シ然レトモ法律上ノ共助ニ關スル原則ニ付テハ國際刑法ニ關スル原則ニ比シテ學說ノ差異甚タ尠キヲ見ル蓋シ國家カ其領域內ニ於テ生シタル犯罪行爲ヲ罰スル管轄權ヲ有スルコトハ世間一般ニ認ムル所ニシテ且實際ノ必要上此原則ヲ是認セサルヘカラサルヨリ未タ完全ノ法制ヲ搆成セスト雖モ假ニ國際共助ナル法制ヲ確定セシメタルニ由ルヘシ若シ夫レ國

（一）「マルチッツ」曰ク國際刑法（internationales Strafrecht）ナル語ハ最モ適當ナリ之ニ優ル語ハ今日未タ發見セラレスト此說或ハ然ラン然レトモ「マルチッツ」ハ猶ホ進ンテ國際刑法ハ刑法ニシテ國際法ニ非ストテ云ヘリ此點ニハ贊成スルコトヲ得ス國際刑法ハ諸法ノ法域ヲ定ムル場合ニハ刑法上及ヒ國際法上ノ兩方面ヨリ觀察ヲ下ササルヘカラサルコトアリ

際刑法ノ主義ノ差異ニ至リテハ各國ノ法律ニ依リテ之ヲ詳論セサルヘカラス而シテ各國ノ法律ニ採用セル主義ノ結果ヲ逐一說明スルハ簡易ヲ目的トスル此小冊子ノ爲ス能ハサル所ナリ依リテ已ムコトヲ得ス一國ノ法律ノミニ付テ之カ結果ヲ示サン但本書ハ獨逸國ニ於テ發行スヘキモノナレハ其所謂一國ノ法律ハ獨逸國ノ法律ヲ選定スルヲ當然ナリト信ス

第五十八章

國際刑法總則（諸學說）

第一、甲國ノ領域内ニ於テ罰スヘキ行爲（其罰スヘキ行爲ナルヤ否ヤハ甲國ノ見解ニ依リテ定マル）ヲ犯シタル者アルトキハ甲國ハ之ヲ罰スル管轄權（一）ヲ有スルコトハ前章ニ於テ述ヘタルカ如ク一般ニ承認スル所ナリ（屬地主義）(Territorialitaetsprinzip)此主義ハ英國及ヒ北米洲ニ於テハ普通法上絕對的ニ行ハルヘキ原則トシテ採用シ佛國及ヒ獨逸國ニ於テモ往々此思想ヲ懷ク學者アリ（二）然レトモ若シ此主義ノ如ク刑法ノ管轄ニ付テハ領域地ナルモノカ法律上ノ基礎タラサルヘカラサルトキハ犯罪行爲カ甲國ノ領地外

（一）茲ニ所謂管轄權ハ一國内ノ裁判所ノ管轄權ト區別スルヲ要ス一國内ノ裁判ノ管轄權ニ付テ論スル場合ニハ其國ノ管轄權ハ既ニ定マル者ナリ中世及ヒ十八世紀前ニ於テハ此區別ヲ認メサリシ羅馬ニ於テハ刑法ハ唯羅馬人ニノミ適用スヘキモノト看做シタリ羅馬カ世界ヲ支配スルニ及ヒテハ其固有刑法ヲ一般ニ適用シ外國ノ臣民ニ對シテモ

盖シ又斯ノ如クナリキ而シテ戰法ニ及國際公法ハ任意ニ適用シタリ中世紀ノ始ニ於テハ公ノ刑ニ付テハ專ラ行爲者ノ法ヲ適用シ賠償金ニ付テハ被害者ノ法ニ依リ他ノ賠償方法ハ時トシテハ被害者ノ法時トシテハ加害者ノ法ヲ適用シタリ第九世紀以來漸次犯罪地法行ハレタリ

（三）例ヘハ「アベッグ」、「ケストリン」ノ如シ

ニ於テ實行セラレタルトキハ甲國ハ管轄ナシト謂ハサルヘカラス故ニ獨逸學者ハ甲國カ其領地內ニ於テ犯罪行爲ノアリタルトキ他ノ原因例ヘハ犯罪者ノ犯罪後立入リタル國カ其犯罪者ノ本國ナルカ爲メ之カ引渡ヲ承認セサル等ノ原因ニ由リテ刑罰權ヲ行フコトヲ得サル場合ニ於テハ代理刑罰權ナルモノヲ認メサルヘカラスト說ケリ

屬地主義ハ絕對ニ行ハルヘキ原則ノ如ク主張スル者アリト雖モ實際ニ於テハ往々諸國ノ法律ノ認メサル所ナリ英、北米ノ普通法ニ於テ國事犯ノ場合ニ於テハ既ニ例外ヲ認メリ加之近世ノ法律ニ於テハ往々重罪犯ハ其臣民カ領地外ニ於テ犯シタル場合ニモ猶ホ英國ノ刑法ヲ適用スルコトヲ認メタリ又英、北米派ノ學者モ「ハルレク」、「フヒルモアー」、「ワルトン」ノ如キハ絕對屬地主義ヲ以テ不完全ノモノト看做シ甚シキニ至リテハ此主義ハ數多ノ例外ヲ認メサルヘカラサルヲ以テ國際法上ノ原則ト爲スニ足ラスト主張セリ

各國ハ其領地內ニ於テハ絕對ノ刑罰權ヲ有スルハ論ヲ俟タス然レトモ之

ヲ推シテ各國ハ其領地內ニ非サレハ刑罰權ヲ有スルコトナシト論スルヲ得ヘキヤ否ヤ領地內ノ刑罰權ハ獨立ノ原則ニ非スシテ他ノ尙ホ廣キ原則ノ適用結果ニ非サルナキカ

屬地主義ハ違警罪ト稱スル一地方限リノ輕罪ニ付テハ絕對ニ行ハルヘシ即チ外國ニ於テ犯シタル違警罪ハ其犯罪者又ハ加害者カ內國人ナル場合ト雖モ通常之ヲ訴追セサルモノトス然レトモ境界線ニ於テ犯シタル違警罪ハ猶ホ此原則ニ例外ヲ生ス特ニ違警罪ニ於テ法律上ノ共助ナルモノナキ場合又ハ內國人カ外國ノ境土ニ於テ犯シタル違警罪ヲ訴追スルコトナクンハ警察上ノ秩序ヲ維持シ又ハ所有權ノ小侵害野外及ヒ森林犯）ニ對スル保護ヲ完フスルコトヲ得サル場合ニ於テ然リトス

第二、純然タル屬地法ヲ棄テ之ニ屬人主義（Personalitaetsprinzip）ヲ聯結スル學者數多アリ其說ニ曰ク甲國ハ其臣民ニ對シテハ外國ニ駐在スルトキト雖モ猶ホ甲國ノ刑法ニ服從セシムル義務ヲ課スル權アリ然レトモ甲國ノ刑法カ乙國ノ法律ニ於テ認許セル行爲ヲ罰セル場合ニハ乙國ハ甲國カ乙國ニ駐在セル臣民ニ甲國ノ刑法ヲ適用セントスルトキ異議ヲ提起スルコトヲ得ヘシ故ニ或範圍內ニ於テハ甲國ハ乙國ノ風俗及ヒ慣習ヲ重シテ乙國ニ駐在スル內國人カ乙國ニ於テ或行爲ヲ爲シタルモ乙國ノ法律ニ於テ之ヲ罰セス又ハ自國ノ刑法ヨリハ輕キ刑ヲ科スル場合ニハ之ヲ無罪トシ又ハ刑罰ヲ輕減スルヲ要ストス屬人主義ハ其源ヲ住所ノ裁判籍ニ酌ムモノニシテ刑事ニ付テノ住所ノ裁判籍ハ既ニ中世ニ於テ歐洲大陸ノ一般ニ認ムル所ナリ然レトモ內國人カ外國ニ於テ重罪ヲ犯シタル場合ニ內國カ之ヲ罰スルハ國際公法ノ義務ナリト主張スルニ至リテハ之ヲ正當ト謂フヘカラス（三）

第三、物件主義（四）(Realprinzip) 物件主義ハ一ニ保護主義(Schutzprinzip)ト云ヒ近世ニ至リテハ伊國及ヒ獨逸國ノ學者ノ辯護スル主義ナリ此主義ニ據レハ國家ハ其保護スル所ノ法益（五）(Rechtsgut)（寧ロ利益(Interesse)ト云フヲ可ト爲ス）ハ亦其國ノ刑法ヲ以テ保護スル權利及ヒ義務アルモノトス詳言セハ國家ノ刑法上ノ管轄ハ行爲ノ場所又ハ犯罪者ノ國籍ヲ以テ決スヘキニ非スシテ

（三）一二ノ學者例ヘハ「ホイエルバハ」ハ屬人主義ニ制限ヲ加ヘテ曰ク內國人カ外國ニ於テ犯罪ヲ爲シタキハ之ニ依リ內國人又ハ內國ノ傷害ヲ受ケタル場合ニ限リ之ヲ罰スヘシト此說ハ第三ノ下ニ揭クル保護主義ト

被害者ノ誰タルヤノ問題若クハ被害者ノ在ル地ニ依リテ之ヲ定ムヘキモノトス尚ホ他言ヲ以テ之ヲ云ヘハ國ノ刑罰權ハ國家其者又ハ其臣民ノ或者又ハ其領土ニ在ル人若クハ物カ或行爲ニ依リ害ヲ受ケタルトキ又ハ國際法上ノ法産ヲ保護スヘキトキ(六)例ヘハ海賊ニ對シテ一般ノ海上交通ヲ保護スヘキトキ等ニ於テ發生スルモノナリ現行獨逸刑法ニ於テ或國ノ通用貨幣僞造ヲ罰スル理由ヲ解スル者ハ獨逸國法第四條第一號ニ因リテ是レ國際法上ノ法産ヲ害シタルニ由ルト云ヘリ

物件主義ト第二ニ述ヘタル屬人主義ト聯結セシムルコトアリ即チ外國ニ於テ犯シタル總テノ犯罪ニ因リ內國人ヲ罰スルハ(七)即チ此聯結ヨリ來ル結果ナリ此聯結ハ國際私法ノ唯一主義ヲ排却スルニ於テハ學理上必スシモ許スヘカラサルニ非ス然レトモ或學者ノ如ク屬人主義ヲ以テ保護主義即チ物件主義ノ結果ト爲シテ此聯結ヲ說明セントスルハ當ヲ得タルモノニ非ス(八)

物件主義モ亦非難ナキ能ハス假令國家ハ其臣民又ハ其資産ニ對シテハ外

同時ニ論駁スヘシ

(四)「ピンヂング」ノ所謂內國ノ法産ハ其範圍ニツアルカ如シ即チ一ハ一國內ニ在ル權利ノ目的物全体ヲ云ヒ一ハ內國及ヒ內國人ニ屬スル權利ノ目的物全体ヲ意味セリ蓋シ「ピンヂング」ハ內國ニ屬スルモノト內國ニ在ルモノトヲ同視シタルナリ此主義ハ被害者ノ側ヨリ觀察シテ受働的屬人主義(passives Schutzprinzip)ト謂フモ可ナリ但斯ク名ツクルトキハ第二ノ主義ハ自働的屬人主義(actives Schutzprinzip)ト稱スヘシ

(五)法産ノ意義ハ曖昧ナリ其例ハ「リスト」ノ援用スル例ノ如キハ甚タ適當セス

(三)法産ナル語ヲ以テ利益ヲ意味スルモノトスルトキハ國境外ニ於テ若

國ニ在ルトキト雖モ尙ホ保護ヲ與フル權利及ヒ義務アリト雖モ其保護ハ必スシモ刑法上ノ保護ナラサルヘカラサル理ナシ加之物件主義ハ之ニ非常ノ制限ヲ附スルニ非サレハ遂ニ國際公法ト衝突スルヲ免レス物件主義ニ據レハ甲國ノ刑法ハ其國及ヒ國民ノ利益ヲ保護スル程度ニ於テ乙國ノ領域ニ於テモ乙國ノ臣民及ヒ乙國ニ駐在スル他國民ニ適用セサルヘカラス果シテ然ラハ甲國ノ刑法ハ乙國ノ刑法ニ於テ禁セサルコト又ハ命セサルコトヲ禁シ又ハ命スルコトヲ得ヘシト論セサルヘカラサルヲ以テ其結果甲國ハ乙國ニ在ル總テノ者ニ對シテ行爲ノ規則ヲ規定スル權ヲ有スルカ如ク主張セサルヘカラス故ニ保護主義即チ物件主義ハ他國ノ領土主權ヲ害スルニ非サレハ之ヲ貫徹スルコト能ハス物件主義論者ハ往々制限又ハ除外例ヲ設ケテ此衝突ヲ避ケントス然レトモ物件主義ノ基礎ヨリ之ヲ論スルトキハ此等ノ制限ハ寧ロ擅恣ノ業ニシテ物件主義其者ト相容レス即チ私ノ犯罪（一國ノミ犯罪ト認メ他國ハ犯罪ト爲ササルモノ）ニ付テハ行爲地ノ法律ニ於テ刑ナキトキハ被害者ノ本國ノ法律ニ對シテモ無刑ノ效

クハ其近傍ニ於テ謀殺ノ行爲アルヲ其被害者カ外國人ナルトキハ内國人ノ謀殺セラレタル塲合ヨリハ身体生命ノ保全ニ關スル利益ハ害セラルルコト尠シト謂ハサルハカラス而シテ外國ニ於テ外國人カ詐欺ニ係リタル塲合ハ内國法規ノ安全ヲ非常ニ害セラレタリト謂ハサルヘカラス

（七）舊獨逸刑法ハ多ク斯ノ如シ

（八）「ビンヂング」ト反對セリ

果ヲ生スト主張スルカ如キハ其主義ノ一部ヲ廢棄シタルモノニ外ナラス是レ國家カ其法律ニ依リ保護ヲ加フヘキトキハ其保護ハ他國ニ於テ保護セサル場合ト雖モ決シテ廢スルコトヲ得ス寧ロ斯ノ如キ場合ニ於テハ一層其保護ノ義務ヲ盡ササルヘカラサルモノナレハナリ（九）

第四、唯一主義又ハ萬國法主義（一〇）(Universalprinzip od. Prinzip der Weltrechtspflege)

此主義ニ據レハ各國ハ犯罪ノ方法如何ヲ問ハス又何人カ之ヲ犯スト何人ニ對シテ犯スト論セス苟モ罰スヘキ行爲アルトキハ總テ之ヲ罰スル權アリ尤モ各國ハ或範圍內ニ於テ此權ヲ拋棄スルコトヲ得就中其權ヲ拋棄シテ犯罪者ヲ直接ノ利害關係ヲ有スル國ニ引渡スコトヲ得此主義モ亦行爲ノ地ニ行ハルル法律ハ之ヲ尊重シテ通常其地ニ行ハルル寬ナル刑法又ハ免刑ノ規定ハ犯罪者ノ利益ニ何地ニ於テモ效力アルモノトセリ此主義ハ「ヘルシユネル」及ヒ近頃ニ至リ「ブルザー」（一一）ノ主張セル屬地主義ト相類ス「ヘルシュネル」ハ曰ク外國ニ於テ犯シタル犯罪ニシテ我法律ヲ以テ罰スヘキモノハ其犯罪者カ內國ニ駐在スルトキハ內國ニ其存在ヲ有スルモ

（九）「ビンヂング」曰ク此場合ニハ內國ハ外國ニ於テ先ツ着手センコトヲ希望ス故ニ自ラ罰ヲ課セスト

（一〇）「マ井エル」ハ聯合法規主義ヲ主張シ世界法主義ト區別アルモノノ如ク說明セリ然レトモ世界法主義モ各國ハ何レノ地ニ於テ犯行アルモ總テ之ヲ所刑スヘシトハ謂ハス其刑罰權ハ適當ノ制限ヲ附シテ行使セサルヘカラスト說ク故ニ「マ井エル」ノ聯合法規主義ト別個獨立ノ主義ト謂フヲ得ス

（一一）法律屬地主義ハ保護主義ヨリ超脫シタルモノナリ即チ曰ク犯罪ヲ罰スル點ニ於テ利

益ナ有スル國ハ之チ罰スル權アリ故ニ國事犯チ罰スル權ハ其犯罪ノ目的タル國ニノミ專屬ストシ而シテ其犯罪地ノ國ノ處罰權ニ付テハ大ニ之チ爭ヘリ

ノナラサルヘカラスト「ブルザー」ハ曰ク行爲ハ未タ處罰セラレサル間ハ其行爲者ニ伴フテ移轉旅行スルモノナリト內國ノ刑法ハ專ラ屬地主義ヲ採リ更ニ萬國法主義ノ基礎ヲ酌マサル場合ハ外國ニ於ケル行爲ニ付キ內國ノ刑法侵犯ヲ以テ論スルハ誤謬タルコト明カナリ例ヘハ甲カ乙ノ隣家ニ於テ猥褻ノ行爲ヲ爲シタルモ其隣人敢テ之ヲ咎メサル場合ニハ乙ハ甲ノ行爲ヲ以テ自家ノ家憲ヲ紊乱シタルモノト謂フヘカラサルカ如シ固ヨリ隣國ニ於テ重罪ヲ犯シタル者カ我領土ニ入リ平然捿息スルコトヲ得ルトキハ或ハ場合ニ依リ我國民ノ感情ヲ害シ又其利益ヲ損スルカ如ク見ユ加之斯ノ如クンハ警察上ノ取締甚タ曠廢スル觀ナキニシモ非ス然レトモ外國ニ於テ爲セル行爲者ヲ捕ヘテ我領域ニ於テ犯罪ヲ爲シタリト謂フニ至リテハ用語上ニ於テモ論理上ニ於テモ其不當ナルコト固ヨリ辯ヲ俟タス蓋シ犯罪者カ我領土內ニ刑ヲ受クルコトナクシテ滯留スルコトヲ許サザルハ夫ノ思想的屬地主義ノ精神ヲ酌ミタルニ非ス(一二)唯國際上ノ實際ノ事實ニ背カサラシメントト欲シテ單ニ其主義ヲ附加セルノミ即チ犯罪地ノ國ニ

(一二)「マルチッツ」ハ其著書第百九頁ニ於テ屬地主義チ

毆擊セリ然レトモ第百十四頁ニ於テハ自ラ曰ク一定ノ國ニ立入リタル者ハ其國ニ於テ爲シタル罪惡ニ付キ責任ヲ負ハサルヘカラスト

モ非ス犯罪者ノ本國ニモ非ス又被害國ニモ非サル國カ犯罪者ヲ罰セントスルモ事實上犯罪者ヲ引渡スモノナキヲ以テ斯ノ如キ處分ヲ執ルニ過キス

萬國法主義モ上段說明ノ如クンハ遂ニ信スルニ足ラサルヲ以テ余輩ハ他ニ此主義ノ論據ヲ發見セサルヘカラス而シテ「フーゴー、グロチユース」及ヒ「エル、フオン、モール」等ノ主唱セル所ハ簡易ニシテ且其當ヲ得タルモノノ如シ此等ノ說ニ據レハ重罪ハ總テ開明國ニ於テ一樣ニ罰スヘキモノナリ刑罰權ハ各國ノ創設スヘキモノニ非スシテ各國ニ移轉スヘキモノナリ（少クトモ各國カ擅恣獨斷ノ命令及ヒ禁令ヲ以テ刑罰ヲ創設シタル場合ノ外ハ然リトス）各國ノ刑罰權ノ管轄區域ハ唯各國カ自國ノ利益ヲ顧ミテ爲シタル制限ニ過キス故ニ各國ハ自ラ至當トスルトキハ任意ニ其制限ヲ解クコトヲ得近世ニ至リ萬國法主義ヲ主張スル者就中獨逸學者ハ多少權利主義ニ傾キテ最モ善ク犯罪ノ事實ヲ確定審理スルコトヲ得ル國家（即チ犯罪ノ在リタル領土ヲ支配スル國又ハ犯罪者ノ本國）カ之ヲ罰スル職務ヲ有スルモノナリトノ見解ヲ採レリ而シテ此主義ニ贊同スル一部ノ者ハ又同時ニ引渡ハ刑事行政上ノ行爲ナレハ(少クトモ補助的ニ)罰スル權ヲ有スルニ非サレハ引渡ヲ爲スコトヲ得スト主張セリ又此說ニ據レハ萬國法主義モ制限アリテ罰スル國ニ對スル國事犯ヲ除ク外ハ行爲ノ場所ニ行ハルル寬ナル刑法又ハ行爲地ニ行ハルル無刑ノ制度ハ被告人ノ利益ニ適用セサルヘカラスト云ヘリ尤モ此點ニ付テハ學者中多少異論ナキニ非ス

今假ニ開明國ハ總テ刑法ノ或規定ニ於テ萬國法主義ヲ採リ或行爲ヲ罰スルコトヲ認メサルヘカラストスルモ罰スヘキ非行ニ對スル制裁權ハ成法及ヒ歷史ニ依ルニ非サレハ各自ノ國ニ移轉セサルヘキヲ以テ漫然其權利ヲ行使スルコトヲ得ス隨ヒテ犯罪地又ハ犯罪者ノ國籍ヲ以テ刑罰權ノ原則トナサスシテ單ニ犯罪地又ハ犯罪者ノ國籍ノ法律カ犯罪者ニ取リテ利益タル程度ニ於テノミ之ヲ適用スヘシトノ理由ヲ以テ其權利ヲ行使スルカ如キハ之ヲ正當ト謂フヘカラス萬國法主義派ハ利益ノ點ヨリ極メテ諸種ノ制限ヲ認メタリ然レトモ此制限タルヤ各國ノ世界的刑罰權ヲ認ムル點

ト全ク矛盾スルモノナリ又罪人引渡ハ其引渡ヲ為ス國カ之ヲ罰スル權ナキトキハ不法ナリト論スル如キハ畢竟實際上ノ必要ト背馳スル點ヲ基礎トシテ引渡權ノ性質ヲ說明セントスルモノナレハ固ヨリ贊同スヘキニ非ス（一三）

各國ノ刑罰權ニ正當ノ境界ヲ附スルニハ以上ノ如ク領土、人又ハ物ニ依リテ制限ヲ附セス單ニ左ノ如ク論定スルヲ最モ善シトス

各國ハ如何ナル方法ニ依ルト如何ナル人ニ對シテ犯スト又如何ナル人カ之ヲ犯ストヲ論セス苟モ犯罪ヲ為シタルトキハ之ヲ罰スル權利ヲ有ス但其刑罰權ハ國際公法ノ原則（一四）及ヒ刑法ノ原則ニ背馳セサルコトヲ要ス（一五）

然リ而シテ其罰ヲ科スル國カ罰スヘシト認ムル行為ヲ其領地內ニ於テ犯シタル者アルトキ之ヲ罰スルハ治外法權ノ關係存スル場合ノ外ハ國際公法ノ禁セサル所ニシテ亦刑法ノ原則ニ背馳スル所ナシ國家ハ其領地內ニ於テハ駐在ノ外國人モ亦遵奉セサルヘカラサル一般ノ法規ヲ定ムルコト

（一三）近來余ヲ以テ萬國法主義ノ辯護者ト為ス者アリ即チ「マルチッツ」及ヒ「リスト」ノ如キ是ナリ然レトモ是レ冤罪ナリ余ハ余カ千八百六十二年著シタル國際私法及國際刑法ニ揭ケタル範圍ヲ出テハ各國ニ刑罰管轄權ヲ認ムルコトヲ欲セス何ヲ苦メテ萬國主義ヲ認メンヤ

（一四）「マルチッツ」ハ其著書第四十三頁ニ於テ領土內ニ於テ犯シタル犯罪ヲ罰スル權ハ國際公法上擴張スルヲ許サスト說ク此點ハ可ナリ然レトモ各國ハ犯罪者ヲ事實上其權力ノ下ニ收メタル場合ニ限リ之ヲ罰スルコトヲ得但其國カ之ヲ罰スルニ付キ利益ヲ有スルコトヲ要スト說クニ至リテハ之ヲ誤解ト謂ハサルヘカラス此原則ヲ無限ニ過用センカ國際上ノ葛藤ヲ免レサルヘシ

（一五）千八百八十三年「ミユンヘン」國際會議ノ議論ヲ參照スヘシ

ヲ得ヘシ就中其法規ヲ定ムルニハ他ノ容喙ヲ要ヰスシテ自國ノ意見ノミニ依ルコトヲ得ル權ナカルヘカラス若シ此權ナクンハ國家ハ其領地內ニ於テモ主權者タルコトヲ得サルモノナリ固ヨリ國家ハ特別ノ場合ニ限リ例外トシテ外國人ニ法律ノ不識ヲ許スコトヲ得然レトモ通常ハ外國人ヨリ外國人ニ密接ノ關係アル例外法ハ告知セラレンコトヲ求メサルヘカラス而シテ他ノ國モ其處罰ニ付キ異議ヲ提起スルコトヲ得ス自國カ他國ノ臣民ニ對シテ施行セントスル事項ハ他國ニ駐在スル自國ノ臣民ニ對シテモ效力アラシメサルヘカラス

外國ニ於テ本國ノ刑法ニ違反スル行爲ヲ爲ス內國人ニ本國ノ刑罰權ヲ及ホスヘシトノ說ハ直チニ國際公法及ヒ刑法ノ原則ニ背馳スルモノト論スルコトヲ得ス一國カ自國ノ臣民ニ對シテ自國ノ領地內ニ於テ不當ノ取扱ヲ爲シタル場合ニ他國ハ參加又ハ抗議ヲ爲ス權ナシ一國カ其外國ニ駐在スル臣民ニ其刑法遵由ノ義務ヲ課シ其本國ニ皈來スルヲ俟チテ之ヲ罰スルトキ之ヲ國際公法上ノ違法ノ處置ト謂フハ其當ヲ得タルモノニ非ス凡

ソ內國人タル者ハ外國ニ在リテモ其本國ノ文明及ヒ自己ノ發達ノ淵源タル道德上及ヒ法律上ノ基礎ハ之ヲ熟知セルモノトノ推定ヲ受ケサルヘカラス故ニ內國人ハ專ラ本國法ヲ適用シテ罰スヘシトノ論ハ之ヲ正當ト謂フニ足ラン然レトモ是レ決シテ本國ノ刑罰權ノ擴張ヲ以テ說明スヘキモノニ非ス外國ニ於テ行爲ヲ爲シタル內國人ニ付テハ寧ロ其行爲地ニ行ハルル寬ナル法律ヲ適用スルコトヲ得ヘキノミナラス公平ノ點ヨリ論スルトキハ却テ之ヲ適用セサルヘカラサルモノナリ特ニ行爲地ニ於テ認許セル無刑ノ行爲ニ付テハ行爲者ノ本國ニ於テモ處罰セラルルコトナキヲ保障セサルヘカラス內國人ノ駐在セル國ニ於テ他ノ者ハ敢テ行爲自由ノ制限ヲ受ケサルニ內國人ハ本國ノ法律ニ依リ其自由ヲ制限セラレ又內國人カ外國ニ於テ爲シタル犯行ニ付テハ他ノ者カ其地ニ於テ其者ニ對シテ爲シタル犯行ヨリ多ク賠償ノ責ニ任セサルヘカラストスルトキハ之ヲ酷薄ト謂ハスシテ何ソヤ然リト雖モ公平主義ノ原則ニ於テモ亦決シテ例外ナシトセス例ヘハ內國人カ外國ニ於テ重婚ヲ爲シタル場合ノ如シ（千八百六

十二年ノ英國法(24 et 25 Vict., c. 100, s. 17 參照)特ニ其行爲地ヲ領スル國カ其行爲ヲ以テ外國ニ關スルノミニシテ自國ニ傷害ヲ受ケストノ理由即チ本國政府又ハ本國ノ皇室ニ關スル行爲ナリトノ理由ヲ以テ之ニ無刑ヲ宣告シ又ハ寛刑ヲ課シタル場合ノ如キハ例外ニ屬ス(一六)然レトモ或行爲ヲ以テ罰スヘキモノト做ス立法上ノ理由ハ行爲者ニ對シテ重要ノモノニ非ス故ニ行爲地ニ於テ行爲ヲ罰スル理由カ本國ノ法律ノ理由ト異ナルト否トハ之ヲ顧ル必要ナシ千八百八十二年一月九日及ヒ千八百八十四年帝國裁判所判決、刑判錄五卷四二四頁及ヒ九卷一一一號三八〇頁參照)

法ノ寛嚴ハ犯罪者ノ利益ノ點ヨリ觀察セサルヘカラス故ニ各國ノ法典カ各個ノ場合ニ採ル結果ニ因リテ判定スヘキモノトス猶ホ一國ノ法律カ變更セラレタル場合ニ於テ新舊何レヲ以テ寛嚴ノ法ト爲スヘキカヲ決スルカ如シ而シテ主權ノナキ野蠻國又ハ法律アリト雖モ其刑罰法ハ以テ開明國ノ臣民ニ適用スヘキ限ニ在ラサル未開國ニ於テ行爲アリタルトキハ屬

(一六)英國法ノ示ス如クンハ親族權ニ對スル犯罪ニ就テハ此主義ニ例外チ認メ行爲地法ニ於テ其無罪チ認ムル場合ニハ犯罪者ノ本國法ニ於テモ其無罪ナリト謂フヘキヤ否ヤハ判然セス

人主義ニ非サレハ適用スヘキモノナシ然レトモ裁判官ハ宜シク其主義ヲ變体シテ行爲ニ付キ判斷ヲ下スラ其風俗及ヒ開明國ノ關係ト異ナル情況ヲ公平ニ斟酌セサルヘカラス然ラサレハ非常ノ酷薄ニ陷リ遂ニ其地ノ處罰ハ之ヲ拋棄セサルヘカラサル結果ヲ呈スヘシ佛國法（千八百六十六年六月廿七日ノ法律第八條）ニハ佛國人カ佛國ノ領地外ニ於テ犯シタル重罪ハ行爲地ニ於テ罰セサルモ猶ホ之ヲ罰スヘシ但民事ノ不法行爲ハ行爲地ニ於テ罰セサルトキハ之ヲ罰セスト揭ケリ英國法モ亦此點ニ付キ特別ノ規定ヲ爲セリ（二七）（二八）

斯ノ如ク屬地管轄權ト屬人管轄權ト併合スル主義ニ對シテハ數多ノ非難アリ而シテ通常第一ニ來ル非難ハ斯ノ如ク兩權ヲ聯結スルトキハ兩權互ニ衝突スルヲ免レス即チ同一ノ人ニ對シテ同時ニ數多ノ刑法上ノ義務ヲ課スルトキハ其結果同一ノ行爲ヲ爲シタル爲メ數層ノ刑罰ヲ加ヘサルヘカラサルニ至リ其不當タルヤ論ヲ俟タスト云フニ在リ然レトモ是レ假想的ノ衝突ノミ敢テ關心スルノ要ナシ尤モ斯ル場合ニ於テ外國カ一タヒ刑

（二七）余ハ舊時ニ於テ左ノ如キ說ヲ主張セリ　其國民カ他國ニ於テ犯罪ヲ爲シタル場合ニハ其國ハ一回之ヲ罰スルコトヲ得而シテ其刑ハ其國ノ法律ニ依リテ定ムヘシ故ニ本國ニ於テ外國ノ犯罪ニ付キ被告トナリタル者ハ行爲地ノ無刑ハ之ヲ適用スヘキモ其他ノ寬ナル刑ハ之ヲ適用スルヲ得スト然ルニ余ハ現今ニ於テハ行爲地ノ寬ナル刑モ適用セサルヘカラストノ反對說ヲ以テ正當ナリト信ス余ハ此種ノ問

ヲ執行シタルトキハ重子テ再ヒ處罰セサルコトヲ要ス而シテ此目的ヲ達セントセハ他ノ開明國ニ於テ課シタル贖罪(一九)ハ我國ノ法律ト同一ノ理由ニ出ツルヲ以テ我國ニ於テ課シタル刑罰ト其效果ヲ同シクスルモノナリ犯罪者ニ課セラレタル賠償甚タ僅少ナルモ苟モ行爲地ノ法律ニ依リテ課セラレタル以上ハ犯罪者ノ本國ハ之ヲ以テ滿足セサルヘカラストノ見解ヲ以テ前提ト爲ササルヘカラス曾テ論シタルカ如ク實ニ國家ハ其主權ノ存在ヲ證明スル爲メニ刑ヲ執行スルモノニ非スシテ罰スヘキ行爲ノ贖罪ヲ以テ處刑ノ目的ト爲スモノナリ而シテ國家自ラカ刑ヲ執行シタルト同一ノ方法ニ於テ贖罪ノ實舉ルトキハ國家ハ最早之ヲ罰スルコトヲ得ス然リ而シテ此見解ヲ以テ推セハ數個ノ刑罰權ニ順位ヲ附スル原因ヲ發見スル必要ナシ(此結論ハ他ノ非難就中「ブルザ」ノ攻擊ニ對シテ辯解ト爲スニ十分ナリ)簡單ニ先ツ其犯罪ニ刑ヲ實行シタル國カ先位ヲ取リタルモノト論斷スヘキノミ但一國ニシテ他ノ國ノ執行シタル刑ヲ以テ甚タ不充分ト爲ストキハ自ラ之ニ附加ノ刑ヲ課スルコトヲ妨ケサルヘシ(二〇)

題ニ付テハ余ノ見解ヲ變更シタリ余ハ舊ト行爲地ノ犯罪ニシヲ違警罪ニ屬スヘキモノハ內國ニ於テモ處刑スルコトヲ得ス本國ノ法律カ之ヲ以テ重罪ニ該當スルモノト爲ス場合ニ於テモ猶ホ罰スルコトヲ得ストト說キタリ然レトモ重罪ニ對スル違警罪ナルモノハ國ヲ異ニスル毎ニ異ナレリ一國ハ他國ノ見解ニ依ル能ハスシテ自ラ特殊ノ主義ヲ立テ違警罪ノ種類ヲ定メリ故ニ違警罪ニ就テハ立法ノ比較ハ甚タ困難ナリ故ニ行爲地法カ違警罪ト爲ス犯罪ニ就テモ更ニ寬ナル他國法ニ依ラサル主義ヲ採ル𪜈ハ却テ犯罪者ニ過酷ノ刑ヲ課スルニ至ルヘシ故ニ此場合ニモ亦他國ノ寬ナル法ハ之ヲ適用スルヲ正當ト爲ス故ニ第一問ニ對スル余

外國人カ外國ニ於テ爲シタル行爲ハ之ヲ前段ト同一ニ論スルコトヲ得ス漫然我刑法ヲ延長シテ其規定ノ自由制限ヲ此行爲ニ及ホストキハ「フォン、マルチッツ」(五二頁—一二四頁以下)ノ論スルカ如ク外國ノ主權ヲ害スル虞アリ我々ハ外國ニ於ケル外國人ニ對シテ其行爲ヲ規定スル權利ヲ有スルモノニ非ス我國ノ臣民カ實際又ハ假想上(我國ノ見解ニ於テ、但此見解ハ國際公法上必スシモ標準ト爲スコトヲ得サルモノナリ)其行爲ニ因リ害ヲ被ル場合ト雖モ猶ホ且然リ我國ノ臣民ハ外國ニ於テハ何等ノ特權ヲモ請求スル權ナシ我臣民ハ外國ニ於テハ外國ノ臣民ト同一ノ取扱ヲ受クルトキハ完全ナル權利ヲ得タルモノト謂ハサルヘカラス甲國ノ領地内ニ於テ行爲ヲ爲ス者ニ對シテハ他國ノ臣民トシテ當該他國ノ法律ニ因リテ義務ヲ負ハサル限ハ滯在地ノ法律ヲ以テ行爲ノ標準ト爲ササルヘカラス其居所地法ノ外ニ尚ホ他ノ法律ニ遵由セサルヘカラサルトキハ權利ノ保障ハ遂ニ止マン然レトモ行爲ハ之ヲ爲シタル地ヲ領スル國ノ境界ヲ超ユルト同時ニ知ラサル法律ニ依リ外國ノ裁判官ヨリ處罰セラルルコトナシト論スル

ノ意見ノ變更ハ第二問ノ意見ト相牽聯スルモノナリ第一ノ見解ニシテ變更スルナクンハ第二ノ見解モ亦變更スルニ由ナシ

（一八）懲戒的刑罰ハ固ヨリ之ヲ適用スルコトヲ要セス親告罪ハ條件付無刑ナリ即チ親告ヲ爲ス權アル者カ告訴ヲ爲ササルトキハ無刑ナリ故ニ内國人カ外國ニ於テ爲シタル犯罪ニ付キ内國ニ於テ之ヲ處刑スルニハ外國法ノミカ其行爲ヲ以テ親告罪ト爲ス場合ニモ内國ニ於テ告訴スルコトヲ必要トス

（一九）方今我獨逸國ニ於ケル刑法學者ノ多數カ前提要件トシテ論スル國家ノ求刑權ハ第二ノ構成物ニシテ其第一根帶ハ行爲ノ贖罪ニ在リ

（二〇）法律屬地主義ハ數多ノ難問ヲ解釋スルニ不適當ナリ

ハ當ヲ得タルモノニ非ス行爲地ニ於テ其行爲ヲ罰セサルトキハ其行爲ノ無刑ハ國際公法上ノ障壁タルニ過キス「フオン、マルチッツ」ハ此障壁ヲ以テ十分ノモノト信セリ(二一)然レトモ此見解ニハ賛同スヘカラス訴訟手續ハ正説ニ據レハ各國ノ内國法ニ依ルヘキモノニシテ刑罰ノ如ク罰スヘキ行爲ニ隨伴スルモノニ非ス隨ヒテ犯罪者ハ自己ニ利益ナル刑事訴訟手續ヲ主張スル權ナキモノナリ假令其行爲ヲ始メタルトキ效力ヲ有セシ手續法カ自己ニ利益ナルモ犯罪者ハ之ニ依リテ審理ヲ受クルコトヲ得ス常ニ後ニ施行セラレタル手續法ヲ以テ滿足セサルヘカラス然リト雖モ此原則ハ國際公法ニ於テハ認ムルコトヲ得サルモノナリ甲國カ乙國ノ臣民ニ對スル刑罰權ヲ主張スルニ犯罪者ハ甲國ノ裁判所ニ審理ヲ受クルモ乙國ノ裁判所ニ於テ裁判ヲ受クルモ同一ナリトノ理由ヲ以テシ(二二)又ハ甲國ノ手續ニ依ルヲ以テ乙國ノ手續ニ依ルヨリハ却テ犯罪者ニ保障ヲ與フルコト多シトノ理由(二三)ヲ以テスルハ之ヲ不當ト謂ハサルヘカラス寧ロ實體上ノ管轄權ヲ有スル國カ手續上ノ管轄權ヲ有スルモノトシ又國民的ノ感情又ハ憎惡

(二一)「マルチッツ」ノ議論ハ貫徹セサル所アリ其著書第百一頁ニ於テ千八百八十四年六月一日ノ爆裂物取締規則ニ依リテ外國人ヲ論スル所ヲ參看セヨ

(二二)此論ハ引渡ヲ論スル場合ニハ大ニ採用スルニ足ル

(二三)近時合衆國ノ一市民其國ニ於テ墨西哥人ニ傷害ヲ加ヘタルニ依リ墨

ノ念ハ外國人ニ對スル訴訟ノ保障ヲ蹂躪スル虞アリト論定スルヲ善シトス

茲ニ一ノ例外アリ即チ國事犯是ナリ各國相互ノ間ニハ權利ノ保護存スルコトナシ假令存スルモ甚タ不完全ノモノナリ外國ニ對シテ不法ノ所爲ヲ爲ス者アルモ之ニ本國ヲ保護スル刑ヲ課スルコトヲ得ス故ニ國事犯ノ目的ハ本國ノミナリ然レトモ被害國ハ其國事犯者ヲ其刑法ニ服從セシムル權利アリテ其國事犯ノ行爲存續スル間ハ各國ハ相互ニ此權利ヲ承認セサルヘカラス右國際公法上ノ相互承認ノ事ハ姑ク擱クモ國事犯ヲ罰スル權利ノ基礎ハ尚ホ他ニ存スルモノアリ復讐ハ刑罰權ノ第一ノ基礎ニシテ古昔ニ於テハ被害者ノ權利ナリキ公平ニシテ偏頗ナキ裁判官カ刑ヲ宣告スルトキハ被害者ハ亦此復讐ノ權ヲ喪失ス然レトモ權利ノ保護カ原則ニ於テ拒絶セラレタル場合ニハ此權利自ラ再生ス而シテ權利保護ノ拒絶ハ國際法上夫ノ特別犯ニ於テ之ヲ見ル即チ犯罪地ヲ領スル國又ハ犯罪者ノ屬スル國カ刑罰ヲ課セサルヲ以テ被害國カ之ニ代リテ自ラ現時ノ開明ノ

西哥政府ハ之ヲ拘禁シタルニ合衆國ハ之ヲ取回シタリト云フ故ニ管轄權ヲ任意不當ニ擴張スル場合ニ國際公法上抗議ヲ爲シ得スト爲ス論ハ之ヲ正當ト謂フヲ得ス

程度ニ應シテ秩然タル刑法學ニ照シテ之ヲ罰スル權ヲ行フ此場合ニハ其事情稍古昔ノ復讎ニ屬シ罪ヲ量リテ刑ヲ定ムル原則ニ基カサルモ外國ニ於テ自國ニ對シテ國事犯ヲ犯シタル外國人ヲ罰スルニハ内國人カ其行爲ヲ爲シ又ハ内國ニ於テ犯シタル者ヲ罰スルト同一ノ程度ヲ以テセサルヘカラス

外國人カ自國ノ權力ノ及フ範圍内ニ於テ物件ヲ有スルトキハ自國ハ之ヲ沒收スル權アリ是レ亦例外ニ屬スル如シ然レトモ似而非ナルモノナリ此沒收權ノ原由ハ其領地内ニ於ケル無限ノ主權ニシテ國家ハ犯罪以外ノ原因ニ因リテモ所有權ノ移轉ヲ定ムルコトヲ得然レトモ其沒收品ノ所有者及ヒ發送者カ外國ニ滯在スル外國人ナル場合等ニ於テハ沒收以外ノ刑ハ之ニ課スルコトヲ得ス是レ收稅罰則ニ於テ特ニ必要ナリ

外國ニ於テ犯シタル犯罪ハ輕微ナラサルモノニ限リ常ニ之ヲ訴追スルコトヲ得故ニ外國ニ於テ犯シタル違警罪ハ内國ノ刑罰ヲ加フルコトヲ得ス次ノ場合ニ於テハ内國ノ刑罰權ヲ外國ニ及ホスコトヲ得ルモノトス

一、重罪犯アルモ其罪人ノ滯留スル國カ前示ノ原則ニ依リテ管轄ヲ有スヘキ國ノ請求ニ應シテ引渡ヲ爲サヽル場合而シテ此場合ニ外國ニ滯在スル者ヲ自ラ罰スル所以ハ之ヲ放置スルトキハ滯在國カ國際公法ノ原則上不當ト看做サヽルヘカラサル刑ヲ課シ又ハ公平ノ判定ヲ爲サヽルコト(例ヘハ内乱ノ場合ニ於テ非常裁判所ニ裁判ヲ爲サシムルカ如シ)ヲ前知シ得ルカ故ナリ

二、重罪犯アルモ之ヲ罰スル國確實ナラサル場合(例ヘハ犯人ノ犯罪地及ヒ國籍確實ナラサル場合ノ如シ)

以上ノ場合ニ於テ刑ヲ行フ國ハ或程度ニ於テ代理者ノ資格ヲ有スルモノナリ就中第一ノ場合ニ於テハ犯罪者ノ利益ヲ保護スル爲メニシ第二ノ場合ニ於テハ總テノ開明國人類ノ利益ヲ保護スル爲メニス極惡ノ犯罪アルニ之ヲ刑スルナクンハ開明國ノ人類ハ大ニ危害ヲ被ルニ至ルヘシ故ニ重罪犯アリテ之ヲ處罰スル管轄國ヲ發見セサルトキハ各開明國ハ代リテ人類ノ利益ノ爲メニ其刑罰權ヲ行フコト必要ナリ

犯罪アリテ之ニ適用スヘキ刑法數多(犯罪地ノ法律、本國法及ヒ法廷地法)アル場合ニハ其中最モ寛ナルモノヲ適用スルヲ至當トス是レ上述ノ代理ハ犯人ニ實體上ノ不利益ヲ被ラシムルコトヲ得サルモノナレハナリ其他此種ノ代理行刑ニハ重大ナル注意ヲ用井サルヘカラス犯罪地ノ國ニモ非ス犯罪者ノ本國ニモ非サル國カ刑ヲ行フニ當リテハ往々故意又ハ偶然ニ其權ヲ濫用シ容易ニ無辜ノ民ヲ罰シ國際上ノ交通ニ尠カラサル危害ヲ生セシムルコトアリ特ニ不當拘留ハ代理行刑ノ場合ニ最モ容易ニ生スル事實ナレハ深ク誠心ヲ加ヘサルヘカラス

以上說明シルタル理由ニ因リ第三國カ代理ヲ以テ刑罰ヲ行フニハ當該國司法大臣ノ犯人處刑特別命令若クハ加害人民若クハ犯罪地ノ管轄官廳ノ申立又ハ犯罪ノ存在ニ關スル有力ノ証據存スルヿヲ要ス最モ善ク代理行刑權ノ濫用ヲ防カント欲セハ上記ノ申立アルト同時ニ有力ナル証據現存スル場合ニ限リ訴追スルヲ善シトス被害者モナク管轄外國官廳モナキトキハ嫌疑者ヲ驅逐スルニ止マルヘシ証據ニシテ遠隔ノ地ニ在リテ之ヲ取

寄スルニ不相當ノ費用ヲ要スルモノハ代理行刑ニ於テ援用スルヲ要セス被害者又ハ他ノ國ノ申立ヲ俟タス直チニ職權ヲ以テ外國ニ於テ犯シタル犯罪ヲ訴追スヘキ場合ニハ刑ヲ行フ官廳ヲシテ自由ナル意見ヲ以テ刑ヲ決セシムルヲ可トス固ヨリ此意見ハ濫用ノ弊ナキヲ保セス然レトモ外國ニ於テ犯シタル犯罪ノ証據ハ多クノ場合ニ於テ非常ニ費用ヲ要スルモノナリ加之外國ノ官廳カ有效ナル補助ヲ爲サヽルトキハ之ヲ採取スルニ非常ノ困難ヲ生スルコトアリ此等ノ費用此等ノ困難ヲ酌量スルトキハ寧ロ意見濫用ノ弊ハ之ヲ忍ハサルヘカラス其他外國ニ於テ犯シタル犯罪ハ對席手續ニ於テ判決スルコトヲ得サル場合アリ即チ犯罪者カ内國ニ滯在セス又ハ引渡手續ヲ以テ之ヲ引致スルコトヲ得サル場合是ナリ而シテ主タル點ニ於テ效力ナキ判斷及ヒ被告カ辯論ニ缺席セル爲メ不完全ノモノヲ根據ト爲シタル判斷ハ處刑ノ性質ヲ害ス（重大事件ニ於テ被告ヲシテ自身出頭セシムル爲メ其財産ヲ差押フルハ立法上當ヲ得タルヤ否ヤニ至リテハ固ヨリ別個ノ問題ニ屬ス）故ニ法律ヲ以テ外國ニ於テ犯シタル犯罪ハ被

告人ノ出頭セル場合ニ非サレハ審問ノ手續ヲ爲サストス明規スルハ重要ノ事ナリ(但國事犯ノ場合ハ之ヲ除クヘシ)

第五十九章

刑ノ消滅原因ノ國際法上ノ效力(外國ノ處刑、外國ノ判決、外國法ニ依ル時效、外國ノ赦免)

主タル管轄國(就中行爲地ヲ領スル國)カ犯罪者又ハ嫌疑者ニ刑ヲ赦免シタルトキハ其代理ノ司法權ヲ行フ國ニ對シテモ無刑ノ效果ヲ生スルコト論ヲ俟タス處刑放免ノ判決、赦免ハ其程度ニ於テ之ヲ認メサルヘカラス然レトモ一國カ他國ノ刑ノ消滅原因ヲ認ムルニ付テハ尙ホ左ニ注意スル所アルヘシ

第一、處刑、　犯罪者カ既ニ一國ニ於テ刑ヲ受ケタルトキハ其刑ヲ課シタル國カ獨逸ノ立法ノ主義ヨリ觀察セハ全ク管轄ヲ有セサルモノナルモ之ヲ認メサルヘカラス就中其課セラレタル刑ヲ獨逸ニ於テ課スヘカリシ刑ニ換算シテ其程度ニ於テ之ヲ認ムヘシ(即チ外國ニ於テ服シタル刑カ獨逸ニ於テ課スヘカリシ刑ト同等以上ナルトキハ之ヲ罰スヘカラス)換言セハ犯罪者ハ管轄ヲ異ニスルカ爲メ又ハ之ニ疑アルカ爲メニ二重ニ

刑罰ヲ課セラルルコトナシ但外國ニ於テ言渡サレタル刑ノミ執行セラレタル場合ニハ其殘部ノ刑ヲ獨逸ノ刑ニ換算シテ之ヲ執行スルコトヲ要ス尤モ關係國ノ刑制互ニ異ナルトキ又ハ犯罪者カ甲國ニ於テ既ニ重キ自由刑ヲ一部執行セラレタルモ乙國ノ法律ニ依レハ死刑ニ該當スヘキトキハ其換算ノ法甚タ困難ナルヘシ

第二、放免ノ判決

(イ)行爲カ行爲地ノ法律ニ依リ無刑タルカ爲メ其地ノ裁判所ニ於テ放免ノ判決ヲ言渡シタルトキハ行爲地法ノ無刑ノ性質渉外的ノ效力ヲ有スル限ハ何レノ處ニ到ルモ再ヒ罰セラルルコトナシ是レ行爲地ノ裁判所ハ其地ニ行ハルル法律ヲ正當ニ適用スヘキモノニシテ且裁判所ハ抽象的ニ觀察スルトキハ國ノ生ケル法律ト看做スヘケレハナリ然レトモ一國カ或非行ニ付キ行爲地法ノ無刑ヲ適用セサルトキハ其判決假令放免ヲ言渡セルモ其效力ヲ認ムヘキニ非ス就中國事犯及ヒ貨幣僞造罪ニ於テ之ヲ見ル隨ヒテ行爲地ノ裁判所ノ言渡ササル放免ノ

判決ハ概シテ涉外的ノ效力ヲ有スルモノニ非ス

（ロ）、證據不十分ノ故ヲ以テ放免ヲ言渡シタル判決ハ法理上他ノ國ニ於テ其行爲ニ付キ訴追スルコトヲ妨ケス然レトモ公平ノ上ヨリ論スルトキハ一國カ他國ノ刑法ヲ離レテ全ク獨立ニ爲シタル訴追ト看做スヘカラサル場合ニハ前判決ニ效力ヲ存セシムルヲ可トス若シ然ラスシテ開明國ノ裁判所カ適法ニ無罪ヲ言渡シタルニ他ノ國ノ裁判所カ之ヲ有罪ニ判決スルトキハ司法ノ尊嚴ヲ損スル虞アリ然レトモ公平上ノ觀察ハ放免ヲ言渡シタル外國ノ判決ヲ放免ヲ言渡ス内國ノ判決ト同一ノ效力ヲ有セシムルニ在リテ外國ノ判決ノ包含スル以外ノ效力ヲ之ニ附セシメント欲スルニ非ス故ニ内國ノ法律ニ於テ再審ヲ許セル場合幷ニ外國判決ニ適用セラレタル外國法律ニ於テ之ヲ許ス場合ニハ外國ノ確定判決ニ對シテモ再審ヲ許スヘキナリ他國カ行爲地ノ國トシテ放免ヲ言渡シタル判決ハ其國カ其裁判權ヲ有效タラシメ得タルトキ即チ被告ヲ其權力ノ下ニ有シタルトキニノミ或效力ヲ有ス

ヘシ

(ハ)、獨逸刑事訴訟法ニハ(固ヨリ適當ノ語ニ非ス)其實罪ナキコトヲ言渡サレタルニ非スシテ唯或原因ノ爲メ刑事上ノ訴追ヲ許スヘカラスト宣告スルニ止ル放免アリ斯ノ如キ放免ノ判決ハ其原因(例ヘハ時效等)ノ效力以外ニハ涉外的ノ效力ヲ有スルモノニ非ス故ニ當該國ノ領域内ニ於テハ係爭ノ行爲存セストノ原因ヲ以テ放免ノ言渡アリタルトキハ其判決ハ單ニ其國ノ裁判權ヲ否認スルニ止マリ其行爲ニ關スル他國ノ裁判權ヲモ排除スル效力ナシ

(ニ)、以上論スル所ニ依レハ獨リ放免ノ終局判決ノミ涉外的ノ效力アルノミナラス手續ヲ中止スル中間判決モ上段説明ノ範圍内ニ於テ此種ノ内國ノ判決ト同一ノ效力ヲ附セサルヘカラス(異説「ビンヂング」刑法第一卷四四五頁)

第三、刑ノ時效、　刑ノ時效ハ第二ノ一ニ於テ述ヘタル放免ノ判決ト之ヲ同視スヘシ是レ時效ハ一定ノ期間ヲ經過シタルニ依リ刑ヲ課セストノ宣

告ヲ爲スモノニ過キサレハナリ是レ獨リ刑ノ執行ニ關スル時效ニ付テノミ云フニ非ス刑ノ訴追ニ關スル時效ニ付テモ亦然リ

第四、赦免、　赦免ハ第二ノ一ニ述ヘタル放免ノ判決ト同一ノ涉外的效力ヲ有セサルヘカラス是レ赦免ハ特別ナル無刑ノ宣告ニ過キサレハナリ故ニ行爲地ニ於ケル無刑ノ性質涉外的ノ效力ヲ有スヘキトキハ其犯罪ニ付キ行爲地ノ主權者ヨリ發シタル赦免ハ亦涉外的ノ效力ヲ有スヘシ隨ヒテ嚴格ニ法理上ヨリ論スルトキハ行爲地ノ主權者ノ發セサル赦免ハ涉外的ノ效力ヲ有スヘキモノニ非サルヘシ但既ニ甲國ニ於テ赦免ヲ與ヘタルトキハ乙國ニ於ケル赦免ノ審理ハ固ヨリ其影響ヲ受クヘキコト論ヲ俟タス

然レトモ公平ノ點ヨリ觀察スルトキハ赦免ハ廣キ範圍ニ於テ涉外的ノ效力ヲ認メサルヘカラス赦免ハ開明國ニ於テハ通常行爲カ道德上宥恕スヘキ點アルカ若クハ犯罪ノ證據ニ疑アルトキニ於テ之ヲ爲ス(尤モ極論スルトキハ犯罪ノ證據ニ疑アル場合ニ赦免ヲ得タルトキハ他ノ國ニ

於テ再ヒ豫審ニ附セラルコトアルヘシ)故ニ赦免ハ放免ノ判決同様ニ認メサルヘカラス但其赦免ハ之ヲ爲シタル國カ其裁判權ヲ有效ニ用井ル地位ニ在ルコトヲ要ス尚ホ他言ヲ以テ云ヘハ赦免ヲ與ヘタル國カ其赦免ヲ受クル者ヲ自己ノ權力ノ下ニ有スルコトヲ要ス(一)

言渡ヲ受ケタル刑ノ一部ヲ拋棄スル減刑ハ恩典ヲ以テ刑ヲ拋棄スル赦免ト區別セサルヘカラス此權ノ減刑ハ法律カ豫メ犯人ノ刑場ニ於ケル(假出獄ノ場合ニハ刑場外ニ於ケル行狀善良ナル場合ニ之ヲ爲スモノナリ故ニ此種ノ減刑ハ條件付(犯罪者ノ善良ノ行狀ヲ以テ條件トセル)寛大ノ判決ニ基クモノニシテ適法ニ完全ノ處罰ヲ受ケタルモノトシテ殘餘ノ刑ヲ拋棄スルニ外ナラス但各國ノ此點ニ關スル法律規定ハ區々ニシテ條件付寛大ノ判決ナルヤ將タ眞實ノ恩典ナルヤ疑ナキ能ハサルモノアリ然リ而シテ若シ此疑存スルトキハ之ヲ犯人ノ利益ニ解釋シテ條件付寛大ノ判決ト看做スヘシ

第五、一部ノ服刑　一部ノ服刑ハ犯人自ラ其殘餘ノ刑ヲ免レ又ハ他ノ者ノ

(一)赦免ハ判決言渡前ニ刑ヲ免スルコトアリ又判決言渡後ニ免刑スルコトアリ判決前ノ赦免ヲ「アボリチオン」(Abolition)ト云フ赦免ニハ斯ノ如キ區別アルモ其渉外的效力ニ付テハ兩者同一ナリ又關係外國カ「アボリチオン」ヲ認ムルト否トモ其效力ニ影響ナシ是レ各國ハ特別法ヲ以テモ「アボリチオン」ヲ命スルコトヲ得レハナリ尤モ國君ニ非サレハ「アボリチオン」ヲ爲シ得サルヤ否ヤハ各國ノ內國法ノ管轄問題ナリ又國際上管轄ヲ有セル國ノ爲シタル赦免モ其國內ニ於テハ效力ヲ有ス

行爲若クハ偶然ノ事ニ因リ之ヲ免レタルモノナルトキハ固ヨリ渉外的ノ效力ヲ有セス是レ其國ニ於テモ未タ其殘餘ノ刑ハ消滅シタルコトナケレハナリ尤モ外國ニ於テ後再ヒ判決ヲ受ケ服刑ノ時期ヲ換算スルニ當リテハ宜シク公平ノ觀察ヲ爲スヘシ特ニ刑ノ一部執行ヲ受ケタル國ニ犯人ヲ引渡スヲ以テ其當ヲ得タルモノトス

第六十章 名譽權ニ及ホス外國刑事判決ノ效果、再犯、沒收、損害賠償ニ關スル民事判決トシテノ外國刑事判決、及ヒ事實トシテノ外國刑事判決、刑事判決ニ及ホス領地變更ノ效果

外國ノ刑事判決ニ基キ刑ノ執行ヲ爲スハ一般ニ之ヲ許サヽルモノトス（唯輕微ノ罪ニ關スル判決ハ隣國ノ爲メニ條約（一）ヲ以テ除外例ヲ認ムルコトアリ）國家ハ自ラ積極的ニ正當ノ判決トシテ認ムルモノニ非サレハ執行スルコトヲ得ス故ニ外國ノ判決ハ實質上ノ調査ヲ爲ス（其實新判決ヲ爲スモノ

（一）但千八百九十二年一月二十日獨逸瑞西間ノ引渡條約第三十條ヲ參照スヘシ同條ニ曰ク聯邦議會ハ全員ノ同意ヲ以テ外國ニ於テ課セラレタル禁錮ノ刑ヲ內國ノ禁錮場ニ於テ執行スルヲ許スコトヲ得

ナリ)ニ非サレハ之ヲ執行スルコトヲ得サルモノトス
外國判決ニ於テ認定セラレ又ハ外國ノ法律ニ依レハ其判決ノ自然ノ結果トシテ生スヘキ權利能力ノ制限又ハ身上自由ノ制限ニシテ我刑法ニ於テモ同一ノ場合ニハ其結果ヲ生スヘキモノナルトキハ(二)直チニ我國ニ於テ效力ヲ有スルヤ否ヤ此問題ハ頗ル疑ナキ能ハス論理ノ上ヨリ觀察スルトキハ其本刑カ犯罪者ノ本國ニ於テ認メラルル場合ニモ之ニ伴フ上記ノ制限ハ猶ホ效力ナシト謂ハサルヘカラス是レ(三)上記權利ノ制限ハ其性質畢竟附加刑ニ過キスシテ此制限ノ效力ヲ認ムルハ亦一部ノ刑ノ執行ニ外ナラサレハナリ

然レトモ以上ノ如ク論理上ノ判斷ヲ以テスルトキハ明ニ名譽ナキ者又ハ危險ナル者ニ名譽ヲ認メサルヘカラサル不都合ヲ來スヘシ故ニ立法ノ點ヨリ論スルトキハ外國ニ於テ一定ノ不名譽犯罪ニ付キ有罪ノ判決ヲ受ケタル者ニ對シテハ內國ノ法律ニ依リテモ同一ノ判決ニ隨伴スル制限ヲ課スルコトヲ得ル手續ヲ定ムルヲ善シトス但此手續ハ法律上之ヲ行フニ足

(二)我國ニ於テハ全ク存セサル權利能力ノ制限又ハ我國ニ於テハ決シテ之ヲ認メサル權利能力ノ制限ハ我國ニ於テハ效力ヲ生スルコトナシ例ヘハ外國ニ於テ死亡ノ推定ヲ受ケタル場合ノ如シ

(三)上段第十五章ヲ參照スヘシ

ル事實存スル場合ニ非サレハ用ヰルヘカラス

再犯者ニ刑ヲ加重スルハ舊判決ヲ附加シテ執行スルト同一ニ非ス、再犯ノ場合ノ刑ハ後ノ罪前罪ト同一ナルカ又ハ同種ナルニ非サレハ課スルコトナシ再犯ノ刑ヲ課スルハ一ハ舊刑カ其目的ノ結果ヲ奏セサルカ故ニシテ又一ハ犯罪ヲ重ヌルハ畢竟犯罪ノ念慮一層强烈ナルコトヲ証明スルモノナルカ故ニ外ナラス是ニ由リテ之ヲ觀レハ外國ニ於テ刑ヲ受ケタル者モ其刑カ極メテ野蠻的ニシテ吾人ノ觀念ニ全ク不適當ノモノナラサル限ハ内國ニ於テ再ヒ同一又ハ同種ノ罪ヲ犯スニ於テハ之ヲ再犯加重ノ例ニ照シテ一層嚴シク罰スルヲ相當トス然レトモ外國ノ刑事判決ヲ以テ必シモ舊犯罪ノ證據ト看做スヘカラス故ニ再犯加重ノ例ニ照シテ罰スル場合ニハ先ツ外國手續ノ審査ヲ爲ササルヘカラス而シテ其手續ヲ審査スルニハ記錄ニ依リテ書面上ノ調査ヲ爲セハ足ル、疑ハシキ場合ニハ再犯ノ刑ハ之ヲ課セサルヲ善シトス

沒收ニ付テハ上段(第三十章第二ノ(ハ))ニ於テ必要ナル事項ヲ説明シタレハ

茲ニ之ヲ略ス
又外國刑事判決ヲ事實トシテ認ムルト其判決ノ執行トハ之ヲ區別セサルヘカラス然レトモ內國ノ法律カ外國判決ニ於テ或人ニ一定ノ刑ヲ言渡シタル事實又ハ一定ノ犯罪ヲ原由トシテ之ニ法律上ノ結果ヲ伴ハシメタル場合(例ヘハ外國ノ判決ニ於テ夫又ハ妻ニ對シテ長期ノ重キ自由刑ヲ言渡シタル場合ニ之ヲ以テ離婚ノ原因ト爲ス等)(四)ニハ外國判決モ內國判決ト全ク同一ノ效果ヲ生ス然レトモ此ノ如キ場合ニハ猶ホ深ク內國ノ法律カ外國ノ判決ヲ以テ犯罪ノ證據(犯罪行爲ヲ犯シタル證據)ト爲スヤ否ヤヲ精査スルヲ要ス若シ犯罪ノ證據ト爲ササルトキハ外國判決ハ內國判決ト同一ノ效力アリト謂フヘカラス民事原告人ノ申立ニ因リ刑事ノ判決ニ於テ犯罪者ニ損害賠償ヲ言渡シタル場合ニハ之ヲ以テ亦民事ノ判決ト看做スヘシ隨ヒテ此判決ハ民事判決ノ原則ニ依リ涉外效力ヲ有スルコトヲ得然レトモ假令內國法律ニ於テ內國判決又ハ外國判決ノ區別ヲ特ニ掲ケスシテ單ニ刑事ノ判決ハ或民事ノ訴訟ニ豫斷ノ效力ヲ有スル旨規定スルモ外國

(四) 千八百八十三年六月二日判決(判錄六卷四七號)及ヒ千八百八十三年六月十九日判決(判錄六卷四八號)

ノ刑事判決ハ此效力ヲ有スルコトナシ又法律ニ於テ民事判決ハ其民事ノ請求ニ關スル刑事ノ訴訟ノ終了マテ中止スヘシト規定セル場合ニモ外國ノ刑事判決ニハ此規定ヲ適用スルコトヲ得ス是レ立法者ハ外國ニ繫屬セル刑事ノ訴訟ニ付テハ正當ノ時ニ於テ正當ノ裁判下ルヤ否ヤニ付キ保障ヲ有セサレハナリ然レトモ民事裁判官ハ其意見ヲ以テ外國ノ刑事訴訟ノ結果ヲ以テ民事ニ必要ノ關係アリトスルトキハ其終了ヲ待ツコトヲ得ヘシ然リ而シテ外國ノ管轄裁判所ノ下シタル民事ノ判決ハ之ヲ事實トシテ(五)(其判決カ權利ヲ認メタルトキハ權利發生ノ事實トシテ又之ヲ却下シタルトキハ權利喪失ノ事實トシテ)內國ノ刑事裁判官ノ標準タルコトヲ得或場合ニ民事裁判所ノ判決ヲ以テ刑事判決ノ前提ト爲スヘキ(即チ佛國法ニ於テハ國籍ノ問題ヲ以テ刑事訴訟ノ前提ト爲ス)トキハ管轄ヲ有スル外國民事裁判所ノ判決モ亦內國ノ刑事訴訟ノ前提タルヘシ是レ內國ニ於テハ管轄ヲ有スル民事裁判所ナキヲ以テ外國民事裁判所ノ判決ナクンハ其前提問題ハ終ニ決定スルコトヲ得サレハナリ

(五) 例ヘハ外國ニ於テ破產開始カ內國ニ於テ爲シタル行爲ノ罰ニ關係アル場合ノ如シ

一邦又ハ一縣カ他ノ國ニ併合セラルル場合ニハ其併合前ニ一邦又ハ一縣ニ於テ言渡サレタル刑事判決ハ併合後ノ國ニ於テモ執行スルコトヲ得然レトモ正説ニ依レハ領土ノ併合ニ因リ内國ノ刑事判決ニ總テ反致效ヲ及ホスコトナシ而シテ内國ノ刑事判決カ舊來ノ内國ノ刑ヲ適用スルノミニシテ第二ノ判決ハ舊ト同一ノ國權ニ屬セサリシ地ニ於テ言渡サルヘキ場合ニハ再犯ヲ以テ處罰スルコトヲ得ス（六）

第六十一章

行爲ノ場所

行爲ト結果カ同一ノ領土ニ於テ生セサル場合ニ犯罪ハ何レノ領土ニ成立シタルカ是レ實際ニ於テ極メテ重要ニシテ亦頗ル困難ナル問題ナリ而シテ近世ニ於テハ就中獨逸ノ法曹間ニ此問題ヲ解釋スル者多シ（一）實ニ行爲ノ生シタル地ヲ支配スル國カ之ヲ罰スル專屬管轄ヲ有スルヤ否ヤ又結果ノ生シタル地ヲ領スル國カ之ヲ罰スル權ヲ有スルヤ將タ其刑罰權ハ右兩國ニ屬スヘキモノナルヤ

（六）千八百六十七年及ヒ千八百六十八年普國ニ於テ沸生シタル議論ハ「ベルブルグ」之チ編輯セリ帝國裁判所ハ近頃（千八百九十年六月十二日判決刑判錄二一卷九號一九頁以下）獨逸國創立前聯邦ノ一ニ於テ罰シタルモノハ其他ノ要件存スルトキハ他ノ聯邦ニ對シテモ再犯ノ結果チ生スト判決シタリ

（一）古來學者ノ例トスル所ハ丙ナル者甲國ニ在リテ乙國ニ在ル丁ナル者チ銃殺シタル場合ニ其犯罪行爲ハ甲國ニ於テ爲シタルモノナルヤ乙國ニ於テ爲シタルモノナルヤ將タ又甲乙兩國ニ於テ爲シタルモノナリヤト云フニ在リ

此問題ハ上段(第四章三ノロ)說明シタル所ヲ以テ悉セリト謂フヘカラス抑モ行爲ト結果ハ之ヲ精密ニ區別スルコト難キモノナリ是レ單純ナル筋肉ノ運動モ人類ノ意思ニ基カサルコトアレハナリ學者ハ或行爲ニ屬スル結果ヲ以テ如何ナル程度迄延長セント欲スルカ學者各積極的ニ又時トシテハ妄斷的ニ之ヲ定メリ例ヘハ證書僞造ノ行爲及ヒ結果ヲ區別スルニ或ハ僞造者カ證書ヲ作成シタル時ヲ以テシ或ハ僞造者カ他人ヲ欺罔スル爲メニ之ヲ使用シタル時ヲ以テ區別シ又或ハ僞造者カ眞實他人ヲ欺罔シタル時ニ依リ或ハ僞造者カ他人ヲ欺罔シテ之ニ損害ヲ加ヘタルトキヲ以テ標準ト爲スカ如シ斯ノ如ク積極的ニ定ムルトキハ各犯罪ハ總テ其行爲ト結果トヲ種々ニ區別スルコトヲ得ルヲ以テ之ヲ以テ各國ノ刑罰權ノ範圍ヲ定ムル原則ト爲スコトヲ得ス果シテ然ラハ此問題ヲ定ムルニハ其行爲ヲ爲シタル主格ノ者カ行爲ヲ爲シタル時居留セシ地ヲ以テ判定スヘキカ將タ又行爲者ノ運動ヲ起サシメタル原因カ目的格ノ人ニ達シテ之ヲ傷害シタル時其被害者タル目的格ノ人カ居留セシ地ヲ以テ標準ト爲スヘキカ此等

ノ說ハ刑罰權ノ國際法上ノ範圍ニ關スル一般ノ主義ヲ異ニスル毎ニ亦其解答ヲ異ニスル結果ヲ生ス上段揭載シタル主義ヲ以テ此場合ニ適當ノモノト爲ストキハ國籍及ヒ特別ノ國事犯ヲ除クノ外ハ唯行爲者ノ居所地ヲ支配スル國カ其國ノ法律ニ服從セシムルコヲ得ヘシ(二)而シテ此說ヲ主張スル者ノ曰ク反對說ノ如クンハ行爲者ハ全ク不知ノ刑法ニ依リテ判決ヲ受ケサルヘカラス又一犯罪ノ結果ニ依リ(例ヘハ詐欺破產ニ依リ)無數ノ者カ諸國ニ於テ害セラルルコト決シテ尠シトセス加之往々結果カ何レノ國ニ於テ生シタルヤ之ヲ決スルコト能ハサル場合アルヘシ例ヘハ甲國ニ於テ銃丸ヲ受ケタル者カ乙國ニ到リテ茲ニ其受ケタル傷ノ爲メ死シタル場合又ハ侮辱ノ書狀カ甲國ニ於テ被害者ノ手ニ落チタルニ(被害者ハ之ヲ乙國ニ於テ始メテ讀ミタル場合ニ於テ其銃丸ヲ射リタル行爲又ハ侮辱ノ結果ハ甲國(三)ニ於テ生シタルヤ將タ乙國ニ於テ發生シタルヤ行爲者ニ適用スルニ漫然其行爲ノ或惡結果カ生シタル地ノ法律ヲ以テセントスルハ實質ニ於テ甚タ不當ナルコト證明ヲ須井スシテ判然タリト若シ開明國全體ノ一

(二)從來獨逸學者ノ多數ハ此說ニ左袒セリ即チ「ゴルダムマー」「ウェヒテル」「ハルシュ子ル」「シュワルチェー」「フーゴー、マイエル」等是ナリ

(三)此說ヲ主張スル者ハ「フランケ」「リスト」「メルケル」是ナリ

般ノ權利思想ニ於テ之ヲ罰スル價値アリトスル行爲ニシテ判然我々開明國ノ民人ノ權利ヲ開明國ニ於テ傷害シタルニ其行爲地ヲ領スル國ノ法律又ハ司法官廳カ之ヲ罰スルヲ得サル場合ニ於テハ寧ロ外交上ノ行爲ニ依ルヲ以テ我刑罰權ヲ不當ニ延長スルヨリハ能ク其保護ノ目的ヲ達スヘシ之ニ反シテ保護主義ニ依レハ(第五十八章第三參照)結果ノ場所(四)ヲ以テ之ヲ定ムルヲ正當トス故ニ本問ヲ一定ノ成「法ノ點」ヨリ決セント欲セハ先ツ當該立法ノ精神ハ外國ニ於テ生シタル犯罪ヲ罰スル權ヲ定ムルニ付キ一般ニ如何ナル主義ヲ採用シタルヤヲ確定セサルヘカラス又結果ノ場所ヲ主張スル説モ正當ト謂フヘカラス此説ハ犯罪ノ本質ヲ結果ニ依リテ定ムルモノニシテ尚ホ他言ヲ以テ之ヲ云ヘハ或結果ハ各犯罪ノ本質ニシテ或結果ナキ行爲(少クトモ行爲者ノ想像スル結果ナキ行爲)ハ之ヲ考フヘカラスト云フニ在リテ畢竟行爲ノ場所ヲ主張セント欲シテ其論鋒ヲ反倒セルモノナリ蓋シ刑法上ニ於テハ其原因タル行爲ナクシテ生シタル結果ハ全ク意味ナキモノナリ以上ノ説ノ如クナルヲ以テ第三説(五)ヲシテ寧ロ正當ノ觀

(四)私法上ニ於テハ權利ノ侵犯ハ侵犯ヲ受ケタルモノノ在ル地ニ存スレトモ保護主義ノ論スル如ク刑法上ノ管轄ハ之ト同一ニ説明スル能ハス故ニ「リスト」カ結果ノ場所ニ付キテ下掲ノ如ク評スル所ハ之ヲ誤謬ト謂ハサルヲ得ス
余ノ隣人カ其所有地ヨリ長キ棹ヲ以テ余ノ地ニ茂レル林檎ヲ下シタルトキハ隣人ハ余ノ地ニ於テ窃盗ヲ爲シタリト謂フヘク之ヲ隣人ノ地ニ於テ盗ミタリト謂フヲ得ス
又曰ク六月一日

ヲ呈セシム第三説ハ行爲ノ場所ト結果ノ場所ト(六)ニ依リテ刑罰權ノ存在ヲ決スルモノナリ(七)此説ハ行爲者ニ對シテハ最モ殘酷ニシテ實際ノ結果モ甚タ矛盾シテ解クヘカラサル衝突ヲ生セシム特ニ行爲地ニ於テ刑ナキモノハ外國ニ於テモ刑ナシトスル原則ニ至リテハ其甚シキモノナリ第二説ニ於テハ保護主義ヲ本據トスルモ第三説ハ眞實ノ主義ナルモノナシ然レトモ此説ニ據レハ多クハ行爲ノ場所ヲ詳密ニ研究スル要ナキヲ以テ其實際ニ於テ甚タ便宜ヲ與フ且此説ニ依レハ內國ノ刑罰權ヲ外國ニ對シテ可成的擴張スル觀ヲ呈スルヲ以テ人ノ嗜好ニ適ス然レトモ此説ヲ貫通セシムルニハ外國ニモ同一ノ權利ヲ認メ內國ニ居留スル內國ノ臣民ニ對シテモ外國ノ刑罰權行ハルルモノト爲ササルヘカラサルヲ以テ固ヨリ內國ノ刑罰權擴張ノ外觀ハ之ヲ嘉スヘキニ非ス同一ノ領土內ニ於テハ犯罪ノ裁判籍ハ行爲地ニ存スルヤ將タ結果ノ地ニ存スルヤノ問題ハ以上論スル問題ト固ヨリ相關係ナキモノナリ同一ノ領土內ニ於テハ此問題ハ單ニ適否如何ニ依リテ之ヲ決スヘキノミ之ニ反シテ各獨立國ノ刑罰ノ管轄又ハ主權

ニ裝置シタル機關ヲ受取タル者カ七月十五日ニ爆裂ノ爲メ死亡シタルトキハ之ヲ七月十五日ニ死亡シタリト謂フヘク六月一日ニ殺サレタリト解スルヲ得ス

以上二ツノ例ニ於テハ茲ニ論スル問題以外ノ事ヲ説明スルモノナリ特ニ第二ノ例ハ之ヲ刑法上ノ問題トシテ受働的ニ言ハスシテ自働的ニ説クトキハ其例ヲ失スルヿ明カナリ犯罪者ハ六月一日ニ人ヲ殺シタルカ將タ七月十五日ニ殺シタルカ機關カ七月十五日ニ其犯行ニ依リテ爆裂シタル場合ニ之ヲ受取リタル者カ六月一日以降七月十五日以前ニ死シタルモ「リスト」ノ説ニ據レハ七月十五日ニ殺人犯アリト云ハサルヘカラサルヘシ世間豈ニ斯ノ如

キ理アランヤ

(五)此說ヲ主張スル者ハ「レウヱー」「ビンヂング」、「オールスハウゼン」、千八百八十七年一月廿五日判決（刑判錄一五卷七號二三四頁）千八百八十九年十二月二十三日判決（刑判錄二〇卷四八號一四七頁以下）ナリ帝國裁判所判決ハ其他當該地ニ結果ノ生シタルヿカ被告ノ意思ニ基クコトヲ要セスト謂フ余ハ此制限ハ正當ノモノニ非スト信ス

(六)結果ノ場所ヲ主唱スル第二ノ說ハ結果ノ地ハ證據ヲ集ムルニ便ナリト云フ點ニ論據ヲ立テリ此論ハ不當ナリ尤モ豫備行爲ノ行爲者ノ行爲ハ重キヲ罰セサルヘカラサルコトアリ

(七)一二外國ノ法學者（「プロカー」、「ローリング」）ハ一ノ行爲カ他ノ國ニ延長スルコトヲ得ルト

ノ境界ニ付テハ大ニ論究ヲ要スルモノアリ此問題ハ一定ノ國ニ於テ純然タル訴訟ノ管轄ヲ規定スル如キ方法ヲ以テ滿足スルコト能ハス又獨逸刑法第六十七條ニ於テハ公訴ノ時效ノ始期ニ關シテ判斷ヲ與ヘタルモ亦茲ニ之ヲ援用スルコトヲ得ス(八)

各個ノ點ニ付テハ左ニ注意スヘシ

(イ)同一ノ犯罪ニ數多ノ共犯者アルトキハ其各犯罪者ニ付テハ各犯罪者ノ行爲ヲ爲シタル地(九)ヲ領スル國ニ非サレハ之ヲ罰スル權ナシ是レ其目的トスル主タル行爲ハ共犯者(即チ敎唆者又ハ補助者)ノ行爲ニ對シテハ畢竟目的トスル結果タルニ過キサレハナリ然(一〇)レトモ主タル行爲カ其行爲ノ在リタル地ニ於テ罰ナキ(一一)トキハ他ノ國ニ於テ爲シタル共同ノ行爲ハ亦其行爲國ニ於テモ罰ナシ是レ主タル行爲ヲ許ストキハ其共犯ノ行爲モ亦當然許スヘキモノナレハナリ(然レトモ共犯ノ行爲カ行爲國ニ於テハ他國ニ於テ之ヲ罰スルト否トヲ問ハス訴追スヘキモノナルトキハ其行爲ハ獨立ノ行爲トシテ他ノ罪名ヲ以テ罰セラルルコトアリ)又我國ノ

云フハ畢竟裁判ヲ延長スルコトヲ得ルト云フニ異ナラス即チ外國ニ於ケル外國人ハ我法律ニ服從セストノ原則ヲ廢棄スルモノナリト

(八)佛國法學者ハ佛國ノ地ニ於テ行爲ヲ爲シ其行爲カ外國ニ於テ爲シタルモノト關係ナク且佛國法ニ照シテ罰スヘキ行爲ニ該當スルトキハ佛國ノ刑罰權ノ管轄ニ屬ス而シテ外國ニ於テ爲シタル行爲モ佛國ニ於テ爲シタル行爲ト一体ヲ爲ス場合ニハ佛國ノ裁判官ハ共ニ之ヲ判決スルコトヲ得ト此見解ハ議論ヲ貫徹セシムルコト甚タ難カルヘシ

(九)此原則ハ幇助犯ニモ適用スルヿヲ得ルハ論ヲ俟タス特ニ幇助犯ヲ獨立犯ト爲ス場合ニ於テハ疑ヲ容レス參照千八百八十八年十二月十七日(刑判錄一八卷七

法律ニ於テ內國人ノ或利益ヲ保護シ之ヲ侵ス者ニハ刑ヲ課スル旨規定セルモ外國人ノ此種ノ利益ハ敢テ保護セサル場合ニ外國人ノ當該利益ヲ犯ストキハ主タル行爲ハ其行爲地ノ法律ニ依リテ罰セラルルコトアルモ我國ニ於テ爲シタル共同ノ行爲ハ罰セラルルコトナシ是レ(特別ノ國際條約アル場合ハ此限ニ在ラス)獨逸帝國裁判所カ千八百八十六年四月十二日ノ判決ニ於テ採用スル所ナリ(刑判錄一四卷三三號一二四頁以下)即チ該判決ハ英國ノ稅則違反ノ行爲ヲ獨逸國ニ於テ補助シタル者ヲ以テ無罪ト爲ス旨ヲ宣告シタリ(一二)

(ロ)之ニ反シテ犯罪者カ內國法ノ罰スル行爲ヲ爲シ且內國ノ法律ニ依リテ內國ニ於テ爲シタル行爲ト合シテ法律上單一行爲ト看做スヘキ行爲ヲ外國ニ於テ爲シタル場合ニハ其犯罪者カ內國ニ滯在スルトキニ限リ內國ノ刑罰權ヲ其外國ニ於テ爲シタル行爲ニモ延長スルコトヲ得(一三)(例ヘハ甲カ內國ニ於テ罰スヘキ或未遂犯ヲ犯シ外國ニ到リ同一犯罪ノ目的ノ實行ト看做スヘキ第二ノ行爲ヲ爲シタルトキハ內國ノ刑事裁判官ハ犯

罪者ヲ判決スルニ當リ第二ノ未遂又ハ既遂行爲ヲ斟酌セサルヘカラス（集合犯即チ慣習犯又ハ營業犯ニ關スルトキ亦同シ）是レ亦自國ノ刑罰權ニ判然服從スル行爲ヲ罰スル國ハ又同一人カ外國ニ於テ爲シタル他ノ行爲ヲ刑罰加重ノ原因ト爲ス權利ヲ有スル所以ナリ斯ノ如キ場合ニ於テ其犯罪行爲ヲ各別ニ判定スヘシトノ說ハ遂ニ不當ノ裁判ヲ爲シ往々幾層ニモ刑罰ヲ課スルコトアルヘシ而シテ以上論スル所ヲ嚴格ニ適用スルトキハ關係國數多アル場合ニ其各國ハ皆他ノ國ノ法律ニ依リテ生シタル刑ノ消滅ハ之ヲ認ムル要ナシ是レ此場合ニハ何レノ國モ主トシテ管轄權ヲ有セサレハナリ然レトモ外國ニ於テ適法ニ放免ノ判決ヲ受ケタル者ニ對シテハ亦通常寬典ヲ以テ其判決ノ效力ヲ保持セシムヘシ但內國法カ專ラ外國ニ於テ爲シタル行爲ヲ外國ニ於テ無罪ト爲スト否トニ關セス罰スル場合ハ此限ニ在ラス

（ハ）準義ノ懈怠犯ニ付テハ有害ノ結果ヲ避クル爲メニ爲ササルヘカラサル行爲ニ牽聯スル第一行爲ヲ爲シ又ハ續行シタル地ヲ以テ犯罪地ト看做

三號二九八頁）

（二〇）時效等ニ依リテ一身ニ屬スル犯罪ノ消滅ハ之ヲ區別スルコトヲ要ス參照一千八百八十三年六月十四日判決（刑判錄九卷三號一〇四頁）

（二一）千八百八十四年五月十二日及ヒ十九日聯合判決千八百八十六年二月十一日判決（刑判錄一〇卷一二三號四二〇頁一三卷一〇一號三三七頁以下）

（二二）千八百八十四年六月二十八日判決（刑判錄一二卷六號二〇頁以下）千八百八十八年十二月十七日判決（刑判錄八卷七三二號二九八頁）

（二三）繼續犯是レ普通ノ說ナリ但後ノ行爲ノ刑ナキ所以ハ前ノ行爲カ完全ナル犯罪タルカ故ナリニ前ノ行爲ヲ外國ニ於テ爲シタルトキハ外國カ管轄權ヲ有シ內國ハ之ヲ有セス千八

百八十年三月十五日判決(刑判錄十一卷一三八號二七九頁以下)モ被告外國人カ有價證券ノ贓物ナルコトヲ知リテ之ヲ外國ニ於テ買取リ獨逸國ニ於テ賣却シタル估買犯ニ付キ此論チ以テ裁判シタリ

ササルヘカラス犯罪者カ有害ノ結果ノ生シタル時居留スル場所ヲ以テ犯罪地ト爲スヘカラス此原則ハ亦純義ノ懈怠犯ニモ適用スルコトヲ要ス隨ヒテ其結果當該積極的行爲ヲ爲スヘカリシ地ヲ以テ犯罪地ト看做スヘシ然リ而シテ之ヲ嚴格ニ論スルトキハ余輩ノ説ニ依レハ何人ト雖モ自ラ居留セサル國ノ刑法ニ依リテ罰セラルルコトナシ(國事犯ハ固ヨリ茲ニ關係ナキヲ以テ之ヲ除ク)然ルニ一定ノ行爲ヲ爲スヘキ旨ヲ定ムル刑法ハ往々土地又ハ製造所ノ所有者等ニ對シテ內國ニ居留スルト否トヲ問ハス適用セラルルコトアリ然レトモ是レ決シテ余輩ノ主張スル原則ニ擅着スルモノニ非ス國家ノ主權ハ其領土內ニ在ル財產ノ所有ニ條件又ハ制限ヲ附スルコトヲ得ルモノナレハ所有者等カ國家ノ一定ノ命令ニ依遵セサル場合ニハ罰金ノ支拂ヲ爲ササルヘカラスト規定スルハ即チ其主權ノ作用ナリ故ニ罰金ヲ其國內ニ存在スル財產中ヨリ支拂フコトヲ得ル場合ニハ其一定ノ行爲ヲ爲ス義務ヲ有スル者カ何レノ地ニ居留スルヲ問ハス之ヲ課スルコトヲ得然レトモ自由刑ハ斯ノ如キ場

合ニ於テハ之ヲ定ムルコトヲ得ス罰金又ハ沒收ノ刑ノ外ハ此場合ニ適當セサルモノナリ

(二)、刑法上罰スヘキ或行爲ハ專ラ外國ノ領地ニ實行セラレタルカ如キ觀アルモ其實內國ノ領土內ニ於テ法律ニ定ムル行爲ヲ爲シタルコトアリ此場合ニハ內國ハ刑罰權ヲ有スルコト論ヲ俟タス例ヘハ破產債務者カ外國ニ於テ非常ノ金額ヲ消靡シ又ハ債權者ヲ害スル目的ヲ以テ外國ニ於テ虛僞ノ法律行爲ニ依リ債務ヲ認諾シ獨逸國ニ於テ破產ヲ開始シタル場合ニハ獨逸帝國破產法第二百九條第二百十一條ニ依ル詐欺破產又ハ過怠破產ノ罪ヲ犯シタルモノナリ實ニ法律ハ或行爲又ハ不行爲ニ因ル破產開始(二四)ヲ罰スルモノナリ尚ホ詳言セハ法律ハ國內ニ住所ヲ有スル者(及ヒ營業ノ中心ヲ有スル者)ニ望ムニ經濟ヲ整理シテ其債權者ニ滿足ヲ與ヘ又ハ破產ノ開始ヲ避クルコトヲ以テス然レトモ法律ハ唯法律ニ特ニ揭クル行爲及ヒ不行爲ヲ以テ此希望ヲ滿タササル不經濟ノ證據ト爲ス隨ヒテ其經濟ヲ行フ場所カ內國ニ在ルトキハ其犯罪モ亦內國ニ屬ス

(二四)是レ犯罪ノ意義ニ基クモノナリ佛國千八百二十七年ノ判決ニハ一般債務者ノ各侵害行

爲ニ付キ各地ニ管轄ヲ生スル旨裁判シタリト云フ

ルモノト謂ハサルヘカラス尤モ破産債務者ノ各個ノ行爲カ他ノ罪名ヲ以テ(例ヘハ詐欺犯ヲ以テ)罰スヘキ場合ニ於テ其行爲外國ニ於テ犯サレタルトキハ亦當該外國ノ刑ヲ以テ罰セラルルコトアリ

第六十二章
外國ニ對スル國事犯

嘗テ述ヘタル如ク各國ハ國事犯即チ一國ノ存在及ヒ憲法ニ對スル犯罪ニ付テハ互ニ保護ヲ與ヘス適〻之ヲ與フルモ頗ル不完全ナリ

斯ノ如ク國事犯ニ付テ外國ニ保護ヲ與ヘサルハ之ヲ正當ト看做スヘキヤ否ヤ

今歷史ニ依リテ之ヲ考フルニ從來國家ト國家トノ間ニ行ハレタル排外自恣的ノ觀念今日尚ホ脱却シ去ラサルト又國際上ノ交通ニ權利ヨリハ寧ロ權力ノ行ハルル當今ノ社會ニ他國ノ危殆ハ却テ自國ノ防衛ニ利益アリトノ思想尚ホ或範圍内ニ於テ勢力ヲ有スルニ職由セスンハ非ラス然リト雖モ今日各國カ外國ニ對スル國事犯ヲ看過スルノ理由豈獨リ玆ニ止マラン

ヤ特ニ法律同盟ノ擬愛國論(此論ハ獨逸ノ特別刑法ニ於テ明文ニ規定セラレタルモ幸ニ其規定ハ效力ヲ有セサリシ)ニ對シテ反對ヲ唱フル者アリ曰ク國家、憲法及ヒ各種ノ國ノ政府ト謂ヘハ外形上同一ノ名目ヲ有スルモ其實質及ヒ實際ノ效力ニ至リテハ千種万別ナリ即チ我國ニ於テハ人民ノ自由ヲ重ンシ所謂權利國ノ制度ヲ採ルモ他國ニ於テハ貴族專政主義行ハルルカ如シ加之一國ノ法律ニ於テモ形式的法律ト實質的法律トハ其趣ヲ異ニシ且裁判所及ヒ行政官廳ハ直接間接ニ賄賂ヲ貪ルニ非スヤ然ルニ吾人ハ他國ヲ我國ト同一ニ保護尊重シ以テ外國ノ不當ニ甘ンシ時トシテハ自ラ賤下シテ外國ノ共同及ヒ野蠻人ノ監守ト爲ラサルヘカラサルカト

蓋シ國事犯ニ付テハ外國ニ保護ヲ與フヘカラサルコトハ亦疑ヲ容レス然レトモ一國カ他國又ハ他國ノ首長ニ對スル謀反ノ原動力タルハ國際上ノ平和ヲ保ツ所以ニ非ス故ニ本問ニ對シテハ亦精密ナル研究ヲ爲スコトヲ要ス

第一　我領地內ニ於テ外國ヲ襲擊シ又ハ之ニ類スル豫備(陰謀又ハ同盟)若ク

(一)固ヨリ我國ニ對シテ爲シタル犯罪ト同一ノ刑ニ處スルコトヲ得ス

(二)外國君主ノ身上ヲ保護スル規定即チ其名譽毀損ニ關スル規定ハ之ヲ以テ外國ヲ侮辱又ハ誹毀シタル者ニ適用スルヿヲ得

(三)侮辱ノ被告事件ニ付キ事實ノ證明ヲ許ス場合ニモ他國ノ主權者ヲ侮辱シタルトキハ其證明ノ抗辯ヲ許サスト云フハ其意ヲ得ス此抗辯ハ或範圍內ニ於テハ內國ノ主權者ヲ侮辱シタル事件ニ付テモ許スヲ正當トス千八百八十年六月二十三日及千八百八十一年十月四日判決(刑判錄二卷二一三頁及八卷四七頁)ニハ之ヲ禁シ又匈牙利刑法第二百六十四條第二百七十二條ニハ「ヲムマツーユ」ノ適見ヲ採用セリ尤モ此抗辯ヲ許ストキ

ハ公ニ其催告ヲ爲シタルトキハ(例ヘハ外國ノ首長ヲ殺害スヘシトノ公示催告ヲ爲スカ如シ)其行爲ヲ罰スヘシ(一)又外國ノ君主(二)ヲ侮辱シタルトキハ其君主我領內ニ滯在セサル場合ト雖モ嚴罰ヲ加フヘシ但其罰ハ內國ノ君主ヲ侮辱シタル場合ノ刑(三)ヨリ輕キコトヲ要スルハ言ヲ俟タス又外國カ適法ニ樹テタル旗幟、徽章、貴號ニ侮辱ヲ加ヘタル者幷ニ或國ニ於テ認證ヲ經タル外國公使ニ侮辱ヲ加ヘタル者ハ何レノ場所ニ於テモ之ヲ罰スヘシ然レトモ其他ニハ之ヲ罰スルノ要ナシ就中外國ノ憲法又ハ外國政府ノ計策ヲ批評スル者ニ對シテ內國ノ憲法又ハ內國政府ノ計策ヲ批評スル場合ニ適用スヘキ制限ヲ遵守セシムル要ナシ刑法ヲ以テ此等ノ關係ニ於テ特別ノ敬畏ヲ表セシメントスルハ(例ヘハ國ニ對スル憎惡及ヒ輕蔑ノ念ヲ起スヘカラスト規定スルカ如シ)(四)必竟外國ノ權利ニ立入ルモノニシテ又斯ノ如ク外國ニ對シテ不敬ヲ行フ者アルコトヲ證明スルモノナリ夫ノ獨逸刑法第百十條ノ如キハ明文ヲ以テ他國ノ法律ニ違背スル場合ニ付キ規定ヲ爲セルヲ以テ獨逸人ハ甚タ外國ニ對シテ不親切ナルカ如キ觀アリ然レトモ外國官吏ノ計策ヲ批評シタル場合ニハ外國ノ官吏ヲ一私人ノ資格ニ於テ侮辱シタルモノト看做スヘキコトアリ例ヘハ外國官吏カ賄賂ニ依リ或畫策ヲ為シタリト論スル者アルトキハ外國官吏ハ外國ノ他ノ一私人ト同シク其犯罪者ノ處罰ヲ求ムルコトヲ得但訴訟上ノ訴追ニ付テモ亦之ニ別段ナル權利ヲ與フルコトナシ(五)我領土內ニ於テ外國ニ對シテ為シタル犯行モ同時ニ我法律ニ依リテ罰スヘキ私ノ犯罪ヲ包含スルモノナルトキハ總テ我法律ニ依リテ之ヲ罰スヘシ而シテ一般ニ認メラルル正說ニ據レハ此場合ニ其行為カ政治上ノ目的ヲ含ムモ特權ニ浴スルコトヲ得サルモノトス

外國ノ官吏モ內國ニ於テ內國政府ヨリ有效ニ強制ヲ施行スル權ヲ認授セラレタルトキハ刑法上ノ保護ニ付テモ亦之ヲ內國ノ官吏ト同一ニ看做スヘキナリ又內國官吏ニシテ外國ノ有效ナル授權ニ因リ其外國ノ領地內ニ於テ強制力ヲ施行シ得ル者モ我國民ニ對シテ我刑法上ノ保護ヲ受クルモノトス(六)但外國ニ對スル脫稅ノ行為ハ內國法ニ依リテ罰スルコ

ハ外國ノ尊大自負心ヲ抑壓スル最甚タル方法タルコトアリ

(四) 普通舊刑法第百一條ニ於テハ國ノ組織ニ對スル憎惡又ハ輕侮ニ關スル規定ヲ設ケタリ獨逸刑法ハ此規定ヲ非常ニ制限シタリ

(五) 獨逸刑法第百九十六條ニハ官吏ニ侮辱ヲ加ヘタル場合ニハ其上長官ニ於テ告訴ノ權ヲ有スト定メタリ故ニ外國ノ官吏ニハ關係ナキコト明カナリ

(六) 千八百八十七年一月十四日判決

（刑判錄一五卷六九號二二一頁以下）尤モ此判決モ少シク廣キニ失セリ

（七）千八百八十六年四月十二日判決（刑判錄一四卷三三號一二五頁以下）

トヲ得ス且内國ノ刑罰權ヲ及ホスコトヲ得サルハ固ヨリ辨明ヲ要セス（七）

第二、我國外ニ於テ外國ノ國體又ハ其機關ニ對シテ爲シタル犯行ハ全ク上段說明スル所ト其趣ヲ異ニセリ斯ル行爲ヲ最モ直接ニ最モ有效ニ監視シテ刑罰ヲ加フヘキハ其行爲ノ在リタル地ヲ領スル國ニシテ其行爲ハ通常其目的タル國ニ於テ存スヘキヲ以テ此刑法上ノ監視權ハ亦通常之ニ屬スヘキモノトス我國ハ此行爲ニ對シテ保護ヲ爲スコトヲ得ヘシト雖モ其保護タルヤ畢竟補充ノ位地ニ於テ爲スヘキモノナレハ甚タ薄弱ナリ且其行爲カ政治上ノ犯罪ニ止マルトキハ此保護ヲ爲シテ得ヘキ利益ハ豫言スヘキ損害ト相償ハサルコトアリ外國ノ國家組織ト云ヘハ其名ヲ等フスルモ嘗テ述ヘタル如ク各國同一ノ價値又ハ同一ノ效力ヲ有スルコトヲ保スヘカラス例ヘハ或國ニ於テハ其名ハ立憲自由ノ制度ヲ採ルモ其實其國ノ官吏（法律ノ監護者）カ自由ノ選擧者ニ或ハ鞭韃ヲ加ヘ或ハ火酒ヲ勸メ以テ選擧ヲ蹂躪スルコトアルカ如シ此等ノ國ニ於テハ我刑法ハ適用スルコトヲ得サルノミナラス寛大ノ刑法モ之ヲ適用スルコト甚タ困難ナリ見レ寛大ノ刑法ハ外國刑法ノ適用確實ナルトキニ非サレハ適用スルコトヲ得サルモノナレハナリ是ニ於テ引渡法ニ於テ政治犯ハ引渡ヲ爲サストノ規定ヲ生スルニ至レリ而シテ外國ニ於テ外國人カ爲シタル行爲ニ對シテハ遂ニ無限ノ萬國刑法ナルモノヲ設ケテ之ヲ適用スルニ非レハ内國人カ外國ニ於テ政治犯ニ加ハリタルトキハ内國ニ於テ處罰セラルルニ拘ハラス外國人ハ其行爲ヲ爲シタルモ之ニ關シテ引渡ヲ爲スコトヲ得サルニ依リ遂ニ刑罰ナクシテ止ム不當ノ結果ヲ生スヘシ而シテ此場合ニ外國ニ於テ爲シタル政治紊亂ノ犯行ニ因リ我刑罰權ノ侵犯ハ果シテ如何從來其地ニ訴追セラレタル當事者又ハ煽動セラレテ遂ニ形式的違法ヲ爲スニ至リタル黨與カ其間外國ノ首長ト爲リタルトキハ如何

外國ニ於テ外國ノ國體其組織及ヒ官吏ニ對シテ爲シタル犯行ヲ罰スルコトヲ得ル場合唯一アリ即チ外國カ之ヲ訴追スルニ此等ノ行爲中ニ包含スル常事犯ノ名義ヲ以テシタル場合是ナリ而シテ此場合ニハ人身及

ヒ財產ヲ傷害シタル場合ノ如ク眞實或範圍內ニ於テ其必要ヲ認メラレサルヘカラス若シ其犯行政治的ノ性質(詳言セハ其犯行政治上ノ目的ヲ有スル爲メ之ヲ無罪ト爲スコトヲ得ヘキ性質)ヲ有スルコト判然スルトキハ引渡ノ場合ト同シク處刑ヲ排斥スルヲ正當トス特ニ之ヲ獨逸法ニ照シテ一見其性質明カナル場合ト雖モ其犯行政治的ノ性質ヲ有スルヤ將タ常事犯ニ屬スルヤノ裁判ハ之ヲ裁判所ニ一任セサルヘカラス是レ其裁判ハ畢竟亦刑事事件ヲ終局ニ判斷スルモノナレハナリ

然レトモ外國官吏ニ對シテ暴行ヲ以テ抵抗ヲ爲シタル犯罪ニ付テハ我刑法上ニ於テモ外國ノ職權ヲ職務上ノ權利トシテ認ムルコトヲ要ス「ジヨン」ハ私人ノ身體傷害等ノ名義ヲ以テ訴追スルトキハ足レリト主張スルモ未タ以テ贊同ヲ表スルコトヲ得ス是レ被害者ノ官吏タル性質存在セストノ見做スヘキトキハ數多ノ場合ニ於テ其人ニ及ホシタル行爲ハ法律上ノ要素ヲ缺クニ至リ其結果抵抗及ヒ抵抗ニ因リテ生シタル傷害ハ却テ正當ト爲ササルヘカラサルコトアレハナリ而シテ其抵抗ノ行爲カ

一般ノ正理ニ照シテ罰スヘキニ非サルモノト看做スヘキ限ハ裁判所ハ之ニ放免ノ宣告ヲ爲スコトヲ要ス然ラサレハ却テ實質上ノ不當ヲ助長スルモノナリ我國ノ下級官吏カ精細ノ監督嚴密ノ處分ヲ施スニ當リテハ特別ノ保護ヲ必要トスヘキモ一定ノ國ノ下級官吏カ公然(例ヘハ徵稅又ハ通過稅ノ場合ニ於ケルカ如ク)乱暴及ヒ獸行ヲ爲ストキハ我官吏ニ對シテ爲シタル場合ニハ之ヲ罰スヘキ抵抗モ其官吏ニ對シテ爲シタル抵抗ハ常ニ之ヲ有罪ト認ムヘカラス他國ノ官吏ハ往々斯ル暴行ヲ爲スヲ以テ數多ノ非行ヲシテ却テ正當ナラシムルコトアリ

獨逸刑法法典ニ於テ規定スル如ク外國ニ於テ爲シタル犯行ノ訴追ヲ其職權ヲ有スル官廳ノ意見ニ任カス場合ニハ上段說明ノ斟酌ハ其官廳ニ於テ之ヲ爲スヘシ然レトモ訴追ヲ爲ス官廳ニシテ裁判官的ノ獨立ヲ有セサルトキハ專ラ其意見ニ依ルコトヲ得ス例ヘハ現時發生シタル外交上ノ關係ヨリ政治上ノ意見即チ事物ニ正當ノ判斷ヲ爲スコトヲ得サル意見湧出シテ獨立ヲ缺ク官廳ニ對シテ一壓ヲ試ムルコトアリ而シテ若

シ其事件國際法上ニ關スルトキハ英北米派ノ主張スルカ如ク裁判所ハ超然普通ノ公明正大ノ原則(天理)ニ照シテ之ヲ判定セサルヘカラス

親密ナル締盟國間ノ關係ニ於テハ法律上ノ保護モ一層鞏固ナルヘキハ固ヨリナリト雖モ繼續ノ同盟國又ハ聯邦ニ於テノミ此保障アルヘシ一時ノ必要ニ因リ聯合セル國ニ於テハ刑法ノ規定ヲ以テ厚ク保護ヲ與フル理由ナシ而シテ敵國ト開戰セル場合ニ尙ホ其國ノ組織ニ特別ノ保護ヲ與ヘントスルハ甚タシキ矛盾ト謂ハサルヘカラス故ニ刑法上ノ規定ヲ以テ保護スヘキ國ハ之ヲ親密ナル國即チ內國ト開戰中ニ在ラサル國ニ限ラサルヘカラサルコト固ヨリ言ヲ俟タス然レトモ最惠國條約ヲ締結セル國モ總テ茲ニ算入スヘキニ非ス自國ノ刑罰權ヲ以テ他國及ヒ其組織ニ法律上ノ保護ヲ與フルニハ先ツ或程度ニ於テ開化及ヒ風俗ノ共通ナルコトヲ以テ前提要件トス方今ニ至リテハ眞正ノ開明國ニ於テ宗敎上ノ愛情ヲ保證スルコトハ廢絕シテ或異宗ノ首長ト最惠條約ヲ締結スルコトアリ然レトモ此種ノ首長ヲ以テ相隣國ノ主權者ト同視シ又ハ

賄賂及ヒ官吏ノ階級上ノ壓制常ニ行ハル國ノ官吏ニ對スル抵抗ヲ罰スルハ其當ヲ得タルモノニ非ス

開戰中ニ非サル國ニ對シテ法律上ノ保護ヲ爲スニ一般ノ法規ヲ以テ漠然相互主義ヲ揭クルハ極メテ稀ナルヘシ然レトモ內政甚タ紊亂シテ我臣民ニ甚シキ壓虐ヲ加フル國ニ對シテハ吾人ハ已ムコトヲ得ス此制度ヲ採リテ其臣民ニ(其國ノ官吏カ賄賂ヲ貪ホリ虐政ヲ爲スニ因リ)刑事上ノ訴追ヲ爲シテ其毒鋒ヲ摧キ以テ爾後我臣民ニ壓虐ヲ加フルナカラシムルコトヲ努ムヘシ是レ斯ル國ハ紙上ニ於テハ吾人ニ約スルニ同一ノ反對義務ヲ以テスルモ其實然ラサルニ職由ス此場合ニハ同時ニ報復ヲ行フコトアリ報復トハ相互主義又ハ相互ヲ約スル義ナリ(我法律カ外國及ヒ其組織等ヲ保護スル總テノ場合ニ於テ又ハ其場合ニ限リ若クハ外國カ其組織官吏若クハ或他ノ外國ノ組織官吏等ヲ保護スル場合ニ於テ刑罰ヲ約スルヲ相互ト云フ(八)而シテ斯クノ如クスルトキハ往々報復ノ爲メ又ハ相互保證ノ有無ニ爭アルカ爲メ刑ノ訴追ハ遂ニ行フヘカラサル

(八)獨逸刑法第百二條第百三條ニハ外國及ヒ外國君主ニ對スル犯罪ヲ規定セリ之ニ依ルト

キハ相互主義ヲ酌メリ

(九一) 千八百八十一年七月二日判決(判錄三卷四五七、四六〇)

ニ至ルヘシ蓋シ我國ニ對シテ刑法上ノ保護ヲ拒ム國ニ我國カ其保護ヲ保證スルハ適當ノ者ニ非ス而シテ其程度ニ於テ相互ノ主義行ハルヘシ然レトモ相互ハ當然法律上ノ保護ヲ生セシムル强制的原因ニ非ス法律上ノ保護ハ裁判所ノ自由ナル意見ニ依リテ之ヲ與フヘシ裁判所ハ外國ニ於テ爲シタル行爲カ法律ニ揭クル場合ニ該當スルトキニ於テ國權ノ正當行使ニ對スル必要ノ保障外國ニ存スル場合ニ限リ外國ニ保護ヲ與フヘシ相互及ヒ其保護ハ獨逸學者ノ主張スル如ク行爲ヲ罰スルニ付テノ前提要件ニシテ狹義ノ刑ノ訴追ノ要件ニ非ス故ニ外國ノ法律又ハ敕令等ニ因リテ相互ヲ生スルモ舊ト爲シタル行爲ニハ反致效ヲ及ホスコトナシ隨ヒテ相互ノ存セサル場合ニハ手續ヲ中止スルコトナシ寧ロ被告ニ放免ノ宣告ヲ爲ササルヘカラス而シテ相互ハ法律問題ナルヲ以テ獨逸刑事訴訟法ニ據レハ專ラ法律問題ノ調查ヲ爲スヘキ職制ヲ有スル最高等裁判所ノ調查ノ目的タリ(九一)

外國ノ公法ニ於テモ法律上及ヒ事實上十分權利ノ保護ヲ認メラレタル

ニ因リ裁判所カ其意見ヲ以テ其國ノ國權及ヒ其官吏ニ刑法上ノ保護ヲ與ヘサルヘカラサルトキハ相互ヲ以テ刑ノ訴追ノ境界ト爲スヲ正當トス何レノ場合ニ於テモ外國又ハ内國ニ於テ他國其首長組織等ニ對シテ爲シタル行爲ヲ訴追スルニハ外國政府ノ別段ナル申立アルコトヲ要ス而シテ其申立ノ取下ハ廣ク(訴訟ノ進行中ニ於テモ)之ヲ許ササルヘカラス(一〇)是レ斯ノ如キ訴訟ニ於テハ外國政府ノ甚シク不愉快ト爲ス事情辨明セラルルモノナレハナリ但職權ヲ以テ訴追スヘキ常事犯ノ名義ヲ以テ訴追シタル場合(例ヘハ内國ニ於ケル殺傷罪ニシテ同時ニ他國ニ對スル犯罪ヲ包含スル場合ノ如シ)ハ例外トス

繼續シテ親密ニ盟結セル國ト國トノ間ニハ廣ク法律上ノ保護ヲ表彰スルコト勿論ナリ一時假ニ締盟セル國ト國トノ間ニハ之ヲ爲スニ足ラス然リ而シテ此保障ヲ實行スルニハ種々ノ方法ヲ以テス千八百三十六年八月十八日ノ舊獨逸同盟ノ決議ニ據レハ各同盟國ニ於テ爲シタル獨逸同盟ノ存在、政體、保安又ハ憲法ニ對スル犯行ハ各同盟國ニ於テ行ハルル

(一〇)獨逸刑法第百二條第百三條ハ之ト一致セリ唯第百三條イ(外國ノ貴號ヲ奪ヒタル者)ハ告訴ヲ要セス

(一一)局外中立法違犯ハ此ニ屬セス局外中立ハ外國ノ戰爭國ニ關スルモノナリ然レトモ其侵犯ノ目的ハ其國ノ局外中立ナリ

又ハ將來實施セラルル法律即チ各同盟國ニ對スル同一ノ行爲ヲ國家ニ對スル犯罪、聯邦國ニ對スル犯罪又ハ他ノ名稱ヲ以テ規定セル法律ニ照シテ之ヲ判決處罰スヘキコトヲ定メ各同盟國ニ對スル犯行ノ處罰ニ付テハ何等ノ規定モ爲サス獨逸同盟ハ引渡ニ依ルヘキ法律ノ保障ニ付テハ唯此關係ニ甘シタリ

北亞米利加合衆國ニ於テハ合衆國全體ニ行ハルヘキ刑ノ規定ヲ以テ其中央ノ權力及ヒ領土全體ヲ保障シ各聯邦ノ國事犯ニ關スル刑ノ規定ハ其國ニ對スル犯行ニ對シテノミ適用スヘキモノトシ他ノ聯邦國ニ對スル行爲ニハ之ヲ適用セス現行瑞西刑法モ亦同一ナリ即チ瑞西ニ於テハ北亞米利加合衆國ニ於ケルト同シク瑞西同盟全體ニ對スル國事犯ノミ中央司法權ノ支配ヲ受ケ各聯邦ノ司法權ハ之ニ干與セス

獨逸刑法ハ聯邦國間ノ相互保障ヲ最モ廣ク規定シタリ即チ獨逸帝國ハ全體トシテ又各聯邦國ノ總體トシテ各獨逸聯邦ニ於テ行爲ノ在リタル地ヲ領スル國ト同一ノ保障ヲ受ケ唯聯邦ノ君主ノ身上ニ對スル犯罪ト

（二三）獨逸刑法第八十六條乃至第百四條獨逸裁判所構成法第百三十六條二號參照

其家族ニ對スル犯罪トノ間ニ區別ヲ爲セリ皇帝ハ總テノ國ニ於テ其行爲ノ在リタル各邦ノ君主ト同一ニ取扱フ聯邦ニ屬スル臣民カ聯邦ノ君主ノ身上ニ對シテ犯罪（就中侮辱）ヲ行ヒタルトキハ同一ノ嚴罰ニ處セラル、聯邦ノ侯伯ニ對シテハ侮辱ヲ加ヘタル者カ犯罪ノ時其侯伯ノ領地內ニ居留セス又臣下ニモ非サルトキハ少シク之ヲ輕減ス、暴行ノ存セサル場合ニハ侮辱ヲ被リタル者ノ權力ニ一任ス、聯邦ノ君主ノ家族ニ暴行ヲ加ヘ又ハ之ヲ侮辱シタルトキ亦同シ皇族ハ皇帝ト同シク別格ノ取扱ヲ爲サス唯帝國ニ關シ又聯邦國ニ關スル犯罪ニシテ皇帝及ヒ帝國ニ對スルモノナルトキハ帝國ノ司法權之ヲ處斷ス（詳言セハ帝國裁判所カ第一審ト終審トヲ兼ネテ事件ヲ處斷ス）其他ノ場合ニ於テハ總テ各聯邦國ノ司法權ニ依ル皇帝ニ對スル不敬モ亦然リ邦國ニ對セントシテ先ツ官吏ニ對スル犯罪ハ其官吏カ帝國ノ事務ニ服スルト聯邦國ノ事務ニ服スルトニ依リテ區別スル必要ナシ唯犯行ノ際他ノ地ニ滯在スル官吏（一定ノ土地ヲ限リテ權利ヲ有スル官吏）ハ一私人ト看做ス以上ノ規定ハ總テ帝

國法ニ屬スルヲ以テ各聯邦ノ立法ニ依リテ變更セラルルコトナシ

第六十三章

獨逸帝國刑法典ニ於ケル國際刑法

獨逸刑法ハ左ノ主義ヲ採用セリ

第一、第一ニ標準ト爲リタル主義ハ屬地主義是レナリ(第三條)

獨逸帝國刑法ハ獨逸國ノ領域内ニ於テ犯シタル總テノ罰スヘキ行爲ニ適用ス犯罪者カ外國人ナル塲合ニモ亦之ヲ適用ス(一)

此管轄原因ハ原則ニシテ他ノ管轄原因ハ之ヲ補充スルニ過キス故ニ他國ノ法律ニ依リテ生シタル刑ノ消滅原因(例ヘハ放免ノ判決、赦免等)ハ獨逸國ノ領域内ニ於テ犯シタル行爲ニシテ獨逸法ヲ以テ罰スヘキモノニ對シテハ獨逸國内ニ於テハ決シテ刑ヲ消滅スルコトナシ(例ヘハ外國人カ獨逸國内ニ於テ犯シタル犯罪ニ付キ其本國ニ於テ赦免ヲ言渡サレタル塲合ノ如シ)第五條ニ於テハ刑ノ消滅ノ原因ニ付テ規定セルモ其規定タルヤ獨逸國ニ於テ犯シタル犯罪ノミニ關スルモノナレ

(一) 參照我刑修三

ハ固ヨリ援テ上段ノ説明ヲ覆スニ足ラス尤モ外國ニ於テ既ニ刑ノ執行ヲ受ケタル行爲カ獨逸國ニ於テ再ヒ判決セラレタル場合ニハ第七條ニ依リ常ニ(寬典ヲ以テ)其執行セラレタル刑ヲ斟酌ス(二)

第二、次キニ自働的屬人主義ヲ採用セリ第四條第三ニ曰ク

獨逸人カ外國ニ於テ行爲ヲ爲シタルモ其行爲カ獨逸帝國法律ノ重罪又ハ輕罪ニ該當シ且之ヲ犯シタル地ノ法律ニ於テ之ニ刑ヲ課スル場合ニハ亦獨逸帝國刑法ニ依リテ訴追スルコトヲ得(三)

受働的屬人主義ハ獨逸刑法ノ採用セサル所ナリ尤モ獨逸帝國及ヒ獨逸聯邦ニ對シテ獨逸帝國ニ於テ國事犯ヲ犯シタルトキハ獨逸刑法ニ依リテ訴追ヲ爲ス(甲)獨逸刑法ニ於テ受働的屬人主義ヲ採用セサルヲ以テ其結果裁判例就中帝國裁判所ノ裁判例ニ採用スル見解トハ異ニシテ決シテ結果ノ場所ヲ以テ行爲ノ場所ト看做スコトヲ得ス上段説明シタル一般ノ原則ニ適應シテ行爲ノ地ニ行ハルル法律中犯罪者ニ最モ利益ノモノヲ適用スヘキモノトス唯第四條第二項ノ場合ニ於テ其例外ヲ認メリ

(二) 我刑修七末段參照

(三) 我刑修六參照

(四) 私ノ犯罪ニ付テモ獨逸人カ外國ニ於テ外國人ヲ傷害シタルト獨逸人ヲ傷害シタルトヲ區別ス

而モ此點ハ亦正當ノ規定ト謂ハサルヘカラス同項ニ曰ク

獨逸人カ外國ニ於テ獨逸帝國又ハ獨逸聯邦ニ對シテ國事犯ヲ犯シ又ハ聯邦ノ侯伯ヲ侮辱シタルトキハ亦獨逸刑法ニ依リテ訴追スルコトヲ得

行爲ノ地ニ行ハルル法律ヲ(常事犯ニ)適用スルハ可ナリト雖モ獨逸國人カ外國ニ於テ犯行ヲ爲シタル場合ニ其外國法ヲ適用スルハ當ヲ得タルモノト謂フヘカラス尤モ外國ニ於テ其行爲ヲ全然罰セサル場合ニハ(五)亦之ヲ罰スル要ナシ(但外國ノ法律カ告訴ヲ必要トスル場合ニ告訴ナキニ因リ無刑トナリタル場合モ亦然リ第五條第三條參照)(六)然レトモ行爲地ノ法律ニ依リ寛ナル刑ヲ課セラレタルトキハ此限ニ在ラス此點ニ付テハ第四條第三號ノ第二項ニ特別規定アリ即チ犯罪者カ行爲ヲ爲シタル後初メテ獨逸人トナリタル場合ニノミ其寛ナル刑ノ適用ヲ爲ス旨規定セリ又行爲地ニ於テハ單ニ違警罪トシテ罰スル行爲ヲ獨逸刑法カ重罪又ハ輕罪トシテ罰スル場合モ亦數多ノ學說幷ニ法律ノ文辭ニ依レハ犯

(五)船員カ職務ヲ免カルル爲メ自己ノ什物ヲ携ヘテ逃亡シタル場合ニハ第二百九十八條ニ依リ例外トシテ行爲地法ノ無刑ヲ斟酌セス

(六)外國法ノ必要トスル當該權利者ノ申立期間ノ遵守等ハ當該外國法ニ依リテ判斷スヘキモノトス

犯罪者ニ利益タルコトヲ得ス(七)

獨逸領事裁判權ノ行ハルル地ニ於テハ行爲ヲ判斷スルニ專ラ獨逸刑法ニ依ルヘク犯罪地法ノ無刑ハ之ヲ顧ル必要ナシ(千八百七十九年七月十日領事裁判權ニ關スル帝國法第四條參照)隨ヒテ未開國又ハ全然開化ノ程度ノ異ナル(非耶蘇敎)國ニ於ケル獨逸人ニ對シテハ專ラ獨逸刑法ヲ適用スヘシ(八)(乙)何人ヲ以テ獨逸人ト爲スヘキカ此點ニ付テハ千八百七十年六月一日ノ法律ニ依リテ之ヲ判定スヘシ(又千八百八十八年三月十五日ノ法律就中獨逸ノ保護國ノ法律關係ニ付テハ第六條ヲ參看スヘシ)犯罪者カ獨逸人ニシテ同時ニ他國ノ臣民ナルコトアリ又ハ之ニ反シテ獨逸法ノ規定ニ依レハ獨逸人ニ非スシテ外國ノ法律ニ依レハ外國人ノ臣民ト看做スヘカラサルコトアリ然レトモ此等ノ點ハ獨逸刑事裁判官ニ於テ重キヲ置ク必要ナシ但當該外國カ外國人ヲ以テ不當ニ獨逸人ト看做シタリトノ理由ヲ以テ外交上ノ故障ヲ挿入スルトキハ獨逸法ヲ援用シテ辨疏スルモ遂ニ其故障ヲ排除スルニ足ラサルヘシ犯罪人ノ住所カ何

(七)千八百八十七年一月十七日判決(判錄一五卷二二一頁)ニ於テハ係爭犯罪カ一般ニ(例ヘハ官吏收賄罪ノ如シ)行爲地ニ公ニ罰セラルルコトヲ確定スルノミニテハ足レリトセス其行爲カ外國法上罰スヘキモノト看做スニ足ラサルヘカラスト判定セリ

獨逸法上有罪ト認ムルニハ其行爲カ行爲地法上罰スヘキモノナルヲ要ス故ニ其行爲カ行爲地法上罰スヘキモノナルヤ否ヤハ他ノ要素ト同シク豫審手續ニ於テ確定セサルヘカラス

(八)一般ニ認ムル處ニ據レハ内國人カ外國ニ於テ著作權ヲ侵犯シタル場合ニ尙ホ獨逸刑法ヲ適用スヘシト說ク然レトモ其不當タルハ論ヲ俟タス

(九)千八百八十一年六月二日判決刑判錄四卷九八號

二七一頁以下）參照然レトモ條約ニ依リ（千八百七十年六月一日帝國法參照）他國ニ於テ國籍ヲ取消シタルトキハ內國ノ國籍ヲ喪失シタル者ト看做スコトヲ得

レニ存スルモ又其執務カ獨逸國權ノ委任ニ因ルモ官吏トシテ獨逸人ナラサル限ハ獨逸刑法ノ總則ハ之ニ適用スルコトヲ得ス

自働的屬人主義ハ獨逸刑法ニ採用セサルニ非ス然レトモ（第四條第二ノ特別ノ場合ハ之ヲ除ク）屬地主義ニ對シテ唯之ヲ補充スル管轄原因タルニ止マル即チ第五條第一項及ヒ第二項ニ依レハ外國ノ法律上刑ノ消滅原因タルモノハ獨逸法ニ於テモ刑ノ消滅原因タリ但獨逸刑法ノ認ムル屬人管轄ハ他國ノ刑ノ管轄原因ヲ適用スル場合ニハ一歩ヲ讓ラサルヘカラスト雖モ其程度ニ至リテハ議論アリ尚ホ他言ヲ以ヲ之テ云ヘハ第五條ニ所謂外國トハ犯罪ヲ爲シタル地ヲ領スル國ノミヲ指稱スルヤ將タ尚ホ他ノ國ヲモ意味スルヤ甚タ曖昧ナリ犯罪地ヲ領スル國ヲ指稱スルモノナリト主張スル論者ハ或ハ獨逸刑法カ屬地主義ニ重キヲ置キタル點ヨリ觀察ヲ下シ或ハ茲ニ所謂外國トハ其法律ニ於テ無刑ノ效力ヲ言顯ハス國ニ外ナラサレハ之ヲ以テ任意ノ各外國ヲ意味スルモノトスルハ畢竟矛盾ノ說タルヲ免レスト論斷セリ而シテ反對論者ハ曰ク若シ

斯ノ如ク制限的解釋ヲ取ラサルヘカラサルトキハ第五條第一項ノ場合ニ於ケル他ノ國ノ爲シタル刑ノ執行ハ其國ニ於テ爲シタル放免ノ言渡ト其觀ヲ異ニセサルヘカラスト蓋シ斯ノ如ク法典ノ意義明瞭ヲ缺ク場合ニハ假令立法者ニ於テ之ヲ想像セサルニ拘ハラス吾人ハ寧ロ法理ニ基ク區別ヲ以テ適法ノモノト看做スコトヲ得ヘシ(第五十八章參照)

第三條(イ)第三號第一項ノ管轄規定ハ第二項ニ於テ附加ノ規定ヲ爲ササルトキハ犯罪者カ其行爲ヲ爲シタル時既ニ獨逸人ナリシ場合(一〇)ニノミ適用スルコトヲ得ヘシ是レ犯罪者カ獨逸人ナラサル場合ニハ其外國ニ於テ爲シタル行爲ハ獨逸刑法ニ依リテ犯罪ト看做スヘカラサレハナリ(但第四條第一號及ヒ第二號ノ非常犯ハ此限ニ在ラス)然レトモ法律ハ第四條第三項第二項ニ於テ規定スラク

　行爲者カ行爲ヲ爲シタル時未タ獨逸人ナラサル場合ニモ訴追スルコトヲ得

而シテ又之ニ附加シテ曰ク

(イ) 第四條ノ誤リナラン

(一〇) 管轄ノ原因純然タル屬人主義ナルヲ以テ他ノ共犯者ノ行爲ノ時及ヒ結果ノ時ハ之ヲ問フノ要ナシ

此場合ニ於テハ其犯罪行爲ヲ爲シタル地ノ管轄廳ノ告發アルコトヲ要ス而シテ外國ノ刑法ハ(獨逸刑法ニ比シテ)寬ナル場合ニ限リ之ヲ適用ス

此規定ハ第九條ノ規定ト相牽聯スルモノナリ同條ハ獨逸人ヲ外國政府ニ引渡スコトヲ禁シ犯罪行爲ヲ爲シタル後獨逸人タル分限ヲ得タル者ニ付テモ亦同シトノ旨ヲ規定セルモノナリ故ニ犯罪行爲ヲ爲シタル後初メテ歸化シタル者ハ外國ニ於テ猶ホ未タ刑ヲ受ケサルトキハ絕對ニ無刑タルコトヲ得(但第四條第一號及ヒ第二號ニ該當スヘキ場合ハ此限ニ在ラス)尤モ舊ト他國ノ領地タリシモノカ後獨逸帝國ノ領分ニ歸屬シタルカ爲メ獨逸人ノ分限ヲ取得シタル場合ニハ第三號第二項ノ規定ハ適用スルコトヲ得ス此點ニ關シテモ反對論ナキニ非スト雖モ反對論(「ビンヂング」第四三九頁)之ヲ主張シ「オーレスハウゼン」ノ如キハ之ヲ爭ヘリハ畢竟主トシテ屬地主義ヲ採ル刑法ノ性質ニ矛盾スルモノナリ

獨逸法ニ於テハ犯罪者カ內國人タル性質又ハ犯罪ノ目的物カ內國ノ物

タル性質（一）ヲ有スルコトヲ以テ犯罪ノ要件ト爲セル場合ニハ上掲ノ規定ヲ適用シテ處罰スルコトヲ得ス（例ヘハ獨逸國ニ歸化シタル佛國人ハ佛國ニ對スル犯罪ヲ犯スモ獨逸法ノ國事犯ノ條項ニ照シテ罰スルコトヲ得サルカ如シ）又友國ニ敵對スル行爲ハ刑法第百二條ニ依ルヘキヲ以テ此規定ノ適用ヲ受クルコトナシ是レ第百二條ハ外國人カ内國ニ居留スル間ニ同條ニ掲クル行爲ヲ爲シタルトキ之ヲ罰スル旨ヲ規定シタルノミナレハナリ

屬人主義ハ以上述ヘタル所ヲ以テ其正當ノ適用トス此適用ハ特ニ刑法第三十七條（二）ニ定ムル所ナリ同條ハ外國ニ於テ罰セラレタル獨逸人ニ對シテ後日名譽權喪失ノ判決ヲ爲ス點ニ付キ規定シタルモノニシテ亦其解釋區々ニシテ學者ノ論爭スル所ナリ

（イ）法律ノ精神ヨリ論スルトキハ本條ノ規定ハ犯罪者カ犯罪ヲ爲シタル後初メテ獨逸人トナリタル場合ニモ延長スヘキモノトス或ハ此解釋ヲ以テ條文ニ牴觸スルカ如ク主張スルモ決シテ然ラス（條文ニ於テ或

（一）例ヘハ自己ノ國ト獨逸國ト戰爭ヲ爲シタル際自國ノ爲メニ武器ヲ擁シテ獨逸國ニ敵對シタル者カ後獨逸國ニ歸化スルモ罰スルコトヲ得ス

（二）同條ニ曰ク獨逸人カ外國ニ於テ重罪又ハ輕罪ヲ犯シタル爲メ罰セラレ其結果獨逸國法ニ依リ一般又ハ特別ノ名譽權ヲ喪失シ若クハ喪失スヘキトキハ新ニ刑事手續ヲ開始シテ其手續ニ於テ罪責アリト宣告セラル者ニ對シ上記ノ結果ヲ判定スト

者カ獨逸人トシテ云々トアレハ格別)

(ロ)、之ニ反シテ外國ニ於テ眞實刑罰ニ處セラレタルコトヲ要ス(此解釋ハ條文ノ文辭ト一致セリ)全規定ノ精神ハ外國ニ於テ赦免又ハ時效ニ依リテ刑ヲ免カレタル者ハ其犯罪尚ホ疑ニ屬スト雖モ一般ノ觀察ニ於テ名譽ニ牴觸スル犯罪ヲ爲シタル以上ハ獨逸國ニ於テ格段ナル名譽權ノ行使ヲ禁セサルヘカラストスルニ在リ此見解ニ依レハ本條ニ於テハ未タ刑ノ執行ヲ受ケスト雖モ判決ヲ言渡サレタルトキハ既ニ處罰セラレタルモノト看做スヘキカ如シ

(ハ)、以上ノ如ク外國ニ於ケル處罰(有罪ノ言渡アリテ赦免ヲ受ケサル場合)カ第三十七條ニ基ク審理ノ要件タルトキハ獨逸裁判所ノ判決ハ獨立ニ被告ノ犯罪ヲ確定セサルヘカラス隨ヒテ獨逸裁判所ハ外國ニ於テ有罪ノ言渡ヲ受ケタルニ拘ハラス赦免ノ言渡ヲ爲スコトヲ得又外國判決ヲ調査セス漫然獨逸國ニ於テ名譽權ヲ剝奪スル旨ヲ附加セサルヘカラサル制限ヲ受クルコトナシ

(ニ)、此手續ヲ爲スハ特別ノ場合ニシテ裁判所カ他ノ刑ヲ言渡シ得ル場合ニハ此手續ヲ爲サス反對說(「ルボウ」其代表者タリ)ハ裁判所ヲシテ他ノ刑ヲ言渡サシムルト否トハ檢事ノ意見ニ一任スヘキモノトセリ此手續ハ犯罪カ獨逸法ニ依リ時效ニ罹リタルトキハ之ヲ爲サス外國裁判官ノ行爲ハ內國ノ時效ヲ中斷スルコトヲ得ス

(ホ)、此手續ニ依リテ名譽權ヲ剝奪セラレタルモ獨逸刑法ニ於ケル再犯加重ノ要件タル刑ヲ受ケタルモノト看做スヘカラス(千八百九十年六月七日ノ帝國裁判所判決モ亦此見解ヲ採レリ刑判錄二一卷一五號三五頁以下參照)

第三獨逸國ハ行爲地又ハ犯罪人ノ獨逸人タル資格ニ因リ刑罰ノ管轄ヲ有スル外尙ホ左ノ場合ニ於テ獨逸ノ刑罰權行ハル

(イ)獨逸帝國ニ對スル國事犯及ヒ獨逸帝國若クハ聯邦ノ官吏ノ犯シタル重罪又ハ輕罪幷ニ貨幣ニ關スル重罪ハ其獨逸貨幣ニ關スルト銀行紙幣ニ關スルト又外國ノ貨幣ニ關スルトヲ問ハス(貨幣ニ關スル單純ノ

輕罪ハ此限ニ在ラス)總テ第四條第一號ニ依リテ處斷セラル然レトモ獨逸刑法ヲ延長シテ外國人カ外國ニ於テ外國ノ貨幣ニ付キ犯シタル犯罪ニ適用セシムルハ之ヲ正當ト謂フヘカラス特ニ第四條第一號ノ總テノ場合ニ於テ獨逸國ノ刑罰權ヲ絶對的ノモノト看做シ(刑法第五條參照)行爲地ニ於ケル無刑及ヒ其他ノ放免ノ言渡、赦免等モ犯罪者ノ利益タルコトヲ得ス外國ニ於テ其行爲ノ爲メニ執行セラレタル刑ノミ加減セラルヘシト論スルニ至リテハ之ヲ正當ト謂ハサルヘカラス

尚ホ左ニ注意スヘシ

(一)、茲ニ所謂國事犯トハ正説ニ據レハ刑法第八十條乃至第八十六條ニ於テ刑ノ定アル總テノ犯罪ヲ意味スルモノナリ故ニ刑ノ定アル豫備行爲(第八十三條乃至第八十六條)モ既遂ノ國事犯ト同シク茲ニ包含スルモノトス之ニ反シテ外國人カ外國ニ於テ爲シタル行爲ニシテ獨逸國際公法ニ觸ルルモノ例ヘハ外國人カ外國ニ於テ或國ヲシテ獨逸ニ對シ戰爭ヲ爲サシメ獨逸國ノ領地ノ一部分ヲ割取セシムル目的

ヲ以テ爲シタル計畫ノ如キハ本條ノ中ニ包含セス(是レ千八百八十七年七月十三日及ヒ十七日、帝國裁判所第一部及ヒ第二部ノ聯合評決ヲ以テ裁判セラレタル所ナリ

(二)、第四條第一號ノ規定ノ適用ヲ受クヘキ官吏ハ國籍法第九條ニ依リ外國人ヲモ包含スルモノトス職務ニ於ケル重罪及ヒ輕罪トハ固ヨリ爭ナキニ非スト雖モ刑法第二十八章及ヒ他ノ帝國法ニ於テ特ニ職務上ノ重罪及ヒ輕罪ト爲セル行爲ノミ指稱スルニ非ス官吏タル資格カ行爲ヲ罰スル要件ナルカ又ハ行爲ノ特別原因ニ於ケル要件ナルトキハ總テ之ヲ以テ論スヘキモノトス但單ニ或職務ヲ行フニ當リテ外國ニ於テ犯シタル重罪及ヒ輕罪ハ茲ニ包含セス

(ロ)千八百八十四年七月九日爆裂物取締法第五條第六條第七條第八條及ヒ第十條ニ依リテ罰スヘキ場合(該法第十二條ニ依レハ刑法第四條第一號ハ此場合ニモ適用スヘキモノトス)

刑法第二百九十八條(一三)ノ規定ハ學者ノ間爭ナキ能ハスト雖モ正說ニ據レ

(一三)同條ニ曰ク自己ノ役務ヲ免カル

ル爲メ什器ヲ攜帶シテ脱走若クハ逃懸シタル船員ハ内國ニ於テ犯シタルト外國ニ於テ犯シタルトヲ問ハス一年以下ノ禁錮ニ處ス

ハ外國人カ外國ニ於テ爲シタル行爲ニハ延長スルコトヲ得サルモノナリ刑法ノ法域ニ關スル規定ハ一般ノ原則ナレハ法律ヲ以テ特ニ之ヲ明言スルニ非サレハ直チニ例外ノ處分ヲ爲スコトヲ得ス隨ヒテ第二百九十八條ニ掲クル犯罪カ外國ノ船舶中ニ生シタル場合ニ其犯罪者ノ何人ナルト犯罪地ノ何レニ在ルトヲ問ハス又行爲地ニ行ハルル法律ヲ顧ミスシテ直チニ獨逸裁判所ニ於テ獨逸法ニ依リ處斷スルカ如キハ甚タ不當タルヲ免レス故ニ内國ニ於テ犯行ヲ爲シタルト外國ニ於テ犯罪ヲ犯シタルトニ區別ナシト謂ヘル附加ノ文ハ一方ニ於テ内國人ハ第二百九十八條ノ場合ニ於テハ行爲地ニ行ハルル行爲ノ無刑ヲ主張スルコトヲ得サル精神ヲ明カニシ他方ニ於テ外國ニ於テ犯シタル犯罪ノ執行ハ通常檢事ノ意見ニ一任スヘキモ此場合ニハ之ヲ許ササル旨ヲ明カニシタルモノト解スヘキナリ

外國ニ於テ犯罪ヲ訴追スル百般ノ場合ニ於テハ其行爲カ少クトモ刑法第一條ニ規定スル輕罪ニ該當スルヤ否ヤヲ研究セサルヘカラス外國ニ

於テ犯シタル違警罪ハ第六條ニ依リ特別法又ハ條約ニ於テ特ニ之ヲ命スル場合ニ非サレハ罰スルコトヲ得ス其他獨逸刑事訴訟法第百五十二條ニ依レハ(告訴アリテ始メテ訴追スヘキ刑事ハ此限ニ在ラス)檢事ニ對シテハ職權主義行ハレ檢事ハ自ラ嫌疑ノ原因十分ナリトスルトキハ直チニ之ヲ訴追セサルヘカラサル義務アリト雖モ外國ニ於テ犯シタル犯罪ハ之ヲ訴追スヘキヤ否ヤヲ一ニ檢事ノ意見ニ任シ檢事ハ費用及ヒ外國ニ於ケル證據ヲ提出スルノ難易ヲ計リテ其意見ヲ定ムルモノトス然レトモ檢事ハ亦獨逸國及ヒ外國ニ於テ同一犯罪ヲ二重ニ罰スルトキハ酷ニ過クルト信シ又ハ獨逸國ノ判決カ外國ノ判決ト衝突スル虞アリト信スルトキハ其意見ニ依リテ再ヒ訴追セサルコトヲ得以上制限附酌量主義ニ對シテ數多ノ學者就中「ビンヂング」ノ如キハ大ニ非難ヲ下セルモ理由アルモノニ非ス若シ强テ檢事ヲシテ遠隔セル外國ニ於テ犯シタリトスル假裝的犯罪ニ付キ內國ニ於テ犯シタル犯罪行爲ト同一ノ處分ヲ爲サシムルトキハ結果ナキ不當ノ刑事訴訟數多生出スルニ至ラン

然レトモ第四條第二項第三號(歸化前ニ爲シタル犯罪ニ付キ歸化シタル獨逸人ヲ訴追スル條項)ノ場合ヲ除ク外ハ外國政府又ハ被害者ノ告訴ヲ俟ツノ要ナシ又或場合ニハ刑法ニ依リテ犯罪者カ任意ニ獨逸國ノ領內ニ來リ又ハ刑事訴訟ヲ繋屬セシムル時獨逸國ノ領內ニ在ラサルヘカラサル要テシ加之或場合ニハ被告ノ在ラサル場合ニモ外國ニ於テ爲シタル犯罪ニ付キ本案ノ辯論ニ進ムコトヲ得但此制限ハ訴訟上ノ原因ニ基クモノニシテ內國ニ於テ犯シタル犯罪ニ付テモ同一ノ程度ヲ以テ之ヲ行フ

第四、國事犯、聯邦ニ對スル國事犯及ヒ天皇ニ對スル不敬罪ニ付テハ獨逸刑法ハ獨逸國、獨逸ノ各聯邦及ヒ獨逸國ノ君主幷ニ獨逸聯邦ノ侯伯ヲ以テ犯罪ノ目的ト爲スヘキモノトナシ外國、又ハ外國ノ君主ニ對スル前顯ノ行爲ハ或條件ヲ以テ第二編第四章ニ於テ友國ニ對スル仇敵ノ行爲トシテ處分セリ就中之ヲ獨逸帝國又ハ獨逸聯邦ニ對シテ爲シタル場合ニハ國事犯タルヘキ所爲ヲ罰セリ刑法第百二條ニハ開明國ト未開國トノ間ニ區別ヲ爲サス又獨逸國ト平和ノ狀態ニ在ル國ト戰爭中ニ在ル國トモ差別スル所ナシ唯相互ノ保證ヲ必要ト爲セリ然レトモ一般ノ說ニ依レハ獨逸國ト戰爭中ニ在ル國ノ爲メニハ第百二條ヲ適用スヘキニ非スト謂フ然レトモ其理由トシテ戰爭ヲ開クニ當リテハ其敵國間ニ締結セラレタル條約ハ盡ク廢棄セラル隨ヒテ戰爭ノ場合ニ於テハ相互ノ保證ナルモノ存スルコトナシト云フニ至リテハ誤解タルヲ免レス敵國ノ不利益ノ爲メニ其例外ヲ認ムル眞ノ理由ハ第二編第四章ニ揭クル規定ハ外國ヲ保護スル規定ナリ(假令同時ニ自國ノ利益ニ關スト雖モ)然ルニ戰爭ハ其常時少クトモ(非常ノ腕力手段ヲ用非テ敵國ヲ害スル目的ヲ有スルモノナレハ其敵國ノ爲メニ保護ノ規定ヲ適用スルハ畢竟矛盾タルヲ免カレスト云フニ在リ

相互ハ法律又ハ條約ニ依リテ保證セラルル要ナシ然レトモ外國政府ノ單純ノ宣言ハ以テ其國ノ裁判ヲ拘束スル力ナシ隨ヒテ獨逸裁判所モ之ヲ以テ法律上價値アル保證ト看做スコトヲ得ス又ハ獨逸ノ外交官ノ宣

(一四)同條ニ曰ク獨逸人カ內國又ハ外國ニ於テ又外國人カ內國ニ滯在中獨逸國ニ屬セル邦國又ハ其國君ニ對シテ非行チ爲シ其非行ニシテ之チ聯邦國又ハ聯邦ノ侯伯ニ爲シタルヘキトキハ第八十一條乃至第八十六條ノ規定ニ該當スヘキ場

言モ相互保證ノ證據トシテ獨逸ノ裁判所ヲ拘束スル力ナシ外國カ同一ノ場合ニ於テ之ヲ罰シ就中之ニ近似セル罰ヲ課スルトキハ常ニ相互ノ存スルモノト謂フコトヲ得然レトモ或場合ニ於テノミ我國ニ對スル侵害ヲ罰シ又ハ僅微ノ罰ヲ以テ之ヲ處斷スル場合ハ未タ相互ノ存スルモノト謂フヲ得ス相互ハ常ニ行爲ヲ罰スルニ付テノ要件ナリ隨ヒテ行爲ノ在リシ時既ニ保證セラレサルヘカラス刑ノ訴追ノ時ニ保證セラレタルモ行爲ノ時保證セラレサル場合ニハ處罰スルコトヲ得ス加之正說ニ依レハ相互ハ犯罪ノ要件ニシテ豫審手續ニ於テ之ヲ確定セサルヘカラサルモノナリ尤モ此說ニ反對スル學者モ決シテ尠シトセス」

第百二條(一四)ノ規定ハ外國ニ於テ行爲ヲ爲シタル外國人ニ該當スヘキモノニ非ス外國ニ於テ行爲ヲ爲シタル獨逸人ハ常ニ此規定ノ適用ヲ受ク但刑法第四條第三ニ揭クル刑ノ訴追ニ關スル一般ノ制限規定ハ第百二條ヲ適用スヘキ場合ニモ效力ヲ生スルヤ否ヤニ付テハ爭アリ即チ

(一)行爲カ行爲地ノ法律ニ依リテ罰セラルルコトナキ場合ニハ第百二條

ニ依リテモ罰セラルルコトナキヤ否ヤ數多ノ學者ハ罰セラルルコトナシト謂フ然レトモ外國ハ我國ニ望ムニ我國ハ我國民ノ行爲ニ付キ其行爲ノ在リタル國ヨリハ一層厚キ保護ヲ爲スヘキコトヲ以テスルコトヲ得ス行爲地ノ無刑ヲ獨逸國ニ於テ認メサルトキハ吾臣民ニ對シテ不當ニ殘酷ノ取扱ヲ爲シ外國ニ於ケル其行爲ノ自由ヲ制限スルモノト謂フヘシ我臣民ニシテ其居留地ノ認許スル所ニ從ヒ進退スルトキハ(其本國ニ對スル義務ハ此限ニ在ラス)之ヲ以テ正當ノ行爲ヲ爲シタルモノト稱セサルヘカラス故ニ第百二條ノ規定ノ如キモ亦反對ノ說ヲ採ル必要ナシ是レ之ヲ以テ標準ト爲ストキハ放免ヲ言渡ス外國判決幷ニ外國ニ於ケル赦免ノ如キハ之ヲ援用スル要ナケレハナリ」

(二)第百二條ニ揭クル行爲ヲ外國ニ於テ爲シタル者アル場合ニモ檢事ハ之ヲ訴追スルニ付キ自由ナル意見ヲ以テ決スルコトヲ得ルヤ否ヤ外國ノ相互ヲ保證セル場合ト雖モ職權ヲ以テ刑ヲ訴追スルハ甚タ困難ナルコトアリ例ヘハ其國ノ政治ノ錯亂セル場合ノ如シ其他第四條

合ニハ第八十一條乃至第八十四條ニ該當スルモノハ一年乃至十年ノ禁獄ニ處シ若シ宥恕スヘキ事情存スルトキハ六月乃至十年ノ禁獄ニ處ス第八十五條及ヒ第八十六條ニ該當スルモノハ一月乃至三年ノ禁獄ニ處ス但以上何レノ場合ニ於テモ當該他國カ獨逸國ト相互ノ保證存スルコトヲ要スト

第三號ニ基キ無刑ヲ認メスシテ第百二條ノ場合ニ於テモ第四條ニ基キ唯權能的刑ノ訴追ヲ認ムルハ前後撞着ト謂ハサルヘカラス此犯罪ハ外國主權者ヲ侮辱シタル犯罪ト同シク其傷害ヲ受ケタル政府ノ請求ニ因リテノミ訴追シ其請求ハ刑ヲ言渡ス判決アルマテハ取消スコトヲ得セシム

第百三條（二五）モ亦相互ノ保證ヲ以テ要件トシテ獨逸國ニ屬セサル國ノ君主及ヒ大統領ニ對スル侮辱ヲ罰セリ而シテ外國ニ於テ犯セル犯罪ナルコトヲ特書スル所ナシ故ニ本條ニハ亦第四條ノ一般ノ原則ニ因リ內國又ハ外國ニ於テ獨逸人ノ犯シタル行爲ノミニ適用シ又行爲地ニ行ハルル無刑ハ亦獨逸法ニ於ケル無刑ノ效果ヲ生スルモノトス羅馬法皇ハ身上ハ固ヨリ主權タルヘキモ邦國ノ君主ニ非ス又何レノ國トモ相互ヲ保證スルコトヲ得ス隨ヒテ羅馬法皇ヲ侮辱スルモ空位ノ主權者ヲ侮辱シタル場合ト同シク第百三條ノ規定ヲ適用スヘキニ非ス又獨逸聯邦ノ君主ノ家族ニシテ外國ノ王位ヲ有スル者ヲ侮辱スルモ正說ニ據レハ唯第百

（二五）同條ニ曰ク獨逸國ニ屬セサル國ノ君主又ハ大統領ニ對シテ侮辱ヲ加ヘタル者ハ一週乃至二年ノ禁錮若クハ同一期間ノ禁獄ニ處ス但當該國カ獨逸國ト相互ノ保證存スルコトヲ要スト

三條ノ規定ニ依リテ罰セラルルモ第九十七條(獨逸帝國ノ君主ノ家族ニ對スル侮辱罪ヲ規定セリ)ニ基キテ罰セラルルコトナシ被害者ノ地位ヲ國際公法上ヨリ論スルトキハ獨逸聯邦ノ君主ノ家族タル地位ハ公法上ノモノニ非ス隨ヒテ刑法ニ於テモ之ヲ顧ミル必要ナシ外國ノ主權ニ對スル侮辱罪ハ請求アルニ非サレハ罰セサルヲ以テ政略ヲ得タルモノトス是レ獨逸聯邦ノ君主ノ家族ニ對スル侮辱ヲ訴追スルニハ第九十七條ニ依リ刑ノ請求ヲ要セサルモ外國ノ主權ニ對スル侮辱ハ請求ナクシテ訴追スルニ於テハ却テ外國政府ノ望マサル所ヲ爲ス憾ナキヲ保セサレハナリ

刑法第百三條(イ)ハ外國ノ貴號ヲ侵犯シタル等ノ行爲ヲ罰スルニ付キ第百四條ハ獨逸帝國又ハ獨逸聯邦ニ駐在スル公使ヲ侮辱シタル犯罪ニ付キ特別ノ規定ヲ爲セリ此等ノ塲合ニハ刑ノ訴追ヲ爲スニ相互ノ保證ヲ必要トセス又友國ノ貴號又ハ公使ニ對シテ侮辱ヲ加ヘタル塲合ニ限ラス廣ク外國ノ貴號又ハ公使ニ對シテ侮辱ヲ加ヘタル塲合ニ付テ云ヘリ

故ニ第四條ノ一般原則ハ亦茲ニ適用ヲ見ルヘシ隨ヒテ獨逸人モ外國ニ於テ爲シタル行爲ノ爲メニ其行爲地ニ於テ之ヲ罰スル以上ハ亦處罰セラルルモノトス

刑法第二編第五章ノ犯罪ハ國民權行使ニ關スル重罪及ヒ輕罪(立法議會ニ對スル强迫、公選行爲ニ關スル暴行及ヒ選擧僞造等)ニシテ此等ノ犯罪ハ獨逸ノ公法ニ關シテ爲シタル場合ニ非サレハ獨逸法ニ依リテ罰セラルルコトナシ是レ上段第六十二章第二ニ於テ述ヘタル所ニ依リ事物ノ自然ニ適スル解釋ニシテ亦第百五條乃至第百七條ノ條文ト一致スル所ナリ尤モ第百八條及ヒ第百九條ノ犯罪ニ付テハ一二反對ヲ唱フル學者ナキニ非ス(即チ「マイエル」ノ如キ是レナリ)

刑法第二編第六編(國權ニ對スル抵抗)ハ內國ノ國權ノミヲ以テ犯罪ノ目的ト爲セルヤ否ヤ此點ニ付キテハ爭アリ帝國裁判所(第三部)ハ千八百八十三年二月十五日ノ判決(刑判錄八卷五三頁)ヲ以テ唯內國ノ國權ヲ以テ犯罪ノ目的ト爲セルモノナリトノ論ヲ以テ全然證明ヲ缺ク失當ノモノ

ナリト主張セリ帝國裁判所ノ此說明ハ實ニ其證明ヲ缺クノミナラス處罰及ヒ引渡間ノ關係ヲ明カニスルニ於テハ亦誤謬タルコト判然スヘシ是レ引渡ニ付テハ政治的ノ犯罪ト非政治的トノ區別甚タ重要ナレハナリ茲ニ論スル犯罪ハ亦外國及ヒ其組織ヲ以テ其目的ト爲スカ如ク論スル者アリ此說明ハ實ニ亦數多ノ不條理ニ陷ルモノナリ此說ハ法律ノ眞實又ハ假想上ノ缺點ヲ裁判官ニ依ッテ補充セント欲スルニ外ナラス就中條理ト便宜トヲ區別セサル缺點ヲ補充セント欲スルモノニシテ畢竟立法者ノ爲スヘキ所ヲ企圖スルニ過キス外國ノ官吏ニシテ內國ノ認可ヲ經テ內國ニ於テ强制力ヲ行フ者ハ其程度ニ於テ內國ノ國權ヲ以テ承認セラルル即チ內國ノ國權ノ他ノ代表者ト同シク刑法上ノ保護ヲ受クルモノトス然レトモ外國ノ官吏カ內國國權ノ認可ヲ以テ內國ニ權力ヲ行フ事實存スルモ未タ以テ刑法上ノ保護ヲ與フヘキ要件完備スルモノト謂フヘカラス

第五刑法施行條例ニハ帝國刑法ノ外ニ特別刑法ノ存立ヲ認メ又各聯邦國

ノ或範圍內ニ於ケル刑法上ノ立法權ヲ認メリ帝國立法ハ方今ニ至ルマテ特別法ノ涉外效力ニ付キ明文ヲ定メス又帝國司法令ノ施行マテハ各聯邦ノ司法行爲カ他ノ聯邦ノ司法行爲ニ對スル效力ニ付キ別段ノ法規アルコトナシ然レトモ第一ノ關係ニ付テハ刑法ノ涉外效力幷ニ外國刑法ノ涉外效力ニ關スル刑法ノ規定ヲ準用スルヲ得ヘシ是レ此等ノ規定ハ決シテ一國ノ立法者カ任意ニ創設シタルモノニ非スシテ立法者カ事物ノ自然ニ基クモノト認メテ制定シタルモノナレハナリ尤モ第四條第一號及ヒ第二號ハ之ヲ適用スルヲ得ス同號ニ揭クル行爲ニ關スル刑事ノ立法ハ聯邦ノ立法權ニ屬スヘキモノニ非ス然レトモ各聯邦ハ其領地外ニ於テ其臣民ノ爲シタル行爲カ聯邦ノ法律ニ依リテ罰スヘキモノナルモ其刑罰ヲ拋棄スルコトヲ得ルハ亦說明ヲ要セサル所ナリ而シテ茲ニ述フル所ハ獨逸外ノ國ノ關係ニ於テモ獨逸國內ノ他ノ聯邦ノ關係ト同一ナラサルヲ得ス現今ハ裁判所構成法ニ依リ獨逸國全體ニ法律上ノ共助ナルモノ行ハルルヲ以テ行爲地ノ規定ハ刑事ノ特別立法ニ付キ特

別ノ影響ヲ及ホス若シ各聯邦ヲシテ任意ニ特別刑法ヲ制定セシムルトキハ間接ニ他聯邦ノ臣民ノ行爲自由ヲ制限スル虞アルヘシ外國ニ於テ犯シタル違警罪ヲ罰スル點ニ付キ各聯邦間ニ締結セラレタル條約ハ正說ニ據レハ各聯邦ニ於テ自ラ廢棄セサル以上ハ刑法第六條ニ依リ存續セルモノト看做スト云フ叉獨逸裁判所ハ或刑事事件ニ付キ下シタル判決ハ其旨趣ノ如何ニ拘ハラス獨逸全國ニ於テ內國判決タル效力ヲ有スヘキヲ以テ獨逸聯邦ノ一國ニ於テ有罪ノ言渡ヲ爲シタルトキハ刑ノ執行ノ有無ニ關セス其行爲ニ付テハ再ヒ他ノ國ニ於テ刑ノ訴追ヲ爲スコトヲ得ス

聯邦國ハ赦免權ヲ有スルヤ否ヤ此點ニ付テハ法律ニ規定スル所ナシ(犯罪者カ行爲ヲ爲シタル地ニ於テ有罪ノ言渡ヲ受クルコトハ必要ニ非ス)普通ノ說及ヒ裁判例ニ據レハ赦免權ハ刑事事件ニ付キ裁判ヲ爲ス裁判所ノ屬スル國ニ屬ス但此點ニ付テハ帝國裁判所ハ第一審及ヒ終審トシテ裁判スル場合ハ勿論其他ニ於テモ最上級裁判所ト看做スヘキナリ尤

モ同一ノ犯罪カ刑法第七十九條ニ依リ一般ニ共通ノ刑ニ處セラレ而シテ其裁判ヲ爲シタル數個ノ裁判所カ同一ノ國ニ屬セサルトキハ如何ナル國カ赦免權ヲ有スヘキヤ此問題ハ頗ル困難ニシテ「マイエル」(三九二頁)ハ赦免權ハ一般ニ共通ノ刑ヲ言渡シタル裁判所ノ屬スル國ニ屬スト云ヒ「ビンヂング」(八七八頁)ハ之ニ反シテ原則トシテハ各犯罪ノ刑ノ程度ニ比例シテ各國ノ赦免權ヲ認メサルヘカラス而シテ赦免ニ依リテ名譽權ノ回復ヲ爲ス場合ニハ受刑者ノ名譽權回復當時國籍ノ存スル國此權ヲ有ス是レ名譽權ハ之ヲ有スル者カ繼續シテ歸屬セル國ニ於テ定ムヘキモノナレハナリト主張セリ

刑事訴訟法

引渡

第六十四章

第一　總説、驅逐ニ對スル引渡、亡命權總説、引渡法ノ沿革

國際刑事訴訟法ハ其性質ヨリ觀察スルトキハ固ト刑事事件ノ國際共助ニ過キス抑モ一國ノ腕擘ハ其國ノ境域ヲ超ヘテ他國ノ領內ニ達セシムルコトヲ得ス(一)トハ國際公法上ノ爭ナキ原則ニシテ一國カ強制力ヲ以テ刑ノ訴追ヲ爲サント欲スルモ犯罪者若クハ被告人ニシテ他國ノ領內ニ在ルトキハ最早其強制力ヲ之ニ及ホスコトヲ得ス然レトモ他國ニ囑託シテ刑ノ執行ヲ爲サシメントスルモ更ニ從屬ノ關係ナキ不羈獨立ノ邦國間ニハ未タ曾テ他國ノ囑託ニ基キ直接ノ刑ノ執行ヲ爲スカ如キ慣習行ハレサルヲ以テ一國ノ司法機關カ訴追スルニ當リテ其犯罪者(單ニ被告タルト又ハ有罪ノ言渡ヲ受ケタルトヲ區別セス)カ他國ノ領土內ニ在ルトキハ他國ヲシテ

(一)東洋特ニ土耳古ニ於テハ領事裁判權行ハルルヲ以テ領事ハ直接ニ犯罪者ヲ拘禁スルコトヲ得引渡手續ヲ要スルコトナシ然レトモ此等ノ國ニ於テモ犯罪者ノ亡命權ハ認メサルニ非ス故ニ土耳古ノ如キモ千八百四十九年匈牙利政事犯者ノ引渡ヲ拒絶シタリ

之ヲ其訴追ヲ爲ス國ニ引渡サシムルハ國際上ノ法律共助中最モ必要ナル行爲(二)ナリト謂ハサルヘカラス而シテ此場合ニ囑託ヲ受ケタル國カ訴追ヲ受ケタル者ヲ捕ヘテ之ヲ訴追國ニ引渡スマテ(三)ハ訴追ヲ受ケタル者ハ一時安全ノ位置ニ棲息ス之ヲ稱シテ國際公法上ノ亡命ト云フ國際公法上ノ亡命ハ特別ナル法律制度ニ非スシテ唯領土主權ノ領土外ニ效力ヲ及ホスコトヲ得サル結果ニ過キス故ニ亡命權ハ訴追ヲ受ケタル者ノ眞正ノ權利ニ非ス唯訴追ヲ受ケタル者ニ關スル純粹ノ事實ナリ隨ヒテ訴追ヲ受ケタル者ハ其逃亡所タル國ニ滯留スル權利ヲ有スルコトナシ(四)滯留スル國カ其滯留ヲ以テ正當ノ理由ニ因リ自國ニ不利益又ハ危險ナリト爲シ之ニ驅逐ヲ命スルトキハ其命ニ服從セサルヘカラス驅逐ハ逃亡犯罪者ニ對シテ行フヘキモノナリト雖モ(但英國ニ於テハ平時ニハ何人ニ對シテモ驅逐ヲ行フコトナシ)引渡ト混同スルナキヲ要ス驅逐ハ此命ヲ受ケタル者ニ其領土ニ滯留スルコトヲ禁シ又必要ナル場合ニハ强制方法ヲ以テ之ヲ其國ノ境界外ニ誘致シテ爲ス然レトモ其自由ハ決シテ制限スル所ナシ引渡ハ引渡サル

(二)自國裁判所ノ下ササル判決ヲ其當否ヲ判セスシテ直接ニ執行スルハ國ノ威嚴ヲ汚ス嫌アリ加之刑ノ種類ヲ異ニシ費用ヲ要スル等ノ弊害アリテ容易ニ之ヲ行フヘカラス尤モ引渡ハ犯人ニ取リテハ頗ル不當ノ苦痛ヲ感セシムルヲ以テ承諾ヲ以テ直チニ執行スルトキハ却テ公平ヲ得ル場合ナキニシモ非ス

(三)税則違犯ノ如キ或種類ノ犯罪ニ付テハ條約ヲ以テ他國ノ領内ニ留置スルコトヲ得ル旨ヲ定ムルコトヲ得此場合ニハ捕縛地ノ裁判所ニ犯人ヲ引致シ其命令ニ服從セシム

(四)各主權者ハ亡命權ヲ賦與スル權ヲ有ス但此權ヲ行フ國ハ犯人カ其國ヨリ他國ニ危害ヲ加ヘサル樣注意スル義務アリトス

者ノ身上ニ强力ヲ施シ或ハ之ヲ拘引シテ他ノ國ニ引渡シ以テ刑罰ヲ受ケシムルモノナリ或事情ノ爲メ犯罪者ヲ引渡スコトヲ得ス又ハ引渡ヲ爲スコト好マシカラサル塲合ニハ往々驅逐ヲ爲スコトアリ然レトモ驅逐ト引渡トノ性質ハ全ク異ニスルモノナレハ之ヲ誤認シ又ハ誤用セサルコトヲ要ス加之甲國カ犯罪者ヲ驅逐スル塲合ニモ訴追ヲ爲ス國カ犯罪者ニ於テ甲國ノ境界ヲ出ツルヤ否ヤ直チニ强力ヲ施シ得ルトキハ其名ハ驅逐ト稱スルモ實際ノ結果ハ引渡ニ同一ナリ故ニ斯ノ如キ驅逐ハ獨立國ノ執ルヘキ方法ニ非サルヘシ

引渡ナル法制カ效力ヲ生スルニ至リタルハ最近ノ事ナリ古代ニ於テモ引渡ナル制度ナキニ非サルモ唯例外ノ方法トシテ認メラレタルニ過キス即チ今日ノ引渡ハ罰スヘキ行爲ノ在リタル國ニ刑ノ訴追ヲ爲サシムル爲メ犯罪者ヲ交付スル制度ナリト雖モ古代ニ於テハ犯罪者カ罰スヘキ行爲ヲ爲シタル後其本國又ハ犯罪地ヲ去ルモ本國又ハ犯罪地ヲ領スル國ハ引渡ヲ求ムルコトヲ得ス唯他國ニ對シテ國際公法上ノ權利ヲ侵害セシ者ヲ其

本國ノ謝罪ノ為メ被害國ニ引渡スニ過キサリキ中世ニ於テハ諸侯カ其幕下ノ臣民逃亡シタル場合ニハ往々之ヲ自己ニ引渡サンコトヲ求メタルヲ見ル然レトモ政治犯ノ外ハ亦此事ナカリキ而シテ當時ノ引渡ハ隣國ニ恩ヲ賣ル為メニ非サレハ其猛威ヲ畏レタルカ為メニ行ハレタルノミ故ニ往々不羈獨立ヲ示シ威光ヲ發揚セント欲シ又ハ隣國ノ紛乱ヲ以テ奇貨ト為シ若クハ戰時ニ於テ其訴追ヲ受ケタル者ヲ利用セント欲スル場合ニハ引渡ヲ拒絶シタリキ然レトモ伊太利法學者ハ中世ノ末ニ至リ學理ヲ以テ耶蘇敎國全體ニ共通ノ法規ヲ創定セント欲シ犯罪者ハ原則トシテハ之ヲ犯罪地ノ法官ニ引渡ササルヘカラストノ説ヲ主張シタリ尤モ伊太利法學者モ他ノ諸侯ニ服從スル裁判所ニ引渡ヲ為スニ付テハ之ニ反スル慣習ノ存スルコトヲ知レリ故ニ外國ニ於テ犯シタル犯罪ニ付テハ住所ノ裁判籍（又本裁判籍（Forum originis）ト云フ）ヲ認メ又後ニ至リテハ就縛裁判籍（Forum deprehensionis）ヲ認メ以テ引渡制度ノ行ハレサル不都合ヲ補修セント欲シタリ當時ハ道路險惡ニシテ引渡ヲ為サント欲スルモ危惧ノ事頗ル多

ク又引渡ヲ爲スニハ數多ノ費用ヲ要スルニ之ニ充ツヘキ資財ナカリシナリ然レトモ當時ノ裁判ハ實際裁判官又ハ諸侯ノ無限ノ認定ニ係レリ若シ夫レ刑ノ訴追ヲ爲ス諸侯又ハ裁判官ハ能ク時ノ狀態ニ伴フ裁判ヲ爲シタルヤ否ヤ相互ノ保証ニ依リテ裁判ヲ與ヘタルヤ否ヤ將タ又危險ナル犯罪厭フヘキ陰謀ヲ能ク抑壓シタルヤ否ヤニ至リテハ十六世紀ニ於ケル伊太利國刑法家「ユリュース、クラルース」及ヒ「ファリナチュース」ノ引渡論ニ依リ研究スヘシ是レ實ニ獨逸裁判所ノ實際ニ必要ナル著述ナリ尤モ「ダムホゥウダー」ノ如キハ引渡ハ之ヲ許スヘキモノニ非スト論爭セリ

「フーゴー、グロチュース」ハ引渡ノ制度ヲ論シテ一層鞏固ナル學理上ノ基礎ヲ發見セリ「グロチュース」ノ論スル所ニ依レハ犯罪者ヲ保護シテ刑ヲ免レシメントスル者ハ其犯罪者タルヲ免レス隨ヒテ自ラ犯罪者ヲ罰セス又之カ引渡ヲ爲ササル國ハ共犯ヲ以テ論スヘキナリ故ニ犯罪者ノ居留スル地ヲ領スル國ニシテ開戰ノ正當ナル原因ヲ與ヘサラント欲セハ自ラ犯罪者ヲ處罰スルカ之カ引渡ヲ爲スカ其一ヲ撰ハサルヘカラスト云ヘリ

「グロチュース」ノ說明ハ引渡ハ國際公法上ノ完全ナル義務ニシテ必要ナル場合ニハ戰爭ヲ以テ之ヲ强制スルコトヲ得ルモノナリト謂フ故ニ頗ル廣キニ失セリ「プッフヘンドルフ」ノ如キモ特別ナル引渡條約ヲ侵害シタル場合ノ外ハ引渡ヲ强制スルハ正當ニ非ストト論セリ故ニ第十八世紀ノ頃マテハ眞正ノ獨立國間ニハ任意ノ處置多ク未タ一定シタルモノナカリシ即チ政治犯及ヒ諸侯自ラニ害ヲ加ヘタル犯罪アル場合ニハ引渡ヲ要求シ又ハ訴追ヲ受ケタル者ヲ他ニ誘引シテ直接ニ權力ヲ施シ得ル地ニ來ラシメ又ハ被害國カ勢力勝ル場合ニハ暴力ヲ以テ他國ノ領土主權ヲ侵シ犯人ヲ引致シテ憚カラサルコトアリキ宜ナル哉「ファテル」ハ千七百五十八年ニ於テ主張スラク殺人者放火者及ヒ竊盜ハ何レノ地ニ於テモ之ヲ捕ヘテ其犯罪地ヲ領スル國ニ引渡スヘシト然レトモ佛國ハ千七百十五年ニ於テ隣國(五)ト數多ノ條約ヲ締結シ犯罪者ノ引渡ヲ以テ恒久ノ相互義務ト定メタリ(六)當時獨逸領內ノ關係(七)ヲ除ク外ハ引渡ハ寧ロ政略ノ方法ト看做サレタルニ佛國カ此條約ヲ締結スルニ至リ初メテ一個ノ法制タル基礎ヲ形成シタリ千七百九十

(五) 千七百五十七年「ウュルテムベルグ」ト締結シ千七百六十五年西班牙千七百七十七年瑞西ト締結シタリ

(六) 墺國モ十八世紀ニ及ヒ引渡條約ヲ締結シタリ即チ

千七百五十二年及ヒ千七百六十三年「グラウビュンデン」ト千七百九十二年「サルヂニヌン」ト締結シタリ

（七）獨逸國内ニ於テハ第十八世記ノ末葉以來數多ノ引渡條約ヲ締結シタリ

一年ノ頃ニ至リテハ引渡ヲ專ラ外交政略ニ依ラシムルハ不都合ナリトノ論盛ニシテ當時佛國ノ議會ハ法律ヲ以テ引渡ノ形式ヲ規定セントシタリ佛國ニ於テ今日マテ尚ホ實施セラルルモノ即チ是ナリ佛國ノ第一革命後ニ於ケル戰國時代ニ於テハ引渡ノ制定甚タ進歩セサリキ其後第十九世紀ノ中葉ニ至リテハ歐洲大陸ノ邦國間ニハ往々犯罪者ノ引渡アリタリ然レトモ多クハ其都度特別ノ條約ヲ用キタリ第十九世紀中葉以來諸國ノ交通大ニ頻繁ヲ加ヘ犯罪者ノ逃亡益、容易トナリシカハ引渡條約ヲ締結スル者漸次增加シ遂ニハ一般ノ條約トナリテ獨リ歐洲ニ限ラス遠隔ノ國ト雖モ尚ホ耶蘇敎的開化ノ範圍內ニ屬スル者ハ常ニ同一ニ國際上生スル犯罪ニ對シテ相互ノ保護ヲ約スルニ至レリ以上ノ如ク恒久ノ拘束力ヲ有スル一般ノ條約締結セラルルニ至リタルヲ以テ引渡法ノ根據ハ之ヲ精查セサルヘカラサル必要ヲ生セリ引渡ハ一時歐洲大陸ニ於テハ行政又ハ外交ノ處分ト看做シタルモ人身ノ自由ヲ尊重スル精神發達シテ英國法及ヒ北亞米利加法ノ如キハ之ヲ外國人ニモ延長スルニ至リ引渡モ大陸諸國ノ間ニハ相互ノ裁判所ヲシテ取扱ハシメタリ數多ノ諸國ニ於テハ法律ヲ以テ其手續ヲ規定シ亦不辜ノ良民ヲ保護スル爲メニ幾多ノ條項ヲ加ヘタリ加之數多ノ國ノ法律ニ於テハ通常其政府ハ或條件ヲ以テ外國ト引渡條約ヲ締結スル權アルコトヲ確認セリ斯ノ如クシテ必要ナル一般ノ原則ハ條約及ヒ法律ノ正文若クハ適用ニ於テ殆ト一致スルニ至レリ然レトモ此等ノ一致ハ唯基礎ニ於テ然ルノミナレハ甚タ脅フニ足ラス各個ノ點ニ付テハ互ニ背馳シ條約ノ規定頗ル雜駁ナリ引渡ノ法理ニ至リテモ學者ノ間亦大ニ説ヲ異ニセリ

獨逸帝國ハ建國以來數多ノ引渡條約ヲ締結シタリ然レトモ聯邦國ニ最モ必要ナル引渡手續法ニ至リテハ未タ制定ナシ蓋シ聯邦國ハ犯人ノ受渡ニ際シ加效セサルヘカラサルモノニシテ又引渡サルヘキ者ノ權利ヲ保護スルニハ裁判所ヲシテ引渡手續ニ十分參與セシムルノ必要アルヘシ

（一）參照千八百八十一年國際會議ノ辯論及ヒ議決「オキスホルト」議決）

第六十五章

第二　引渡及ヒ引渡條約ノ性質幷ニ其原由（一）

引渡ハ總テ當該兩國間ノ契約ニ基クモノニシテ此契約ハ一方カ引渡ヲ望ミ他方カ之ニ承諾ヲ與フルニ因リテ成立ス一般ノ引渡條約ニ因リ引渡ヲ承諾スル場合ト雖モ猶ホ契約存スルモノトス即チ此場合ニハ一般ノ契約ノ規定ヲ特別ノ場合ニ該當シテ契約スルモノト謂フヘシ故ニ引渡ニ付テハ尚ホ左ニ注意スルコトヲ要ス

第一、引渡ヲ承諾セサルヘカラサル國又ハ一般ノ引渡條約ヲ締結セント欲スル國（詳言セハ引渡ヲ受ケント欲スル國）ハ國際公法上ノ條約能力ヲ有セサルヘカラス而シテ國際公法上ノ條約能力ヲ有スルニハ固ヨリ完全ノ主權ヲ有セサルヘカラス半主權國ハ普通此能力ナキモノトス聯邦國ノ能力ハ各聯邦ノ憲法ニ照シテ其能力ノ有無ヲ決スヘシ北米合衆國ハ普通ノ說ニ據レハ中央政府（合衆國大統領）ニ非サレハ外國政府ニ引渡ヲ承諾スル權ナシ瑞西ニ於テハ聯邦ノ憲法制定セラレタル以來漸次聯邦ノ權力强大トナリ引渡ノ裁判ハ專ラ聯邦ノ管轄ニ皈シタリ而シテ新引渡法ニ依レハ州政府ハ聯邦ノ機關トシテ其實行ヲ爲シ又ハ假ノ處分ヲ爲スニ過キス又內部ハ數邦ヨリ成ルモ外部ニ對シテハ一國タル國體ニ於テハ引渡ヲ以テ中央政府ノ職務タラシムルヲ正當トス加之政治犯又ハ假想的政治犯ノ引渡又ハ不引渡ハ國際關係ニ大ナル效果ヲ生スルヲ以テ聯合國ノ個々ノ過失ハ全體若クハ中央政府ヲシテ其責ニ當ラシムルヲ便易ナリトス然レトモ是レ內部ノ組織ニシテ外部ニ對シテハ單一ノ國家ニ非サレハ引渡ヲ爲ス能力ヲ有スルコトナシ然レトモ獨逸國ニ於テハ中央政府及ヒ各邦ノ權能甚タ奇怪ヲ極メ諸種ノ點ニ於テ論理ニ適セサル所アリ獨逸國憲法第四條第十一條ニ依レハ引渡ヲ以テ外國官廳ノ囑託ノ實行ト做シ之ニ關スル立法及ヒ監督ハ中央政府ニ於テ之ヲ爲スヘキコトヲ定メリ而シテ獨逸國詳言セハ其中央政府ハ之ニ依リテ既ニ外國ト數多ノ引渡條約ヲ締結シタリ然ルニ北獨逸同盟即チ獨逸帝國ヲ組織スル前各聯邦カ自ラ締結シタル引渡條約ハ今日猶ホ未タ效力ヲ失ハサルノミナラス猶ホ各聯邦ニ於テ外國ト引渡條約ヲ締結スル權能ヲ有セリ唯獨逸帝國カ事件ノ整理ヲ終了シタル範圍內ニ於テハ各聯

邦ノ管轄權消滅スルヲ以テ各聯邦ハ獨逸帝國カ既ニ締結シタル國トハ更ニ條約ヲ爲スヲ得サルノミ獨逸帝國憲法第十一條第三項ニ依レハ凡ソ獨逸帝國カ他國ト條約ヲ結フニハ其條約カ憲法第四條ニ依リテ帝國立法ニ依ルヘキ事項ニ關スル以上ハ帝國議會ノ協賛ヲ經サルヘカラサルヲ以テ引渡條約ノ如キモ亦帝國議會ノ協賛ヲ要スルヤ論ヲ俟タス然ルニ普國憲法第四十八條ハ引渡條約モ普國臣民ノ引渡ニ關セサル(二)以上ハ普國議會ノ承認ヲ要スルコトナシト規定セリ普國政府ハ斯ノ如ク獨逸帝國憲法ト普國憲法ト規定ノ異ナル點ヲ利用シ普國トノ引渡條約カ其規定甚タ廣キニ渉リシ爲メ帝國議會ノ否決スル所ト爲リタルニ際シ直チニ取リテ之ヲ普國トノ條約ト爲シ千八百八十五年一月十三日魯國ト引渡條約ヲ締結シタリ巴威爾政府モ此例ニ傚ヒテ魯國ト特別條約ヲ締結シタリ(千八百八十五年九月十九日ノ條約)(三)斯ノ如キ特別條約ニ依リテ承諾シ又ハ請求シタル引渡ニ付テハ獨逸國ハ其責ニ任スルコトヲ得サルハ固ヨリナリト雖モ其引渡ノ行爲ニ付テハ帝國ハ外國ニ對シテ直

(二) 然レトモ方今ハ獨逸刑法第九條ニ依リテ禁セラレタリ

(三) 千八百九十二年一月二十八日獨逸帝國議會ノ一議員ハ本書著者ノ激勵ニ因リ獨逸國ノ聯邦政府ハ左ノ如キ被告犯罪人引渡ニ關スル法律草案チ外國政府ニ提出スヘシトノ發言チ爲シタリ

一、引渡ヲ承諾シ引渡條約ヲ締結スル權ハ專ラ帝國ニ屬スヘキ事

二、引渡ノ承諾ハ裁判所ノ加效ヲ要スル事

三、聯邦政府ハ自ヲ外國政府ト締結セル特別引渡條約ノ廢棄ヲ爲スヘキモノトス但原野森林狩獵ニ關スル犯罪ニ關シテハ聯邦相互間ニ法律上ノ共助ヲ約セル條約ハ其效力ヲ失フコトナシ又將來ト雖モ此種ノ條約ハ締結スルコトヲ妨ケス

以上ノ發言ハ討論ノ結果少數ヲ以テ否決セラレタリ

（四）此場合ニ於テモ取扱ハ專ラ獨逸國公使之ヲ爲シ各聯邦ノ公使之ヲ爲サス但各聯邦カ自ヲ公使ヲ派遣セル國ニ於テハ此限ニ

接ニ責任ヲ負ハサルヘカラサル結果ヲ生スヘシ尚ホ不條理ノ點ヲ擧ケシニ獨逸帝國カ引渡條約ヲ締結スルモ之ニ依リテ引渡ヲ承諾スル者ハ帝國政府ニ非スシテ其引渡ヲ爲スヘキ者ヲ捕ヘタル地ヲ領スル各聯邦政府ナリトス（四）是レ實ニ各個ノ引渡ハ一般ノ引渡條約ニ基キ再ヒ特別條約ヲ爲スモノナルコトヲ知ラサルモノト謂フヘシ

第二、特別引渡條約ハ政府カ他國ノ囑託ニ基キ引渡ヲ爲サント欲スル旨ヲ表示スルトキハ茲ニ成立シテ效力ヲ生スルモノトス引渡ノ事實上ノ實行ヲ俟チテ成立スルニ非ス

第三、或者ヲ引渡ス意思ノ表示ハ他ノ國際法上ノ條約ト同シク錯誤又ハ詐欺ノ原因存スルトキハ義務ヲ生スルコトナシ例ヘハ一般ノ引渡條約ニ於テ囑託ヲ受ケタル國ノ臣民ハ引渡ヲ爲ササル旨ヲ規定セル場合ニ內國人ヲ外國人ト誤認シテ引渡ヲ爲シタルトキハ其引渡ハ無效ナルカ如シ總テ斯ノ如キ場合ニハ事實上引渡ヲ了ヘタルモ其引渡ヲ受ケタル國ハ國際法上囑託ヲ受ケタル國ノ請求ニ因リ其引渡サレタル者ヲ還付セ

ザルヘカラサル義務アルモノトス而シテ此場合ニハ其義務ヲ負フ國ハ刑事ノ手續ヲ續行シ又ハ刑ヲ執行スルコトヲ得ス

第四、憲法國ニ於テ一般ノ引渡條約ヲ締結スルニハ君主ノ獨裁ニ依ルヘキヤ將タ人民總代ノ承認ヲ要スルヤ此問題ハ各國ノ内部ノ國法ニ依リテ定マル引渡ヲ以テ行政事件ト爲サス裁判所ヲシテ相當ノ加效ヲ爲サシムル國ニ於テハ憲法ニ別段ノ定ナキ以上ハ法律ト同シク人民總代ノ承認ヲ經サルヘカラス是レ憲法國ニ於テハ裁判所ハ法律ニ非サレハ服從スル義務ナケレハナリ但引渡法ニ於テ或制限ヲ以テ政府ニ委任シテ一般ノ引渡條約ヲ締結セシムルコトヲ得

第五、引渡條約ヲ締結シタル國ニ於テ刑法、刑事訴訟法又ハ裁判所構成法ニ變更ヲ爲スモ其國カ條約ニ依リテ負フ義務ハ消滅若クハ變更セラルルコトナシ(五)尤モ裁判所ハ條約ヲ以テ法律ト看做ササルヘカラサルヲ以テ裁判所ニ對シテハ後ノ法律ハ舊ト締結セラレタル條約ヲ變更スル效ヲ生スヘシ又一方ノ國カ顯然政府ノ權ヲ以テ裁判ノ獨立ニ關スル原則ヲ

在ラス

(五)「ラムマッシュ」ハ一部異説ヲ主唱セリ此種ノ變更ハ引渡條約改正ノ申出原因ヲ與フヘシ條約ニ期限アルトキ其期限後條約ノ

申出期間内ニ此申出ヲ爲スヘシ

(六)一般ノ引渡條約ニ基キテ引渡ヲ爲スヘキトキハ先ツ其條約ニ依ラサルヘカラス學者ノ爭フ所ハ國家ハ斯ノ如キ一般ノ引渡ヲ締結スル權利アリヤ否ヤ其權利ノ範圍如何ト云フ點ニ存ス

侵害セントシ又ハ引渡ヲ爲サヽルヘカラサル犯罪ヲ特別裁判所又ハ軍事裁判所ニ移送セントスルトキハ他方ノ國ハ引渡條約ハ全部又ハ一部效力ナキモノト看做スヘシ

開戰ハ正説ニ據レハ其開戰國間ニ成立セル條約ヲ廢棄スルコトナシ唯其效力ヲ停止スルニ止マル隨ヒテ引渡條約モ開戰中ハ其效力ヲ停止スヘシ常事犯ハ開戰後ト雖モ必スシモ引渡ヲ爲スヘカラサルニ非ス唯開戰中ハ其開戰國間ニ直接ノ外交停止セラルヘキヲ以テ引渡ヲ爲スコト困難ナルノミ

第六、引渡ノ一般ノ原由ニ付テハ學者ノ間爭アリ或ハ(六)曰ク犯罪者ハ刑法ヲ侵犯シタル者ナルカ故ニ刑ヲ忍容スル義務ヲ强行セラルヽモノナリ隨ヒテ犯罪者ハ何レノ場所ニ於テモ刑ノ履行ヲ訴追セラルヽモノナリト此説ハ頗ル妥當ナラサルヲ覺フ此説ハ他ノ國カ何故ニ犯罪者ノ義務ヲ當然認メサルヘカラサルヤ及ヒ他ノ國ハ何故ニ他ノ個人ニ向テハ自由權ヲ保障スルニ拘ハラス獨リ犯罪者ノ此權ヲ害シテ之ニ義務ヲ實行セシムル補助ヲ爲サヽルヘカラサルヤノ問題ニ至リテハ說明スル所ナシ或ハ曰ク訴追ヲ受クル者ハ他ノ領土ニ立入ルヤ否ヤ刑罰ヲ受クルコトナキ權ヲ取得シ又ハ特別ノ保護ヲ受クルコトヲ得サルモノナリ隨ヒテ犯罪者ハ他國ニ立入リテ訴追ヲ爲ス國ニ訴追ヲ爲スコトヲ得サラシムルト同時ニ國家ハ他國ノ利益ノ爲メニ相當ノ方法ヲ以テ自ラ犯罪者ヲ拘引スルコトヲ得ト此說モ亦贊同ヲ表スルコトヲ得ス假令犯罪者ハ他國ニ立入ルモ之ニ因リテ刑ヲ受クルコトナキ權ヲ取得スルモノニ非スト雖モ人ノ自由ヲ保護スル爲メニ設定セラレタル一般ノ法律ヲ國內ニ行フ以上ハ外國人ニモ其利益ヲ得セシメサルヘカラス何カ故ニ外國人ハ外國ノ法律ヲ侵犯シタルカ爲メ內國ノ法律ノ保護ヲ奪ハレサルヘカラサルヤ殆ト解スルコト能ハス故ニ余輩ハ寧ロ引渡ノ法律上ノ原由ハ當該條約國カ相互ニ法規ヲ連帶保障スルニ在リト信スルモノナリ尤モ此連帶保障タルヤ當該條約國ノ法規カ規定ノ上ニ於テモ適用ノ上ニ於テモ同一ノ基礎ヲ有シ兩國ノ裁判互ニ信用スルニ足ル塲合ニ非サレハ

確實ナルコトヲ得ス此連帶保障ハ外國ニ於テ犯シタル犯罪ニ我刑法ヲ延長スル所以ニ非ス我隣國ニ於テ外國人カ我刑法ト同一ノ外國法ヲ侵犯シタルモ之ヲ以テ我法律ヲ犯シタルモノト謂フヘカラス然リト雖モ此場合ニハ往々我法律ノ原則ヲ侵犯シタリト稱スルコトヲ得ヘシ而シテ漸次兩國間ノ交通發達スルニ從ヒ同一原則ノ侵犯ハ我法規ニ影響ヲ與フルコト益々强烈ト爲ルヘシ故ニ我國ハ我法規ヲ維持スル策ヲ取ルコトヲ得（七）而シテ遂ニ外國ノ法規執行ニ共助ヲ與ヘテ外國ノ訴追セル犯罪人ヲ之ニ引渡スニ至ル斯ノ如ク犯人ノ引渡ハ自國ノ法規ヲ維持スルニ必要ナルモノナレハ犯人ヲ外國ニ引渡シタレハトテ決シテ之ヲ不當ト謂フヘカラス特ニ白耳義及ヒ瑞西ノ如キ國ニ於テハ互ニ引渡ヲ拒絕スル場合ニハ各自同一ノ程度ニ於テ犯罪ノ害ヲ感スヘシ驅逐ハ引渡ト異ナリテ犯罪者ニ後ノ不利益ヲ生スルコトナキモ外國ノ犯罪者ヲシテ自國ニ害ヲ及ササラシムル防禦方法ト爲スニ足ラス加之他ノ國カ唯驅逐ヲ爲スルニ止マルトキハ一層他ノ惡結果ヲ誘起スヘシ

（七）一國カ相互ノ保証ヲ顧スシテ引渡ヲ爲ササルヘカラストスルトキハ其國ノ主權ヲ汚瀆スル觀アリ然レトモ相互ノ保証トハ他國カ引渡ヲ承諾スル場合ニ限リテ自ラ引渡ヲ承諾スルモノニシテ之ヲ請求スルコトヲ得ヘキモノニ非ス且相互ノ保証ハ之ヲ嚴密ニ論スルトキハ立法ヲ異ニスル國ニ於テハ引渡條約ノ締結ヲ不能ナラシムルモノナリ

當該條約國ノ法規ノ連帶保障ハ刑制ノ類似ヲ以テ其要件トス然レトモ兩者必スシモ同一ナルヲ要セス若シ夫レ犯罪者ニ課スルニ野蠻的ノ刑ヲ以テスル國ニ至リテハ吾人ハ之ヲ以テ却テ不正ヲ加フルモノト認定セサルヘカラス隨ヒテ斯ノ如キ國ニ對シテハ吾人ハ共助ヲ爲スコトヲ得サルヘシ（八）

第七、以上ノ如ク引渡ハ亦自國ノ法規ヲモ維持スル目的ヲ以テ外國ノ訴追ニ共助ヲ爲スモノト爲ストキハ條約ヲ以テ豫メ其義務ヲ約スル場合ハ格別之ナキ場合ニ於テハ方今流行ノ說ニ論スルカ如ク引渡ハ之ヲ國家ノ道德上ノ義務ト看做スヘシ是レ引渡ハ自國ノ利益ヲ害シ又ハ別段ノ勞力ヲ費シテマテ他國ニ共助ヲ爲ササルヘカラサル法律上ノ義務ヲ生スルモノニ非サレハナリ尤モ原則トシテ總テノ引渡ヲ拒絕スル者ハ當該國ノ法規ノ保障ヲ拒絕スルモノト謂フヘシ而シテ國際法上組成セル邦國共同體ナルモノハ畢竟各國ノ內部ノ法規カ或程度ニ於テ共同體ヲ組成スルニ職由セスンハ非ス隨ヒテ總テ引渡ヲ拒絕スル者ハ國際法上ノ

（八）一國ニ於テ死刑ヲ廢シタルトキハ如何囑託國ハ死刑ヲ他ノ刑ニ變更スル義務ヲ負フ場合ニノミ引渡ヲ爲スヘキカ此問題及ヒ死刑ヲ廢シタル葡萄牙國ノ處分ニ付テハ「ヲムマツシユ」（四四九頁以下）ヲ參照スヘシ瑞西引渡法第五條ニ於テハ囑託國カ體刑ヲ課セントスル場合ニハ其刑ハ變更スヘシトノ條件ヲ以テ引渡ヲ承諾スル旨揭ケタリ

共同體ニ背馳スルモノト稱スヘキナリ然レトモ豫メ條約ヲ締結スルコトナク又ハ當該關係國ト一般ニ締結シタル條約以外ニ渉リテ引渡ヲ爲サンカ引渡ハ遂ニ隨意無主義ノモノナリトノ譏ヲ免レス而シテ猶ホ此際詳密ニ之ヲ規定スル引渡法モ存スルコトナカランカ裁判官ヲシテ裁判上ノ參與ヲ爲サシムルニ足ラス(九)立憲國ニ於テハ議會ノ權利ヲ尊重シタルモノト謂フヘカラス故ニ(一〇)方今英國幷ニ北米ニ於テハ(特ニ英國ニ於テハ完全ノ法規備ハルニ拘ハラス)豫メ法律ノ效力ヲ有スル條約ヲ爲サスシテ又ハ其條約ノ規定外ニ渉リテ引渡ヲ爲スコトヲ得スト定メリ尤モ立憲國ニ於テハ往々引渡法ニ於テ政府ニ或條件ヲ以テ引渡ヲ承諾シ裁判所ニ相當ノ處分ヲ命スルコトヲ委任スルヲ得白耳義及ヒ端西ノ引渡法ハ斯ル委任ヲ規定セリ然レトモ英國法ハ唯一般引渡條約ノ締結ノミヲ委任セリ當今ハ相互ノ保証ヲ以テ引渡ノ要件トセス(英國ハ之ヲ必要トセス端西法ハ必スシモ之アルヲ必要トセス然レトモ千八百七十四年ノ白耳義法ハ仍ホ之ヲ以テ要件トセリ)然リ而シテ別段ノ引渡法ナル

(九)引渡ヲ爲スニ執行力ヲ用ヰル立憲國即チ佛國獨逸國ノ如キハ專ラ之ヲ許セリ

(一〇)或ハ曰ク本論ノ如クンハ外國ニ不利益ノ條約ヲ締結セシムルニ至ルヘシト此非難ハ正當ト謂フヲ得ス是レ外國ハ條約ニ掲クル場合ニ付テハ完全ナル權利ヲ有スレハナリ尤モ政府ハ引渡ノ際條約ノ範圍内ニ於テ處置ヲ爲シタルトヤハ議會ニ對シテ責ヲ負フコトナシ政府ハ引渡條約ヲ締結スルトキハ其條約ナキ場合ニ引渡ヲ爲スニ比シテ其責輕シ

(一一)引渡犯ヲ條約ニ列擧スルヲ可トスルヤ否ヤニ付テハ「ヲムマッシュ」著書ヲ參照スヘシ各條約ニ於テハ列擧ノ場合ニ該當スル犯罪ハ引渡ノ義務アリ其他ノ犯罪ト雖モ受託國ノ政府ノ適見ニ依リ引渡スコトヲ得ト爲セリ

(一二)逃亡者カ條約締結前ニ犯罪ヲ爲シタルヤ否ヤハ固ヨリ問フ要ナシ然ルニ米國ノ締結シタル一二ノ條約ニハ反對ノ規定ヲ爲セリ

(一三)千八百七十年ノ英國法ニハ之ヲ明規セリ

モノ存セサル國ニ於テハ法律同樣ノ效力ヲ有スル國際引渡條約ヲ以テ引渡ニ關スル唯一ノ法規ト看做ササルヘカラス故ニ條約締結ノ際議會ノ協贊ヲ經タル場合ニハ政府ハ其條約ニ定ムル場合以外ニ涉リテ引渡ヲ承諾スルコトヲ得ス(一一)是レ獨逸帝國ノ締結シタル引渡條約ニ付テ特ニ注意ヲ要スル所ナリ而シテ獨逸聯邦ノ各政府ハ自ラ特別條約ヲ以テ帝國政府ノ締結シタル引渡條約ヲ擴張スル權能ナキハ固ヨリ辯ヲ要セス

第八、引渡條約ノ反致效、訴追ヲ受ケタル犯罪者ハ亡命ノ權利ヲ有スルモノニ非サレハ引渡條約ハ其條約締結前國内ニ來リタル犯罪者ニモ適用スルヲ正當トス(一二)是レ條約ハ其實既ニ成立セル國家ノ引渡權ニ一定ノ辭ヲ附シタルニ過キサレハナリ此見解ハ英國(一三)及ヒ合衆國ニ於テモ猶ホ且採用セリ然レトモ南亞米利加ノ一二ノ政府ニ於テハ引渡ヲ以テ完全ナル新法制ト看做スカ故ニ上揭ノ如ク既往ニ遡リテ適用スルコトヲ許サス尤モ國内ニ住居ヲ有スル者ニ對シテハ例外ヲ認ムルヲ善トス其他正說ニ依レハ刑法ノ解釋ニ用井ヘキ疑シキハ治メストイフ原則ハ取テ引渡條約ノ解釋ニ適用スルコトヲ得ス是レ刑法ハ之ヲ直接ニ言文ニ顯ハル範圍内ニ於テノミ適用スルハ人ノ自由ヲ保障スル所以ナリト雖モ夫ノ亡命ナル者ハ偶〻他國ノ領土ニ立入リタルニ因リ發生シタル事實ニシテ固ヨリ人ノ自由ヲ故障スルモノト謂フヘカラサレハナリ

第六十六章

第三　罪人引渡ニ必要ナル犯罪ノ程度、外國法ニ依ル處刑ノ要素、免刑原因及ヒ刑ノ消滅原因、囑託國ニ於ケル引渡人ノ搜査、

引渡ナルモノハ訴追ヲ受クル者ニ對シテ頗ル苦痛ヲ與ヘ時トシテハ久シキ問束縛ノ方法ヲ用ヰサルヘカラサルヲ以テ百般ノ犯罪ニ之ヲ施行スヘカラス加之總テノ邦國カ一樣ニ引渡ヲ求ムルコトヲ得ルモノニ非ス唯隣接セル邦國ノ間ニハ廣ク其必要アルヘク又同時ニ引渡サルヘキ者モ遠隔ノ邦國間ニ於ケルヨリモ壓制ヲ感スルコト少カルヘシ（一）然レトモ漸次交通

（一）萬國引渡條約ヲ不可トスル理由

ハ種々アリト雖モ此理由モ亦其一ナリ

ノ開クルニ従ヒ重罪ニ非サル者ヲモ引渡ヲ受クルニ至ルヘシ而シテ引渡條約ハ其旨趣種々ナリト雖モ引渡ヲ爲ス犯罪ニ付テハ多ク前述ノ正當ナル所以ヲ証明セリ今一般ニ之ヲ論スレハ引渡ヲ爲スヘキヤ否ヤハ刑ノ輕重ヲ以テ其標準ト爲セリ違警罪ハ引渡ヲ爲サスト雖モ佛國及ヒ獨逸ノ重罪(crimes, Verbrechen)及ヒ輕罪(délits, Vergehen)ヲ區別シテ重罪ノミ引渡ヲ爲シ輕罪ニ該當スル行爲ハ引渡ヲ爲サスト論スルハ正當ニ非ス罰スヘキ行爲ニ付テ重罪輕罪ノ區別ヲ爲スモ諸國ノ立法互ニ差別アルノミナラス屢、此區別ニ變更ヲ生スルコトアリ又犯罪ノ種類ニ依リテハ(例ヘハ詐欺破産、受寄物費消ノ如シ)犯罪者ニ於テ外國ニ逃亡シテ外國ニ生活スルヲ以テ其犯罪ノ手段ト爲スコトアリテ其刑輕シト雖モ他ノ刑ノ重キヨリハ其引渡甚タ必要ナルコトアルヘシ

然レトモ刑ノ輕重ヲ以テ引渡如何ヲ決セサルヘカラサル以上ハ法律カ其罰スヘキ行爲ニ付キ抽象的ニ定メタル最高度ノ刑ヲ以テ標準ト爲サス寧ロ各個ノ場合ニ付テ定メタル刑ヲ以テ標準ト爲スヲ善トス既ニ言渡ヲ受

ケタル者ノ引渡ニ付テハ其訴追ヲ爲ス國ノ法律ヲ適用スヘキ場合ニハ之ヲ決スルコト敢テ難キニ非ス然レトモ單ニ被告ノ他位ニ立ツ者ノ引渡ヲ求ムルトキ又ハ受託國ノ法律ヲ以テ刑ノ輕重ヲ決セサルヘカラサルトキハ頗ル困難ノ問題ヲ生スヘシ受託國ノ法律ニ依リテ引渡ヲ爲ス犯罪ヲ區別スル主義ハ引渡ハ受託國ノ法律ニ依リテモ亦之ヲ過酷ニ失セサルヲ期スルニ在リ受託國ノ法律ニ依リテ抽象的最低度ノ刑ヲ標準ニ取ルヘキトキハ往々難問ニ逢着スヘシ但此場合ト雖モ各個ノ場合ニ於テ調査ノ後確定スル情狀酌量ハ之ヲ算入スヘカラサルコト固ヨリ言ヲ俟タス(二)現行ノ條約ニ於テハ引渡ヲ爲スヘキ犯罪ハ刑ノ輕重ヲ以テ區別セス學術上ノ言詞ニ依リテ列擧シ立法ノ差異及ヒ地理上ノ位置ニ依リテ其例外ヲ定メタリ(三)引渡權ハ正説ニ據レハ既ニ述ヘタル如ク當該關係國ノ法規ノ連帶保障ニ基クモノナリ而シテ此連帶保障タルヤ當該兩國ノ法律カ或犯罪ニ付キ一致シテ刑ヲ課スル場合ニハ之ヲ言フヘキモ一方ノ國ノ法律ハ之ニ刑ヲ課スルモ他方ノ國カ刑ヲ課セサル場合ニハ亦連帶保障ナルモノ存スルコト

(二) 佛國及ヒ巴威爾國間ノ千八百六十七年條約第二條參照

(三) 締結國ノ一方ノ刑法變更セラルルトキハ引渡義務ハ尚ホ條約締結當時ノ刑法ヲ標準トセサルヘカラス裁判上ノ手續又ハ裁判ノ構成ニ變更ヲ生シタルトキハ各犯罪者ヲ特別裁判所ニ移サヽルヘカラス又ハ特別手續ニ依ラサルヘカラ

ナシ故ニ引渡ヲ求ムル犯罪行爲ニシテ受託國ノ法律ニ照シテ刑ヲ課スヘキモノニ非サルトキハ受託國ハ引渡ヲ拒ムコトヲ得此原則ハ瑞西新引渡法第三條第一項(四)ニ於テ明規セル所ニシテ夫ノ「ベルナルド」(第二章第二百三頁以下)ノ如キ引渡ヲ以テ法律上ノ共助ト爲スモ其共助タルヤ引渡ノ囑託ヲ爲ス國ノ權利ヲ其國ノ法律ニ依リテ認メタル場合ニ於テノミ爲スヘキモノトスル徒ニ非サレハ之ヲ爭フ者ナシ(五)諸條約ニ於テハ明ラカニ此原則ヲ認メスト雖モ受託國ハ其法律ニ依リテ被告事件又ハ言渡カ條約ニ定ムル引渡犯罪ニ該當スルヤ否ヤヲ調査セサルヘカラスト規定シテ此原則ノ旨趣ヲ酌メリ且諸條約ニハ通常受託國ノ法律ニ依リテ刑ノ時效ニ罹リタル犯罪ハ引渡ヲ爲スヘカラサル旨ヲ明規セリ(六)是レ斯ノ如キ場合ニハ受託國ハ其犯罪及ヒ引渡ヲ以テ最早至當ノモノト認ムルコトヲ得サルカ爲メニシテ亦上記ノ原則ヲ酌ミタル結果ニ外ナラス蓋シ條約ノ規定ヲ精察スルトキハ總テ實際ノ場合ニ於テ其引渡ヲ要スル行爲カ受託國ノ法律ニ依リテモ罰スヘキモノナルヤ否ヤヲ確定セサルヘカラスト云フニ在リ囑託

ス然ラサレハ被告ニ保障ヲ奪フ結果ヲ生ス被告ニ保障ヲ奪フトキハ引渡義務モ消滅ス（尤モ裁判上ノ手續裁判ノ備成ヲ變更スル場合ニハ條約ノ改正ヲ申立ツルコトヲ得ルハ勿論ナリトス）締約國ノ一方ニ於テ刑ヲ變更スル場合ニハ其變更ノ刑ヲ考ヘ若シ條約締結ノ當時許スヘカラスト做セル刑又ハ開明ニ違背セル刑ナルトキハ引渡ヲ拒ムコトヲ得又締約國双方カ締約ノ當時死刑ヲ廢シタルニ其後之ヲ再興セシメタル場合ニハ囑託國カ死刑ニ該當スヘキ犯罪ノ引渡ヲ求メタルトキハ一方ハ之ヲ拒ムコトヲ得

(四)同條ニ曰ク重罪又ハ輕罪ニ該當スル常事犯ニシテ其引渡サルヘキ者ニ適用スヘキ州法及ヒ囑託國ノ法律ニ照シテ罰スヘキ

ヲ受ケタル甲國カ引渡サル者ニ不當ヲ加ヘサラント欲セハ其方法カ囑託ヲ爲シタル乙國ノ立法ト一致スレハトテ直チニ其囑託ニ應スヘキニ非ス其行爲カ兩國ノ刑法ニ該當スル犯罪ニシテ他ノ場合ニ於ケル立法ノ精神モ敢テ其場合ノ引渡ヲ爲ス障害タラサルトキニ非サレハ引渡ヲ爲スヘカラス而シテ方今ノ條約ニ於テハ引渡ハ通常之ヲ一定ノ犯罪ニ制限セリ斯ル場合ニハ行爲カ其犯罪ノ意義ニ該當スルヤ否ヤヲ調査セサルヘカラス然レトモ條約ハ引渡ヲ要スル行爲如何ヲ判斷スルニ專ラ囑託國ノ裁判所ノ發シタル刑ノ判決、令狀又ハ公訴決定ニ依ルヲ許サス寧ロ當該兩國ノ刑法ノ規定又ハ犯罪ノ意義ノ類似スルヲ以テ要件トセリ「ラムマッシュ」(第百七十五頁以下)及ヒ墺國司法省ヲ代表スル者ノ說ニ依レハ引渡ノ義務ニ付テハ先ツ行爲ノ罰スヘキヤ否ヤヲ決セサルヘカラス而シテ之ヲ決スルニハ義務ヲ負フ國ノ法律ヲ以テ標準ト爲スヲ要ストセリ(七)而レトモ是レ又學術上ノ犯罪ノ意義ニ依リテ其法律ヲ適用スヘキモノニシテ例ヘハ囑託國ノ法律ニ於テハ決鬪ニ於ケル殺人罪ヲ以テ毆打致死若クハ謀殺若クハ過失殺

モノナルトキハ引渡チ爲スト

(五)第十六回獨逸法曹會議ハ小說謬チ酌ミテ輕忽ニモ此意義ニ議決チ爲セリ當議事錄第一卷第一頁以下及ヒ第二卷第三百十四頁以下參照

(六)「ピロート」ハ囑託國ノ法律ニ認ムル時效ニ罹リタルトキハ引渡ナ爲スヘカラスト主張セリ其理由ハ時效ハ公訴チ消滅スルモノナレハナリト云フニ在リ「ベルナルド」ハ總テノ國ニ共通ノ時效制度チ設クヘシト云ヘリ

(七)此點ニ於テハ數多ノ條約モ明瞭チ缺キ且前後一貫セサル所アリ

ヲ以テ論スルニ受託國ノ法律ハ決鬪ノ特別罪ヲ以テ論スヘキ場合ニハ毆打致死、謀殺若クハ過失殺ヲ以テ引渡義務ノ原因ト爲ス條約ノ規定ニ依リテハ引渡ヲ請求スルコトヲ得ス加之兩國ノ法律カ互ニ異ナル場合ニハ引渡ヲ請求スル國ハ其國ノ法律ノ文辭ニ於テ之ヲ認ムル範圍ヲ超エテハ權利ヲ主張スルコトヲ得ス故ニ引渡條約ニ依リテ引渡ヲ請求シ得ルハ其引渡ノ請求ノ原因タル行爲カ引渡ヲ求ムル國及ヒ引渡ノ囑託ヲ受ケタル國ノ法律ニ依リテ引渡犯タル學術上ノ意義ヲ有スルコトヲ要ス故ニ例ヘハ獨逸法律ニ於テハ決鬪ノ殺人罪ヲ以テ通常ノ殺人罪ト看做サスシテ之ヲ論スルニ決鬪罪ヲ以テスルカ故ニ決鬪ノ殺人罪ヲ毆打致死等ヲ以テ論スル國ヨリ殺人罪ニ關スル條約規定ニ基キ其決鬪者ノ引渡ヲ請求スルモ獨逸國ハ之ヲ引渡スコトヲ得ス又數多ノ條約ニ於テハ引渡犯ヲ擧クルニ學術上ノ意義ヲ以テセス他ノ記載ヲ爲スコトアリ(即チ有意犯ニシテ其結果ノ重大ナル者ト云フカ如シ)

或犯罪行爲ノ共犯ハ其犯罪ヲ犯シタルモノナリト雖モ未遂犯ハ未タ當該

犯罪ヲ犯シタルモノニ非ス故ニ條約ニ於テ何等ノ制限モ附セス犯罪行爲ヲ以テ引渡義務ノ原因ト爲ス場合ニハ共犯ハ當然之ヲ引渡サヽルヘカラサルモ未遂犯ハ當該兩國ノ法律ニ於テ既遂犯ト同視スルモノヽ外ハ引渡ヲ爲サヽルモノト斷定セサルヘカラス然レトモ條約國ノ地理上ノ位置ニ依リ未遂犯ト雖モ其重キモノハ引渡ヲ爲スヲ相當トス近世ノ條約ニ於テハ之ヲ明規スルモノアリ又一二ノ條約ニ於テハ未遂犯ヲ以テ既遂犯ト同視シテ共ニ引渡スヘキ旨ヲ定ムルアリ是レ頗ル廣キニ失スルモノナリ又當該一方ノ國ノ法律カ共犯者(補助者)ノ刑ヲ非常ニ減スル場合ニハ共犯ノ引渡ハ刑ノ程度ヲ定メテ之ニ該當スル者ニノミ制限セサルヘカラス犯罪行爲ヲ補助シタル者ハ行爲ノ共犯ヲ以テ論スヘカラス故ニ共犯ヲ以テ引渡ノ罪科ト爲ス條約ハ之ヲ補助者ニ適用スルコトヲ得ス一方ノ國ノ法律ノミカ補助犯ト看做ス犯罪モ亦然リ

懈怠犯ハ通常引渡犯ト看做サス(一二ノ條約ニ於テハ明文ヲ以テ懈怠犯ヲ故意ヲ以テ犯シタル場合ニ限リテ引渡ヲ爲ス旨規定セリ)而シテ條約ニ別

段ノ明規ナキ以上ハ故意テ以テ爲シタル犯罪ニ非サレハ之ヲ適用スヘカラス一二ノ新條約ニ於テハ殺人罪ハ懈怠ニ因リテ犯シタル場合ト雖モ之ヲ引渡ス旨規定セリ特別ナル重罪ニ付テハ重大ナル懈怠ニ因リ犯シタルモノニ限リテ引渡ヲ爲スヲ可トス

引渡ハ實際受託國ノ法律ニ照シテ爲スヘキ行爲存スル場合ニ之ヲ爲スモノニシテ其國ノ法律ニ認ムル無罪ノ原因例ヘハ正當防衛、緊急防衛又ハ幼年等ノ事實存スル場合ニハ所謂爲スヘキ行爲ナキヲ以テ此等ノ場合ニハ引渡ヲ拒マサルヘカラス而シテ其無罪ノ原因ニ付テハ當然初メヨリ明カナル場合ト事件ヲ審理シタル後初メテ法律ニ認メタル場合トヲ區別スル要ナシ「ラムマッシュ」ハ第四百四十九頁ニ於テ此區別ヲ爲スモ正當ト謂フヘカラス是レ受託國ノ法律ニ照シテ行爲ヲ罰スヘキヤ否ヤヲ確定スルニハ判決ヲ下ス場合ノ如ク十分ナル審査ヲ要セスト雖モ一定ノ審査ハ甚タ必要ニシテ其審査ノ結果無罪タルヘキ場合ニハ最早無罪ノ原因ヲ確定スル必要ナケレハナリ

引渡サルル者カ引渡ヲ請求スル原因タル行爲ニ付キ既ニ罪ヲ受ケ又ハ証據不十分ナルカ爲メ無罪ヲ言渡サレタル場合ニハ引渡ノ囑託ヲ受ケタル國ハ其引渡ノ請求ヲ以テ不當トシ之ヲ拒ムコトヲ得而シテ其有罪又ハ無罪判決ハ苟モ國際法ノ一般原則ニ因リ管轄ヲ有スルモノナルトキハ内國ノ裁判所ニ於テ言渡シタルト又他ノ開明國ノ裁判所ニ於テ言渡シタルト之ヲ區別スル要ナシ加之囑託國ニ於テ課スヘキ刑罰ト類似ノ刑罰ヲ受ケタル場合ニハ其刑罰ヲ課シタル國カ國際法上ノ管轄ヲ有シタルヤ否ヤ之ヲ顧ルノ必要ナシ(尤モ囑託國カ受託國ノ法律ニ依リ無罪ノ判決ニ對シテ再審ヲ求ムル証據方法ヲ發見シタルトキハ受託國ハ引渡ノ請求ヲ拒ムコトヲ得サルヘシ)其理由ハ既ニ上段(第五十九章第二)ニ於テ刑ノ執行及ヒ確定ヲ認定スル場合ニ説明シタル理由ト同一ナリ上記ノ場合ニ於テハ事物ノ自然ニ基キ假令條約ニ於テ記載セラレサルトキト雖モ當然引渡ヲ拒絶スヘキモノトス唯疑ノ存スルハ犯罪者カ第三ノ國ニ於テ又ハ受託國ニ於テ既ニ赦免ヲ受ケタル場合ナリトス然レトモ赦免ハ放免ノ判決ト其效果

ヲ同フス赦免ヲ為スニハ犯罪者カ赦免ヲ受クルトキ其赦免ヲ為ス國ノ權力ノ下ニ在ルヲ要件トス而シテ此要件タルヤ赦免ノ判決ヲ言渡ス場合ニモ當然存セサルヘカラサルモノナリ然レトモ引渡ノ請求ヲ為シタル後又ハ引渡ノ請求ヲ免レシムル目的ヲ以テ為シタル赦免ハ引渡條約ニ對シテハ何等ノ效力モナシ然レトモ受託國ノ裁判所ニ於テ係爭行為ノ豫審ヲ開始スルモ之ヲ以テ引渡ヲ拒ム原因ト為スヘカラス(八)是レ外國ニ於テ犯シタル犯罪ヲ自國ニ於テ罰スル場合ニハ自國ハ補佐ノ管轄ヲ有スルノミナレハ其主位管轄ヲ有スル裁判所存スルトキハ當然一歩ヲ讓ラサルヘカラサレハナリ

之ニ反シテ正説ニ據レハ犯罪カ受託國ノ法律ニ依レハ被害者ノ告訴ヲ要スルモノナルモ其告訴ナキコトヲ理由トシ又ハ告訴ノ遲延セルコトヲ口實トシテ引渡ヲ拒絶スルヲ得ス國家ハ其告訴ナキ間又ハ其告訴遲延スル場合ニハ犯罪ヲ看過シテ恰モ犯罪ノ存セサル如ク看做スヘシト宣言スルコトヲ得然レトモ是レ犯罪者ニ向テ之ヲ宣言スルモノニ非スシテ侵害ヲ

(八)條約ニ於テハ往々免訴ヲ以テ放免ト同一ノ效力アリト為スコト是レ原則上採用スヘキモノナルヤ否ヤハ今一概ニ論スルヲ得ス手續停止ノ處分ニ付テ各刑事訴訟法ノ認ムル性質ニ付テ之ヲ判斷セサルヘカラス

受ケタル者ニ對スル宣言ナリ國家ト犯罪トノ關係ハ實質上其犯罪ノ標準タルヘキ法律則チ引渡ヲ請求スル國ノ法律ニ依リテ之ヲ判斷セサルヘカラス然リ而シテ囑託國ノ法律カ例ヘハ獨逸刑法ニ於ケルカ如ク告訴ヲ必要トセル場合ニ犯人カ逃亡シテ滯在スル國ニ於テ其法律ノ時效ノ期間ヲ經過セシメタルトキハ常ニ引渡ヲ拒マサルヘカラサルヤ否ヤニ至リテハ姑ク讀者ノ研究ヲ煩ハス(九)

第四　引渡スヘカラサル犯罪

第六十七章

(イ) 總說

引渡ノ承諾ハ刑法ノ學理上ニ於テ一致スル所ニ非スシテ唯刑法ノ取扱上一致スルノミナレハ左ノ犯罪ニ付テハ引渡ヲ為ササルヲ可トス

宗教上ノ犯罪、風俗上ノ犯罪(但暴力又ハ別段ノ惡意ヲ用井テ犯シタルモノ等ハ茲ニ屬セス)侮辱犯(一)(重罪ニ屬スルモノモ亦然リ)同時ニ普通ノ重罪又ハ輕罪トシテ罰スルコトヲ得サル(官吏トシテ受寄物ヲ冒認スルカ如

(九) 上段第五十八章註(一八)ニ說ク所ヲ茲ニ濫用スヘカラス第五十八章ハ內國法ニ依リテ判決スヘキ場合ニ關スルモノナリ

(一) 個人ニ對スル侮辱犯ハ從來ノ條約ニハ引渡ト爲サス

シ）官公吏ノ職務犯、國權（官吏）ニ對シテ抵抗スル罪以上ノ犯罪中大部、ノモノハ引渡條約ニ於テ既ニ之ヲ除外セリ然レトモ收賄ノ如キハ獨逸國ノ締結セル數多ノ條約ニ於テハ之ヲ引渡犯罪中ニ算入セリ

軍役ニ關スル輕罪及ヒ重罪（脫營及ヒ兵役不履行ヲモ包有ス）ハ殆ト總テノ條約ニ於テ引渡ヲ爲サヽルモノトセリ此等ノ犯罪ヲ以テ引渡ヲ爲サヽル所以ヲ說明スル者ノ曰ク他國ノ軍役上ノ取扱ヲ正當ニ判斷スルハ容易ニ爲シ得ヘカラサルモノニシテ且此種ノ犯罪ハ往々政治上ノ狀態ニ關スルモノアルヲ以テ夫ノ政治犯ニ對スル犯罪ノ引渡ヲ爲サヽル理由ヲ援用シテ亦之カ引渡ヲ爲サヽル理由ト爲スヘシト尤モ昔時ハ逃亡兵ハ例外トシテ引渡ヲ爲シタリシカ千八百三十年以來漸次其趣ヲ異ニスルニ至レリ獨逸國ハ方今ニ至ルマテ逃亡兵ノ相互引渡ニ關スル引渡條約ヲ締結シタルコトナシ然レトモ千八百三十一年以來「ヱルザスロートリンゲン」ハ之ヲ除ク）今日ニ至ルマテ墺太利及ヒ總テノ獨逸聯邦間ニハ此條約存セリ（千八百

六十六年「プラーゲル」媾和條約第十三條ニ依リ維持シタリ)商船又時トシテハ軍艦ノ水夫カ逃亡シタル場合ハ之ニ反シテ數多ノ條約ニ依リ領事ノ囑託ニ基キテ特別手續ヲ以テ速カニ引渡ヲ爲ス此場合ニ逃亡者ノ搜査甚タ嚴密ニシテ又船舶ノ安寧ヲ害スルコト尠カラサルコトアリ但逃亡者ニシテ單ニ臣民タル一般ノ義務ニ基キ軍艦ニ使役セラルル場合ニハ陸兵ノ逃亡ノ場合ト同一ニ取扱フ而シテ明規ナキ以上ハ水夫引渡ニ關スル條約ヲ以テ海兵逃亡ニ準用スルコトヲ得ス

國家ノ財政權ニ對スル犯罪(稅則違犯)ハ引渡犯罪ニ非ス稅則ニ定ムル罰カ其財政ニ取リテハ必要ノモノニ屬スル場合ト雖モ(多クハ先ツ罰金ヲ課シ罰金ヲ納ムル能ハサルトキ自由刑ニ換刑ス)各種ノ國ノ負担ヲ判定スル原則ハ茲ニ說明スル實體法上ノ連帶保障ヲ以テ律スヘカラス尤モ獨逸國及ヒ墺太利國間ニハ千八百八十一年五月二十三日徵稅條約ヲ締結セリ(千八百九十一年十二月六日ノ條約ニ依リ之ヲ更新シタリ)此條約ニ依レハ(同條約第二十四條參照)徵稅事件ニ付テハ兩國ハ互ニ法律上ノ共助ヲ爲スノ外

税則違犯者ヲ相互ニ引渡スコトヲ保障セリ秘密貿易ヲ相互ニ抑制スルハ相隣國ノ利益ナリ特ニ両國間ニ於テ通商條約ヲ以テ徵税ノ増加ヲ豫防セル場合ニ於テ然リトス(二)

第六十八章　（ロ）、政治犯ノ不引渡

方今犯罪ノ引渡ニ付キ最モ必要ナル例外ニ屬スルモノハ政治犯是レナリ舊世紀ニ於テ引渡ヲ希望セラレタル者ハ最モ多ク政治犯又ハ政治上ノ驅逐者ナリキ本世紀ニ於テモ二十五年頃マテハ引渡條約ヲ締結スルニ當リ國家ニ對スル重罪ハ明文ヲ以テ尚ホ引渡スコトト爲シタリシカ千八百三十一年佛蘭西及ヒ白耳義(千八百三十三年)(一)例ヲ作リテ以來漸次政治犯ハ引渡ヲ爲サストノ原則行ハルルニ至レリ(二)其理由ハ各國ノ制度相異ナリ偶、其條規ヲ同フスルモ實際ノ應用互ニ差別アリ且往々偏頗ノ判斷之ニ伴フ危險アルカ爲メナリ引渡條約ニ於テ政治犯ノ引渡ヲ除外スル旨ノ規定ヲ爲サス唯國家(又ハ國家ノ君主、國家ノ官吏)ニ對スル犯罪ノ引渡ヲ爲ササル旨

(二) 合衆國法學者ハ海賊ハ引渡犯ニ非スト云ヘリ是レ海賊ハ海上ノ黒奴販賣等ノ行爲トハ異ニシテ其犯罪者ヲ捕ヘタル國ハ直チニ之ヲ罰スルコトヲ得ルモノナルニ由ル然レトモ此見解ハ誤レリ英國ノ引渡法ハ海賊ノ引渡ヲ認許セリ

(一) 千八百三十三年十月一日ノ法律第六條・

(二) 條約ノ規定ハ種々ニシテ或ハ政治犯ハ暗默ニ之ヲ除外シ或ハ明カニ重罪及ヒ輕罪ノ政事犯并ニ此等ノ犯罪ヲ包含スル犯罪ハ之ヲ引渡サスト規定セリ但千八百八十五年魯國普國間ノ條約及ヒ魯國

巴國間ノ新條約第五條ハ一種特別ニシテ引渡ヲ求ムル重罪輕罪ニシテ政事上ノ目的ヲ以テ犯シタル事情ハ如何ナル場合ニ於テモ引渡ヲ拒ム理由ト爲スヲ得スト規定セリ

ヲ定メタル場合ト雖モ其行爲ニ隨伴スヘキ常事犯（例ヘハ暴動ノ場合ニ於ケル官廳ニ對スル暴行又ハ强迫ノ如シ）ヲ政治犯ヨリ分離シテ引渡ヲ爲スコトナシ若シ之ヲ分離シテ引渡スコトヲ得ヘシト解スルトキハ引渡サルル者ハ理由ナクシテ減刑ニ浴スル結果ヲ生スヘシ（若シ判決裁判所カ斯ノ如キ減刑處分ニモ拘束ヲ受クルトキニ於テ然リ）然ルニ引渡ヲ求ムル目的ハ全ク反對ニシテ本案ニ於テ政治犯ニ對シテモ制裁ヲ加ヘントスルモノナラスヤ尙ホ一歩ヲ進メテ引渡ヲ拒絕セサルヘカラサル場合アリ（此點ニ付テハ西歐洲列國即チ英吉利佛蘭西白耳義等ノ實際ノ取扱一致セリ）即チ政治犯ノ實行ノ手段ニシテ政治上ノ目的ヲ惹起スルニハ必ス用ヰサルヘカラサルニ非サルモ通常之ニ相伴フモノナルトキハ其手段ノ爲メニ引渡ヲ爲スコトヲ得ス政治上ノ戰爭カ原因ト爲リテ之ヲ犯シ易カラシメタル犯罪例ヘハ暴動ノ場合ニ於テ一私人ニ屬スル武器ヲ破毀略奪スルカ如キ行爲ニ付テ引渡ヲ爲スコトヲ得ス蓋シ政見ノ異ナル者ハ政治犯ヲ犯ス際ニハ往々暴行及ヒ犯罪ニ流ルルコトアリ又政治上ノ目的ヲ達スル爲

メニ常事犯ヲ犯スコトアリ例ヘハ無政府黨ノ如キハ革命ノ費用ニ充ツヘキ財寶ヲ得ント欲シテ略奪殺戮ヲ行フコトアリ特ニ國家ノ君主ニ對シテ政治上ノ理由ヲ以テ危害ヲ加ヘタル行爲ハ千八百五十六年三月二十二日ノ白耳義法ヲ初トシ其後數多ノ條約ニ於テ政治犯即チ引渡ヲ爲サヽル犯罪ト看做スコトヲ得スト定メタリ然レトモ條約ニ掲クル約款ハ甚タ不完全ニシテ(三)夫ノ政治的亡命ノ恩典ニ浴シテ引渡ヲ爲スヘカラサル政治犯以外ノモノヲ纏括スルコトヲ得ス(四)以上ノ條約アリト雖モ引渡ヲ爲ス國ノ自由ナル意見ハ之ヲ妨クルコトヲ得ス唯原則トシテハ政治上ノ目的ヲ以テ遠因ト爲ス行爲ハ之ヲ政治犯ト看做スヘカラス之ニ反シテ其行爲カ判決ノ際道德上甚タ忌ムヘキコト明ナルトキハ之ニ亡命ノ恩典ヲ與フヘカラス尤モ道德ヲ以テ亡命ノ恩典與奪ノ標準ト爲ス原則ヲ法律上ノ性質ヲ有スル條約ニ規定スルハ妥當ノモノニ非ス寧ロ政治上ノ目的又ハ政治上ノ縁由ハ(五)必スシモ政治犯ノ特權ノ原因タルコトヲ得ストノ規定ヲ掲ケテ以テ此原則ニ近寄ルコトヲ期スルニ若カス近世ニ至リテハ世人亦政治犯ト

(三) 英國伊國及ヒ瑞西ハ今日マテ此約款ノ採用ヲ拒メリ

(四) 例ヘハ政治上ノ暗殺モ引渡犯ト爲スヘキコトヲ主張スルモノアリ曾國政府ハ千八百八十一年之ヲ發言シタリ引渡スヘカラサル非政治犯トハ開戰國間ニ戰時ノ慣例上至當ト認ムル行爲ニ限ルヤ否ヤ尚ホ國際法會議議決第十四條ヲ參照スヘシ

(五) 國際法會議議決第十四條及ヒ瑞西引渡法第十條第二項參照

社會犯(詳言セハ開明國全體ノ共有ニ屬スル開明ノ制度ニ對スル犯罪)トヲ區別シ社會犯ハ之テ引渡スヘキモノトセリ而シテ瑞西法草案ニ依レハ開明國共通ノ犯罪者トシテ引渡ヲ求メラルル場合ニハ囑託國ニ對シテ引渡サレタル者ニハ政治犯ニ適用スヘキ嚴罰ハ之ヲ課スヘカラストノ條件ヲ申入ルルコトト定メリ此條件タルヤ引渡ヲ容易ナラシムル原因ト爲ルヘシト雖モ其實引渡サレタル者ハ往々此保護ニ依ルヲ得サルコトアルヘシ

第六十九章

第五 囑託國ニ屬スル者ヲ引渡サヽル場合

昔時ノ條約ニ於テハ多ク逃亡者ノ引渡ナル語ヲ載スルモ其引渡スヘキ者ハ必スシモ引渡ヲ爲ス國ニ逃亡セルコトヲ必要トセス引渡サルヘキ者カ其意思ニ反シ又ハ破船等ノ災厄ニ因リ引渡ヲ爲ス國ノ領内ニ來リタル場合ニモ亦之ヲ引渡スコトヲ得甲國カ其國ノ代理者又ハ官吏ヲシテ暴力又ハ暴力ニ流ルル陰密手段ヲ以テ乙國ニ在ル者ヲ引致セシメ之ヲ他國ニ引渡サントスルトキハ乙國ハ領土侵犯ヲ原因トシテ賠償ヲ請求スルコトヲ

（二）奴隷ハ奴隷ヲ認メサル國ヨリ奴隷ヲ認ムル國ニ引渡スコトヲ得ス但奴隷カ其地位ノ爲メ酷ナル待又ハ特別裁判所ニ服從スルトキハ此限ニ在ラス且引渡ヲ爲スニハ放免ノ宣告後又ハ處刑後再ヒ國ヲ去ルヲ許スコトヲ要ス

得而シテ此場合ニハ引渡サレタル者ハ判決國ノ裁判所ニ於テ抗辯ヲ爲スコトヲ得サルヤ否ヤノ問題ハ他ノ議論ニ依リテ定マル(第七十三章參照)。

普通ノ犯罪ヲ犯シタル逃亡兵モ亦之ヲ引渡スコトヲ得但其逃亡ニ關スル刑事手續又ハ罰則ノ存セサル場合ハ此限ニ在ラス。(一)

之ニ反シテ方今歐洲大陸就中獨逸帝國ニハ自國ノ臣民ハ之ヲ引渡ササル原則行ハレリ英國及ヒ北米ニハ此原則ナシ舊獨逸同盟決議(千八百三十二年ノ決議及ヒ千八百五十四年一月二十六日ノ決議)ニ依レハ罪人ハ相互ニ引渡スヘキ旨ヲ掲クルモ自國ノ臣民ヲ引渡ス義務ハ認メラレタルコトナシ然レトモ此原則ハ學理上甚タ其當ヲ得ス引渡ハ外國ノ司法處分ヲ信用スルヨリ起ルモノナルニ此原則ハ此信用ヲ無視スルモノナリ加之犯罪地ハ擧証ニ最モ適當セルモノニシテ行爲ノ在リタル場所ハ之ヲ防壓スル場所ナラサルヘカラサルニ此原則ハ之ニ背クモノナリ外國ニ自國ノ臣民ヲ引渡スハ刑法ノ屬人主義ヲ排斥スルモノト謂ハサルヘカラサルモ若シ英國及ヒ合衆國ノ如キ亦相互ノ保証ナキヲ原因トシテ臣民ヲ引渡ササルニ

至ルトキハ國際法上ノ共助ハ危險ナル缺點ヲ生スヘシ且內國人ヲ引渡ササルトキハ犯罪ニ數多ノ共犯者アル場合ニハ同一事件ヲ諸種ノ國ニ於テ相重ネテ審理セサルヘカラサルニ至ル尤モ方今外人嫌忌ノ感情再發セル時ニ當リテ自國ノ臣民ヲ他國ニ引渡スハ危險ナキニ非ス（外國裁判所ノ判決ニ依リ引渡サレタル內國人カ有罪ノ言渡ヲ受ケタル場合ニハ其外國判決ノミナラス其引渡ヲ爲シタル內國政府モ亦屢々不利益ノ評決ヲ默過スル虞ナキニ非ス）又引渡ヲ承諾スル際裁判所ノ裁判ヲ必要トセサルトキハ大ニ不都合ヲ生スヘシ（二）

引渡サルル者カ引渡ヲ求メラレタル時猶ホ內國人ニ屬スルトキハ引渡ヲ爲ササルヲ可トス國籍關係ノ消滅ハ必ス其臣民ニノミ對スル特別保護ヲ消滅セシムル結果ヲ生ス此原則ハ引渡サルル者カ土地割讓ノ際其地ニ出生シ又ハ住所ヲ有シタルカ爲メ國籍ヲ喪失シタル場合ニモ亦之ヲ適用スルコトヲ得之ニ反シテ犯人カ行爲ヲ爲シタル後始メテ內國人ト爲リタル場合ハ之ヲ引渡スヘシ此場合ニ引渡ヲ拒絕スル理由ハ甚タ薄弱ナリ故ニ

（二）獨逸國ニ於テハ此保障全ク缺如ス英國及ヒ北米ニ於テハ外國ノ申出ニ依ル引渡ハ總テ裁判所ノ手續ヲ以テ調査セシム

數多ノ條約ハ其他ノ場合ニ於テハ内國人ノ引渡ヲ拒ムコトヲ認ムルニ拘ハラス此特別ノ場合ニ限リ引渡スヘキコトヲ定メリ例ヘハ佛國及ヒ伊國間ノ引渡條約ノ如キ是ナリ

引渡サルル者ノ國籍ニ付キ立法上ノ衝突ヲ生スルトキハ受託國ノ法律ニ依リテ之ヲ決スヘシ是レ此場合ハ義務ノ解釋ニ關スルモノナレハナリ外國ニ於テ移住スル外國人モ或條件ノ存スルトキハ内國人同等ニ看做スヘキコトアリ（三）

引渡サルヘキ者カ囑託國ニ屬セスシテ第三ノ國ニ屬スルトキモ引渡ヲ妨ケス第三國ハ通常其引渡ニ對シテ異議ヲ主張スル權利ナシ（四）

第七十章　引渡サルヘキ者ヲ罰スル囑託國ノ權

刑罰權ヲ有スル國ニ非サレハ引渡ヲ受クルコトヲ得ス一般ニ之ヲ論スルトキハ行爲地ヲ領スル國ハ刑罰權ヲ有スル國ト看做スニ足ル特ニ引渡ノ囑託ヲ受ケタル國ハ行爲地ヲ定ムルニ自國ノ法律ヲ以テ之ヲ決スヘキモ

（三）例ヘハ千八百六十九年十一月「ヘッセン」侯國及ヒ瞥士亞國間ノ引渡條約第二條第二項ノ如シ

（四）尚ホ次章ヲ參照スヘシ

ノトス英國及ヒ合衆國ハ行爲地ノ國ニ非サレハ引渡ヲ爲サス公海ニ於テ(一)商船中ニテ犯罪在リタルトキハ其犯罪ハ船旗ノ表スル國ノ領內ニ於テ犯シタルモノト看做ス一國ノ領內ニ於テ治外法權ヲ有スル者ハ(英國及ヒ北米モ)亦本國ニ引渡サル

數多ノ條約ニ依レハ囑託國ハ刑罰權ヲ開示スヘキモノトス詳言セハ其國ノ裁判所カ訴追者ニ對シテ公訴ヲ起シタル旨ヲ開示セサルヘカラス然レ(二)トモ行爲カ訴追國ノ領內ニ於テ犯サレタルモノナラサルトキハ受託國ハ自由ナル意見ヲ以テ引渡ヲ拒ムコトヲ得加之受託國ハ此場合ニ自國ノ法律上刑罰權ヲ有スルト否トニ依リテ囑託ノ諾否ヲ決スルコトヲ得尤モ數多ノ條約ニ依レハ囑託國ニ對シテ犯罪ヲ爲シタルヤ否ヤヲ以テ引渡ノ條件ト爲セリ

引渡條約ニハ一般ノ規定ヲ爲スモ受託國ニ於テ犯罪ヲ爲シタル場合ニハ引渡ヲ爲ササルハ言ヲ俟タス是レ裁判ハ犯罪地ノ裁判官之ヲ爲ス(Judex loci delicti commissi)ト云フ原則ハ國際公法上優先ノ適用ヲ受クル原則タレハ

(一) 正說ニ依レハ領海ニ於テモ船舶ノ甲板上ニテ犯シタル行爲ハ亦然リ但港內ニ於テハ此限ニ在ラス

(二) 故ニ數多ノ國ヨリ同一犯人ノ引渡ヲ求ムルコトアリ而シテ此場合ニハ行爲地ノ國ニ引渡ヲ爲スヘシ(國際會議ノ議決モ亦然リ)

ナリ(三)引渡ノ囑託ヲ受ケタル國ニ於テ其引渡サルヘキ者ニ對シ審理ヲ始メタル事實ハ未タ以テ引渡ヲ拒ム理由ト爲スニ足ラス(四)數多ノ引渡條約ニ於テハ審理ノ開始ニ引渡拒絶ノ效力ヲ附セリ是レ誤謬ニ出ツ(五)引渡サルヘキ者カ內國ニ於テ他ノ犯罪ヲ犯シタル爲メ內國政府カ其審理ヲ爲セル事實及ヒ引渡サルヘキ者カ內國ニ於テ尙ホ自由刑服役中ナル事實ハ直チニ以テ引渡ヲ拒ム理由ト爲スニ足ラサルモ其引渡ノ實行ヲ一時猶豫スル理由ト爲スコトヲ得尤モ引渡サルヘキ者カ內國ニ於テ自由刑ノ服役中ニ在ル場合ニハ証據ノ湮滅ヲ防ク爲メ其刑期中ノ者ヲ一時外國ニ於テ判決ヲ受ケシムル爲メ引渡スヲ可トス

同一ノ者カ種々ノ行爲ヲ爲シタルニ因リ數多ノ國ヨリ訴追ヲ受ケタルトキハ其犯罪ノ輕重關係ノ遠近ヲ稽較スヘシ但百般ノ場合ニ實際ニ最モ適當ナル原則ハ之ヲ示スコト難シ寧ロ其何レニ引渡スヘキヤハ引渡ノ囑託ヲ受ケタル國ノ意見ニ一任スルヲ可トス(六)

內國ニ於テ引渡サルヘキ者ニ對シテ主張セル民事ノ請求ハ人身ノ假差押

(三)獨逸伊太利間ノ條約獨逸瑞西間條約（千八百七十一年千八百七十四年）ハ一種特別ナリ

(四)況ンヤ其前ノ行爲ニ於テヲヤ但內國裁判所カ免訴ヲ言渡シタル場合ハ或條件ヲ以テ此效力ヲ附スヘシ上段第六十六章註八參照

(五)受託國ノ主權ニ對スル犯罪ハ條約ニ別段ノ定ナキ限ハ之ヲ引渡スヘカラス若シ之ヲ引渡ストキハ引渡ノ囑託ハ引渡サルヘキ者ニ主要ノ刑ヲ免スルモノト謂ハサルヘカラス

(六)「ベルナルド」ハ同一國ニ於ケル數犯罪倶發ノ場合ニ關スル法規ヲ以テ國ヲ異ニシテ諸種ノ犯罪ヲ犯シタル

場合ニモ應用セント欲セリ

（一）自國ノ臣民ノ引渡ヲ求メタルニ受託國カ之ヲ引渡サゝルトキハ其引渡サゝルヘキ者ヲ自國ノ臣民ニ非スト宣言スヘシ

（二）人違ナキヤ否ヤヲ確定スル原則ハ一般ニ之ヲ示スコトヲ得ス人相書ハ「コムマッシユ」モ論スル如ク單ニ消極的ノ效力アルノミナリ即チ人相書ニ應當セサル者ハ搜索上ノ者ニ非ラストスヘキノミニシテ人相書ニ應當スル者カ果シテ搜索上ノ人物ナルヤ否ヤヲ知ルニ由ナシ英國及ヒ合衆國ニ於テハ必ス人證ヲ以テ之ヲ確定スヘキコトトセリ

ヲ用ヰテ之ヲ主張スル場合ト雖モ引渡ヲ妨クル原因ト為スコトヲ得ス

第七十一章

第七、引渡手續

引渡ヲ為スニハ引渡サルヘキ者ノ（一）人違ナキコト（二）ヲ要スルハ勿論尚ホ引渡前ニ於テ其引渡ヲ求ムル犯罪カ引渡犯罪詳言セハ條約又ハ法律ニ依リテ其引渡ヲ認ムル犯罪ナルコト及ヒ其物ニ對シテ嫌疑十分ナルコトヲ確定セサルヘカラス嫌疑十分ナラスシテ引渡ヲ為ストキハ引渡ハ殘酷不當ノ處分タルヲ免レス嫌疑十分ナルトキトハ其引渡スヘキ者ヲ拘引シテ内國ノ判決裁判所ニ呼出スニ十分ナル嫌疑ノ存スルヲ云フ外國官廳ハ犯罪國ノ管轄官廳カ其國ニ於テ之ヲ訴追スル權能ヨリモ優等ノ權能ヲ有スルモノニ非ス又内國管轄廳ハ犯罪ヲ訴追スル點ニ於テハ外國ノ代理ヲ為スヘキモノナレトモ其代理ハ自己ノ有スル權能以外ニ及フヘカラサルヲ以テ犯罪者ヲ引渡スニモ其嫌疑ノ程度自國ノ裁判所ニ引致スルニ足ル事實存セサルヘカラス然リ而シテ此等ノ點ヨリ推スモ内國ニ於テ犯罪ヲ為シタ

ル者ヲ拘留スルニ裁判官ノ命令ニ因ラサルヘカラストスル場合ニハ之ヲ外國ニ引渡ストキニモ亦內國ノ裁判權ニ因ラサルヘカラスト論斷セサルヘカラス是レ引渡ハ總テ引渡サルヘキ者ヲ引致スヘキモノニシテ且內國ニ於テ人ノ自由ヲ保護スルハ內國裁判所ノ專ラ任スヘキ所ニシテ之ヲ外國ノ裁判官ニ放任スヘキモノニ非サレハナリ(三)

以上論スル所ハ唯英國及ヒ北米國ノ法律ニ於テノミ採用セラル而シテ此等ノ國ニ於テモ完全ナル口頭辯論ハ事實上行フ能ハサルヲ以テ外國ニ於テ採錄セル調書ハ其外國法ニ依リ形式上證據力ヲ有スルモノナルトキハ裁判所ニ於テ證人ノ供述ニ代ハル效力ヲ有スルモノト爲セリ他ノ諸國(四)ニ於テハ引渡條約ノ規定ニ依リ受託國ノ裁判所ノ發シタル拘留命令又ハ公訴ノ決定ヲ以テ足レリトセリ(五)故ニ引渡手續ハ簡易ニシテ且費用ノ少ナキ手續ト爲セリ其理由ハ引渡ハ外國法律ノ適用ヲ信スルニ基クモノナルヲ以テ外國裁判所カ十分ノ嫌疑存スルモノト確定セル點ニ信用ヲ附セサルヘカラスト云フニ在リ然レトモ其結果ハ頗ル危險ナリ即チ引渡ヲ爲ス場

(三)囑託國ノ確定判決ヲ受ケタル者ノ引渡ヲ求メラレタルトキハ十分ナル嫌疑ノ存否ハ之ヲ調査スル要ナシ

(四)墺太利ハ之ヲ除ク英國及ヒ合衆國ハ締結シタル條約ニ依レハ相互ノ保證存スルトキ之ヲ承諾セリ獨逸國ノ如キモ引渡ハ右ニ類似ノ手續ヲ以テ承諾セリ

(五)引渡條約ノ存セサル場合ハ此限ニ在ラス嫌疑ノ存否ハ裁判所ノ調查ヲ要セス

合ニハ常ニ内國ニ於ケル身上ノ自由ヲ判斷スルニ内國法ニ依ラスシテ外國法及ヒ外國官廳ノ意見ニ依ラサルヘカラス内國人ヲ引渡ストキ其内國ニ於ケル内國人ノ身上ノ自由ニ付テモ猶ホ且外國法及ヒ外國官廳ノ意見ヲ以テ標準トセサルヘカラサルニ至ラン若シ斯ノ如クンハ引渡サルヘキ者ハ拘留命令ヲ以テ足レリトセス形式ヲ履ミタル公訴ノ決定ヲ要求スルニ至ルヘシ然レトモ被告カ其決定ニ對シテハ如何ナル疑ヲ懷クモ直チニ之ヲ主張スルコトヲ得サルヲ以テ其要求モ何等ノ效ナキニ終ラン（「ラムマッシュ」第五百五十八頁以下亦同一ノ意義ヲ以テ之ヲ論セリ就テ看ルヘシ）

英國及ヒ北米ノ法律ニ依レハ（英國法ハ裁判官ヲシテ犯罪ヲ調査セシメ之ヲ引渡スヘカラサル政治犯ト看做スヘキヤ否ヤヲ決セシムルニ拘ラス）引渡ヲ為スヘカラスト宣告スル裁判ハ當然之ヲ適用シ引渡ヲ為スヘキモノト宣告セル裁判ハ直チニ外國政府ニ引渡ヲ求ムル權アルモノト做サス政府（英國ニ於テハ樞密顧問官合衆國ニ於テハ國會議員）ノ意見ヲ以テ其引渡ノ諾否ヲ決セシム之ニ（六）反シテ白耳義ニ於テハ裁判所ハ唯通常ノ審級ニ於

（六）瑞西ノ新法ニ依レハ引渡サルヘキ者ニシテ引渡ノ裁判ニ服セサルト

ケル拘引ニ付テノミ裁判ヲ下シ引渡ノ許否ニ付テハ唯鑑定ヲ爲サシムルニ過キス其他ノ諸國ニ於テハ（佛國（七）及ヒ獨逸聯邦モ尚ホ此種ニ屬セリ）裁判所ノ加效ヲ用井ス引渡ハ專ラ外務大臣及ヒ司法大臣ノ處分スヘキモノト爲セリ司法大臣カ引渡ヲ拒絕スル言語ハ常ニ引渡ヲ排斥スル意義ヲ以テスト雖トモ司法大臣ハ行政官就中政務官ナルヲ以テ此語ハ畢竟引渡サルヘキ者ニ法律ノ保護ヲ拒絕シタルモノニシテ方今學問上一般ニ認識セラルル意見ニ背馳シテ引渡ヲ以テ國際上ノ警察處分ト爲シ以テ其目的大ニ異ナルニモ拘ハラス殆ト之ヲ驅逐ト同視シタルモノト謂ハサルヘカラス然レトモ遠カラス開明國ニハ引渡ニ裁判所ノ或加效ヲ要スルニ至ルヘシ蓋シ口頭辯論ヲ開始シテ引渡サルヘキ者ニ辯護士ノ補助ヲ以テ犯罪並ニ引渡ニ對シテ防衞ノ道ヲ盡サシムルハ必要ノ事ナリ

裁判所カ拘留ノ命令ヲ發シ（八）又引渡ヲ許スヘキ宣告ヲ爲スモ其引渡ヲ求ムル外國政府ハ未タ引渡ヲ求ムル權ヲ得タリト謂フヘカラス外國政府カ之ヲ請求シ得ルハ唯引渡ヲ爲ス政府カ當該外國政府ニ對シテ引渡ヲ承諾ス

キハ之ヲ聯邦裁判所ニ移送スヘシト爲ス此法タルヤ果シテ便宜ニシテ實行スルコト難カラサルヤ否ヤ頗ル疑ナキ能ハス舊法ノ手續ニ於テハ聯邦裁判所ハ裁判ニ加效シ其職務ハ頗ル混雜ヲ極メタリ

（七）佛國ニ於テハ引渡サルヘキ者カ佛國人ナルコトヲ主張シ引渡ノ許容ヲ爭フトキハ裁判所ヲシテ之ヲ裁判セシム獨逸國ニ於テハ此塲合ニ猶ホ行政處分ヲ以テ之ヲ決ス

（八）受託國ノ法律ニ依レハ其犯罪ハ保證ヲ立ツルニ於テハ保釋ヲ受ケ得ルモノニ該當スルトキハ如何「ラムマツシ」ハ曰ク此塲合ニハ犯罪人ハ亦內國法ノ利益ニ浴スルコトヲ得ト然レトモ數多ノ條約

ル旨ヲ通知シタル場合ニ限ル承諾ヲ與ヘタル政府ハ此通知ヲ爲シタル時ヨリ拘束ヲ受ク而シテ其通知後引渡ノ實行マテノ間ニ於テ生シタル事件ハ引渡ノ承諾ニ反致效ヲ及ホスコトヲ得ス故ニ例ヘハ犯罪カ其間ニ受託國ノ法律ニ定ムル時效ニ罹ルモ受託國ハ引渡ヲ拒ムコトヲ得ス(九)引渡サルヘキ者カ臣民トシテ從屬スル國ハ其引渡ノ不當ナルコト顯著ニシテ全ク擅斷ノ處分ニ出ツル場合ノ外ハ引渡ニ異議ヲ申出ツル權ナシ受託國カ引渡ノ囑託ヲ之ニ通知シタル場合又ハ條約上其國カ引渡ニ關スル裁判前其通知ヲ受クル權利ヲ有スル場合ト雖モ異議權ヲ有スルコトナシ(一〇)是レ此等ノ場合ハ各國カ其臣民ヲ屬地國ノ法律ニ依ル制限內ニ於テ取調フル一般ノ權利ニ屬スルモノナレハナリ尤モ第三國ニ通知ヲ爲シタル以上ハ一時引渡ノ承諾ヲ猶豫シ以テ第三國ヲシテ自ラ爲サント欲スル行爲ヲ爲サシムル機會ヲ與フルヲ以テ通知ヲ爲シタル旨趣ニ適スルモノト謂フヘシ

引渡ノ囑託ハ之ヲ鄭重ニシ以テ囑託ヲ受ケタル國ニ重キヲ置カシムル爲

及ヒ學者ハ外國ノ囑託ニ因ル拘留ハ強行的ノモノナリト謂ヘリ其不當タル論ヲ俟タス

(九)新ニ反証發見セラレタル場合ニハ其效力既往ニ遡リテ引渡ノ承諾ニ影響ヲ及ホスヤ否ヤ此點ニ付テハ議論一致セス

(一〇)囑託國ハ何レノ場合ニ於テモ先ツ引渡スヘキ者ノ屬スル國ニ交涉ヲ爲サヽルヘカラサル義務アルコトナシ

メ最高國權(引渡ヲ囑託スル國ノ外務大臣)ニ依リテ之ヲ發シ且外交上ノ手續ヲ以テ之ヲ爲スヘシ尤モ急速ヲ要スル場合ニハ電報ヲ以テ囑託ヲ爲スコトヲ得而シテ必要ナル記錄ヲ欠ク場合ニハ條約ニ基キ引渡サルヘキ者ノ假拘留ヲ爲スヘシ然レトモ電報ニ依ル囑託ハ往々錯誤ノ生スルモノナレハ寧ロ囑託ヲ受ケタル國ノ意見ニ依リテ拘留ノ許否ヲ決セシムルヲ可トス一二ノ條約特ニ獨逸カ白耳義ト締結セル條約ノ如キハ此旨ヲ記載セリ又數多ノ條約ニハ一定ノ期間內ニ必要ノ記錄到達セサルトキハ其假拘留ヲ命シタル者ヲ解放スヘキ旨ヲ掲ケリ然レトモ其期間經過シタレハトテ引渡手續ノ終了ト看做スヘカラス期間經過後ト雖モ其記錄到達シタルトキハ其解放ヲ受ケタル者モ再ヒ拘留セラルルコトアルヘシ

引渡ノ義務ヲ負フ國ハ事物ノ自然上亦證據物少クトモ引渡サルヘキ者ノ占有ニ係リ他ノ第三者カ之ニ付キ何等ノ權利ヲモ主張セサル物件ヲ囑託ヲ爲シタル國ニ交付セサルヘカラス是レ亦條約ニ於テ直接若クハ間接ニ認ムル所ナリ第三者ハ內國ノ訴追ノ場合ニ於ケルト同一ノ條件ヲ以テ證

據物件ノ交附ヲ強要セラルヘシ但之ト同一ニ裁判上ノ形式及ヒ裁判上ノ保護(捜査ノ場合ニ於テモ亦然リ)ヲ請求スルコトヲ得此點ハ何レノ地ニ於テモ行ハルヘキ原則ニ非ス然レトモ引渡條約ニ於テ認ムル國際上ノ義務ハ國權ヲシテ其義務ノ履行ノ爲メニ從來內國ニ用井ル裁判上ノ形式ヲ排除シ第三者及ヒ其權利ニ對シテ不定ノ意見ヲ以テ警察權ヲ行使セシムルモノニ非ス又條約ニ於テモ犯罪者ト共ニ交附スヘキ物件ニ對スル第三者ノ權利ハ之ヲ侵犯スルコトヲ得ス隨ヒテ其物件ハ費用ヲ徵收スルコトナク使用後權利者ニ還附セサルヘカラサル旨ヲ明記セリ

歐洲大陸ノ諸國ニ於テ引渡ヲ實行スルニハ警察官ヲシテ其引渡サルヘキ者ヲ國境(又ハ港)ニ伴ハシメ茲ニ其囑託ヲ爲シタル國ノ官吏ニ之ヲ請取ラシム之ニ反シテ英國及ヒ合衆國ニ於テハ囑託ヲ爲シタル國ノ官吏ヲシテ監獄ニ於テ引渡サルヘキ者ヲ請取ラシメ內國ニ於テ之ヲ送致スルニモ其官吏ニ之ヲ爲サシム

引渡サルヘキ者ヲ送致スルニ付テハ往々第三國ノ領土內ヲ通過セサルヘ

カラサルコトアリ送致ハ畢竟職權上ノ強制ヲ行フモノニ外ナラサレハ此場合ニハ其第三國ノ認可又ハ補助ヲ得ルニ非サレハ之カ送致ヲ實行スルコトヲ得サルコトアリ故ニ此場合ニハ第三國ハ自ラ刑ノ訴追ヲ爲セル國ニ引渡ヲ爲ス義務アルニ非サレハ其通過ヲ許ササルコトヲ得引渡法及ヒ條約ノ規定ハ一致セス或ハ引渡サル者ノ通過スル國カ刑ノ訴追ヲ爲ス國ト引渡條約ヲ締結シ其犯罪カ之ニ定ムル引渡犯罪ニ該當スルトキハ通過ヲ許ストシ或ハ引渡サルヘキ者カ通過國ノ臣民ニ非スシテ且其犯罪政治上又ハ軍事上ノ犯罪ニ屬セサル場合ニ限リ之ヲ許スト定メリ（一）

第七十二章

第八、引渡ノ費用

引渡手續ノ費用ハ論理上ヨリ言ヘハ引渡ヲ求メタル國ニ於テ之ヲ負擔セサルヘカラス然レトモ悉一之ヲ計算シテ其額ヲ定メサルヘカラサルトキハ兩國ノ間ニ辯論ヲ開カサルヘカラサル煩アリ且長キ歳月ノ間ニハ双方ノ費用互ニ相殺スルニ至ルヘケレハ合衆國ヲ（一）除ク外諸國トノ條約ニハ一

（一）參照獨逸瑞西間ノ千八百七十四年ノ條約

（一）合衆國ノ引渡費用ハ甚タ多額ナリ普通ノ場合ニ於テハ三千弗以上ニ

般ニ此空理ヲ捨テ引渡ヲ爲ス國ノ領地內ニ於テ生シタル費用ハ證據ノ蒐集引渡サルヘキ者ノ寢食費共其引渡ヲ爲ス國ニ於テ負擔シ囑託國ニ之カ返辨ヲ求ムルコトナシト定メタリ

シテ或場合ニハ二万乃至ニ万弗以上ニ上ルコトアリ

第七十三章

第九　引渡ノ效果（引渡サレタル者ニ對スル國權ノ權能）

引渡ハ如何ナル場合ニ於テモ特別契約ニ基キテ之ヲ爲スモノニシテ一般ノ引渡條約存スル場合ニモ亦特ニ之ヲ承諾スルコトヲ要ス隨ヒテ引渡ヲ受クル國ハ引渡ヲ爲シタル國ノ承諾ヲ經サルトキハ其引渡サレタル者カ初メ第三國ニ於テ犯罪ヲ爲シタルコト明カナルモ之ヲ第三國ニ引渡スコトヲ得ス(一)又引渡ヲ受ケタル國ハ引渡ヲ受ケタル原因タル犯罪外ニ渉リテハ判決ヲ爲シ又處罰スルコトヲ得サル義務ヲ負フ（之ヲ引渡ノ特定主義ト云フ）以上ノ原則ハ之ヲ嚴格ニ適用ス(二)ルトキハ引渡ヲ求メタル原因ノ犯罪カ法律上ノ變體ヲ受ケタル場合又ハ他ノ行爲ニ付テハ引渡ヲ受ケタル國ハ自

(一) 瑞西新法第八條參照

(二) 英國ノ條約及ヒ白耳義新條約ハ此原則ヲ嚴守セリ

ラ判決處罰スルコトヲ得ス加之之アルカ爲メ犯人ヲ第三國ニ引渡スコトヲ得スト謂ハサルヘカラス然レトモ實際條約又ハ法律ヲ適用スルニ當リテハ唯他ノ犯罪行爲ニ付テ處分セサルノミナリ即チ犯罪ノ性質變更シテ政治犯又ハ軍事犯トシテ引渡ヲ許スヘカラサル犯罪トナリタルトキハ之ヲ判決スルコトヲ得ス犯罪ノ性質變更スルモ一般ノ引渡條約ニ掲クル引渡犯ニ該當スルトキハ之ヲ處分スルコトヲ妨ケス（三）（四）思想上ノ數罪倶發ノ場合モ之ヲ論理上ヨリ觀察スルトキハ以上犯罪ノ性質ニ變體ヲ生シタル場合ト之ヲ同一ニ論斷セサルヘカラス然レトモ條約ノ文辭ハ往々此理論ニ背馳スルヲ見ル

他ノ行爲ヲ判決處罰スルコトヲ得サル點ニ付テハ諸國ノ法律例ヘハ英國引渡法第十九條及ヒ瑞西新草案等ニ於テ原則ヲ嚴守セリ（五）然レトモ諸國ノ條約ニ於テハ之ヲ認メス諸國ノ條約ハ一般ノ條約ニ掲クル引渡犯罪ニ該當スルトキ（六）ハ引渡ヲ求メタル國ヨリ更ニ之ヲ第三國ニ引渡シテ判決セシムルコトヲ許セリ尤モ正説ニ據レハ斯ノ如キ引渡ニハ引渡サレタル者ノ

（三）引渡サレタル者カ公訴及ヒ判決ヲ認ムル場合ニハ特定ノ原則モ例外ヲ見ル

（四）尤モ本文ハ固ヨリ引渡ヲ了ヘタル後囑託國ノ領内ニ於テ犯シタル犯罪ニ付テ論スルモノニ非ス

（五）是レ實ニ至當ノ事ナリ一般ノ條約ニ認ムル引渡犯罪ナルヤ否ヤハ他ノ行爲ニ基キ引渡ヲ求メタル國カ後日ニ至リ單獨ニ裁決スルコトヲ得サルモノナリ

（六）獨逸伊太利間ノ千八百七十一年條約第四條第一項獨逸瑞西間ノ千八百七十四年條約第四條第十二項參照

特別承認アルカ又ハ引渡ヲ爲シタル國ノ追認アルコトヲ必要トセリ

以上ノ原則ニ依リ一國カ引渡サレタル者ノ其國ニ於テ舊ト犯シタル犯罪ヲ發見スルモ引渡ノ原因タル犯罪ニ非サル限ハ之ヲ罰スルコトヲ得スト雖モ其國ハ爾後之ヲ罰スルコトナクシテ其領內ニ滯留セシムル義務ヲ負フモノニ非ス引渡サレタル者カ任意ニ其國ニ滯留スル場合ニハ國領ニ在ル他ノ犯罪者ト同一ニ之ヲ訴追シ且罰スルコトヲ得ヘシ故ニ近時ノ條約ニ於テハ引渡ヲ受ケタル國ハ引渡サレタル者ニ於テ解放後一定ノ期間(三个月又ハ一个月)ヲ經過スルモ依然其國ヲ去ラサル場合若クハ一タヒ國領ヲ去ルモ再ヒ其國ニ復歸シタルトキハ之(七)ヲ訴追處罰スルコトヲ得ル旨ヲ揭ケリ又引渡ヲ受ケタル國ハ引渡サレタル外國人ヲ驅逐スル權アリ佛國及ヒ白耳義國政府ハ斯ノ如キ場合ニハ內國人ト雖モ引渡サレタル者ナル以上ハ行政上ノ手續ヲ以テ引致シテ國境ニ到リ之ヲ解放シ再ヒ歸來スルトキハ舊ト犯シタル犯罪ヲ罰スルコトトセリ(八)

引渡サレタル者ハ引渡ヲ受ケタル國ノ裁判所ニ於テ引渡ノ特定ヲ主張シ

(七)獨逸伊太利間ノ條約第四條參照

(八)此場合ニハ通常ノ驅逐ヲ爲スコトヲ得ス內國人ハ內國ニ駐在スル權

得ルヤ否ヤ主張シ得ルトセハ如何ナル程度ニ於テ主張シ得ヘキヤ此問題ハ學者ノ間ニ議論アリ近時ノ佛國學者ハ引渡サレタル者ハ此權ナシ引渡ノ特定ハ檢事カ外務大臣ノ陳述ニ基キ公訴ヲ提起スル點ニ於テ效力ヲ有スルノミナリト主張シ獨逸國英國及ヒ近時ノ北米學者ハ曰ク適法ニ公布セラレタル條約ハ裁判所ニ向テ法律ト同一ノ拘束力ヲ有ス少クトモ引渡條約ニ揭ケサル犯罪ハ裁判所ニ於テ處分スルコトヲ得ス（九）然レトモ其犯罪ニ付キ判決ヲ爲スコトヲ得サルハ單ニ或一定ノ時マテニシテ此時ヲ經過シ犯人カ任意ニ其國ニ居留シテ國ノ司法權ニ服從スルモノト認メ得ル塲合ニハ之ヲ判決スルモ妨ナシ是レ其判決タルヤ畢竟引渡ノ結果ニ非サレハナリト（一〇）其他斯ノ如キ方法ヲ以テ判決ヲ爲スコトヲ得サル塲合一アリ即チ法律トシテ公布セラレタル引渡條約ニ依レハ引渡ハ外交上ノ手續ヲ以テセサルヘカラスト定メタルニ拘ハラス實際其引渡ニ付テ手續ヲ行フ者ハ國權ヲ代理スル資格ナキ下級官廳ナル塲合是ナリ然レトモ國權ノ單純ナル約束又ハ制限附引渡ノ承諾ハ正説ニ依レハ（此點ニ關シテ法律規定ヲ

能ヲ有ス而シテ其者之ヲ使用シテ任意ニ歸來シタルトキハ引渡ヲ求メタル國ニ對シテ有セル其國ノ義務ハ消滅ス

（九）千八百九十年十月三日判決（刑判錄二一卷六七號八、頁以下參照）千八百六十八年五月十六日巴威附法ハ曰ク引渡サレタル者ノ犯罪ヲ巴威爾國ニ於テ訴追セサル證明ハ巴威爾裁判所之ヲ發スルコトヲ要ストノ如キ法律規定ハ私訴ヲ爲スヘキ犯罪ニ付テ特ニ必要ナリ又英國引渡法第十九條參照

（一〇）此塲合ヲ妨訴抗辯ト名ツクル者アリ然レトモ妨訴（職權ヲ以テ調査スヘキ）状況ト云フヲ可トス

定ムルハ最モ便宜ナルヘシト雖モ)裁判所ヲ羈束スルモノニ非ス引渡サレタル者カ引渡ヲ爲シタル國ノ法律違背ヲ判決裁判所ニ於テ質責スル權ナシ他國ノ領地高權ヲ侵犯シテ强制ヲ以テ其領地ヨリ犯人ヲ引致シタル場合ニ付テハ其判決ヲ受クル者ノ引致セラレタル地ヲ領スル國ノ法律カ其手續ヲ以テ判決ヲ爲ス障害原因ト爲ストキニ限リ之ヲ質責スルコトヲ得(一)尤モ數多ノ學者(例ヘハ獨逸國學者)ハ斯ノ如キ手續ハ常ニ之ヲ質責スルコトヲ得是レ國際公法ハ各國ノ法律ナラサルヘカラサルヲ以テ他國ノ領地高權ヲ侵犯シテ拘引シタル手續ハ又之ヲ爲シタル國ノ法律ニ違背シタル手續ニ外ナラサレハナリ尤モ斯ノ如キ方法ヲ以テ領地高權ノ侵犯ヲ受ケタル國ハ國際公法上ノ賠償ヲ求ムル權アリ隨ヒテ其不法拘引ヲ受ケタル者ノ解放及ヒ賠償ヲ求ムルコトヲ得ト論セリ(二)

假ニ拘留セラレタル者長キ拘留ヲ避クル爲メニ即時ノ引渡ヲ承諾シ又ハ之ヲ申立ツル場合ニモ引渡ノ特定ニ違背スルトキハ之ヲ引渡スコトヲ得サルヤ否ヤ此問題ニ付テモ學說區々ナリ第一說(佛國學者ノ採用スル所)ハ

(一)佛國ニ於テハ千八百六十七年七月四日ノ破毀裁判所判決以來被告ノ判決ニ服セサル權利及ヒ裁判所ノ之ヲ免訴スル職權ハ之ヲ認メサルニ至レリ裁判官ハ外國ノ領地權ヲ害スル拘留ヲ命スルコトヲ得ス此場合ニハ其拘留シタル者ヲ放免セサルヘカラストノ原則ハ既ニ古昔ヨリ學者ノ主張セル所ナリ

(二)闕席判決モ各國ノ法律ニ於テ之ヲ認ムル以上ハ妨ケナシ

訴追及ヒ處罰ノ制限ハ此場合ニモ適用スヘキモノナリト云ヒ第二說(白耳義國學者ノ採用スル說)ハ此場合ニハ囑託ニ基キテ引渡ヲ承諾シタルト同一ニ處分スヘシト說キ第三說ハ引渡ヲ受ケタル國ニ於テ引渡サレタル者ニ對シテ其後ノ訴追ヲ爲シ得ルヤ否ヤノ問題ヲ決セシムヘシト主張セリ法理ヨリ觀察スルトキハ第一說ヲ以テ正當トス然レトモ關係國ノ間ニ締結セル一般引渡條約ニ揭クル犯罪ニ屬セサル者ハ之ヲ訴追スルコトヲ得ス又白耳義國ニ於テ爲スカ如ク斯ノ如キ方法ヲ以テ引渡ノ形式ヲ拋棄セント希望スル者アルトキハ之ヲ囑託國ニ交附スル前其拋棄ノ結果ヲ調書ニ明確ニ爲スヘク且相談ノ爲メ辯護士ヲ附スルヲ可トス然レトモ新引渡條約ヲ締結シ又ハ引渡法ヲ制定スルニ當リテハ引渡サルヘキ者カ一定ノ短期間ニ引渡サレンコトヲ申出ツル場合ニハ假拘留ヲ命シタル囑託國カ猶ホ未タ訴追ノ擴張ニ同意ヲ表セサルトキト雖モ其者ニ對シテ引渡ノ囑託書ニ開示スル犯罪ニ付キ處斷スルコトヲ得ル旨ヲ明カニスヘシ是レ斯ノ如キ處斷ノ制限ハ善意ニ基クモノニシテ其處斷ノ信用ハ多クノ場合ニ

於テ引渡ヲ速カナラシムル良結果ヲ生スルモノナレハナリ
未決拘留ノ期間ヲ以テ自由刑ノ期間ニ加算スル制度ノ存スル國ニ於テハ引渡手續中ノ拘留ハ總テ送致期間共之ニ加算セサルヘカラス獨逸刑法第七條ハ外國ニ於テ執行セラレタル刑ヲモ加算スヘキコトヲ規定セルヲ以テ以上述ヘタル加算法ハ獨逸國ニ於テハ固ヨリ現行ノ法律ト看做スコトヲ得ヘシ

第七十四章

第十、引渡以外ノ法律上ノ共助

第一、被告又ハ刑ノ言渡ヲ受ケタル者ニ對スル單純ノ呼出ハ方今漸次別段ノ調査ヲ須井スシテ裁判所又ハ檢事局ノ行爲ニ依リ之ヲ交附スルコトトナレリ是レ之ヲ交附スルモ被告又ハ刑ノ言渡ヲ受ケタル者ニ對シテ强制手段ヲ施ス義務ヲ生スルモノニ非スシテ裁判所又ハ檢事局カ呼出狀ヲ交附スルハ單ニ職權的通知ノ性質ヲ有スルノミニシテ之ヲ受取ルモ被告又ハ刑ノ言渡ヲ受ケタル者ニ損害ヲ生スルコトナキニ由ル囑託國ハ斯ノ如キ呼出ヲ爲ス能ハサル場合ニハ推定又ハ公示ノ呼出ヲ以テ之ヲ補充スルコトヲ得(一)但公示送達ヲ爲シタレハトテ其刑罰權ヲ拋棄シタルモノト認ムヘカラス其交附狀ニハ受託國ニ於テ強制方法ヲ執リ又ハ其方法ニ加效スヘシトノ強迫的文辭ヲ用ユルコトヲ得ス(二)又數多ノ新條約ニ於テハ送達ノ注意ニ關シテ條約國ノ義務ヲ掲ケリ然レトモ方今マテ獨逸國ノ締結セル條約ニ於テハ昔時ノ條約ト同シク非政治犯事件ニ於ケル書類及ヒ證據物件ヲ報告スル義務ヲ認メリ但裁判所ニ對スル書類及ヒ證據物件ノ報告ハ被告又ハ刑ノ言渡ヲ受ケタル者ニ書類ヲ送達スルト之ヲ區別スルコトヲ要ス(三)

第二、證據ノ採取(即チ證人訊問)ハ通常豫メ條約ヲ以テ其義務ヲ定メサル場合ニ於テモ他國ノ裁判所ノ囑託アルトキハ直チニ之ヲ爲ス近世ノ條約特ニ獨逸國ノ締結セル新條約ニ於テモ此義務ヲ確定セリ尤モ政治犯事件又ハ軍事及ヒ國庫ニ關スル事件ノ證據採取ハ之ヲ取除ケリ(四)然レトモ之ヲ以テ直チニ豫審ニ附スル犯罪ハ常ニ引渡犯罪ナルカ如ク想像スヘカラス

(一)此場合ニハ訊明ノ理由ニ因リ政治犯ニ例外ヲ認ムヘカラス或國民ニ爲ス送達ノ場合モ亦然リ

(二)呼出ヲ受ケタル者カ誤テ受託國ノ強制ニ遭遇センコトヲ恐レ之カ爲メ囑託國ニ出頭セサル廉アルトキハ交附ヲ爲ス官廳ハ強制方法ヲ用ヰサル旨ヲ明記スルコトヲ要ス特ニ囑託官廳ノ命令ニ強迫ノ文辭ヲ含ムトキニ必要ナリ

(三)送達ハ外交上ノ手續ヲ以テ爲スヘキカ將タ裁判所(檢事局)ヨリ直接ニ爲スヘキカハ條約ノ規定若クハ慣習ニ依リテ決スヘシ受訴裁判所ノ國ニ屬スル治外法權ヲ有スル者ニハ其國ノ外交代表官ヲシテ交付セシムヘシ

(四)國庫ニ關スル事件及ヒ政事犯事件ニ於テ免訴ノ爲メニ犯人自ラ又ハ爲

證人及ヒ鑑定人ノ供述及ヒ宣誓義務ハ民事事件ト同シク居留地ノ法ニ依リテ判定スヘシ此等ノ者ハ少クトモ其供述カ被告ニ責ヲ生セシムル場合ニハ其行爲カ受託國ノ法律ニ於テ爲スヘキモノニ非サルトキ其供述ヲ拒ムコトヲ得是レ供述ノ義務ハ唯居留地ノ法律ニ依リテ判定スヘキモノナレハナリ(五)證人ノ供述ノ爲メ外國ニ行カサルヘカラサル義務當然アルコトナシ唯條約ニ於テ此義務ヲ定メ且之ヲ法律トシテ公布シタル場合ニノミ此義務アリ數多ノ條約ニ於テハ亦證人ハ強制方法ヲ以テ之ヲ強迫スルコトヲ得ス單ニ呼出シ且必要ナル場合ニハ旅行費用ヲ受託國ヨリ前拂スヘキコトヲ掲ケリ(六)證人カ判決裁判所所在地ノ近傍ニ在ル場合ニハ口頭手續ヲ以テ眞實ヲ發見スルニ於テ最モ適當ナルヘシ又條約ニ據レハ證人ヲシテ任意ニ外國ノ呼出ニ應シタル場合ニハ假令證人カ囑託國ニ於テ犯シタル舊罪若クハ其供述ヲ爲スヘキ犯罪ニ加效シタルコト發見セラルルモ之ヲ豫審ニ附スルコトヲ得ス(七)證據採取ハ自ラ獨立シテ內國裁判所ノ囑託ヲ實施シ且必要ナル場合ニハ裁判ヲ爲スヘキ裁判所之ヲ爲ス

其辯護人ヨリ證據ノ提出ヲ申立ツル場合ニ此例外ヲ認ムヘシ

(五) 獨逸伊太利間ノ條約第十二條獨逸白耳義間ノ條約第十三條獨逸「ルクセムブルグ」間ノ條約第十四條ハ斯ノ如キ場合ニ於テハ申立ノ實施ヲ拒ムコトヲ得ト定メリ

(六) 「ラムマッシユ」ハ國ハ其官吏ニ尚ホ廣キ義務ヲ課スヘシト主張セリ蓋シ正當ノ說ナリ

(七) 數多ノ新條約ニ於テハ共犯人ノ一人カ甲國ニ在リテ他ノ一人カ乙國

ニ在ル場合ニ付キ特別ノ規定ヲ爲セリ獨逸伊太利間ノ條約第十四條參照送致及ヒ還致ノ費用ハ囑託ヲ爲シタル政府之ヲ負擔スヘシ

第三、政府ノ占有ニ係ル書類又ハ證據物件ニ付キ他國ノ豫審判事ヨリ報告ノ共助ヲ求メ來リタルトキハ其他ノ點ニ付テ共助ヲ爲ス場合ニハ通常之ヲ拒マス然レトモ斯ノ如キ報告ハ條約ニ於テ之ヲ義務トシテ認ムル所ナシ唯特別ノ危險伴ハサル場合ニ限リ共助ヲ與フヘシト爲セリ但其特別ノ危險ノ伴フヤ否ヤハ受託政府ノ意見ヲ以テ之ヲ定ム

第四、法律上ノ共助ニ關スル費用ハ法理上ハ囑託政府ニ於テ負擔スヘキモノトス然レトモ新條約ニ於テハ鑑定人ノ鑑定費用證人ノ外國旅費及ヒ犯人送致ノ費用ヲ除ク外ハ其囑託ヲ實行スル政府ニ於テ負擔スル旨定メリ但北米合衆國ニ於テハ勿論此方法ヲ用ヰス然リ而シテ送達ノ費用ハ通常採取ノ費用ト同一ニ支出スヘキモノトス

第五、聯邦國カ送達及ヒ採證ニ付キ外國ノ爲メ爲ス法律上ノ共助ハ之ヲ詳密ニ論スルトキハ苟モ政府自ラ之ヲ爲シ裁判所ノ權力ヲ用ヰサル以上ハ引渡ト同シク中央立法府及ヒ中央政府ノ爲スヘキ事項ナリ然レトモ北米合衆國ノ如キハ全ク其趣ヲ異ニシ外國ノ爲メニ爲ス採證ハ各聯邦國ノ

法律ヲ以テ標準トセリ(「ムール」第一卷第三百四十九頁參照)然リ而シテ行爲ニ罰ヲ加ヘ又證人若クハ其他ノ者ニ强制ヲ行フ場合ハ聯邦國ノ諸種ノ法律ヲ以テ其標準ト爲ササルヘカラサルハ論ヲ俟タス

第七十五章

第十一、聯邦國間ニ於ケル引渡及ヒ其他ノ法律上ノ共助

親密ナル同盟國ヲ形成スル以上ハ法律上ノ共助ハ引渡共極メテ廣ク爲スヘキハ自然ノ情勢ナリ然レトモ其方法必スシモ同一ナラサルヘカラサルニ非ス又實際其方法區々ナリ同一ノ帝國内ニ存スル州邦間ニ於テ猶ホ且絕對的ノ法律上ノ共助存スルコトヲ要セス實體上ノ刑法又ハ刑事訴訟法ニ甚タシキ差異アルト同時ニ同一國ニ於テモ法律上ノ共助ニ非常ノ制限ナカルヘカラス又政治上ノ制度ノ差異ハ少クトモ政治犯ノ處分ニ附キ影響ヲ及ホスヘシ

北亞米利加合衆國ノ聯邦間ニハ相互ニ絕對的ノ法律上ノ共助(被告及ヒ刑

ノ宣告ヲ受ケタル者ノ引渡行ハル蓋シ(一)合衆國ニ於テハ各聯邦ノ政治上ノ制度同一ニシテ法律違背者ニ對シテ裁判所就中聯邦裁判所ノ與フル保護甚タ擴張セルヲ以テ單純ノ原則ハ最モ適當セルカ如シ尤モ引渡ヲ爲スニハ其引渡サルヘキ者カ行爲ノ當時囑託國ノ領地內ニ居留セルコトヲ必要トセリ(二)之ニ反シテ瑞西ニ於テハ方今猶ホ刑事事件ノ國際共助ニ甚タシキ制限ヲ附セリ獨リ千八百七十四年ノ聯邦憲法第六十七條ニ於テ政治犯及ヒ釀酒規則違犯者ニ付テハ引渡ヲ爲ス義務ナキコトヲ認ムルノミナラス千八百五十二年七月二十四日ノ法律ニ於テ一定ノ犯罪(但其數甚タ多シ)ニ非サレハ(恰モ獨立國間ニ於ケルカ如ク)引渡ヲ命スルコトナシト規定シ又該法第一條ニ於テ一邦ニ於テ國民ノ籍ヲ爲シ又ハ移住スル者ハ其國ニ於テ其法律ニ依リ之ヲ審理處斷シ又ハ既ニ言渡シタル刑ヲ執行スル義務ヲ負フ場合ニハ引渡ヲ拒ムコトヲ得ト定メリ(三)尤モ瑞西ニ於テハ方今共通刑法ヲ實施セントスル計畫アレハ各邦間ノ引渡義務モ擴張セラルルコト豫見スルニ難カラス

(一) 單ニ囑託國ノ法律ノミカ其行爲ヲ以テ罰スヘキモノト爲セル場合ニモ引渡ヲ爲セリ

(二) 關係的ノ寓在ノミニテハ足レリトセス故ニ引渡サルヘキ者カ行爲ノ結果ノ生シタル當時其國ノ領內ニ在リシノミニテハ足レリトセス是レ千八百九十年八月二十九日「コルムビア」高等裁判所ノ判決セル所ナリ此判決ハ「ワルトン」及ヒ「ムール」ノ說ニ一打擊ヲ與ヘタルモノナリ

(三) 被告カ他ノ州ニ在ルトキハ犯罪ノ在リタル州ハ他ノ州ニ引渡及ヒ處刑ヲ求ムルコトヲ得但闕席手續ヲ用ヰルコトヲ許サス

獨逸國ニ於テハ被告及ヒ犯罪者ノ權利ニ注意ヲ為スコト甚タ淺シ舊獨逸同盟ノ決議(千八百三十二年七月五日同盟決議第八條千八百三十六年八月十八日ノ決議及ヒ千八百五十四年一月二十六日決議參照)ニ依レハ獨逸同盟國間ニハ第一政治犯第二其他ノ重罪及ヒ輕罪(税則違犯、警察及ヒ財政ニ關スル法律違犯ハ之ヲ除ク)ニシテ受託國ノ法律ニ依リテモ亦之ヲ重罪及ヒ輕罪トシテ罰スヘキモノナル以上ハ之ヲ引渡ササルヘカラス但自國ノ臣民ハ之ヲ引渡サス又受託國カ其罰スヘキ行為ニ付キ管轄ヲ有セサルトキハ引渡義務ナシト定メタリ千八百六十九年六月二十一日北獨逸同盟共助法ハ之ニ反シテ受託國ノ臣民ト雖モ之ヲ引渡スコトト定メタリ尤モ共通ノ刑法發布セラルルマテハ政治犯及ヒ釀酒ニ關スル重罪及ヒ輕罪ハ引渡ヲ為サス且引渡義務ハ犯罪地法(四)ニ依ルヘキモノト明言セリ

獨逸帝國刑法實施ニ及ヒ引渡ニ關スル上述ノ制限ハ一掃セラレタリ尤モ帝國刑法施行後モ特別刑法ヲ制定スル餘地猶ホ存セリ帝國刑法ノ制限ハ唯犯罪人ハ犯罪ヲ為シタル地ヲ領スル國ニ引渡スヘシト云フニ在リ然レ

(四) 詳言セハ犯罪ヲ為シタル地ヲ領スル聯邦政府ノ法律

トモ正説ニ據レハ帝國ノ國際上ニ於ケル刑罰權ノ管轄ヲ定メタル法律ノ第三條乃至第七條ハ各聯邦間ノ刑事管轄ニモ準用スルコトヲ得ヘシト謂フ隨ヒテ犯罪行爲カ眞實囑託邦ノ領內ニ於テ犯サレタルヤ否ヤノ問題ハ囑託ヲ受ケタル邦ノ裁判所獨立ニ其法律ニ依リテ審理スルコトヲ得ヘシ獨逸裁判所搆成法第百五十九條ニ依レハ囑託邦ノ領地內ニ於テ犯罪ヲ爲シタルヤ否ヤノ調査ハ之ヲ爲スニ及ハストセリ（法律上ノ共助ハ刑事事件ニ於テモ受託裁判所カ場所ノ管轄ヲ有セサルトキ若クハ其爲スヘキ行爲カ受託裁判所ノ法律ニ於テ禁セサルトキハ之ヲ拒ムコトヲ得）但此調査ヲ缺クモ帝國裁判所ニ於テ管轄ノ調査ヲ爲シ得ル場合ニ非サレハ之ヲ補完スルコトヲ得サルヘシ隨ヒテ區裁判所ノ第一審ニ於テ審理シタル輕微ノ刑事事件ハ帝國裁判所ノ審理ヲ受クルニ至ラサルヲ以テ遂ニ補完スル機ナカルヘシ故ニ獨逸國內ニ於ケル法律上ノ共助ハ其範圍甚タ廣ク且之ヲ以テ司法事件トシテ各政府ノ擅斷ニ一任セスト雖モ各聯邦ノ裁判所及ヒ法律ノ衝突ニ對シテハ完全ナル保護ナシト謂ハサルヘカラス

第七十六章

第一 國領ノ從物

公海ニ於ケル船舶ハ國際公法上其船舶ノ平常用非ル船旗ニ表彰スル國ノ領地ニ屬スル從物ト看做ス隨ヒテ公海ニ於テ船舶ノ甲板上ニ於テ生シタル事項ハ法律上其領地內ニ於テ生シタルモノト看做ス以上國際公法上ノ原則ハ固ヨリ國際私法ノ準則タルコトヲ得加之國領ノ境域ヲ確定スルハ概シテ國際公法(二)ノ研究ニ屬シ國際私法及ヒ國際刑法ニ於テハ國際公法ノ確定セル境域ヲ以テ前提ト爲ス然レトモ地理上ニハ十分一定ノ國ノ領地ニ加フコトヲ得サル部分アリヤ否ヤ若シアリトセハ私法及ヒ刑法ニ付テハ警察又ハ戰法ニ付テノ如ク近接國ノ法律ヲ適用スルコトヲ得サルヘキヤ此點ニ付テハ學者ノ議論區々ナリ其中最モ正當ノ說ニ依レハ內海ニ付テハ近接國ノ法律ヲ適用スヘシト云フ茲ニ所謂內海トハ舊時ハ大砲ノ丸ノ達スルマテヲ云ヒタルカ近時ハ一般ニ陸地ヨリ三海里ノ海面ヲ以テ內

(一)私法上ノ所有權關係ハ之ヲ決セス甲國ノ建設シタル橋上ニ犯罪行爲アリタルモ其橋カ甲國ニ屬スルノ故ヲ以テ犯罪ハ甲國ノ領內ニ在リタリト謂フヲ得ス

海ト爲セリ正説ニ依レハ他國ノ商船ニシテ內海ヲ航行シ又ハ內海內ニ碇泊スルモ全然沿岸國ノ主權ニ服從セス唯沿岸國ノ安寧ヲ維持スル爲メ水上警察及ヒ保安警察上必要ナル程度ニ於テノミ之ニ服從スルモノトス是レ內海上ニ於ケル沿岸國ノ主權ハ領地上ニ於ケルカ如キ絶對ノ支配權ニ非スシテ沿岸國ノ安寧ヲ維持スル爲メニ存スルモノナレハナリ以上ノ理由ニ因リ專ラ內海ニ在ル船舶ノ甲板上ニ於テ生シタル事實ハ私法上ニ於テモ刑法上ニ於テモ公海ニ在ル船舶ノ甲板上ニ於テ生シタル事實ト同一ニ看做スヘシ即チ內海ニ在ル船舶ニ於テ契約ヲ締結シタルトキハ其船舶ノ屬スル國ニ於テ之ヲ締結シタルモノト看做スヘク又其甲板上ニ於テ犯罪行爲アリタルトキハ其國ノ領地內ニ於テ之ヲ犯シタルモノト看做スヘシ然レトモ其船舶ニ依リ又ハ其船舶ヨリ其內ニ在ラサル者又ハ物ニ對シテ爲シタル犯罪(二)又ハ船舶內ニ在ラサル者カ寄洲上ニ於テ爲シタル犯罪及ヒ港灣內若クハ完全ニ一定ノ主權ニ屬スル水上ニ於テ生シタル事件ハ此限ニ在ラス又沿岸國ノ官吏(及ヒ公證人)カ內海ニ在ル外國船ニ於テ非訴事

(二)此場合ニハ國際刑法ノ保護主義又ハ物件主義ヲ以テ論スヘカラス寧ロ國ノ領地主權ヲ行フヘキ範圍ニ於テ犯罪ノ生シタ

件ニ關スル裁判權ヲ行ヒ得ルコトハ國際上之ヲ認ムル所ナリ(三)氣海ハ其高サニ制限ナク之ヲ屬地ノ從物ト看做ス然レトモ輕氣球ノ或位置ヲ超ヘテ或一定ノ高サヨリ其地面ニ達スル間ヲ以テ境界ト爲スヲ可トス例ヘハ輕氣球ノ或點ヲ超ユルコト千「メーテル」又ハ千五百「メーテル」ノ高サヨリ以下ヲ以テ總テノ關係ニ於テ其地ニ屬スルモノト看做スヘシ若シ然ラサレハ輕氣球ヨリ其地ニ在ル物又ハ人ニ危害ヲ加ヘタル者アルトキハ其國ハ輕氣球カ如何ナル高サニ昇ルモ刑事及ヒ民事上ノ犯罪ヲ處分スルコトヲ得ヘシ平時輕氣球ヲ以テ軍事上ノ秘密ヲ探知スル塲合ニ於テモ亦之ヲ同一ニ論スヘシ(此點ハ昔時問題ト爲リシモノナラン)此等ノ犯罪ハ國ノ安寧ヲ害スルモノナリ故ニ此點ヨリ觀察スルトキハ曾テ述ヘタル(第五十八章)所ニ依リ國ノ無限管轄權ヲ認ムヘキカ如シ苟モ然ラハ其國ノ領地上直線ノ位直ニ於テ犯罪ヲ爲シタルヤ否ヤノ問題ハ之ヲ定ムルノ要ナカルヘシ然レトモ斯ノ如ク司法權及ヒ刑ノ管轄權ヲ延長スルニ於テハ他ノ國ノ法界ヲ侵犯スルコト疑ヲ容レス他國ハ其領地上ニ存スル氣柱內ニ

ルモノナリ但其領地主權タルヤ完全ノモノニ非スシテ其國ノ利益ニ關シテノミ之ヲ行フコトヲ得獨逸刑法第二百九十六條第一項ニ曰ク獨逸ノ內國ニ漁ヲ營ム外國人ニハ六百「マルク」以下ノ罰金又ハ六个月以下ノ禁錮ニ處スト又以テ參照トスヘシ

(三)數多ノ國ニ沿フ內海ノ關係ニ付テハ「バール」學說及ヒ實際第二卷六百十九頁ヲ參照スヘシ

於テモ其意見ヲ以テ調査ヲ爲スコトヲ得サルニ至ラン

戰爭ニ於テ單ニ或地ヲ占領スルモ主權ハ之カ爲メ變更セラルルコトナシ尤モ刑法ノ適用上ニハ影響ナキ能ハス之レ敵地ヲ占領シタル軍隊ハ其地ノ住民ニ於テ抵抗ヲ試ムルトキハ戰法ヲ以テ之ヲ處分スルコトヲ得ヘシト雖モ其占領地ノ法律上尙ホ屬スル國ニ對シテ敵國ノ占領尙ホ存續スル間ハ其國ニ引續キ屬セル者ニ忠義ヲ盡ス義務ヲ課スルコトヲ得ス故ニ此等ノ人民ハ敵ノ占領中ハ其國ニ對スル間諜罪ハ之ヲ犯スコト能ハサルモノナリ是レ間諜ハ忠義ヲ盡ス義務ヲ有スル者ノミ犯スコトヲ得ルモノナレハナリ又占領國ニ對シテモ間諜罪成立スルコトナシ何トナレハ唯一時ノ占領ハ未タ以テ忠義ノ義務ヲ生スルモノニ非サレハナリ

船舶上ニ於テ公海又ハ公海ノ海底ニ存スル一物ニ付キ犯罪ヲ爲シタルトキハ其犯人ノ本國之ヲ罰スル管轄ヲ有ス斯ノ如キ者ハ國際上之ヲ同一ニ保護セサルヘカラサル必要存シ且必スシモ船舶ノ甲板上ニ於テ犯スヘキモノニ非サル公海上ノ犯罪ハ之ヲ制壓スル必要アリト雖モ犯人ノ國籍カ

何國ニ屬スルヲ問ハス總テノ國ニ於テ之ヲ罰スル權アリト謂フヘカラス此問題ニ關スル新國際法會議ニ於テハ各國ハ注意シテ其臣民ニ付テ司法權ヲ保護スヘシト決セリ而シテ右會議ノ關係國ハ同一ノ行爲ヲ其臣民ニ對シテ同一ニ禁シ以テ國際上ノ保護ノ目的ヲ達スルニ至レリ千八百七十六年十二月四日ノ海豹捕獲時期ニ關スル獨逸帝國法ハ此國際會議ニ基キ單ニ獨逸人及ヒ獨逸船ノ乘組員タル外國人ニ對シテノミ其遵守ヲ命セリ又千八百八十四年三月十四日數多ノ國ノ間ニ締結セラレタル海底電信ノ保護ニ關スル條約第八條ニ依レハ此條約ニ於テ許ササル行爲ハ其行爲ヲ爲シタル船舶ノ屬スル國ノ裁判所ノミ之ヲ裁判スヘキ旨明規セリ(奴隷貿易禁制ニ關スル「ブリュセル」府處分規定參照)

第七十七章

第二　國際私法及ヒ國際刑法上ニ於ケル治外法權

治外法權ヲ有スル者ノ(一)法律關係ハ私法上ニ於テハ之ヲ解釋スルニ決シテ難事ナシ此等ノ者ハ他ノ外國人ト同一ニ(詳言セハ外國人ニ適用スヘキ制

(一)如何ナル人物如何ナル物件カ治外法權ヲ有スルヤノ問題ハ國際私法及ヒ刑法ノ研究ス

限ハ亦此等ノ者ニモ適用スヘキモノ。トス）居留地ノ私法ニ服從シ又之ニ依リテ發生スヘキ權能モ行使スルコトヲ得例ヘハ別段ナル反對ノ規定存スル場合ハ姑ク擱キ婚姻ノ如キ場所ハ行爲ヲ支配ス」トノ原則ニ基キテ居留地法ノ定ムル形式ニ依リテ之ヲ締結スルコトヲ得（二）唯住所ノ關係ハ假令長キ歲月間引續キ居留スルモ之ヲ生スルコトナシ（三）

之ニ反シテ治外法權ヲ認メタル國ノ其治外法權ヲ有スル者ニ對スル民事裁判權ハ甚タ曖昧ナリ正說ニ依レハ治外法權ハ唯裁判所ノ強制ニ關スルモノニシテ民事訴訟ノ裁判管轄ニハ關係ナキモノナリト云フ（四）尤モ民事訴訟ノ裁判管轄ハ敢テ治外法權ヲ有スル者ノ住所ヲ其地」ニ設定セシムルモノニ非ス故ニ例ヘハ甲國カ其裁判所ニ其國ニ住所ヲ有スル外國人ノ婚姻事件ヲ裁判スル管轄ヲ附與シ又ハ此等ノ外國人ニ後見人ヲ選任スル權ヲ與フルモ其管轄權ハ治外法權ヲ有スル者及ヒ其家族ニハ及ホスコトヲ得ス之ト同一ノ理由ニ依リ治外法權ヲ有スル者ハ許スヘカラサル強制ノ力ヲ用ヰルニ非サレハ執行スルコトヲ得サル假差押ヲ以テ前提要件トスル

ヘキ所ニ非スシテ國際公法ノ論スル所ナリ

（二）治外法權ナル意義中ニハ種々ノ權利ヲ包含シ國際公法ノ認メサル尊敬上ノ權利ヲモ之ヲ含マシムルヿアリ例ヘハ讓位ノ主權者ノ如キ其國ノ新政府ノ認ムル程度ニ於テ亦治外法權ヲ有スルモ此種ノ治外法權ハ尊敬ニ關シテ當該國ノ法律ノ認ムル範圍ニ於テ之ヲ認ムヘキモノナレハ今一般ノ準則ヲ示スコト難シ

（三）獨民訴第十六條ニ曰ク治外法權ヲ有スル獨逸人ハ其本國內ニ有セシ住所ヲ以テ裁判籍トス尚ホ我民訴第十三條參照

（四）獨逸裁判所構成法第十八條以下理由書ニ依レハ內國ノ裁判權ハ獨逸

裁判籍ハ設定セラルルコトナシ然レトモ治外法權ヲ有スル者ノ其地ニ於ケル生活トハ全ク關係ナキ事件即チ其者ニ於テ治外法權ヲ得ル前ニ生シタル一定ノ訴訟事件ニ付テモ裁判籍ヲ認メスト云フニ至リテハ余輩其理由ヲ發見スルニ困ム强制力ヲ用ヰルコトヲ得サルモノハ獨リ治外法權ヲ有スル者本人ノミナラス其者ノ占有ニ係リ又ハ其位置及ヒ習慣上其使用ニ供セラルヘキ物件ハ總テ强制力ヲ用ヰルコトヲ得サルモノナリ又主權者ニ對シテハ其從者ノ使用スヘキ物件ヲモ强制力ヲ施スコトヲ得ス(五)公使ノ寄寓スル公使館ハ多クハ外國ニ屬スルモノニシテ亦以上ノ意義ニ於テ治外法權ヲ有ス其家屋カ他國ノ領地ト看做スヘキカ爲メ治外法權ヲ有スルニ非ス(六)(七)外國ニ屬スル物件ニシテ内國政府ノ承諾ヲ以テ内國ニ於テ其國ノ公用ニ供セラルルモノモ亦概シテ上段ノ意義ニ於テ治外法權ヲ有ス(八)

訴訟ノ當事者ニ對スル出廷ノ呼出ハ獨逸民事訴訟法ノ主義ニ依レハ强制力ヲ用ヰル行爲ニ非スシテ呼出サレタル當事者ニ其權利ノ防禦ヲ爲ス機

國ニ駐在スル公使及ヒ公使館員ニハ延及スルコトヲ得スト此條ハ訴訟ノ裁判權及ヒ裁判上ノ强制ニモ適用セサルヘカラス

(五)尤モ治外法權ヲ有スル者カ明示ヲ以テ占有ヲ移シテ賣入シタル物ニ付テハ債權者ハ之ヲ强制競賣ニ附シテ辨濟ヲ求ムルコトヲ得

(六)故ニ公使館ハ訴追ヲ受ケタル犯罪者ニ其亡命權ヲ生スルモノニ非ス又公使館ニハ警察處分ヲ行フコトヲ得唯强制方法ヲ行フ前公使ニハ之ヲ知了セシメサルヘカラス且公使ノ身分及ヒ其職務上ノ紙片ニハ觸接スルヲ得ス

(七)千八百八十年十一月廿六日判決(判錄三卷七一頁)參照

(八)例ヘハ他國カ收税物ヲ調査スル爲メ我國内ノ停車場ニ收税場ヲ建設

會ヲ與フルニ過キス故ニ此種ノ呼出ハ治外法權ヲ有スル者ニ對シテモ爲スコトヲ得然レトモ通常外交上ノ媒介ヲ以テ之ヲ爲ス（即チ其國ニ駐在スル公使ノ國ノ外務省ニ依リテ呼出ヲ爲ス蓋シ無用ノ手續ナルヘシ）之ニ反シテ治外法權ヲ有スル者ニ證言又ハ鑑定ヲ爲サシムル爲メニ爲ス呼出ハ强制的行爲ニ屬スルヲ以テ許スヘカラス故ニ治外法權ヲ有スル者ノ證言又ハ鑑定ヲ必要トスルトキハ單純ノ囑託ニ依リ之ヲ爲サシメ又ハ公使ノ代表スル國ノ政府ノ命令ニ依リテ之ヲ爲サシムヘシ又ハ公使館員ハ治外法權ヲ有スルノ結果亦總テ人ニ對スル國稅ヲ納ムル義務ヲ免ル（又多クハ此種ノ地方稅ノ納稅義務モ免除セラルヘシ）（九）故ニ之ヲ嚴密ニ論スルトキハ公使館員ハ海關稅モ要求セラルルコトナシ唯實際ハ其程度ヲ制限シテ其他ハ納稅セシム尤モ此場合ト雖モ公使ノ物件ハ其承諾ナクンハ徵稅ノ目的ヲ發見スル爲メニ搜査スルコトヲ得ス（一〇）

治外法權及ヒ其效果ノ問題ト一國ノ裁判所カ他國ノ主權者又ハ他國ニ對シテ提起シタル民事上ノ請求ヲ裁判スル民事管轄ノ程度ニ關スル問題ト

シタル場合ノ知シ千八百八十六年伯林ニ開カレタル國際鐵道運送法會議ハ其協定第二十三條第四項第ii項ニ依リ屬地強制權ノ免除ヲ定メタリ曰ク鐵道ノ國際運送ヨリ生シタル債權ニ付テハ債務者タル鐵道他國ニ屬スルトキハ債權者タル鐵道ハ假差押又ハ差押ヲ爲スコトヲ得ス但債權者タル鐵道ノ屬スル國ノ裁判所ノ裁判ニ基キ之ヲ爲ストキハ此限ニ在ラス鐵道ノ重要物並ニ其鐵道ニ屬スル動產ニシテ其重要物中ニ存在スルモノハ其鐵道ノ屬スル國ト異ナル國ノ領地內ニ於テハ差押又ハ假差押ヲ爲スコトヲ得ス但其鐵道ノ屬スル國ノ裁判所ノ裁判ニ依ルトキハ此限ニ在ラス

（九）收稅義務ニ付テハ此場合ニハ又容易ニ人ニ對スル

ハ之ヲ區別スルコトヲ要ス此管轄ハ一般ニ論スルトキハ一國ノ裁判所ノ有セサル所ニシテ他國ノ主權者（一一）ニ對シ又ハ他國ニ對スル訴ハ內國ノ領地內ニ存在スル不動產ニ關スルカ若クハ他國カ其事件ニ付キ明示又ハ默示ニテ裁判權ヲ認メタル場合ニ非サレハ之ヲ許サス而シテ他國ノ主權者又ハ他國カ理由ナキ訴ヲ提起シタルトキハ上記第二ノ理由ニ依リ訴訟費用ノ負擔ヲ命スルコトヲ得又通常此等ノ者ノ提起セル反訴ニ付テモ敗訴ノ言渡ヲ爲スコトヲ得（一二）又一國ノ領地內ニ於テ營ム商業又ハ工業ノ造營物ニ關スル請求ヲ主張スル場合ニハ其國ノ裁判所ニ裁判權アリト主張スル者アリ正說ニ依レハ相手方カ一國ノ主權者ハ他國ノ主權者ニ服從スルコトヲ得ス（一三）トノ原則ヲ主張スルトキハ裁判所ハ原告ノ請求カ國又ハ主權者ノ主權上ノ行爲ヲ以テ原因ト爲ス場合（一四）ニハ事物上ノ管轄ナキコトヲ宣告スヘシ然レトモ事物上ノ管轄ニ附テハ事物ノ自然又ハ交通ノ善意上ヨリ觀察シテ之ヲ適當トスルトキハ其管轄違ヲ言渡スノ必要ナシ尤モ近世ノ訴訟法ニ往々認ムルカ如キ唯內國ノ利益ノミ計リテ人工的ニ定メタル裁判

強制ヲ用ユルコトヲ得ス

（一〇）此種ノ免除ハ他國ノ主權者ニ對シテモ爲ス

（一一）茲ニ主權者ト稱スルモ國家ノ首長ニハ尙ホ此例外ヲ認ム即チ佛國及ヒ合衆國ノ大統領ノ如キ是ナリ是レ又國際會議ノ議決セル所ナリ

（一二）反訴ハ英國ノ裁判例ニ於テ之ヲ採用セリ

（一三）此場合ニハ往々 Par in parem non habet jurisdictionem ノ語ヲ引クモ頗ル妥當ヲ欠ク

（一四）例ヘハ他國ニ於テ原告カ不法ニ職務上ノ取扱ヲ爲シタルニ基キ損害賠償ヲ請求シ又ハ此國ノ舊官吏カ俸給ノ請求ヲ主張スル場合ノ如シ

藉ハ之ヲ他國ノ主權者又ハ他國ニ對シテ利用スルコトヲ得ス千八百九十一年「ハムブルグ」會議ニ於テ協定シタル左ノ國際法上ノ原則ハ實ニ以上ノ說明ニ基クモノナリ

第二條

第一項　外國政府ニ對スル訴ニシテ受理スヘキモノ左ノ如シ

一、領地內ニ在ル動產、不動產ニ關スル物上ノ訴(占有ノ訴ヲモ包含ス)

二、領地ノ一部分ニ附テノ相續人、受遺贈者又ハ領地內ニ開始シタル相續ノ權利者トシテ外國ノ資格ヲ有スル外國政府ヲ被告トスル訴

三、領地內ニ在ル商工業ノ造營物或ハ鐵道ニシテ外國政府ノ設置シタルモノニ關スル訴

四、外國政府カ明示ヲ以テ裁判所ノ管轄ヲ認メタル場合ノ訴、外國政府自ラ裁判所ニ請求ヲ提起シタルトキハ訴訟費用、反訴其他本案ニ從タル損害賠償ノ請求ニ付テハ裁判所ノ管轄ヲ認メタルモノト看做ス又外國政府カ自國ニ對シテ提起シタル訴訟ニ應訴シテ裁判所ノ

管轄違ヲ申立テサルトキモ亦管轄權ヲ認メタルモノト看做ス

五、領地內ニ於テ外國政府ノ締結シタル契約ニ基ク訴、但契約ノ性質又ハ明規ニ依リ領地內ニ於テ完全ナル執行ヲ求ムルコトヲ得ルトキニ限ル(尙ホ下段第二欵ヲ參看スヘシ)

六、領地內ニ起リタル犯罪或ハ準犯罪ヨリ生スル損害賠償ニ關スル訴

第二項　主權ノ作用ニ對スル訴ハ之ヲ受理セス契約ニ基ク訴ニシテ國家ノ官吏カ原告タル訴及ヒ公ノ手續ヲ以テ締結シタル外國政府ノ國債ニ關スル訴モ亦然リ

第三條

第一項

一、外國政府ノ主權者或ハ首長ニ對シテ提起スル訴ハ前第二條ノ規定ニ依ルヘシ

二、然レトモ主權者ノ卽位又ハ國ノ首長ノ任命以前ニ締結シタル義務ヨリ生スル訴ハ普通ノ規則ニ依リテ管轄ヲ定ムヘキモノトス

外國ノ主權者(國ノ首長)ハ内國ノ司法權及ヒ刑法ノ適用ヲ受クルコトナキハ茲ニ論辯ヲ要セス一般ノ學説及ヒ國際公法例ニ於テハ公使館員モ亦其公使ヲ承認シタル國ノ司法權ニ服從セサル旨ヲ認メリ此特權ハ公使ノ獨立ヲ維持スルニ最モ必要ナリ或ハ國事犯ニ關シテハ此特權ヲ認メサル者アリト雖モ決シテ賛同スヘキニ非ス然レトモ此特權タルヤ公使ニ對シテハ刑事ノ訴追ヲ爲サスト云フニ止マリ禁制ノ行爲ヲ爲シタル場合ニハ其行爲ヲ以テ違法ト名ケサルヘカラス(故ニ正當防衛ハ公使ニ對シテモ猶ホ存スルモノト知ルヘシ又非常ナル場合ニハ警察ハ公使ニ對シテ保安ノ方法ヲ執ルコトヲ得)公使ハ唯刑事裁判權ノ效果ヲ免ルルニ止マルヤ將タ又刑法ノ適用モ受ケサルヘキヤ此問題ハ深ク注意スルニ足ラス唯公使ノ資格ヲ奪ハレタル者ニ對シテ其公使タリシ時爲シタル(二五二)行爲ニ對シテ刑事裁判所ノ搜査ヲ申立ツル場合ニ稍、其必要ヲ見ルノミ而シテ公使ハ公使カ駐在國ヨリ皈來シテ其職ヲ免レ一私人トシテ其國ニ在ルトキト雖モ公使タリシ時爲シタル關係ニ付テハ訴追ヲ受クルコトナシト爲スニ於テ初メテ

(二五二)外交上ノ性質ヲ帶ヒスシテ其政府ノ委任ニ因リ且駐在國ノ承認ヲ經テ茲ニ職務ヲ行フ外國人ハ其關係ノ存續スル間及ヒ其職務終了後國境ヲ出ツルマテハ治外

其完全ナル獨立ヲ維持スルコトヲ得ルモノナレハ刑法ノ適用ヲモ受クヘキモノニ非スト論スヘシ然レトモ公使又ハ公使館ニ屬スル者カ其公使館ノ職務ヲ行フ地ノ國ニ屬スル場合ハ例外ト爲サヽルヘカラス是レ此例外ヲ認メサルニ於テハ此等ノ者ニ關シテハ往々適用スヘキ刑法ナキニ至ルヘケレハナリ（公使館ニ就職スル者ハ其任國ノ臣民タル資格ヲ有スルカ故ニ治外法權ヲ有スルニ過キス而シテ多クノ國ニ於テハ亦之ヲモ認メス）（一六）然リ而シテ行爲地ノ無刑ハ通常治外法權ヲ有スル者ニモ適用セサルヘカラス尤モ治外法權ヲ有スル者ニシテ贖職罪ヲ犯シタル場合ニハ其者ノ屬スル國ハ之ヲ假借スル要ナシ（一七）尚ホ治外法權ニ附テハ左ニ注意スヘシ

一、歐洲耶蘇敎國ノ臣民カ條約及ヒ慣習ニ因リ東洋ノ非耶蘇敎國ニ於テ得タル治外法權、此治外法權ハ開明ノ程度及ヒ風俗ノ差異ニ職由スルモノナレハ行爲地法ニ依リテ刑ヲ課セサル所ハ即チ其者ノ本國法ニ依リテモ刑ナキモノナリト論スルコトヲ得ス尤モ（一八）本國ノ警察法規ニシテ其國ニ不適當ナル場合ニハ領事ハ其司法權下ニ屬スル者ニ對シテ適當ノ

法權ヲ認メサルヘカラス隨ヒテ其間ハ之ヲ拘留シ其旅具紙片ハ差押フルコトヲ得ス

（一六）獨逸裁判所構成法第十六條ニ曰ク此等ノ者（獨逸國ノ承認ヲ經タル者ノ首長及ヒ其部下）カ聯邦ノ一國ノ臣民タルトキハ其者ノ屬スル國ニ於テ本人ニ付キ裁判權ヲ有スルトキニ限リ內國裁判權ノ適用ヲ免ルト

（一七）獨逸刑法ハ千八百七十六年修正セラレ行爲地ノ無刑ハ獨逸國又ハ獨逸聯邦ノ官吏カ外國ニ於テ爲シタル重罪及ヒ輕罪ニハ適用セスト定メタリ

（一八）千八百七十九年七月十日領事裁

判權ニ關スル獨逸帝國法第四條ニ曰ク領事裁判管轄ノ內ニ於テハ獨逸刑法及ヒ刑事ニ關スル其他ノ國法テ施行ス聯邦政府ノ發シタル刑法ニシテ從來領事裁判管轄內ニ行ヒタルモノハ條約又ハ慣習ニ依リ特別ノ定ナキ場合ニハ之ヲ適用セスト云々

(一九)上記獨逸帝國法第四條第三項參照

警察命令ヲ發スルコトヲ得(一九)

二、軍艦ノ治外法權、　軍艦ハ他國ノ港內又ハ水上ニ在ルトキモ其所屬國ノ浮城ト看做ス故ニ他國軍艦ノ甲板上ニ於テ其乘組員カ犯罪ヲ犯スモ其他國ノ領內ニ於テ犯シタルモノト看做スヘク知港府ハ軍艦ノ司令長官ノ許可ナクンハ軍艦ノ甲板上ニ於テ職務ヲ行フコトヲ得ス隨ヒテ他國ノ軍艦內ニ逃亡シテ軍艦ノ容ルル所トナリタル者ハ一時軍艦ニ於テ亡命權ヲ取得スヘシ然レトモ此場合ノ亡命權ハ他國ノ領地內ニ逃竄シタルニ因リ得タル亡命權トハ之ヲ同一ニ視ルヘカラス他國ノ港內又ハ其領地高權ノ支配ヲ受クヘキ水上ニ碇泊スル軍艦ノ司令長官ハ國際公法ニ依リ土地ノ官廳ノ訴追スル者ヲ庇保スルコトヲ得ス却テ訴追ヲ受ケテ軍艦內ニ逃レ來リタル者アルトキハ之ヲ捕ヘテ官廳ニ交附セサルヘカラス此場合ニハ引渡要件ノ存否ハ之ヲ問フノ要ナシ若シ此手續ニ背クトキハ土地ノ法律ヲ侵犯凌蔑シタルモノト謂フヘシ若シ斯ル行爲ヲモ放置スヘシト爲サハ各國ハ他國ノ軍艦ニ自國ノ水上及ヒ港內ニ航行

二〇外國ノ軍艦ハ治外法權ヲ有スルモ港灣規則ニハ拘束ヲ受ク軍艦カ儀裝投錨等ノ爲メ他ノ船舶ニ損害ヲ加ヘタルトキハ屬地法ニ基キ之ヲ賠償セサルヘカラス

碇泊スルコトヲ禁スルニ至ルヘシ尤モ士民ノ不穩又ハ一揆ヲ爲ス際其害ニ罹ラントスル自國ノ臣民若クハ他ノ親交國ノ臣民ヲ護衛スル場合ハ前述ノ場合ト區別スルコトヲ要ス然リ而シテ軍艦ハ軍艦タル資格ヲ有スルカ故ニ治外法權ヲ有ス(二〇)之ニ屬スル士官及ヒ乘組員ハ此特權ナシ尤モ慣習上ハ單獨ノ兵士又ハ水夫カ同一軍艦ニ屬スル他ノ乘組員ニ對シテ犯罪ヲ犯スモ其土地ノ官廳ハ公益ヲ害セラレサル限ハ之ニ干與セサルモノトス其兵士又ハ士官ノ屬スル國ハ此等ノ者ヲ以テ在職中ノ者ト看做スヤ否ヤハ此場合ノ問題ニ必要ナラス是レ本論ニ於テハ其國カ自國ノ職務懲戒規則ヲ適用スルコトヲ得ルヤ否ヤニ關セスシテ唯治外法權ヲ有スヘキ者カ領地國ニ於テ其承諾ヲ以テ公務ヲ行フ場合ニ付テ論スルモノナレハナリ然レトモ軍艦ノ士官及ヒ乘組員ニシテ私ノ目的ヲ以テ上陸シタルトキハ其治外法權ヲ否認スヘシ治外法權ヲ不適當ニ延長スルトキハ土地ノ人民ノ安寧ヲ害スルコト尠少ナラサルヘシ

三、敵地ヲ占領スル軍隊ハ固ヨリ其軍隊ニ屬スル者ニ至ルマテ總テ其本國法及ヒ本國ノ裁判所ニ服從セシメサルヘカラス隨ヒテ判決ハ事實上ハ外國ニ於テ言渡サレタルモ之ヲ內國ノ判決ト看做ス然レトモ友國ノ領地內ニ滯留スル軍隊ハ亦總テ自國ノ法律及ヒ裁判所ニ服從スヘキヤ否ヤ「ハルブルゲル」(第百三十頁以下)ハ軍隊又ハ其他ノ職務ニ服スル軍人ニ付テハ外國ニ於テモ內國ニ於ケルト同一ニ陸軍刑法ヲ適用スヘシト論スルモ本論ノ場合ニハ國際法上之ヲ援用スルコトヲ得ス寧ロ他國ノ軍隊ニ屬スル者ハ其友國及ヒ其人民ニ對シテハ實體上其土地ノ法律就中警察法ヲ遵守セサルヘカラス之ニ反シテ單ニ其軍隊ニ屬スル他ノ者ニ危害ヲ加ヘタル場合ニハ之ヲ其本國ノ法律及ヒ司法權ニ一任セサルヘカラス又別段ノ條約ナキ場合ニハ豫約又ハ合意ニ基キ之ヲ決スヘシ而シテ土地ノ政府ハ自ラ其權ヲ拋棄スルコトナク事實上ハ犯人ヲ其屬スル軍隊ノ裁判所ニ移送スルコトヲ得捕虜(三)ハ之ヲ捕ヘタル國ノ軍法及ヒ司法權ニ服從スヘキモノトス局外中立國ニ逃亡シタル軍人ニ付テモ亦同一ノ原則ヲ適用スヘシ

(二)占領國ノ法律ハ新占領地ニ行フコトヲ得ス但占領國ハ戰時命令ヲ發スル權アリ

(三)獨逸陸軍刑法第百五十八條參照

明治三十一年六月一日印刷
明治三十一年六月五日發行

正價金壹圓

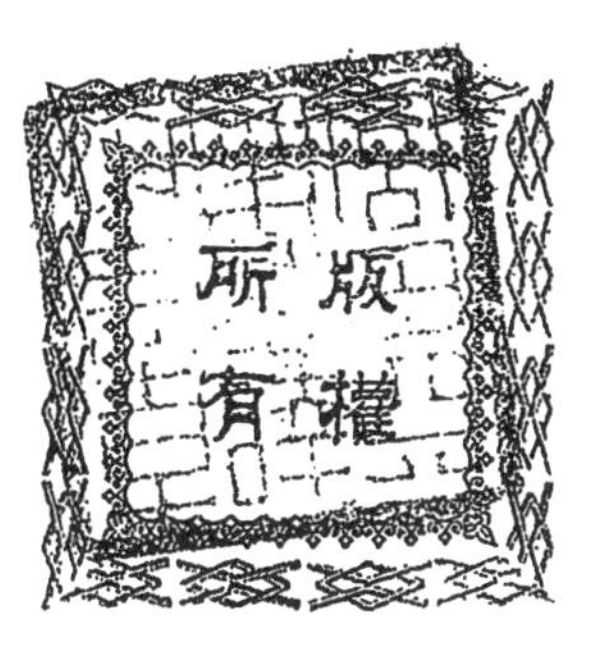

譯述者　宮田四八
東京市麹町區永田町二丁目四十八番地

發行兼印刷者　八尾新助
東京市神田區錦町三丁[illegible]番地

發行所　八尾商店
東京市京橋區銀座四丁目一番地

發行所　八尾書店
東京市神田區表神保町一番地

大賣捌所

東京神田區	有斐閣
仝	明法堂
仝　日本橋區	大倉書店
仝	丸善書店
仝	林平次郎
仝	岡島支店
大阪備後町	盛文館
仝	吉岡平助
仝　本丁	岡島眞七
仝　北久太郎町	柳原喜兵衛
仝	積善社
京都佛光寺	東枝吉兵衛
仝　河原町	大黒屋書店
仝　東洞院	村上勘兵衛
仝　寺町	田中治兵衛
名古屋玉屋町	片野東四郎
仝　本町	川瀬代助
仝　宮町	佐藤甚造
熊本新二丁目	長崎次郎
鹿兒島仲町	吉田幸兵衛
佐賀	西村萬次郎
福岡博多	森岡榮
仝	積善館支店
松江天神町	川岡清助
大分	甲斐治平
廣島	積善館支店
岡山市西大寺町	武內彌三郎
德島通町	阪井萬吉
高知市	澤本駒吉
神戶元町	吉岡支店
仝　相生橋詰	熊谷久榮堂
和歌山市	平井文助
仝	三宅小次郎
津地頭領町	豐住謹次郎
仝　大門町	川島九右衛門
三河豐橋町	高須廣治
遠江濱松町	谷島屋源三郎
靜岡江川町	廣瀬市藏
甲府	柳正堂
横濱辨天通	丸善支店
常陸水戶	柳且堂
加賀小松	宇都宮源平
仝　金澤	仝支店
野州宇都宮	內田濱吉
近江大津	淡海堂
仝	島林專二郎
信濃長野町	西澤喜太郎
仝　松本町	水琴堂
上野前橋市	煥乎堂
福島市本通	博向堂
岩代若松町	田中善平
仙台大町	木文商店
仝	高藤書店
仝　國分町	佐勘書店
陸奥青森町	鎌田政通
秋田中通町	鈴木鐵治
福井佐佳枝中町	品川太右衛門
仝	日新館
仝	岡崎左喜介
富山四十物町	中田書店
高岡横田町	學海堂
越後高田町上呉服	高橋恒
新潟古町六番丁	林富吉
越後水原丁	西村六平
仝　長岡丁	目黒十郎
仝	松田周平
仝	覺張治平
函館末廣丁	魁文舍

其他各地書林

國際私法及國際刑法論　　日本立法資料全集　別巻 1217

平成31年２月20日　　復刻版第１刷発行

原著者　Ｌ・フォン・バール
訳述者　宮　田　四　八
発行者　今　井　　　貴
　　　　渡　辺　左　近
発行所　信　山　社　出　版

〒113-0033　東京都文京区本郷６-２-９-102
モンテベルデ第２東大正門前
電　話　03（3818）1019
ＦＡＸ　03（3818）0344
郵便振替　00140-2-367777（信山社販売）

Printed in Japan.

制作／㈱信山社，印刷・製本／松澤印刷・日進堂

ISBN 978-4-7972-7334-2 C3332

別巻　巻数順一覧【950～981巻】

巻数	書　名	編・著者	ISBN	本体価格
950	実地応用町村制質疑録	野田藤吉郎、國吉拓郎	ISBN978-4-7972-6656-6	22,000 円
951	市町村議員必携	川瀬周次、田中迪三	ISBN978-4-7972-6657-3	40,000 円
952	増補 町村制執務備考 全	増澤鐵、飯島篤雄	ISBN978-4-7972-6658-0	46,000 円
953	郡区町村編制法 府県会規則 地方税規則 三法綱論	小笠原美治	ISBN978-4-7972-6659-7	28,000 円
954	郡区町村編制 府県会規則 地方税規則 新法例纂 追加地方諸要則	柳澤武運三	ISBN978-4-7972-6660-3	21,000 円
955	地方革新講話	西内天行	ISBN978-4-7972-6921-5	40,000 円
956	市町村名辞典	杉野耕三郎	ISBN978-4-7972-6922-2	38,000 円
957	市町村吏員提要〔第三版〕	田邊好一	ISBN978-4-7972-6923-9	60,000 円
958	帝国市町村便覧	大西林五郎	ISBN978-4-7972-6924-6	57,000 円
959	最近検定 市町村名鑑 附 官国幣社 及 諸学校所在地一覧	藤澤衛彦、伊東順彦、増田穆、関惣右衛門	ISBN978-4-7972-6925-3	64,000 円
960	鼇頭対照 市町村制解釈 附 理由書 及 参考諸布達	伊藤寿	ISBN978-4-7972-6926-0	40,000 円
961	市町村制釈義 完　附 市町村制理由	水越成章	ISBN978-4-7972-6927-7	36,000 円
962	府県郡市町村 模範治績　附 耕地整理法 産業組合法 附属法令	荻野千之助	ISBN978-4-7972-6928-4	74,000 円
963	市町村大字読方名彙〔大正十四年度版〕	小川琢治	ISBN978-4-7972-6929-1	60,000 円
964	町村会議員選挙要覧	津田東璋	ISBN978-4-7972-6930-7	34,000 円
965	市制町村制 及 府県制　附 普通選挙法	法律研究会	ISBN978-4-7972-6931-4	30,000 円
966	市制町村制註釈 完　附 市制町村制理由〔明治21年初版〕	角田真平、山田正賢	ISBN978-4-7972-6932-1	46,000 円
967	市町村制詳解 全　附 市町村制理由	元田肇、加藤政之助、日鼻豊作	ISBN978-4-7972-6933-8	47,000 円
968	区町村会議要覧 全	阪田辨之助	ISBN978-4-7972-6934-5	28,000 円
969	実用 町村制市制事務提要	河邨貞山、島村文耕	ISBN978-4-7972-6935-2	46,000 円
970	新旧対照 市制町村制正文〔第三版〕	自治館編輯局	ISBN978-4-7972-6936-9	28,000 円
971	細密調査 市町村便覧(三府 四十三県 北海道 樺太 台湾 朝鮮 関東州)　附 分類官公衙公私学校銀行所在地一覧表	白山榮一郎、森田公美	ISBN978-4-7972-6937-6	88,000 円
972	正文 市制町村制 並 附属法規	法曹閣	ISBN978-4-7972-6938-3	21,000 円
973	台湾朝鮮関東州 全国市町村便覧 各学校所在地〔第一分冊〕	長谷川好太郎	ISBN978-4-7972-6939-0	58,000 円
974	台湾朝鮮関東州 全国市町村便覧 各学校所在地〔第二分冊〕	長谷川好太郎	ISBN978-4-7972-6940-6	58,000 円
975	合巻 佛蘭西邑法・和蘭邑法・皇国郡区町村編成法	箕作麟祥、大井憲太郎、神田孝平	ISBN978-4-7972-6941-3	28,000 円
976	自治之模範	江木翼	ISBN978-4-7972-6942-0	60,000 円
977	地方制度実例総覧〔明治36年初版〕	金田謙	ISBN978-4-7972-6943-7	48,000 円
978	市町村民 自治読本	武藤榮治郎	ISBN978-4-7972-6944-4	22,000 円
979	町村制詳解　附 市制及町村制理由	相澤富蔵	ISBN978-4-7972-6945-1	28,000 円
980	改正 市町村制 並 附属法規	楠綾雄	ISBN978-4-7972-6946-8	28,000 円
981	改正 市制 及 町村制〔訂正10版〕	山野金蔵	ISBN978-4-7972-6947-5	28,000 円

巻数	書　名	編・著者	ISBN	本体価格
915	改正 新旧対照市町村一覧	鍾美堂	ISBN978-4-7972-6621-4	78,000円
916	東京市会先例彙輯	後藤新平、桐島像一、八田五三	ISBN978-4-7972-6622-1	65,000円
917	改正 地方制度解説〔第六版〕	狭間茂	ISBN978-4-7972-6623-8	67,000円
918	改正 地方制度通義	荒川五郎	ISBN978-4-7972-6624-5	75,000円
919	町村制市制全書 完	中嶋廣蔵	ISBN978-4-7972-6625-2	80,000円
920	自治新制 市町村会法要談 全	田中重策	ISBN978-4-7972-6626-9	22,000円
921	郡市町村吏員 収税実務要書	荻野千之助	ISBN978-4-7972-6627-6	21,000円
922	町村至宝	桂虎次郎	ISBN978-4-7972-6628-3	36,000円
923	地方制度通 全	上山満之進	ISBN978-4-7972-6629-0	60,000円
924	帝国議会府県会郡会市町村会議員必携 附関係法規 第1分冊	太田峯三郎、林田亀太郎、小原新三	ISBN978-4-7972-6630-6	46,000円
925	帝国議会府県会郡会市町村会議員必携 附関係法規 第2分冊	太田峯三郎、林田亀太郎、小原新三	ISBN978-4-7972-6631-3	62,000円
926	市町村是	野田千太郎	ISBN978-4-7972-6632-0	21,000円
927	市町村執務要覧 全 第1分冊	大成館編輯局	ISBN978-4-7972-6633-7	60,000円
928	市町村執務要覧 全 第2分冊	大成館編輯局	ISBN978-4-7972-6634-4	58,000円
929	府県会規則大全　附 裁定録	朝倉達三、若林友之	ISBN978-4-7972-6635-1	28,000円
930	地方自治の手引	前田宇治郎	ISBN978-4-7972-6636-8	28,000円
931	改正 市制町村制と衆議院議員選挙法	服部喜太郎	ISBN978-4-7972-6637-5	28,000円
932	市町村国税事務取扱手続	広島財務研究会	ISBN978-4-7972-6638-2	34,000円
933	地方自治制要義 全	末松偕一郎	ISBN978-4-7972-6639-9	57,000円
934	市町村特別税之栞	三邊長治、水谷平吉	ISBN978-4-7972-6640-5	24,000円
935	英国地方制度 及 税法	良保両氏、水野遵	ISBN978-4-7972-6641-2	34,000円
936	英国地方制度 及 税法	髙橋達	ISBN978-4-7972-6642-9	20,000円
937	日本法典全書 第一編 府県制郡制註釈	上條慎蔵、坪谷善四郎	ISBN978-4-7972-6643-6	58,000円
938	判例挿入 自治法規全集 全	池田繁太郎	ISBN978-4-7972-6644-3	82,000円
939	比較研究 自治之精髄	水野錬太郎	ISBN978-4-7972-6645-0	22,000円
940	傍訓註釈 市制町村制 並ニ 理由書〔第三版〕	筒井時治	ISBN978-4-7972-6646-7	46,000円
941	以呂波引町村便覧	田山宗堯	ISBN978-4-7972-6647-4	37,000円
942	町村制執務要録 全	鷹巣清二郎	ISBN978-4-7972-6648-1	46,000円
943	地方自治 及 振興策	床次竹二郎	ISBN978-4-7972-6649-8	30,000円
944	地方自治講話	田中四郎左衛門	ISBN978-4-7972-6650-4	36,000円
945	地方施設改良 訓諭演説集〔第六版〕	鹽川玉江	ISBN978-4-7972-6651-1	40,000円
946	帝国地方自治団体発達史〔第三版〕	佐藤亀齢	ISBN978-4-7972-6652-8	48,000円
947	農村自治	小橋一太	ISBN978-4-7972-6653-5	34,000円
948	国税 地方税 市町村税 滞納処分法問答	竹尾高堅	ISBN978-4-7972-6654-2	28,000円
949	市町村役場実用 完	福井淳	ISBN978-4-7972-6655-9	40,000円

巻数	書　名	編・著者	ISBN	本体価格
878	明治史第六編 政黨史	博文館編輯局	ISBN978-4-7972-7180-5	42,000 円
879	日本政黨發達史 全〔第一分冊〕	上野熊藏	ISBN978-4-7972-7181-2	50,000 円
880	日本政黨發達史 全〔第二分冊〕	上野熊藏	ISBN978-4-7972-7182-9	50,000 円
881	政党論	梶原保人	ISBN978-4-7972-7184-3	30,000 円
882	獨逸新民法商法正文	古川五郎、山口弘一	ISBN978-4-7972-7185-0	90,000 円
883	日本民法鼇頭對比獨逸民法	荒波正隆	ISBN978-4-7972-7186-7	40,000 円
884	泰西立憲國政治攬要	荒井泰治	ISBN978-4-7972-7187-4	30,000 円
885	改正衆議院議員選擧法釋義 全	福岡伯、横田左仲	ISBN978-4-7972-7188-1	42,000 円
886	改正衆議院議員選擧法釋義 附 改正貴族院令,治安維持法	犀川長作、犀川久平	ISBN978-4-7972-7189-8	33,000 円
887	公民必携 選擧法規ト判決例	大浦兼武、平沼騏一郎、木下友三郎、清水澄、三浦數平	ISBN978-4-7972-7190-4	96,000 円
888	衆議院議員選擧法輯覽	司法省刑事局	ISBN978-4-7972-7191-1	53,000 円
889	行政司法選擧判例總覽―行政救濟と其手續―	澤田竹治郎・川崎秀男	ISBN978-4-7972-7192-8	72,000 円
890	日本親族相續法義解 全	髙橋捨六・堀田馬三	ISBN978-4-7972-7193-5	45,000 円
891	普通選擧文書集成	山中秀男・岩本溫良	ISBN978-4-7972-7194-2	85,000 円
892	普選の勝者 代議士月旦	大石末吉	ISBN978-4-7972-7195-9	60,000 円
893	刑法註釋 巻一～巻四(上巻)	村田保	ISBN978-4-7972-7196-6	58,000 円
894	刑法註釋 巻五～巻八(下巻)	村田保	ISBN978-4-7972-7197-3	50,000 円
895	治罪法註釋 巻一～巻四(上巻)	村田保	ISBN978-4-7972-7198-0	50,000 円
896	治罪法註釋 巻五～巻八(下巻)	村田保	ISBN978-4-7972-7198-0	50,000 円
897	議會選擧法	カール・ブラウニアス、國政研究科會	ISBN978-4-7972-7201-7	42,000 円
901	鼇頭註釈 町村制　附 理由 全	八乙女盛次、片野続	ISBN978-4-7972-6607-8	28,000 円
902	改正 市制町村制　附 改正要義	田山宗堯	ISBN978-4-7972-6608-5	28,000 円
903	増補訂正 町村制詳解〔第十五版〕	長峰安三郎、三浦通太、野田千太郎	ISBN978-4-7972-6609-2	52,000 円
904	市制町村制 並 理由書　附 直接間接税類別及実施手続	高崎修助	ISBN978-4-7972-6610-8	20,000 円
905	町村制要義	河野正義	ISBN978-4-7972-6611-5	28,000 円
906	改正 市制町村制義解〔帝國地方行政学会〕	川村芳次	ISBN978-4-7972-6612-2	60,000 円
907	市制町村制 及 関係法令〔第三版〕	野田千太郎	ISBN978-4-7972-6613-9	35,000 円
908	市町村新旧対照一覧	中村芳松	ISBN978-4-7972-6614-6	38,000 円
909	改正 府県郡制問答講義	木内英雄	ISBN978-4-7972-6615-3	28,000 円
910	地方自治提要 全　附 諸届願書式 日用規則抄録	木村時義、吉武則久	ISBN978-4-7972-6616-0	56,000 円
911	訂正増補 市町村制問答詳解　附 理由及追輯	福井淳	ISBN978-4-7972-6617-7	70,000 円
912	改正 府県制郡制註釈〔第三版〕	福井淳	ISBN978-4-7972-6618-4	34,000 円
913	地方制度実例総覧〔第七版〕	自治館編輯局	ISBN978-4-7972-6619-1	78,000 円
914	英国地方政治論	ジョージ・チャールズ・ブロドリック、久米金彌	ISBN978-4-7972-6620-7	30,000 円